21世纪应用型人才培养规划教材·人力资源管理系列

主　编　葛玉辉
副主编　宋志强

职业生涯规划与管理

Career Planning and Management

清华大学出版社
北京

内容简介

本书分为四篇，共九章，从九个方面的热点问题入手，对职业生涯规划与管理进行了全面分析和系统阐述，并提供了丰富的图表、案例和测试，以及一系列操作性很强的工具，以期提供可操作性的指导，帮助读者进行科学、有效的职业生涯规划，确定职业目标和职业开发战略，掌握职业生涯管理过程中的各种关键因素与方法。

本书可以作为普通高校人力资源管理专业在校学生的教材，也可以作为企业人力资源管理师培训的教材和实战参考，还可以作为企业员工的职业生涯规划培训教材和人力资源工作者的常备工具书，供相关领域学习和研究人员阅读参考。

本书封面贴有清华大学出版社防伪标签，无标签者不得销售。

版权所有，侵权必究。举报：010-62782989，beiqinquan@tup.tsinghua.edu.cn。

图书在版编目（CIP）数据

职业生涯规划与管理/葛玉辉主编．—北京：清华大学出版社，2014（2023.11重印）
21世纪应用型人才培养规划教材·人力资源管理系列
ISBN 978-7-302-36005-6

I. ①职… II. ①葛… III. ①职业选择-教材 IV. ①C913.2

中国版本图书馆CIP数据核字（2014）第065981号

责任编辑：陈仕云
封面设计：康飞龙
版式设计：文森时代
责任校对：马军令
责任印制：沈　露

出版发行：清华大学出版社
网　　址：https://www.tup.com.cn，https://www.wqxuetang.com
地　　址：北京清华大学学研大厦A座　　邮　编：100084
社 总 机：010-83470000　　邮　购：010-62786544
投稿与读者服务：010-62776969，c-service@tup.tsinghua.edu.cn
质 量 反 馈：010-62772015，zhiliang@tup.tsinghua.edu.cn

印 装 者：三河市铭诚印务有限公司
经　　销：全国新华书店
开　　本：185mm×260mm　　印　张：19.25　　字　数：482千字
版　　次：2014年12月第1版　　印　次：2023年11月第8次印刷
定　　价：49.80元

产品编号：055697-03

丛书主编

葛玉辉,男,1964年出生,华中科技大学管理学博士,上海理工大学管理学院教授、博士生导师、工商管理系主任,国内著名的管理咨询专家,中国管理学网名师,上海交通大学海外教育学院特聘教授,复旦大学网络教育学院特聘教授,慧泉(中国)国际教育集团高级教练,上海市"人力资源管理"精品课程主讲教授,上海解放教育传媒·学网特聘教师,南京汇银管理公司首席顾问,上海捷联投资咨询公司技术总监,上海邃博教育咨询有限公司总经理。曾先后主持和承担科研项目30项,其中,国家社科基金项目1项,国家自然科学基金项目1项,国家软科学研究计划项目1项,国家教育科学"八五"规划课题1项,"八五"部级重点课题1项,省"九五"教育科学和规划课题2项,省"十五"教育科学课题1项,教育部课题1项,上海市教委课题1项、重点课题2项、横向课题18项。在 African Journal of Business Management、Journal of Grey System、Journal of Computational Information Systems、《预测》、《管理工程学报》、《科学学与科学技术管理》等国内外期刊上公开发表学术论文140多篇;获得"全国学习科学学会优秀论著二等奖"、"全国学习科学学会优秀成果二等奖"、"湖北省重大科技成果奖"、"湖北省科技进步三等奖"。

丛书编委

(排名以姓氏笔画为序)

毛志峰　王媛媛　许丹　刘凯　刘健　宋志强　张梦莹
陈茂群　赵丙艳　荣鹏飞　盖鸿颖　葛玉辉　滕小芳

丛书序

"21世纪应用型人才培养规划教材·人力资源管理系列"丛书是在2011年出版的"人力资源管理师操作实务"丛书的基础上修订而成的。本丛书集基础理论、工具方法、实际操作、结果应用于一体，目的是引导读者强化人力资源管理理论、方法及实践的应用，为现代人力资源管理者提供一套完整而实用的人力资源管理系列教学和常用实务工具丛书。

一、丛书框架

本丛书包括以下七个分册：

1. 人力资源管理
2. 工作分析与设计
3. 招聘与录用管理
4. 员工培训与开发
5. 绩效管理
6. 薪酬管理
7. 职业生涯规划与管理

二、丛书特色

1. 基础理论

根据现有文献的整理，有关人力资源管理的理论可归纳为战略型人力资源管理理论、描述型人力资源管理理论及规范型人力资源管理理论。在经济全球化和知识经济的趋势下，未来的人力资源管理在企业提高竞争力、建立核心竞争优势中将扮演更为重要的角色。"万丈高楼平地起"，本丛书按照人力资源管理的实务需要搭建人力资源管理的基础理论构架。

2. 工具方法

"工欲善其事，必先利其器"，西方人力资源管理理论和实践在其演化过程中，亦发展出了丰富多样的人力资源管理专业化工具，形成了一个由多个模块构成的、仍处于不断发展中的工具体系，堪称人力资源管理之精华。西方人力资源管理工具在不断被中国企业所接纳的同时，其"水土不服"的一面也逐渐显现，本丛书在人力资源管理的专业化工具的应用上，强化了本土化的实现与企业经营实际配置的最佳状态，强调其有效性、适用性，突出实用性特色。

3．实际操作

学术从来都是实践的后台，人力资源管理是一门实践性很强的学科，学习的目的是为了应用，以解决我国企业当前面临的实际问题。本丛书力争打造人力资源管理体系的立体课程设计，提供了最新的实战案例，完美地展现了人力资源管理的成功经验及实用技巧，让人力资源管理人员不仅能成为企业的"人才专家"，而且能成为企业的"运营专家"。

4．结果应用

多年的实践证明，人力资源管理的先进工具、方法、技能能否有效地实施，很关键的一点在于其结果如何运用。如果运用得不合理，那么再好的工具、方法、技能也得不到充分体现。本丛书通过对大量源自实际工作的典型案例的细致讲解和完善操作，生动地展示了人力资源管理实践中的各种应用技巧。

5．教学互动

我们在互联网上搭建了一个编者与读者教与学的互动平台，将丛书最新理论成果、策划案例分析、图形、表格、工作文本等相关资料展现在教学互动网站上（http://www.e8621.com），形成教与学互动，实现丛书资源共享。

本丛书从调研、策划、构思、撰写到出版，前后历时两年半。本丛书的出版，既是作者辛勤成果的体现，更是"产学研"团队合作的成功。衷心感谢团队成员们付出的大量心血，也要感谢清华大学出版社编辑老师们为本丛书的出版所提供的支持和帮助。

在编写本丛书的过程中，我们参阅和借鉴了大量的相关书籍和论文，在此谨向这些书籍和论文的作者表示最诚挚的谢意。限于编者的水平和经验，书中难免存在不足之处，敬请读者予以批评指正（E-mail：gyh118@126.com）。

葛玉辉
2014 年 7 月于上海

前言

作为人力资源管理中的一个重要领域,职业生涯规划管理无论对组织还是对个人而言,都具有举足轻重的作用。但是,在实践中,职业生涯管理又最容易受到组织和个人的忽视。我们经常可以看到的情景是,企业在"招聘—流失—招聘"的漩涡中循环,而员工在"求职—辞职—求职"的漩涡中循环。由此造成的结果是,企业不断地流失优秀员工,员工不断丧失稳定发展的机会,这是对企业和员工双方都不利的"双输"结局。良好的职业生涯规划管理,可以带来企业和员工的"双赢"局面,这也正是目前职业生涯规划管理越来越受到企业和个人双向欢迎、其应用越来越得到重视和推广的重要原因。

职业生涯规划管理(Career Planning and Management),是关于职业生涯的核心价值取向、发展目标预期、战略阶段规划、实现路径设计和具体策略调整等一系列活动的总称,其主要内容包括职业生涯规划、职业生涯开发和职业生涯调控等。职业生涯规划管理对指导个人正确选择职业、合理安排一生事业的发展都具有十分重要的作用,应当成为高校学生、企业员工、国家机关公务员等有关人员提高职业素养、谋求职业成功必备的基础知识,应当成为企事业和机关单位人力资源管理工作者必备的操作技能。

本书受国家社科基金项目(项目编号:11BGL014)、国家软科学研究计划项目(项目编号:2013GXQ4D165)、上海市教委科研创新重点项目(项目编号:14ZS117)和上海市一流学科建设项目(项目编号:S1201YLXK)的资助,以职业生涯规划管理过程为内在逻辑主线,系统地介绍了职业生涯规划管理概述、职业生涯规划管理的基本理论、职业生涯规划管理的测量工具、个人职业生涯规划管理、个人职业生涯周期管理、组织职业生涯规划管理、组织职业生涯周期管理、不同类型企业的职业生涯规划管理和职业生涯规划管理中的热点问题。本书通过理论与实践、个人行为与组织行为、量表测试与分析、案例分析与讨论等内容的结合,不仅希望读者能够学习和掌握职业生涯规划管理的理论与知识,更重要的是希望借此为读者提供一整套职业生涯规划管理的操作方法。

本书的读者对象主要定位于普通高校人力资源专业的在校大学生,我们在写作时也特别照应到了当代整个青年群体和社会从业者群体,因此也适合他们作为案头备用书随时查阅和学习,亦可作为社会职业指导、咨询和企事业单位等各类组织相关培训的教材。为了增强可读性,我们在文字风格上力图简明扼要,有关理论和方法的介绍也力求深入浅出、通俗易懂;在内容体例安排上,力图做到独特新颖、图文并茂。同时,我们在每章前设置了"本章关键词"、"学习目标"、"开篇案例"三个栏目,在章后设置了"本章小结"、"思考与练习"、"案例分析"三个对应栏目,这样可以使读者在学习掌握基本原理、操作技能和实践前沿时,既有"活灵活现"的实感意境,也能够得到"活学活用"的实际效果。

在写作过程中,本书参阅了大量国内外同行有关职业生涯规划和管理知识的著述、文献和资料,借鉴了许多前人的研究成果,在此对他们表示深深的感谢!如果没有他们前期丰富、精彩的理论和实践工作,我们的写作就无异于无本之木、无源之水。

由于时间仓促以及自身水平有限,书中难免存在不妥之处,也有需要进一步深入探讨的方面,恳请广大读者在阅读和使用过程中批评指正,以便改进。

编　者

2014 年 7 月

第一篇 基础理论篇

第一章 职业生涯规划管理概述 ... 2
第一节 职业生涯规划管理的概念 ... 3
一、职业的定义 ... 3
二、职业的类型 ... 3
三、职业生涯 ... 6
四、职业生涯规划管理 ... 8
第二节 职业生涯规划管理的内容和意义 ... 11
一、个人职业生涯规划管理的内容 ... 11
二、组织职业生涯规划管理的内容 ... 12
三、职业生涯规划管理的意义 ... 13
第三节 职业生涯规划管理中的角色与任务 ... 14
一、职业生涯规划管理中的角色 ... 14
二、职业生涯规划中个人与组织的作用 ... 19
三、职业生涯规划管理的任务 ... 21
第四节 职业生涯规划管理的原则 ... 21
一、职业选择的原则 ... 22
二、职业生涯规划管理的原则 ... 22
第五节 职业生涯规划管理的特征和流程 ... 23
一、职业生涯规划管理的特征 ... 23
二、职业生涯规划管理的流程 ... 24
第六节 职业生涯规划管理的研究方法 ... 25
一、唯物辩证法 ... 25
二、实证法 ... 25
三、对比分析法 ... 25
四、统计分析法 ... 25
五、归纳演绎法 ... 26
六、问卷调查法 ... 26

　　　　七、访谈法 26
　　　　八、量表调查法 26
　　本章小结 27
　　思考与练习 27
　　案例分析 27

第二章　职业生涯规划管理的基本理论 34
　　第一节　职业选择理论 35
　　　　一、佛隆的择业动机理论 35
　　　　二、霍兰德的职业性向理论 36
　　　　三、帕森斯的人格特性—职业因素匹配理论 38
　　　　四、罗的动力学理论 38
　　　　五、库伦伯茨的社会学习理论 40
　　　　六、施恩的职业锚理论 41
　　　　七、完整生活计划 43
　　第二节　职业生涯阶段理论 45
　　　　一、萨柏的职业生涯阶段理论 45
　　　　二、金斯伯格的职业生涯阶段理论 46
　　　　三、格林豪斯的职业生涯阶段理论 47
　　　　四、施恩的职业生涯阶段理论 48
　　　　五、利文森的职业发展阶段理论 49
　　　　六、道尔顿和汤普森的职业发展阶段模型 49
　　　　七、职业生涯发展"三三三"理论 50
　　第三节　职业生涯管理模型 52
　　　　一、职业生涯管理模型的一般阐释 52
　　　　二、职业生涯管理模型中的关键概念 53
　　　　三、职业生涯是一个持续地解决问题的过程 58
　　　　四、有效的职业生涯管理的特征 58
　　本章小结 59
　　思考与练习 60
　　案例分析 60

第二篇　工具方法篇

第三章　职业生涯规划管理的测量工具 64
　　第一节　职业能力倾向及测量 65
　　　　一、能力和能力倾向 65
　　　　二、能力的分类 65
　　　　三、能力测量 68
　　　　四、职业胜任力 71

五、职业能力倾向及其测验 73
　第二节　气质、性格及其测量 76
　　　一、气质及气质的测量 76
　　　二、人格及人格测量 79
　第三节　职业适应性测量 87
　　　一、生活特性问卷 88
　　　二、个体需求测验 89
　　　三、职业兴趣测验 90
本章小结 95
思考与练习 96
案例分析 96

第三篇　实际操作篇

第四章　个人职业生涯规划管理 106
　第一节　自我分析与定位 108
　　　一、自我分析的内容 108
　　　二、自我分析的方法 109
　第二节　职业生涯机会评估 112
　　　一、对职业所处的社会环境进行分析 112
　　　二、对职业所处的行业环境进行分析 113
　　　三、对职业所处的组织环境进行分析 114
　第三节　职业生涯目标的设定 115
　　　一、职业目标设立的原则 115
　　　二、职业目标的分解 115
　　　三、职业目标的组合 119
　　　四、职业目标的选择 120
　第四节　职业生涯路线的设定 121
　　　一、进行职业生涯路线的选择 121
　　　二、挑选最佳路线 122
　第五节　职业生涯目标实现策略 122
　第六节　职业生涯规划的反馈与修正 123
　第七节　职业生涯的成功 123
　　　一、职业生涯的成功标准 123
　　　二、职业成功的个人因素 124
　第八节　个人职业生涯开发 125
　　　一、自我要素开发 126
　　　二、社会资本的开发 128
　　　三、职业生涯发展文件管理法 129

本章小结 131
　　思考与练习 131
　　案例分析 131

第五章　个人职业生涯周期管理　142
　第一节　个人职业生涯早期管理 143
　　　一、职业生涯早期特点 143
　　　二、职业生涯早期问题 144
　　　三、职业生涯早期管理 146
　第二节　个人职业生涯中期管理 148
　　　一、职业生涯中期特点 148
　　　二、职业生涯中期问题 151
　　　三、职业生涯中期管理 152
　第三节　个人职业生涯后期管理 154
　　　一、职业生涯后期特点 154
　　　二、职业生涯后期问题 155
　　　三、职业生涯后期管理 156
　　本章小结 157
　　思考与练习 157
　　案例分析 158

第六章　组织职业生涯规划管理　162
　第一节　组织职业生涯规划管理的内涵和功能 164
　　　一、组织职业生涯规划管理的内涵 164
　　　二、组织职业生涯管理的功能 165
　　　三、组织职业生涯规划管理的内容 166
　第二节　组织职业生涯规划管理的实施步骤与方法 166
　　　一、对员工进行分析与定位 167
　　　二、帮助员工确定职业生涯目标 168
　　　三、帮助员工制定职业生涯策略 169
　　　四、职业生涯规划的评估与修正 170
　第三节　组织职业生涯发展通道管理 172
　　　一、职业生涯发展通道的内涵 172
　　　二、职业生涯通道模式 172
　　　三、职业通道设置 176
　第四节　组织职业生涯开发 177
　　　一、组织职业生涯开发的渠道 177
　　　二、组织职业生涯开发的方法 180
　　本章小结 183
　　思考与练习 183

案例分析 184

第七章　组织职业生涯周期管理 188
第一节　组织职业生涯早期管理 189
一、组织在生涯早期的主要管理任务 189
二、组织与员工的相互接纳 192
第二节　组织职业生涯中期管理 194
一、组织职业生涯中期的管理原则 194
二、组织职业生涯中期的管理任务 195
三、组织职业生涯中期的管理措施 196
第三节　组织职业生涯后期管理 201
一、退休计划的管理 201
二、提前退休计划 203
本章小结 203
思考与练习 204
案例分析 204

第四篇　结果应用篇

第八章　不同类型企业的职业生涯规划管理 212
第一节　大型国有企业的职业生涯规划管理 213
一、大型国有企业进行职业生涯规划的原因 213
二、大型国有企业实施职业生涯规划的特点、流程及注意事项 214
第二节　中小型民营企业的职业生涯规划管理 217
一、中小型民营企业职业生涯规划的特点 217
二、中小型民营企业制定和实施职业生涯规划的流程及注意事项 217
第三节　合资企业的职业生涯规划管理 219
一、合资企业职业生涯规划的特点 219
二、合资企业制定和实施职业生涯规划的流程及注意事项 219
本章小结 220
思考与练习 221
案例分析 221

第九章　职业生涯规划管理中的热点问题 230
第一节　工作压力 231
一、工作压力概述 231
二、工作压力的来源 232
三、工作压力的形成机制 237
四、工作压力的影响 239
五、减少工作压力的途径 240

第二节　工作与家庭平衡计划 244
一、工作与家庭的关系 245
二、工作家庭冲突 246
三、工作家庭冲突研究模型 249
四、工作—家庭平衡计划 251
五、工作—家庭平衡计划的策略 253

第三节　职业高原现象 258
一、职业高原的概念 258
二、职业高原的主要内容 258
三、职业高原影响因素分析 258
四、职业高原员工类型分析 260
五、职业高原应对策略分析 261

第四节　"玻璃天花板"效应 262
一、"玻璃天花板"效应的含义 262
二、"玻璃天花板"效应产生的原因 263

第五节　继任规划 263
一、继任规划的基本理念 263
二、继任规划的实施 264

第六节　导师计划 265
一、导师计划的作用 266
二、实施导师计划需注意的问题 266
三、促进导师关系的策略 267
四、确定正式指导关系的步骤 268
五、成功地实施导师计划 268

本章小结 268
思考与练习 269
案例分析 269

参考文献 274

附录 A　霍兰德职业倾向测验量表 276

附录 B　职业能力倾向的自我测定 288

第一篇 基础理论篇

第一章 职业生涯规划管理概述

第二章 职业生涯规划管理的基本理论

第一章

职业生涯规划管理概述

【本章关键词】
　　职业；职业生涯；职业生涯规划；管理；角色

【学习目标】
- □ 了解职业生涯规划管理的概念。
- □ 了解职业生涯规划管理的内容和意义。
- □ 熟悉职业生涯规划管理的角色与任务。
- □ 掌握职业生涯规划管理的原则。
- □ 掌握职业生涯规划管理的特征和流程。

辞职了，我的下一步该如何走？

　　作为家里的独生女，Karen从小就受尽宠爱，家里也是事事给她安排好，不让她自己操心。读大学的时候，家里人认为女孩子做老师好，让Karen读师范学校，因为Karen喜欢英语，所以就报读了省城师范大学的英语教育专业。本来一切都是按部就班的，家里已经给Karen在老家找好关系，毕业后就可以进当地的高中教学。但是Karen经过几次教学实习后，再也不愿意去当老师了，自己觉得一点都不喜欢，太枯燥了，而且还要干一辈子，一眼看到头的生活不是她想要的。家里对此也没有办法，只能随她去。于是Karen毕业后就留在了杭州找工作，经父亲的朋友介绍，去了一家台资企业从事文秘工作。工作比较轻松，待遇也不错，Karen一开始也觉得蛮好的，看看身边还在到处奔波求职的同学，她已经感到很满足了。但是时间一久，Karen又对这个工作厌烦了，虽然有时候也负责企业ISO9001及ISO14001等相关工作，但是涉及很少，基本上都是翻译文件、整理文件、接电话、管理办公用品等一些琐碎的工作。她不想去做老师，就是因为自己的理想是干一份能体现个人价值，并且值得努力奋斗的工作。她认为，只有符合自己兴趣的工作才能带来这些，才能证明自己存在的价值，充满激情地不断创造和发展，而教师工作和目前的工作都不是自己的兴趣所在。其实工作一年的时候，Karen就想离职了，但是因为家里人反对强烈，加上当时刚刚爆发金融危机，所以就留下来了，一待又是两年。眼看自己年龄越来越大，今年年初终于下定决心辞了职。只是，辞职后，找了一段时间的工作，Karen又迷茫了。一方面，不知道自己该从事什么工作，好像自己对什么工作都没兴趣；另一方面，工作也很难找，应聘了几个都没有成功。Karen现在也不知道该何去何从了。

资料来源：http://www.careerslife.com/main/ArticleShow/16605.html

第一节 职业生涯规划管理的概念

一、职业的定义

从词义学的角度分析，"职业"一词是由"职"与"业"两字构成。所谓"职"，包含着社会职责、天职、权利与义务的意思；所谓"业"，包含着从事业务、事业、事情、独特性工作的意思。

不同学者对"职业"的界定角度不同。美国社会学家赛尔兹认为，职业是一个人为了不断取得个人收入而从事的具有市场价值的特殊活动，这种活动决定着从业者的社会地位。他指出，"职业"范畴的"三要点"是技术性、经济性和社会性。

日本社会学家尾高邦雄认为，职业是某种一定的社会分工或社会角色的持续的实现，因此职业包括工作、工作的场所和地位。他指出："职业是社会与个人，或整体与个体的结合点。通过这一点的相关动态，形成了人类社会共同主体的基本结构。整体靠个体通过职业活动来实现，个体则通过职业活动对整体的存在和发展做出贡献。"

日本劳动问题专家保谷六郎认为，职业是有劳动能力的人为了生活需要而发挥个人能力，向社会做贡献的连续活动。"职业"的特性有以下几点。

（1）经济性，即人们可从职业中取得收入。
（2）技术性，即人们在职业中可发挥个人才能与专长。
（3）社会性，即人们要在职业中承担社会的生产任务（社会分工），履行公民义务。
（4）伦理性，即人们所从事的职业要符合社会需要，为社会提供有用的服务。
（5）连续性，即人们在职业中所从事的劳动相对稳定，是非中断性的。

美国学者泰勒（Lee Taylor）在其著作《职业社会学》一书中指出："职业的社会学概念，可以解释为一套成为模式的与特殊工作经验有关的人群关系。这种成为模式的工作关系的整合，促进了职业结构的发展和职业意识形态的显现。"

二、职业的类型

从事"美国大学测试（ACT）"项目的心理学家戴尔·普雷迪格及其同事按照职业的工作对象类型，把职业分成以数据、观念、人和事物为不同对象的四种类型，这四项构成了ACT职业计划项目的基础，如表1-1所示。

表 1-1　ACT 职业计划工作任务

数据／观念	人／事物
数据（事实，记录，文件，数字，辅助人们对商品和服务进行消费的系统化过程） "数据活动"包括记录、纠错、传播、组织代表商品与服务的事实或数据等"非人过程"，订购代理处、会计和文秘工作主要与数据打交道	人（无代替名词） "人的活动"包括帮助、提供信息、服务、劝服、娱乐、激励和指导等"人际过程"，总的目的是使他人的行为发生改变，老师、售货员和护士的工作属于此类
观念（抽象，理论，知识，洞见，表达的新方式如通过语言、等式或音乐） "观念活动"包括创造、发现、理解和综合抽象或实践抽象等，科学家、音乐家和哲学家的工作属于此类	事物（机器，机械，材料，工具，物理和生物过程） "事物活动"包括生产、运输、服务和修葺等"非人过程"，建筑工人、农妇和工程师主要与此类事物打交道

普雷迪格还进一步把职业分成六个领域：商务往来、商务操作、技术、科学、艺术和社会服务。六个工作类型所对应的工作如表 1-2 所示。

表 1-2　普雷迪格工作群及相应工作

工作类型	相应工作
商务往来	A．市场营销 　　商店销售人员；路线运输工（送奶）；采购员；旅行代理人；探访顾客的销售人员（房地产和保险代理人，股票经纪人，农产品、办公用品和医疗设备销售人员） B．管理计划 　　商店、汽车旅馆、饭馆和农业综合企业经理；办公室管理人员；购买代理人；大公司经理；娱乐场所公园经理；病历卡管理人员；城市规划者
商务操作	C．记录联络 　　办公室、图书馆、旅店和邮局职员；招待员；电脑盘片管理员；办公室、医疗和司法部门秘书；法院书记官；病历记录技术人员 D．财务处理 　　簿记员；会计；杂货店收账员；银行出纳；售票员；保险商；财务分析 E．储存发送 　　运货和收货职员；邮递员；卡车、出租车和飞机运货工；船运人员；空中航线监控人员 F．商用机器／电脑操作 　　电脑控制台、打印机等的操作员；办公设备操作员；打字员；字处理设备操作员；统计人员
技术	G．交通工具操作维修 　　巴士、卡车和出租汽车司机；汽车和飞机机械师；铲车驾驶员；商务海运人员；飞机驾驶员 H．建造维修 　　木匠；电工；油漆匠；保管员（门卫）；砖匠；金属片制造工；推土机和起重机操作员；建造监督人员 I．农业和自然资源 　　农夫；林务官；农场工人；庭园美化师；树木整形专家；植物护养工；宠物商店服务员

续表

工作类型	相应工作
技术	J. 手工艺和相关服务 　　厨师；屠夫；面包师；修鞋匠；钢琴/管风琴调音师；裁缝；珠宝商 K. 家用/商用设备维修 　　电视机、家用电器、打字机、电话、供热系统、复印机等的修理工 L. 工业设备操作和维修 　　机械工；印刷工；缝纫机操作员；焊接工；工业机器修理工；产品油漆匠；工厂工人和机器操作员；矿工；救火员 M. 工程和其他实用技术 　　各领域内的工程师和工程技术人员；生物和化学实验室技术人员；电脑编程人员；电脑服务技术人员；起草人；调查员；技术说明者；食物技术人员
科学	N. 医疗专业技术 　　牙齿清洁师；光学仪器制造商；弥补术技术人员；医务技术人员；牙医；验光师；药剂师；兽医 O. 自然科学和数学 　　农学家；生物学家；化学家；生态学家；地理学家；地质学家；园艺家；数学家；物理学家 P. 社会科学 　　市场调查分析家；人类学家；经济学家；政治学家；心理学家；社会学家
艺术	Q. 实用艺术（可视） 　　植物设计；商品陈列；商业艺术家；时尚设计师；摄影师；内部设计师；建筑师；园林师 R. 创造性质演艺性艺术 　　喜剧演员；演员；舞蹈家；音乐家；歌手；作家；艺术、音乐等的教师 S. 实用艺术（书面与口头） 　　广告文编撰人；唱片播放调音师；法律助手；广告文案管理；翻译；记者；公关人员；律师；图书管理员
社会服务	T. 医疗保健 　　勤务员；牙医助手；护士；营养学家；职业临床医学家；外科大夫；语音病理学家 U. 教育及相关服务 　　教师助手；学前老师；体育教练；大学老师；职业指导顾问；小学教师和技校老师；特殊教育老师 V. 社会政府服务 　　安全警卫；警察；健康、安全、食品等检察官；儿童福利工作人员；家庭经济顾问；重新安置顾问；社会工作者 W. 个人顾客服务 　　杂货店装袋工；侍应生；空中服务人员；化妆师（美容师）；理发师；管家和仆人

三、职业生涯

（一）职业生涯的定义

生涯指人的一生，那么什么是职业生涯呢？许多学者对职业生涯的理解各不相同。

萨伯（Super, 1976）认为，职业生涯是生活中各种事态的连续演进历程，它统合人一生中依次发展的各种职业和生活的角色，包括人一生中一连串有酬或无酬职位、角色的综合。

霍尔（Hall, 1976）认为，职业生涯指的是每个人终其一生与其工作或职业相关的生活经验或态度。

也有人指出，生涯中所谈的工作指的是持续地付出心力或劳力，以满足自己或他人目标所进行的劳务活动（张春兴，1977；杨朝祥，1989）；为从事上述的目标活动，企业、组织或社会需赋予个人某种职位（position），使其扮演相当的角色，以完成任务和目标，此总称职业（occupation）；若上述职业能结合心智成长、知识增进及权位提升，则有事业或生涯（career）含义（吴秉恩，1999）。职业生涯指以心理开发、生理开发、智力开发、技能开发、伦理开发等人的潜能开发为基础，以工作内容的确定和变化、工作业绩的评价、工资待遇、职称职务的变动为标志，以满足需求为目标的工作经历和内心体验的经历（张德，2001）。

尽管对于职业生涯的认识角度不同，但是职业生涯有其基本含义：

第一，职业生涯是个体的行为经历，而非群体或组织的行为经历；

第二，职业生涯是一个人一生中的工作任职经历或历程；

第三，职业生涯是个时间概念，指职业生涯期；

第四，职业生涯蕴含着具体的职业内容，它是一个动态的、发展的概念。

综合以上观点，可以给职业生涯下这样一个定义：职业生涯就是一个人的职业经历，它是指一个人一生中所有与职业相联系的行为与活动，以及相关的态度、价值观、愿望等连续性经历的过程，也是一个人一生中职业、职位的变迁及工作、理想的实现过程。

（二）职业生涯的特性

职业生涯具有六个方面的特性。

1. 方向性

生活里各种事态的连续演进方向。

2. 时间性

生涯发展是一生中连续不断的过程。

3. 空间性

生涯系以事业角色为主轴，也包括其他与工作有关的角色。

4. 发展性

每个人的生涯都有一个发展过程。

5. 独特性

每个人的生涯发展是独一无二的。

6. 现象性

只有个人寻求它时，它才存在的。

(三)职业生涯的类型

1. 按照职业生涯是否稳定来划分

(1) 传统性职业生涯。比如,一名高校老师的传统性职业生涯之初的职称是助教,随着其学术水平和工作年限的增长,其职称可能会逐步晋升为讲师、副教授、教授。

(2) 易变性职业生涯。比如,一名教师职业生涯之初从事教学工作,以后转到行政岗位上从事教学管理工作,等等。

2. 从职业发展对象的角度来划分

(1) 内职业生涯。内职业生涯就是从业者个人追求职业过程中所经历的通路。内职业生涯的因素包括与职业相关的知识、观念、心理素质、能力、个性品质等,它们的取得可以通过别人的帮助来实现,但主要是由自己的努力追求而实现的,并且一旦取得就永远归自己所有,别人无法收回或剥夺。

(2) 外职业生涯。外职业生涯的因素包括工作单位、工作地点、工作内容、工作职务、工作环境、工资待遇等,这些因素都是由单位给予的,在个人职业生涯初期,它们往往与自己的付出不相符。外职业生涯的发展以内职业生涯的发展为基础,只有二者达到和谐的统一,才可能保证职业生涯的最终成功。

(四)职业生涯与人生需求

1. 职业生涯在人生中占的时间比例

我们的职业生涯大部分是从20~25岁开始,到60多岁结束,也就是说人一生中真正从事职业活动的时间大约是35~40年,约占生命历程的42%~50%(以平均70岁寿命为基数)。一天24小时,用于吃、喝、拉、撒、睡等生理活动的时间大约占10~12小时,其余的12~14小时称为社会活动时间。目前,我国大部分行业实行的是每天8小时工作制,加之花费在上下班途中的时间,一天用于工作的时间一般不少于10小时,也就是说平时职业生涯用的时间占可利用的社会活动时间的71%~84%,这还不包括许多人经常在下班后、节假日加班所花费的时间。因此可以说每个人生命的大部分时间是在职业生涯中度过的。

2. 职业生涯与人生需求的满足

(1) 人的需求层次。人是高等动物,人与其他动物最根本的区别在于:人不仅有维持基本生存的物质需要,而且更看重的是精神层面的需要。美国心理学家马斯洛(A. Maslow)把人的需要分为五个层次,如图1-1所示。

图1-1 马斯洛的需要层次论

- ❏ 生理需要（physiological needs），即食物、水、住所以及其他方面的生理需要。
- ❏ 安全需要（safety needs），即保护自己免受身体和情感伤害的需要。
- ❏ 社会需要（social needs），即友谊、爱情、归属及接纳方面的需要。
- ❏ 尊重需要（esteem needs），内部尊重包括自尊、自主和成就感；外部尊重包括地位、他人认可和关注等。
- ❏ 自我实现需要（self-actualization needs），即成长与发展、发挥自身潜能、实现理想的需要。这是一种追求个人能力极限的内驱力。

马斯洛指出，生理需要、安全需要是低级需要，而社会需要、尊重需要和自我实现需要是高级需要。人的需要一般是从低级向高级发展，当低级需要相对得到满足后，人们进一步看重高级需要的满足。根据美国管理学家霍奇茨（R. M. Hodgetts）的调查，美国人口中约20%的人处于基本生理和安全的需要层次，约30%的人处于社交需要层次，只有不到1%的人处于尊重和自我实现需要这两个高层次上。

人首先是作为生物人存在的，必须满足生理的需要。当一个人饿得饥肠辘辘时，他最大的愿望就是得到一碗饭。乞丐跪地以放弃人格尊严为代价向路人乞讨，就是因为生理需要是他们的第一需要（这里排除那些专门以乞讨致富的骗子）。

安全需要也是人的基本需要，缺乏安全感的人，不管他（她）多么富有、社会地位多么高，他（她）都是不幸福的。缺乏安全感的社会，不管其社会财富多么丰富、生活水平多么高，都不会成为人人向往的天堂。美国是当今世界最发达的国家，但恐怖主义分子的每一句威胁都使其官员和国民提心吊胆，因为"9.11"事件的阴影笼罩了他们，使他们很难再有安全感。

社会需要和尊重需要可能是每个人在吃饱、穿暖后都极为看重的需要。一个被父母遗弃的孤儿，在福利院里虽然能保证衣食住行，但他（她）缺失了父爱和母爱，不会有完整的幸福感。失恋的人之所以痛不欲生，有的人甚至为此自杀或杀人，就是因为他们被自己所爱的人抛弃而失去了情感归属，找不到自我生存的价值。

（2）人的需求是通过职业生涯来满足的。上述人生的各种需求，大部分是通过我们的职业生涯来满足的，只不过在不同的职业生涯阶段，人生需求的侧重各有不同罢了。

刚参加工作时，我们可能主要看重物质生活需要的满足；但随着基本生活需要的基本满足，我们会不断提高需求层次，更希望获得别人的肯定、尊重，获得荣誉、地位，发挥自我才干，实现自我人生理想，而这一切的获得都离不开职业生涯这一平台。

四、职业生涯规划管理

（一）职业生涯规划管理的定义

职业生涯规划管理（Career Planning and Management）是指组织与员工共同制定的，基于员工个人和组织共同需要的，员工个人发展目标与发展道路的活动。

职业生涯规划管理是对个人职业生涯的安排，可以从组织与个人两个层面展开，因此对于职业生涯规划管理的内涵，也可以从两个层面加以界定。

从个人层面而言，职业生涯规划管理又叫职业生涯设计，是指个人与组织发展相结合，在对个人职业生涯的主客观条件进行测定、分析、总结的基础上，对自己的兴趣、爱好、能力、特点进行综合分析与权衡，结合时代特点，根据自己的职业倾向，确定其最佳的职业奋斗目标，并为实现这一目标做出行之有效的安排。

从组织层面而言，职业生涯规划管理是组织开展和提供的、用于帮助和促进组织内正从事某类职业活动的雇员实现其职业发展目标的行为过程，包括职业生涯设计、开发、评估、反馈和修正等一系列综合性的活动与过程，为雇员提供必要的教育、训练、轮岗等发展机会，以促进组织发展目标和雇员生涯目标的实现。组织职业生涯规划管理是通过雇员和组织的共同努力与合作，使雇员的生涯目标与组织发展目标一致，使雇员个人的发展与组织的发展相吻合。

（二）职业生涯规划的分类

按照时间的长短来分类，职业生涯规划可分为人生规划、长期规划、中期规划与短期规划四种类型，如表1-3所示。

表1-3　职业规划的类型

类　　型	定义与任务
人生规划	整个职业生涯的规划，时间长至40年左右，设定整个人生的发展目标，如规划成为一个拥有数亿资产的公司董事
长期规划	5~10年的规划，主要设定较长远的目标，如规划30岁成为一家中型公司的部门经理，规划40岁成为一家大型公司副总经理等
中期规划	一般为3~5年内的目标与任务，如规划从大型公司部门经理到小公司做总经理等
短期规划	3年以内的规划，主要是确定近期目标与任务，规划近期完成的任务，如对专业知识的学习，掌握哪些业务知识

（三）个人职业生涯规划的构成要素

个人职业生涯规划主要由五大要素构成，分别为知己、知彼、选择、目标和行动，如图1-2所示。

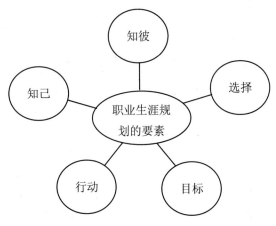

图1-2　个人职业生涯规划的构成要素

1. 知己

知己就是充分地了解自己，包括自己的性格和气质特征、兴趣爱好、能力和价值观取向等方面。

2. 知彼

深入了解外面的世界，包括职业特性、职业要求、职业发展前景和薪金待遇等方面。

3．选择
根据对自己和对外界的分析结果，对自己将要从事的职业进行选择、确定。

4．目标
对自己将要从事的职业进行确定之后，就要为自己制订目标计划。

5．行动
制订目标计划后，按照计划一步步向着自己的目标前进。

（四）个人与组织职业生涯规划管理的不同

个人职业生涯规划管理与组织职业生涯规划管理的内涵存在显著的不同，要深入理解其内涵，必须注意以下三个方面的问题。

1．个人职业生涯规划管理与组织职业生涯规划管理的主体不同

个人职业生涯规划管理是个人职业生涯的自我管理，自己是自己的主人，自我管理是职业生涯成功的关键。个人职业生涯规划管理是以自我价值实现和增值为目的，自我价值的实现和增值并不局限于特定的组织内部，雇员可以通过跳槽实现个人发展目标。组织职业生涯规划管理是组织为雇员设计的职业发展与职业援助规划，是从组织的角度出发，根据组织发展对职业的需要，将雇员视为可开发增值的人力资本；通过协助雇员在职业目标上的努力，谋求组织的持续发展。组织职业生涯规划管理有一定的引导性和功利性。它帮助雇员完成自我定位，克服完成工作目标的过程中遇到的困难挫折，鼓励将个人职业生涯目标同组织发展目标紧密相连，并尽可能多地给予他们发展机会。由于这类职业生涯规划是由组织发起的，通常由人力资源部门负责，所以具有较强的专业性、系统性。与之相比，个人职业生涯规划管理并不一定那么正规和系统，但只有在科学的职业生涯管理之下，才可能形成规范的、系统的和科学的个人职业生涯规划。

2．职业生涯规划管理必须满足个人与组织的双重需要，实现二者的共同目标

职业生涯规划着眼于帮助雇员实现个人职业生涯目标，即力求满足雇员的职业生涯发展需要。因此，要实行有效的职业生涯规划管理，必须了解雇员现实的职业生涯目标，在实现职业生涯目标过程中会遇到哪些方面的问题，如何解决这些问题，雇员的职业生涯历程可以分为哪几个阶段，每个阶段的典型矛盾和困难是什么，以及如何加以克服和解决。组织只有在对这些信息有充分的了解之后，才可能相应地制定出有关政策和措施，帮助雇员解决这些问题并为雇员提供相应的发展机会。同样，在满足雇员职业发展需求的同时，还必须满足组织自身职业发展的需要。这可以通过两个方面的工作来实现：一方面是在满足雇员职业发展需求的时候，使全体雇员的职业技能得到提高，进而带动组织整体人力资源水平的提升；另一方面是在职业生涯管理中对雇员的有意识引导，可使同组织目标方向一致的雇员脱颖而出，从而为组织培养高层经营、管理或技术人员提供人才储备。

3．职业生涯规划管理是一个庞大的系统工程，涉及的内容十分广泛

从内容上来看，职业生涯规划管理既包括对雇员个人状况的深入了解，又包括对组织的深入了解；既包括生涯规划目标的确定，又包括实现生涯目标所需的各种管理方法与手段；同时又涉及职业活动的各个方面，既应了解组织过去的发展及未来的目标，预测政治、经济、社会、文化等环境的外在变化及可能产生的影响，规划出有长远性、前瞻性的发展方向，主动提供各种信息给雇员，强化彼此之间的回馈、沟通、信赖与支持，又应了解雇员的个别差异性及绩效

表现、发展目标等，以提高雇员的工作积极性和企业凝聚力。从活动上来看，凡是对雇员职业活动的帮助，均可列入职业生涯规划管理的范畴之中。其中既包括针对雇员个人的，如各类培训、咨询、讲座以及为雇员自发的扩充技能、提高学历的学习给予便利等，也包括针对组织的诸多职业发展政策和措施的完善与调整，如规范职业评议制度、建立和执行有效的内部升迁制度等。从时间上来看，职业生涯规划管理将伴随个人的整个生涯历程，对组织而言则贯穿组织生命周期的全过程。因此，一套系统的、有效的职业生涯规划制度和体系要涉及企业管理与个人发展的诸多方面，是一项长期的系统工作。

第二节 职业生涯规划管理的内容和意义

一个系统的、有效的职业生涯规划和管理体系往往涉及员工与组织的诸多方面的内容。

一、个人职业生涯规划管理的内容

个人职业生涯规划管理一般包括自我剖析、目标设定、目标实现策略、反馈与修正四个方面的内容，具体如图1-3所示。

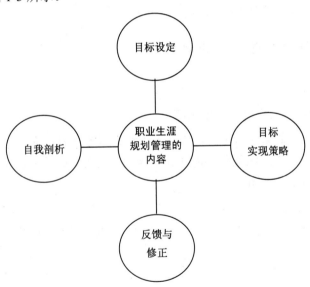

图1-3 职业生涯规划的主要内容

（一）自我剖析

自我剖析是指全面、深入、客观地分析和了解自己。即认清自己为人处世所遵循的价值观念，明确自己为人处事的基本原则和追求的价值目标，熟悉自己掌握的知识与技能，剖析自己的人格特征、兴趣、性格等多方面的个人情况，以便了解自己的优势和不足，对自己形成一个客观、全面的认识和定位。

（二）目标设定

目标设定是在上述自我剖析与定位的基础上，设立明确的职业目标。由于职业生涯跨越个人的青年、中年乃至老年，且人在各时期的体能、精力、技能、经验、为人处事的特点有明显差别，所以有针对性地制定阶段性的目标更为切实可行。

（三）目标实现策略

目标实现策略是通过各种积极的具体行动与措施去争取职业目标的实现。目标实现的内容不仅包括个人在工作中的表现及业绩，同时还包括超出现实工作之外的一些前瞻性的准备，以及为平衡职业目标和其他目标（如生活目标、家庭目标）而做出的种种努力。目标实现的策略很多，包括撰写求职简历、参加面试应聘、商议工资待遇、制定和完成工作目标、参加公司举办的培训和发展计划、构建人际关系网、谋求晋升、参加业余时间的课程学习以及跳槽换工作等，都可以看成是目标实现的具体努力和措施。

（四）反馈与修正

反馈与修正是指在实现职业生涯目标的过程中，根据实际情况自觉地总结经验和教训，修正对自我的认知和对最终职业目标的界定。研究表明，许多人都是在经过了一段时间的尝试和寻找之后，才了解自己到底适合从事什么领域的工作，这段时间在缺乏反馈和修正的情况下可能长达十几年。即使在自我定位和目标设定正确时，反馈和修正同样可以纠正在实现分阶段目标的过程中出现的偏差，可以极大地增强实现目标的信心。

二、组织职业生涯规划管理的内容

组织职业生涯规划管理的基本内容主要有以下七个方面。

（一）对组织的发展目标进行宣传教育

通过会议、内刊、主管宣讲等方式，让员工了解组织的发展目标，使员工对组织的目标产生认同，建立使命感，并以此激发员工内在的积极性，进而促进员工之间的了解、沟通，建立共识，为完成组织目标而共同奋斗。

（二）职业信息系统

职业信息系统包括了组织和员工所有的相关信息，也包括组织的发展战略、职位空缺、各岗位任职资格标准、晋升标准等方面的信息。一个好的职业信息系统应该能够比较全面地呈现职位需求信息和组织内人员的供给状况信息，以便为平衡需求和供给打下一个良好的基础。

（三）设立员工职业生涯发展评估中心

对大中型组织来说，可以在组织内设立职业生涯发展评估中心，对员工进行评估。例如，美国的通用公司与日本的松下电器等均有咨询辅导专家协助员工解决其职业生涯发展问题。这些公司都设有管理知识讲座、自我成长等课程，都制定了自我评估方案并对员工进行心理测验，以协助员工分析自己，增加其个人职业生涯知觉与自信心等。

对小型组织而言，既可由其人力资源部门的工作人员兼任员工的辅导、评估与指导工作，也可以聘请社会上的职业生涯专家来负责本组织的生涯指导与咨询。

（四）与人力资源管理活动相配合

人力资源管理活动要密切配合职业生涯管理工作。例如，确定员工的职业生涯途径的发展方向，使员工能集中精力去学习新知识和新技能；对员工的工作进行轮岗调适，增加员工的工作技能，丰富员工的工作经历；对领导候选人进行培训，提高管理人员的素质，预测未来人力供需与调配计划等。

（五）建立奖赏升迁制度

奖赏与升迁既是满足员工物质需求和精神需求的重要手段，也是激励员工的主要方式，并且升迁往往还是员工职业生涯发展规划中的一个重要目标。因此，组织里的人力资源部门应该研究开辟多种升迁渠道，包括行政管理系列、技术职务系列、实职领导岗位、非领导岗位等，让优秀员工均能达到合适的级别，享受相应的待遇，使其职业生涯目标得到实现，以此调动员工的积极性，提高组织的整体素质。

（六）加强员工的训练与教育

对员工进行培训以提高员工的工作技能，主要是为了满足组织当前的工作需要；对其进行教育则是为组织培养未来所需的人才，主要是着眼于未来。对于员工而言，接受训练与教育是其职业生涯发展的重要内容之一。通过参加训练与教育，可以增进其技能、丰富其理论、转变其观念、变革其思维，进而可以促进其职业生涯发展，使其成为有用人才，为组织做出更大的贡献。

（七）个人需要与组织需要相适应

组织的职业规划贯穿于组织职业生涯管理的全过程。它针对员工职业生涯的不同阶段，配以不同任务和内容的职业计划，与员工的职业发展相匹配，为员工的不断进步开辟道路。只有做到个人需要与组织需要相互适应，才能最终同时达到组织与个人的目的，实现双赢。

三、职业生涯规划管理的意义

职业生涯规划管理有助于个人找到自己的人生目标，作出更好的职业选择，平衡家庭与朋友、工作与个人爱好之间的需求。更为重要的是，职业生涯规划管理为人生的事业成功提供了科学的技术与基本的操作方法，并能使组织与个人实现双赢，因而对个人的职业生涯发展及组织发展都具有重要的意义和作用。

1．个人层面

对个人而言，职业生涯规划的意义与重要性主要体现在以下三个方面。

（1）职业生涯规划可以增强员工对职业环境的把握能力和对职业困境的控制能力。职业生涯规划不仅可以使员工个人了解自身的长处和短处，养成对环境和工作目标进行分析的习惯，还可以使员工合理计划、安排时间和精力开展学习与培训，以完成工作任务、提高职业技能。这些活动的开展都有利于强化员工的环境把握能力和困难控制能力。

（2）职业生涯规划可以帮助员工协调好职业生活与家庭生活的关系，更好地实现人生目标。良好的职业生涯规划和职业生涯开发与管理工作可以帮助员工从更高的角度看待职业生活中的各种问题和选择，将各分离的事件结合在一起，相互联系起来，共同服务于职业目标，使职业生活更加充实和富有成效。同时，职业生涯规划可以帮助员工综合地考虑职业生活同个人追求、家庭目标等其他生活目标的平衡，避免顾此失彼、左右为难的窘境。

（3）职业生涯规划可以使员工实现自我价值的不断提升和超越。员工寻求职业的最初目的可能仅仅是找一份可以养家糊口的差事，进而追求的可能是财富、地位和名望。职业生涯规划对职业目标的多次提炼可以逐步使员工工作目的超越财富和地位之上，追求更高层次自我价值实现的成就感和满足感。因此，职业生涯规划可以发掘出促使人们努力工作的最本质的动力，升华成功的意义。

2．组织层面

对组织而言，职业生涯规划的意义与重要性主要体现在以下三个方面。

（1）职业生涯规划可以帮助组织了解组织内部员工的现状、需求、能力及目标，调和它们同存在于企业现实和未来的职业机会与挑战间的矛盾。职业生涯规划的主要任务就是帮助组织和员工了解职业方面的需要和变化，帮助员工克服困难、提高技能，实现企业和员工的发展目标。

（2）职业生涯规划可以更加合理与有效地利用人力资源。合理的组织结构、组织目标和激励机制都有利于人力资源的开发利用。同薪水、奖金、待遇、地位和荣誉的单纯激励相比，切实针对员工深层次职业需要的职业生涯开发与管理具有更有效的激励作用，同时能进一步开发人力资源的职业价值。

（3）职业生涯规划可以为员工提供平等的就业机会，对促进企业持续发展具有重要意义。职业生涯规划考虑了员工不同的特点和需要，并据此设计不同的职业发展途径和道路，以利于不同类型的员工在职业生涯中扬长避短，为员工在组织中提供了更为平等的就业和发展机会，稳定和提升了员工的技能水平、创造性、主动性和积极性，这对于促进组织的持续发展具有至关重要的作用。

第三节　职业生涯规划管理中的角色与任务

一、职业生涯规划管理中的角色

在职业生涯规划管理中，组织、个人以及其他一些相关人员都扮演着重要的角色，承担着不同的任务，并对个人的职业生涯发展产生重要影响。

（一）个人

个人，既是职业生涯规划的主体，是职业生涯规划的制定者、实施者，也是职业生涯规划管理和服务的对象。无论个人还是组织开展的职业生涯规划活动，都是以个人的情况为基础，在细致的自我分析的基础上制定的，其落实也要靠个人的努力与配合，因此，个人既是职业生涯规划的主体，也是职业生涯实施的对象。个人的状况、价值观和对职业生涯规划的态度，对职业生涯规划有着至关重要的影响。

（二）组织内部的角色

组织内部承担组织成员职业生涯规划任务的角色有多个。首先是组织最高领导者，他们是职业生涯管理的组织者和领导者，他们组织人力资源管理部门和职业生涯委员会制定战略规划和实施计划，而后将实施计划交由职业生涯指导顾问和各级管理者具体落实执行。在实际工作中,组织内的同级和直接下级也起到不同的角色作用,具体如图 1-4 所示。

1. 组织最高领导者

组织最高领导者是组织成员职业生涯规划管理的重要人物。组织发展战略是由最高领导者来确定并指挥实施的,因此组织最高领导者应对组织发展前景和人员需要发展的能力作出有效的判断。组织最高领导者还参与组织各项管理制度和人事制度的制定,如提出组织未来管理人员的国际化原则等内容。

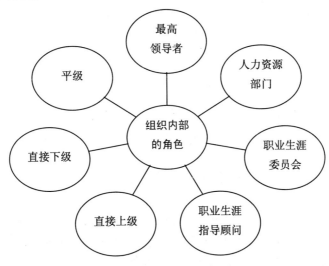

图 1-4　组织内部的角色

需要指出的是,组织最高领导者或多或少地会对组织高级管理人员进行直接的管理,他们可能参与职业生涯委员会,处理高潜能人员的有关问题等,并决定一部分管理人员的职务分配,因此这也是组织最高领导者决定如何从整体上表述职业生涯规划管理的内在功能。

美国学者施尔曼教授指出,职业生涯开发和管理的成功与组织高层领导者的全力支持密不可分。理想的方式应该是,高层经理与人力资源部门经理、职业生涯委员会一起设计并实施职业生涯的开发体系和制度。此体系应该反映组织的目标和文化,并使人力资源的哲学宗旨贯穿始终。

2. 人力资源部门

人力资源部门负责整个组织各类职业人员的开发与管理,员工职业生涯规划是其工作内容的重要组成部分。针对组织内部不同的人员,分析其工作的特殊性,制定相应的政策和方法,并根据工作发展的需要设立特殊的岗位,进行特殊的培训,设定不同的职业发展通道,以培养能够担任特定职业的开发和管理工作的专家。

3. 职业生涯委员会

职业生涯委员会是组织为职业生涯管理战略的制定和实施而设立的机构,委员会一般由企业最高领导者、人力资源管理部门的负责人、职业指导顾问、部分高级管理人员以及组织外部专家组成。职业生涯委员会是对与组织人员发展相关的决定进行讨论的专门机构,其主要职责是制定每年的职业生涯年度会谈策略,对有潜力的雇员进行定位,并对其发展道路进行观察与监督。职业生涯委员会的会议具有很强的影响力,有关职务分派的一些决定也在职业生涯委员会会议上进行讨论。职业生涯委员会需要连续不断地搜集和整理个人、企业和社会发展的信息,以便作出正确的决策。

4．职业生涯指导顾问

职业生涯指导顾问是设立于人力资源管理部门或职业生涯委员会中的特殊职务，既可以由具有丰富的人力资源管理知识和经验的专业人员担任，也可以由德高望重、已在职业生涯发展中取得显著成功的资深管理人员担任。

职业生涯指导顾问可以在两个层次参与工作。从组织的角度出发，他们负责研究有关管理人员的聘用和管理问题，贯彻职业生涯委员会的决策。其实际参与的程度取决于组织结构和组织的发展战略。从雇员的角度出发，职业生涯指导顾问是其职业生涯的顾问，也是其直接上级进行职业生涯规划管理工作的顾问。

职业生涯指导顾问的任务主要表现在如下四个方面。

（1）直接为雇员的职业生涯发展提供咨询。

（2）帮助各级管理人员做好职业生涯管理工作。

（3）协助组织做好雇员的晋升工作，通过一系列方法来明确可以提供的工作岗位、雇员发展的愿望、实现地理位置上的人事变动的条件，等等。

（4）协助组织做好各部门管理人员间的薪酬平衡，使之不要因为所处岗位级别及部门情况的不同而差距过大，避免因薪酬政策间的差距阻碍组织内部的人事变动。

5．直接上级

雇员直接上级的角色作用因组织的人事政策的不同而有所不同，因为各类组织对雇员的管理（如聘用、薪酬、人事调动）的集权程度不同。但无论如何，直接上级是雇员职业生涯规划管理中不可或缺的角色。其作用主要体现在以下四个方面。

（1）日常工作中一般是由直接上级对雇员进行评估，因此，直接上级对雇员潜能的定位起重要作用。

（2）直接上级可以通过分派不同的工作任务来使雇员发展自己的能力，展现自己的潜能。

（3）直接上级还可以充当顾问的角色，即根据对一个雇员的印象参与对其职业生涯的指导或将自己对其发展前景的看法告诉雇员。

（4）直接上级可以利用他们的"关系网"为雇员在组织内的职业生涯发展产生积极的作用，促进雇员的晋升。

组织中各个层次的直接上级都在自觉或不自觉地做着人力资源开发工作，因为组织的人力资源开发政策正是通过各层管理人员落实到其直接下级的。每一个雇员都会通过直接上级对其工作的安排和评价感受企业人事政策的宗旨。因此，每一个直接上级都在或理性或感性地影响着其下级在职业生涯上的发展。因此，直接上级参与雇员职业生涯发展的可能领域非常广泛。组织只有明确地建立直接上级参与雇员职业生涯开发与管理工作的体系，才能更好地促进组织与雇员的发展。

6．直接下级

直接下级除根据切身体会对上级雇员作出评价以外，有时其发展状况也会直接影响上级的发展前途。组织雇员职业生涯发展的一个重要标志是能培养出一个优秀的直接下级。直接下级的成长也为上级雇员在职业生涯发展中抓住机会提供了保证。当一名管理人员由于工作成绩突出而获得了晋升的机会时，如果其未能培养出一名优秀的下级来接替自己的工作，那么只好先让其留在原职上，待其职位"后继有人"再晋升。这种情况下，这名管理人员只能延迟或错过职业生涯发展中的一次职务晋升与发展机会。

7. 平级

组织内平级的雇员因为没有上下级关系，可以无拘无束、畅所欲言地提供最为平等的评价和建议，而且由于所处的角度不同往往对问题有新的看法和建议，所以对同级雇员的发展往往很有帮助。但由于组织管理体制的影响，其角色和作用往往容易被忽视。

（三）组织外部专家

职业生涯规划管理中的组织外部专家可由大学的人力资源教授、人力资源管理咨询专家、职业指导专家、职业咨询专家或退休的高级管理人员等担任。组织外部专家的意见不受某一公司内部具体情况的局限，可以使管理人员开阔视野，对雇员的职业生涯发展往往会产生重要的指导作用。

（四）家庭主要成员

家庭主要成员对雇员个人的职业生涯发展往往会有重要的影响，如家庭成员的职业价值观、地域偏好、需求等都会对雇员的职业生涯选择与发展产生明显影响。但家庭成员意见的重要程度取决于雇员对家庭生活与职业的价值判断。

由以上的分析可以看出，职业生涯规划管理的角色有多种，不同角色居于不同的地位，发挥着不同的作用，这些角色相互作用、相互影响和相互联系，共同构成了个人职业生涯规划的角色体系。这一体系如图 1-5 所示。

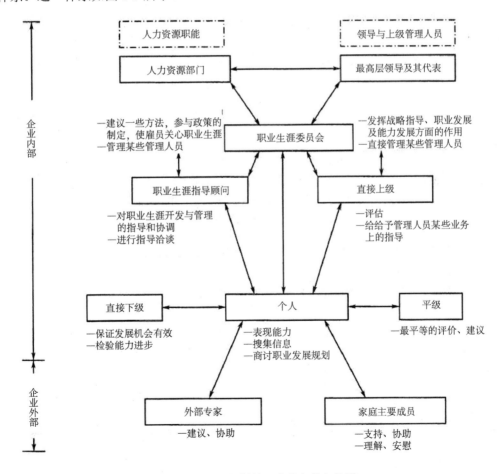

图 1-5 职业生涯规划管理中的角色与作用

在上述职业生涯规划管理的诸多角色中，谁是最关键的角色？无疑是个人。同时在职业生涯规划管理中，雇员的主管和人力资源管理部门的角色具有特殊的重要性，特列表对其进行比较说明（见表1-4）。

表1-4　职业生涯规划管理重要角色一览表

角色 项目	目的	个人的角色	主管的角色	人力资源开发部门的角色
职业生涯目标	确定职业生涯努力方向，实现个人的理想	1．剖析自己 2．分析有关因素 3．规划自我发展目标	1．为雇员提供有关信息 2．协助雇员剖析自己 3．帮助雇员确定目标	1．职业生涯规划指导 2．分析雇员生涯目标的可行性
配合与选用	配合组织发展目标与发展方向，晋升优秀雇员	1．提供自己的真实资料 2．争取获得晋升	1．界定某一工作所需的技能、知识和其他特殊条件 2．甄选雇员确定目标，提出建议	1．协调过程 2．指导与分析 3．对主管和雇员提出忠告 4．确定甄选升迁标准 5．对候选人进行考核、面试
绩效评估	指导和教导雇员达到最好的绩效，提高工作满意度	1．自我评估 2．请求和接受回馈	1．提供回馈和教导 2．以正式或非正式的方式进行评估	1．监督和评价各种评估量表，使其达到一致性和公平 2．训练主管人员和评估雇员
个人职业生涯发展	创造良好的环境，沟通生涯目标	1．负起自我生涯发展的责任 2．寻找和获得有关自我和生涯趋向的真实信息 3．界定和沟通 4．完成发展性的计划	1．组织并指导有关职业生涯发展问题讨论 2．提供真实的反馈信息 3．提供有关生涯发展方向的参阅资料 4．鼓励和支持雇员的生涯发展	1．提供有关职业生涯发展方面的参阅资料及信息 2．训练主管人员如何带领雇员讨论 3．为雇员职业生涯发展提供训练、教育的机会 4．及时通报职位空缺情况 5．制定并公布有关职位的标准及要求
职业生涯发展评估	每年对雇员的工作能力及其潜能进行评估，使其与公司的发展需求相结合，并确保组织能持续增长	1．进行自我认识和自我评估 2．研究分析自我发展存在的问题	1．根据当前的绩效、潜能和兴趣评价雇员 2．与其他主管沟通信息 3．确认机会和问题 4．推动雇员职业生涯规划的实施	训练主管人员对雇员进行职业生涯发展评估
职业生涯调适	使工作、生活、生涯目标能密切地融合	1．接受评估意见 2．必要时调整工作与生涯目标	根据评估结果，提出调整意见并实施	1．对调整方案进行备案 2．协助主管完成雇员的工作或生涯目标的调适

二、职业生涯规划中个人与组织的作用

（一）组织在个人职业生涯发展中的作用

1. 确定不同职业生涯期雇员的职业管理任务

雇员职业生涯分为不同时期或阶段，在各个时期或阶段，雇员的职业工作任务、任职状态、职业行为等有所不同，呈现出不同特征。组织可以根据不同职业生涯期的个人职业行为与特征，确定每个阶段具体职业管理任务与职业发展内容。

（1）职业选择与职业准备阶段。组织的主要任务是：做好招聘、挑选和配置工作，组织上岗培训，考查评定新雇员，达成一种可行的心理契约，接纳和进一步整合新雇员。

（2）职业生涯早期阶段。这是新雇员和组织之间相互发现的时期，组织通过试用和新工作的挑战，发现雇员的才能，帮助雇员确立长期贡献区，或者说帮助雇员建立和发展职业锚。

（3）职业生涯中期阶段。个人事业发展基本定型或趋向定型，个人特征表现明显，人生情感复杂化，引发职业生涯中期的危机。面对这一复杂的人生阶段，组织要特别加强职业生涯管理。一方面，通过各种方式与方法，帮助雇员解决诸多实际问题，激励他们继续奋进，将危机转化为成长的机会，顺利渡过中期职业阶段的危险期。另一方面，针对不同人的不同情况，分类指导，为其指示和开通职业生涯发展的职业通道。

（4）职业生涯后期阶段。雇员即将结束职业生涯，此时此刻，组织的任务依然是很重的。一方面，要鼓励、帮助雇员继续发挥自己的才能和智慧，帮助他们做好良师益友，传授自己的经验；另一方面，帮助雇员作好退休的心理准备和退休后的生活安排。此外，还要适时作好人员更替计划和人事调整计划。

2. 进行有效的职业指导

职业指导是指组织协助个人选择职业、准备就业、安置就业并在职业上获得成功的过程。企业组织的职业指导发生于以下两个环节或场合。

（1）就业前的职业指导。面对就业前的诸多求职者，组织的职业指导主要有如下几个方面的工作：

- 广泛宣传本企业的职业需求，向广大求职者提供有关本企业的职业机会、职业特点和职业要求等信息；
- 了解求职者的个人特质、职业意愿和要求，对本企业职业工作的意向；
- 根据本企业的职业需求计划，帮助求职者分析是否适合在本企业工作，寻觅合适人选，按一定的程序、要求、规范、原则选聘合适的雇员；
- 吸收合适人选进入组织，就位于职业岗位。

（2）进入组织后的职业指导。面对进入组织内的员工，组织的职业指导的重要任务在于以下四个方面：

- 发布企业职业岗位需求信息；
- 了解雇员的愿望、要求和想法；
- 帮助雇员认识与评估个人特质、能力、兴趣爱好，帮助雇员分析和选择自己的适宜职业岗位；
- 职能匹配定位。

3．为雇员职业发展开辟通路

（1）组织要帮助雇员制定和执行职业生涯规划。组织要帮助雇员依据组织需要和个人情况制定发展目标，并找出实现目标的手段和措施。重点是协助雇员在个人目标与组织内实际存在的机会之间达到更好的结合，而且应强调提供心理上的成功。具体应帮助雇员制定、执行和修订生涯规划。

（2）组织要为雇员设置职业通道。职业通道是雇员实现职业理想和获得满意工作或者达到职业生涯目标的路径。组织中的成员的职业目标能否实现，其个人特质、能力至关重要，但是离开了组织的需要和际遇，个人职业生涯发展也是不可能的。可以说，组织设置职业通道是雇员职业生涯发展的决定性因素。设置雇员职业生涯发展通道，组织首先应当建设主干道，其次要不拘泥于单一道路，可设置多条使雇员达到职业发展目标的辅助职业通道，通过不同的道路共同实现职业发展的目标。

（3）组织要为雇员疏通职业通道。在雇员职业发展通道中可能会遇到路障，扫除通道上的障碍，是组织的重要工作任务。雇员职业发展的障碍，既可能来自雇员职业工作自身，又可能来自家庭，而且产生于个人的生物社会生命周期，因此，组织必须从雇员总体生命空间中去发现问题、解决问题。

（二）职业生涯发展中个人的权利与义务

随着组织对雇员职业生涯开发与管理工作的重视，雇员自身在其职业生涯发展中的作用也越来越重要。在个人职业生涯发展中，相对于组织而言，个人既拥有一定的权利，也负有一定的义务。

1．权利

（1）要求获得信息的权利。组织往往向雇员灌输有关企业发展的信息，却很少提供个人发展的相关信息，两者形成很大差异。为了解决这一问题，组织应向同一系统的雇员们提供一个清单，包括人员变动及近期有可能空缺的职位，各种不同岗位的报酬情况，企业的建议，特别是职业生涯发展的建议途径或必要途径。

（2）要求公平的权利。为使雇员获得公平的权利，组织应开展以下几个方面的工作：让更大范围的企业雇员了解自己的职业生涯规划；由人力资源部门负责雇员的职业生涯管理，以确保良好的控制性和严肃性；一名雇员的晋升不应由一个人决定而应由集体决定；雇员有拒绝某一职务变动建议的权利；对被拒绝的候选人正式解释原因等。

2．义务

（1）提高个人透明度。组织与个人间的透明度不应只是单向的，雇员也应向企业清晰地表达自己的个人职业生涯计划和职业发展愿望。

（2）责任感和团结意识。一名将自己的利益置于集体利益之上，把个人职业生涯的发展看得比做好本职工作还重要的职员只能被认为是个雇佣者。永远都不要忘记职业生涯的发展是从本职工作的发展开始的，绝不能将职业生涯规划理解为先去换个职位。

（3）有效地管理自己的职业生涯。批评管理中的"家长制"及不能对管理人员提出任何明确职业生涯计划建议的上级是很容易的，但雇员个人必须承担起管理自己职业生涯的责任并具有相应的能力，这是一项非常有激励性的工作。

三、职业生涯规划管理的任务与内容

职业生涯规划是研究组织职业需求与雇员职业发展之间的关系及其相互作用和适应规律

的科学。其研究对象是职业生涯规划的主体，即个人的职业目标与组织的职业需求之间的相互影响关系、相互作用机制及其规律。

1．职业职业生涯规划管理的主要任务

受个人、组织及环境等多方面因素的影响，职业生涯规划是一个涉及内容非常广泛的系统工程。因此，要进行有效的职业生涯规划，就必须在管理过程中对上述各有关因素加以系统的分析和研究，并据此构建组织职业生涯发展体系。具体而言，职业生涯规划管理的任务主要包括以下六项。

（1）帮助雇员开展职业生涯规划与开发工作。组织为雇员提供工作分析资料、工作描述，宣传经营理念、人力资源开发的策略等，雇员据此设定自我发展目标与开发计划，使个人的目标与组织目标相配合。

（2）确定组织发展目标与组织职业需求规划。根据组织的现状、发展趋势与发展规划明确组织的发展目标，并据此确定不同时期组织的职业发展规划与职位需求。

（3）开展与职业生涯规划相结合的绩效评估工作，包括工作业绩与表现的评估、工作士气的调查，并提供相关回馈资料给组织或雇员。配合组织发展目标与方向，晋升优秀雇员，提供生涯发展路径，及早确认有潜力者，确定甄选升迁标准，使雇员公平竞争。

（4）职业生涯发展评估。组织应协助雇员发展职业生涯目标并进行科学的评估。找出雇员的优缺点及组织的优劣势，分析雇员职业生涯发展的可行性。

（5）工作与职业生涯的调适。根据绩效、生涯发展的评估结果，对雇员的工作或职业生涯目标作适当的调整，使雇员的工作、生活与目标密切融合。

（6）职业生涯发展，包括各种教育与训练、工作的扩大与丰富化、责任的加重、激励措施等。

以上六项任务彼此之间相互联系密切，互有影响。在实际操作中，只有彼此兼顾，才能获得最佳效果，在促进雇员的自我发展的同时，确保组织的持续发展。

2．职业生涯规划管理的内容

职业生涯规划涉及的内容非常广泛，主要包括以下四个方面。

（1）职业生涯规划理论研究，如职业选择理论、职业发展理论与职业锚理论等。

（2）个人职业生涯规划和开发理论与方法研究，如自我分析的方法、目标设定的技巧、自我开发的措施与职业生涯周期的管理等。

（3）组织职业生涯开发与管理研究，如组织职业生涯规划的方法、职业发展通道的设置、继任规划、顾问计划与工作家庭平衡计划等。

（4）组织职业发展目标与雇员个人职业发展目标整合方法研究，如组织发展变化趋势及其对职业生涯管理的影响、组织目标与个人目标整合技术等。

第四节　职业生涯规划管理的原则

职业生涯规划的过程，包括职业选择的过程。因此，在介绍职业生涯规划原则的时候，有必要先介绍职业选择的原则。

一、职业选择的原则

职业选择的原则可以概括为 16 个字：择己所爱，择己所长，择世所需，择己所利。

（一）择己所爱

调查表明，兴趣与成功几率有着明显的正相关性。在设计自己的职业生涯时，一定要考虑自己的兴趣，择己所爱，选择自己喜欢的职业。俗话说："兴趣是最好的老师。"从事自己喜欢的工作，以工作本身就能获得一种满足感和成就感，个人的职业生涯也会从此变得妙趣横生。兴趣不仅是最好的老师，也是前进的动力和成功的基石。

（二）择己所长

不同的职业对从业者的要求不同。任何职业都要求从业者掌握一定的技能，具备一定的能力，而一个人不能将所有的技能全部掌握，所以必须在进行职业选择时择己所长，从事有利于发挥自己特长的职业。

国际贸易中有一个著名的比较优势原理，它说明的道理是，任何一个国家，即使在每种产品的生产上都有绝对优势，也不应样样都生产，而应选择具有相对优势的产品进行生产。同样，一个人即使擅长很多方面，也不可能从事自己擅长的所有工作。这时候，需要了解周围人群的长短，选择自己最擅长而多数人感到棘手的职业。

（三）择世所需

社会在不断地发展变化，社会的需求也在相应地改变。旧的需求在不断消失，新的需求在不断产生。比如，以前磨刀磨剪子、修锅盆的行业现在已经很少有人从事，而逐渐兴起的心理咨询、职业规划、游戏开发等行业却被很多人看好。举这个例子并不是一定要从事这种新兴的行业，而是在选择职业时，一定要分析社会需求，择世所需，否则很可能走到职业的死角，没有退路。

（四）择己所利

我们每个人都不得不承认，职业是我们谋生的手段，是换取个人幸福与快乐的重要途径。当我们在寻求个人的职业时，谋求个人幸福的生活是我们的首要动机，这个动机支配着我们的职业选择。明智的人大都会权衡利弊，协调好各种利害关系，从社会角度和个人意向中取舍，在一个由收入、地位、名誉、权力等变量组成的函数中找到自己想要得到的最大值。这就是在选择职业时的收益最大化原则。

二、职业生涯规划管理的原则

为了正确制定职业生涯规划，我们必须要遵循一些原则和方法，选择恰当的策略。具体来说，如果想要制定一个成功的职业生涯规划，就应当遵循下列原则。

（一）长期性原则

职业生涯是漫长的，要想走好职业生涯的每一步，就要在进行职业生涯规划时从长远考虑，而不是只顾眼前利益，否则会因为一棵树而失去整片森林。

（二）可行性原则

制定职业生涯规划，一定要考虑自己和外界的实际情况，这样制定的生涯规划才切实可行。

职业生涯规划各阶段的路线划分、职业生涯目标和实现生涯目标的途径必须具体清晰,切实可行。这就要求在做规划时必须考虑到自己的特质、社会环境、组织环境以及其他相关的因素。

(三) 弹性原则

所谓的弹性原则,就是指制定的职业生涯规划要具有缓冲性,可以根据实际情况的变化来相应地调整变动。这里可调整的内容包括生涯规划的具体事项以及目标、完成的时间等方面。

(四) 清晰性原则

不管是自己的职业生涯目标选定、职业生涯路线的选择,还是实现职业生涯目标的各种措施,都要具有一定的清晰性,这样的职业生涯规划才切实有用,成功的可能性才会大大增加。

(五) 可评量原则

对规划的设计应有明确的时间限制或标准,以便于及时进行评量、检查,使自己可以随时掌握执行状况,为规划的修正提供依据。

除了上述五个原则之外,还有挑战性原则和一致性原则。挑战性原则,即制定的目标或措施要具有挑战性,能够激发自己的潜能。一致性原则,即总的大目标和小的分目标相一致,采取的措施和职业生涯的目标相一致,制定的目标与自己的实际情况相一致等。给自己所定的职业目标不能过高或过低,过高,就会好高骛远,可能跌得很惨;过低,则会埋没了自己的潜能和才干。

第五节 职业生涯规划管理的特征和流程

一、职业生涯规划管理的特征

根据职业生涯规划的概念以及人力资源管理工作的内容,可以看出职业生涯规划管理具有以下特征。

(一) 职业生涯规划管理是组织与雇员双方的责任

在职业生涯规划管理中,组织和雇员都必须承担一定的责任,双方协同合作才能完成职业生涯规划目标,促进雇员的全面发展。同时,雇员个人和组织须按照职业生涯规划的具体要求做好各项工作。无论是个人或组织都不能过分依赖对方,因为许多工作是对方不能替代的。

(二) 职业生涯信息在职业生涯规划管理中具有重要意义

组织必须具备完善的信息管理系统,只有做好信息管理工作,才能有效地进行职业生涯规划。在职业生涯规划管理中,雇员个人需要了解和掌握有关组织各方面的信息,组织也需要全面掌握雇员的情况。同时,职业生涯信息总是处于变动过程之中,组织的发展在变、经营重点在变、人力需求在变、雇员的能力在变、雇员的需求在变、雇员的生涯目标也在变,这就要求必须对管理信息进行不断的维护和更新,只有这样才能保证信息的时效性。

(三) 职业生涯规划管理是一种动态性管理,将贯穿于雇员职业生涯发展的全过程和组织发展的全过程

每一个组织成员在职业生涯的不同阶段及组织发展的不同阶段,其发展特征、发展任务以

及应注意的问题都是不相同的。由于决定职业生涯的主客观条件的变化，组织成员的职业生涯规划和发展也会发生相应变化，职业生涯开发与管理的侧重点也应有所不同，以适应情况的变化。

（四）职业生涯规划管理具有客观性和不可逆转性

由于每个人其所处的环境不同，加之个体之间的差异，职业生涯发展中往往充满了许多偶然因素，但从长远来看，职业生涯发展是可以规划的，规划的目的在于给个人提供总体的指导，它不预言具体的细节，而是对职业发展的方向作出战略性的把握，并根据阶段性特征制定阶段性的客观的抉择方案。同时，职业生涯规划管理是不可逆转的，其不可逆转性源于人的自然成长和发展过程的不可逆转性，毕竟人们不能抹杀过去的经历，不能简单地从头再来，而总是在原有的基础上前进。职业发展的不可逆转性提醒人们要充分重视职业生涯中的每一步，因为今天的每一个选择都可能影响下一步选择。而事实上，人们也往往有"一着不慎，全盘皆输"的教训。

二、职业生涯规划管理的流程

根据职业生涯规划管理的内容与特征，职业生涯规划管理的流程可用图 1-6 表示。

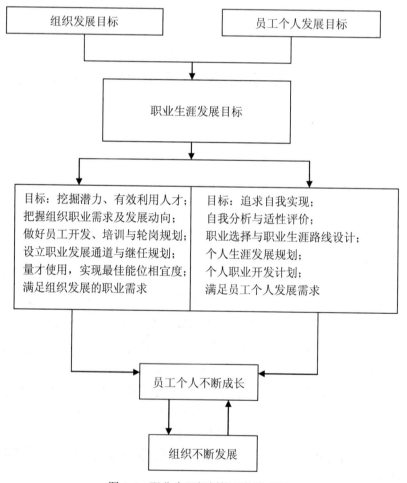

图 1-6　职业生涯规划管理的流程图

第六节 职业生涯规划管理的研究方法

管理学与人力资源管理的研究方法很多,这些方法对职业生涯规划管理研究都有很重要的借鉴意义。归纳起来,职业生涯规划管理研究可以采用定性研究方法、定量研究方法以及定性与定量相结合的综合集成法等方法。具体有以下八种研究方法。

一、唯物辩证法

唯物辩证法是马克思主义认识世界的科学方法,在职业生涯规划研究中,也要坚持唯物辩证法,反对形而上学和各种形式的唯心主义。辩证法要求人们对事物的内在矛盾而不是外在现象、从事物的发展而不是静止的观点、从事物的普遍联系而不是孤立观点来研究客观事物。职业生涯规划研究旨在研究职业生涯发展规律、职业生涯管理模式、职业生涯规划方法与规律等问题,此时也应坚持唯物辩证法。

二、实证法

实证法是指通过对组织大量的职业生涯规划现象和过程进行实证研究,然后提出职业生涯规划的理论,制定职业生涯规划管理政策的方法。实证法可广泛用于发展中国家职业生涯规划管理的研究,因为发展中国家既想使经济社会快速发展,又没有现存的职业生涯规划管理模式供使用,因此必须不断地对现有体制下的职业生涯规划管理的现象、政策进行实证研究,创立符合本国国情的一套行之有效、有现实指导意义的职业生涯规划管理理论和实践模式,以促进经济社会的持续稳定的发展。

三、对比分析法

比较是人们认识事物最常用的、最基本的手段。事物通过现象表现本质,而各种现象是可以比较的。事物的本质表现出许多可以分析、比较、认识它的属性的现象,这是对比分析法的客观基础。对比分析法是"由此及彼"的重要方法,主要有时比法、类比法、历史比较法三种类型。在职业生涯规划研究中也经常采用这一方法。比如,梅奥和罗特利斯伯格进行了有名的霍桑工厂试验,并提出了人力资源管理的一系列基本原理,主要观点反映在梅奥的《工业文明的人类问题》、《工业文明的社会问题》及罗特利斯伯格的《职工的生产率中的人的因素》等著作中。梅奥及罗特利斯伯格的这一研究采用的就是对比分析方法,即把各种与人的激励有关的因素列出,然后分组试验并进行比较分析,从而得出结论。

四、统计分析法

统计分析法是指利用人力资源管理与职业生涯管理部门提供的有关报表与资料,采用数理统计的方法,通过统计资料的分析、统计资料的图示和统计结果的验证,对职业生涯规划的理论与实践进行研究的方法。通过统计分析，可以揭示职业生涯规划某一方面的变动趋势。由于统计分析手段较为客观、真实，因此所得结论也较有说服力。

五、归纳演绎法

归纳演绎法是指从个别到一般与从一般到个别的推理方法，即从职业生涯发展现象中总结职业生涯发展规律，以及利用已有的职业生涯管理的科学结论、原理和规律，推广应用到新的职业的方法。运用归纳法对职业生涯规划进行研究，主要是指从纷繁的职业现象中总结出职业生涯发展的一般规律；运用演绎法对职业生涯规划进行研究，主要是指从人性的假设、职业生涯规划目标或其他概念出发，推导出职业生涯规划的原则、方法和措施等。归纳演绎法实际上就是按照具体—抽象—具体的过程进行研究，并按照抽象—具体的逻辑，构造职业生涯管理理论。这种研究方法是人们对客观事物、客观世界认识的必要程序，也是推广已有研究成果并在实践中加以广泛应用的必然过程。

六、问卷调查法

问卷调查法是通过设计调查问卷、抽取一定数量的雇员回答问卷来了解雇员职业生涯发展意愿的方法。这种方法与访谈法之间可以起到相互补充的作用。问卷调查法可依据职业生涯规划研究的不同目的与需求，设计出针对不同调查对象、不同结构、不同内容的调查问卷。在使用问卷调查法时，要注意问卷设计的有关技巧与规律，以便更准确、全面地收集雇员的职业生涯发展与需求信息。问卷调查法可以用来诊断组织的职业生涯规划的开展情况与效果，反映雇员的职业生涯需求与发展愿望，是职业生涯规划研究的有效方法之一。

七、访谈法

访谈法是通过面对面的交谈的方式获取雇员有关职业生涯规划管理的信息，并据此对组织的职业生涯规划管理状况进行认识和把握的方法。访谈法是职业生涯规划研究人员获取第一手资料的一个非常有效的方法。访谈可以核实调查问卷的内容，讨论填写不清或没有反映在问卷中的问题，可以听到雇员对职业生涯规划的意见与建议，还可以了解雇员之间的相互评价。这些信息对更好地开展职业生涯规划管理工作具有重要价值。在使用访谈法时要注意营造良好的访谈氛围，尊重访谈对象，并注意使用适当的访谈技巧，引导与启发被访谈对象对问题进行全面、充分的回答。

八、量表调查法

量表调查法是用一种标准化的等级量表，通过组织测评、雇员个人测评等多种途径，对职业生涯规划与管理状况进行全面调查的方法。量表法的优点在于项目设计严谨，调查问题明确，调查对象的意向选择比较规范，调查结果便于统计分析。在职业生涯规划与管理中，量表调查法常用于职业性向、人格倾向、职业能力等方面的测量。

本章小结

职业生涯是指与工作相关的整个人生历程,它几乎贯穿于每个人的一生,并且处于不断发展变化的状态。职业生涯中与工作相关的经历既包括客观事件或情境,又包括对与工作有关的事件的主观解释。

职业生涯可分为内职业生涯和外职业生涯。内职业生涯是指在职业生涯发展中通过提升自身素质与职业技能而获取的个人综合能力、社会地位及荣誉的总和,它是别人无法替代和窃取的人生财富。外职业生涯是指在职业生涯过程中所经历的职业角色(职位)及获取的物质财富的总和,它是依赖内职业生涯的发展而增长的。

职业生涯规划(Career Planning)是指组织与员工共同制定的,基于员工个人和组织共同需要的,员工个人发展目标与发展道路的活动。职业生涯规划管理包括两个方面:一是员工的职业自我管理,这是员工职业生涯成功的关键;二是组织职业生涯规划,以及组织协助员工规划其职业生涯发展,并为员工提供必要的教育、训练、轮岗等发展机会,促进员工职业目标的实现。

个人职业生涯规划管理的内容包括自我剖析、目标设定、目标实现策略、反馈与修正四个方面;组织职业生涯规划和管理的基本内容主要有以下七个方面:对组织的发展目标进行宣传教育、职业信息系统、设立员工职业生涯发展评估中心、与人力资源管理活动相配合、建立奖赏升迁制度、加强员工的训练、个人需要与组织需要相适应。

思考与练习

1. 什么是职业生涯规划管理?职业生涯规划管理包括哪些内容?
2. 个人职业生涯规划与组织生涯规划有什么不同?
3. 职业生涯规划管理对个人和组织有什么意义?
4. 组织内部承担组织成员职业生涯规划任务的角色有哪些?各有什么作用?
5. 职业生涯规划管理的研究方法都有哪些?
6. 谈谈你的职业生涯目标是什么,以及你将如何实现这一目标。

案例分析

案例一:卫哲:从秘书到金领的职场人生

2010年6月,杭州阿里巴巴总部,9点一到,12名拿着履历表的年轻人,局促的坐在一旁等待面试。上市以后,阿里巴巴扩张的脚步已经迈出了中国大陆。去年在欧洲成立了办公室,今年计划进军印度、日本和中国台湾地区。

与过去有所不同的是，马云在媒体上现身的频率下降了，而上市后阿里巴巴对外扩张的号角开始由CEO卫哲频频吹响。显然，卫哲已成为阿里巴巴海外扩张的重要推手。

两年前，马云找到了时任百安居中国区总裁的卫哲，把集团中营收最大的阿里巴巴交给他打理。就这样，没有任何网络公司管理经验的卫哲，当上了全球最大B2B网站的CEO。

雅虎亚太区资深副总裁邹开莲说，以38岁的年纪成为跨国公司的CEO，是相当的优秀。

用跳槽来"补课"

翻开阿里巴巴年报，卫哲持有0.95%的股权，仅次于阿里巴巴创业团队，以目前市价估算，他身价高达7.8亿元港币。他到底有何能耐，让马云出面力邀？

卫哲在担任百安居中国区总裁时，百安居在中国的门店由5家扩张到了50多家。三年内，营业收入由不到人民币5亿元，提升到了50亿元。马云看重的，就是卫哲世界500强企业的管理经验。

1993年才从学校毕业的卫哲，担任当时中国最大证券公司万国证券总裁秘书，从秘书一路升到资产管理副总，再跳到四大会计公司之一的普华永道（PwC）当财务顾问，2000年转往中国百安居担任当CFO。两年后，31岁的他拿下百安居中国区总裁的位置，连现任百安居中国区总裁都比他大四岁。从秘书到世界500强中国区总裁，卫哲只花了9年。

卫哲的同班同学，上海综合开发研究院的王逍海说，世界500强的中国区总裁，平均年龄在40岁以上；但卫哲当上这个位置的年纪，比他们年轻了10岁。

从踏入社会，卫哲就有一套择业策略，让他比同事更快冒出头。上海外国语大学毕业，同学不是进入外交体系，就是外贸公司，卫哲却选了中国证券公司。他解释，外交人才需求有限，外贸则人才济济，"论资排辈，能有多少发展空间？"于是他选择在中国刚萌芽的证券公司。

在新职业市场里，他得心应手，一年内升为资产管理部副总。不料，1995年万国证券因为疏于风险控管，一夕倒台，卫哲只好另觅工作。他推掉其他证券公司高薪邀约，而到普华永道担任财务顾问。原本他出入有专车、秘书服务，但来到普华永道，减薪、没车、没秘书，头衔只是财务顾问，让朋友跌破眼镜。

这只是他运用"资产负债表"管理职业生涯的首部曲。

他说，"看公司发展你不能只看损益表，还要看资产负债表和现金流量表，人生也是一样，职业规划也有三张财务报表（资产负债、损益表和现金流量表）。"他分析，职业生涯早期是看资产负债表，要增加资产，如管理、财务专业，减少负债；中期，累积的资产就有能力变现，看损益表；后期才考虑现金流量，累积退休老本。

他解释，多数经理人短视的盯着损益表，收入多少？职位如何？他却逆势操作，他说："我三次跳槽都是减薪跳槽。"收入、职位从来不是首要考虑，是不是能"在职进修"，是他最大的考虑。

就业前期，他用跳槽累积资产。跳槽原则一：缺什么补什么。每个职业对他来说就是"一种带薪MBA，一种投资，补充资本金，"从证券公司到财务公司就是补财务知识不足。

万国倒台，让没有财务背景的卫哲有些慌。"24岁时，我一支笔可以决定百万资金，虽然当时不怕，但不代表全懂；财务训练根本不扎实。我去永道是补（财务）课，所以降级、降薪去学。"

转职永远选择新行业

从顾问公司跳到百安居也是带着补课的策略，在普华永道两年后，他发现，"做顾问公司，管理范围窄，执行力差，""你管的团队不过4个人，根本不需要执行力，因为执行都由客户决定。"

补课的危机感又再度浮现。

王逍海形容,卫哲对职业的危机感比别人强,觉得别人都在进步,一旦停下来,他就觉得不安。

为了补细节,卫哲下一个目标是中国的零售业,他说:"这是 go to the other extreme（走向另一个极端）","人家说 retail is detail,零售对执行力要求最高,因为毛利最低,只有3%~5%,你细节稍微没把握好,一年就白做了。"要练执行力,零售是首选。

"永远去找自己最弱的地方。"他解释,很多人习惯用自己的优势,但"就像水桶,一个桶装多少水,是由最短的（木）板决定的,你要做多大的事情,是由你最弱的条件决定的。"（编者按:传统木制水桶,周围以木条箍拼；装水时,水会从最短木条处溢出,故最短木条决定水的高度。）

当时,不止 B&Q 提出邀请,其他零售业者或者网络公司都请他担任财务长。他的第二个跳槽原则:永远选择新的行业。

卫哲说:"一定先放弃同行,我很少为了工资高一点、职务高一点,在同行里跳来跳去。"网络公司虽然新,但是才刚开始,团队不大,根本无法学细节管理,请他过去无非就是找钱融资,"这还是发挥我的长处,我这个已经很强了。"

此外,其他零售公司早就进入中国,"太老的公司论资排辈,你很难有创新突破。"反倒是新进中国的 B&Q 不需要融资,又是新业者,缺乏管理人才,恰恰有可能向管理去转。

培养新人,提拔自己

摊开卫哲经历,从秘书到总裁,每个职级几乎都做过,"你不能跳,你得一步步走,你跳过去还是得回来补课,"他争取在每个级别逗留的时间越短越好,有效累积资历的诀窍就是"吃着碗里,看着锅里"。

他补充,在每个岗位上要尽快吃碗内,还要想着为何上一级要派这个工作给自己,一直在考虑上一级的事情。

卫哲在百安居每年都扩张自己的权限,从管3个部门的财务长,到管9个,最后管到13个部门,两年就由CFO爬到中国区总裁,当年他只有31岁。他回忆,刚到百安居时,总部开会,他总是分到最靠窗的位子,到离职前他已经坐到第一排。中国市场也成为了除英国、法国之外的第三大市场,而卫哲所靠的正是"吃着碗里看着锅里"的功夫:

第一步,要先吃好碗里,卫哲的心法就是"放弃"。"我每次都找到'垫背'的人,'才踩着别人的背往上走'。"每到新职务一年,卫哲就开始找接班人,"吃好碗里有个办法,让别人帮你一起吃,我做CFO时,我找了一个很好的VP（财务副总）,等我接管其他部门时,他就是我的接班人。""如果下面的人顶不上来,老板哪敢提升你？"他强调。

第二步,就是观察锅里,站在主管的立场看事情。他比喻:"你要观察上司锅里的美味佳肴,让他和你分享其中一部分美味。"卫哲说,担任万国证券总裁秘书时,他连倒水都站在主管立场想。

积极主动,善于表现

卫哲认为,如果连水都倒不好,一定做不好别的事。只有你能判断出老板喝水有多快,才不会干扰会议。而卫哲当时计算出45分钟进去"补水"是最恰当的时机。

为了看到锅里,卫哲不仅自己参加部门会议,还参加业务、人资、营销会议,只要有空他就参加。当时百安居在中国刚刚起步,每年都会新增部门,如法务部、战略部,当总部询问接手人选时,他总是第一个举手。

一年多下来,他从管3个部门扩张到管9个部门,而薪水一毛钱都没有加。"公司给我机会去做，比加薪更重要，我从来不会因为多管几个部门，向上级要求加薪。"

2001年，机会来了，中国区总裁放假两周，由他当代理人。他回忆说："很多人担任ACTING（代理人）时，就是ACTING啰，只是签几个字；我去当ACTING，一定表现自己。"当时是圣诞节前夕，正值装潢业的淡季，传统上不做促销，但是他却主张放资源促销："淡季来的客人兴趣更浓，别人放假他还来，可能把客单价作高。"果然一举提高业绩。"我让老板知道，David不只可以管财务，管理也做得好。"他说。

由于能在上级面前展现实力，英国总部在2002年将他扶正为总裁。在他负责百安居在中国的采购业务时，认识了马云，种下了转到阿里巴巴的契机。

从职业经理人到事业合伙人

卫哲和马云邂逅于2000年的沃顿商学院。他们都喜欢下棋，也都喜欢金庸的武侠作品。

于是，在正式加盟阿里巴巴集团之前，卫哲和马云早已成了无话不谈的密友。卫哲说，他每次去杭州，马云不管多忙，都会亲自开车载着他闲逛，"他对朋友真的是充满侠气。"

为了弥补自己的"电子短板"，2006年11月，卫哲终于被马云挖到，一开始出任阿里巴巴集团资深副总裁兼企业电子商务(B2B)总裁。

这次跳槽，被卫哲形容为"可能是最后一次"，因为"我和马云现在不是简单的上下级关系，而是事业合伙人。在工资、期权回报之外，我还在分享公司的成长和快乐。我的身份也不再是职业经理人，而是职业事业人。"

谈到工作，他说自己平时花时间最多的，就是跟客户沟通。"除了在飞机上之外，手机和邮箱24小时向客户开放，对于任何一封来自客户的邮件，也一定会在24小时内回复。"他说，除此之外，自己每隔一两天，也会跟来自各地的客户面对面沟通，倾听他们的意见和建议。

马云为阿里巴巴下一个10年定下目标：在全球范围内打造一个承载1 000万家小企业、服务于10亿人的电子商务平台，创造1亿个就业机会。卫哲说："这是我们大家一起讨论出来的。仔细想想，还是蛮大的一个挑战。"

2011年2月21日，阿里巴巴B2B公司宣布，为维护客户第一的价值观，捍卫诚信原则，2010年该公司有约0.8%，即1 107名"中国供应商"因涉嫌欺诈被终止服务，该公司CEO、COO为此引咎辞职。阿里巴巴公司表示，有超过2 300家供应商存在欺诈行为，另有约100名阿里巴巴B2B公司员工协助其开展欺诈，但卫哲本人并未参与任何欺诈活动。

离职阿里巴巴，创建嘉御基金

北京时间2014年4月10日，正当阿里巴巴集团积极筹备赴美上市时，该公司前高管卫哲的嘉御基金也募集了5.5亿美元资金。

卫哲曾经担任阿里巴巴B2B公司CEO长达五年，他周三表示，嘉御基金刚刚在第二轮融资中获募集了5.5亿美元资金。卫哲2011年创办嘉御基金，当年完成了2.5亿美元的第一轮融资。卫哲表示，嘉御基金第一轮融资的投资者包括多家中国金融巨头，其中多数都将参加第二轮融资。这些投资人包括阿里巴巴创始人兼执行董事长马云、香港电讯盈科，以及一些主权和养老基金。卫哲还透露，马云将使用个人资金投资嘉御基金，阿里巴巴本身不会参与此次融资。

嘉御基金的主要投资目标是中国的互联网和电子商务领域。2012年和2013年初，该公司入股91无线，并在随后被百度斥资19亿收购时获得了不俗的回报。嘉御基金还是纳斯达克上市公司500彩票网的投资人。

作为一个从秘书升迁到高位的金领人士，卫哲并没有乘坐"直升飞机"，他坦言脚踏实地、一步一个脚印是唯一要义。"没有捷径、没有秘籍，我能做的是在自己选择的道路上辛苦地走。看自己每天是不是能付出得比别人更多。刚开始，我每天工作的时间是 14~15 个小时，现在大概是每天 10 小时。但是，走的方法有技巧，是走和跑相结合还是怎么样，将决定一个人在不同阶段上花费时间的不同。我想说的是，职业生涯中没有跳跃式的发展，即使存在，回过头来你还是一样要补上越级的台阶，我有过这样惨痛的教训，并为之付出代价。"

对于自己的人生以及正在经营的事业，卫哲一再强调"需要战略规划"。正如《金领》一书中与读者分享的观点，不论是"职业规划的 3 张财务报表"，还是所谓"吃着碗里，看着锅里"的升迁理论等，都是卫哲个人生涯的实践总结。读来令人有所思悟。

资料来源：根据 http://www.zaobao.com/finance/people/story20100612-33867 及 http://wenku.baidu.com 所载资料整理

讨论题：

1. 卫哲获得职业成功的秘密是什么？
（提示：有清晰的个人职业生涯规划）
2. 卫哲的职业生涯对我们有什么借鉴和启示？
（提示：职业生涯规划管理的内容、员额、流程）

案例二：拍卖你的生涯

一个朋友参加过外籍教师组织的别开生面的讲座——"拍卖你的生涯"。外籍老师发给每人一张纸，其上打印着数十行字。

1. 豪宅
2. 巨富
3. 一张取之不尽、用之不竭的信用卡
4. 美貌贤惠的妻子或英俊博学的丈夫
5. 一门精湛的技艺
6. 一个小岛
7. 一所宏大的图书馆
8. 和你的情人浪迹天涯
9. 一个勤劳忠诚的仆人
10. 三五个知心朋友
11. 一份价值 50 万美元且每年可获得 25% 纯利收入的股票
12. 名垂青史
13. 一张免费旅游世界的机票
14. 和家人共度周末
15. 直言不讳的勇敢和百折不挠的真诚

——全世界的美事和优良品质差不多都集中在此了。

老师说："我手里是一只旧锤子，但今天它有某种权威——暂且充当拍卖锤。我要拍卖的东西，就是在座诸位的生涯。"

"一个人的生涯，就是你人生的追求和事业的发展，它可以掌握在自己手中。生涯从属于你的价值观。通常当人们谈到生涯时，总觉得有太多的不可把握性，埋藏在未知中，其实它并非想象中那么神秘莫测。今天，我想通过这个游戏，让大家比较清晰地看到自己的爱好，预测自己的生涯。"

大家明白后都好奇地跃跃欲试。

老师说:"我现在象征性地发给每人 1 000 块钱,代表你一生的时间和精力,我会把这张纸上所列的诸项境况裁成片,一一举起,这就等于开始了拍卖。你们可以用自己手中的积蓄,购买我手中的这些可能性。100 元起叫,欢迎竞价。当我连喊三次,无人再出高价的时候,锤子就会落下,这项生涯就属于你了。注意,我说的是可能性,并非是真正的事实。它的意思就是——你用 999 元竞得了豪宅,但并不等于你真的拥有了一片仙境般的别墅,只是说你将穷尽一生的精力来为自己争取。相信只要你竭尽全力,把目标当成整个生涯的支撑点,达到的可能性甚大。"

教室里的气氛在躁动之后有些沉凝,这游戏的分量举重若轻,它把我们人生的繁杂目的简约形象化了——拼此一生,你到底要什么?老师举起了第一项拍卖品——一个小岛,起价 100 元。

全场寂静。一个小岛?它在哪里?面积若何?人口多少?有无石油和珊瑚礁?风光怎样?

终于,一个平日最爱探险又充满生命活力的女生,大声地喊出了第一个竞价——200 元。

然后,一个男生几乎是下意识地报出:500!他的心思在那一瞬很简单,买下荒凉岛屿这样的事件,就该是男子汉干的事。

但那名女生志在必得。她涨红着脸,一下子喊出——1 000!

这是天价了。每个人只有 1 000 块钱的储备,也就是说,她已定下以毕生的精力赢得这个小岛的决心。

那个男生有些悻悻地说:"竞价应该一点点攀升,比如她要 600,我喊 700……这样也给别人一个机会。"

老师淡然一笑说:"我们只是象征性地拍卖。大家要记住,生涯也如战场,假如你已坚定地确认了自己的目标,就紧紧锁定它。"

拍卖的第二项是"美貌贤惠的妻子或英俊博学的丈夫"。

我没想到一时门可罗雀。好在和美的家庭始终对人有不衰的吸引力,在竞争不激烈的情形下,被一位性情温和的男子以 700 元买去。

拍到"取之不尽用之不竭的信用卡"时,引起空前激烈的争抢,成了最具弹性和热度的香饽饽。一时群情激昂,最后被一奋勇女将从重围中掳走。

最后的诸项拍卖险象环生。一位众人眼中极内向的男同学,取走了"免费旅游世界的机票";一位正在离婚风波中的女子,选择了"和情人浪迹天涯"。一位手脚麻利、助人为乐的同学,居然选了"勤快忠诚的仆人",让全体大跌眼镜。细一琢磨,他总当一个勤快的人,选这一项可能是出于补偿的心理。

一位爱喝酒的同学,一锤定音买下"三五个知心朋友",我才知道朋友在他的心秤上如此沉重。

同桌悄悄问:"你到底打算买何种生涯?"

我说:"没拿定主意啊。我想要那座图书馆。"

老师举起了新的一张卡片。他立刻抛开我,大喊一声:"嗨!这个我要定了。1 000!"

我定睛一看,他倾囊而出购买回来的是——"一门精湛的技艺"。他很认真地说:"我总记着老爸的话,家有千金,不如薄技在身。"

老师举起了"图书馆",我也学同桌,破釜沉舟地大喊一声:"1 000!"

当老师说游戏到此结束时，教室一下静得不可思议。老师接着说："有人也许会在游戏之后，思索和检视自己，不知大家发现没有，有三项生涯，当我开价100元后，没人应拍，也就是说不曾成交。这种拍卖不出去的物品，按规矩是要拍卖行收回的，但我决定还是把它们留下来。也许你们想想之后，还会把它们选做自己的生涯目标。"

这三项是：名垂青史；和家人共度周末；直言不讳的勇敢和百折不挠的真诚。

同学们刚才都只专注购买各自的生涯，不曾注意被遗忘的项目，听老师这样一说，就都默然了。

我一一揣摩，在心中回答老师。

和家人共度周末？

不曾购买它作为自己的生涯，原因可能是多方面的，有人以为这是很平淡的事，不必把它定做目标；凡夫俗子们估摸着自己就是不打算和家人共度周末，也没有什么地方可去，一件被迫的几乎命中注定的事，何必要选择？还有的人，是一些不愿归巢的鸟，从心眼里不打算和家人共度周末，现今只有没本事的才和家人共度周末，有本事的是专要和外人共度周末的。

名垂青史？

可叹现代人，对历史的概念已如此脆弱，仿佛站在一个修鞋摊子旁边，只在乎立等可取，只在乎急功近利。

直言不讳的勇敢和百折不挠的真诚？

它固然是人类曾经自豪和骄傲的源泉，但如今怯懦和虚伪更成了安身立命的通行证。我们表面不屑，是因为骨子里不敢，我们没有承诺的勇气，我们没有面对真诚的真诚。

游戏结束了，不曾结束的是思考，在弥漫着世俗气息的"我"之外，以一个"孩子"的视角重新剖析自己的价值和生存质量，内心就有了激烈的碰撞和痛苦的反思。在节奏纷繁的现代社会，很难有这种省察自我的机会，这一瞬让我们返璞归真。

人生的重大决定，是由心规划的，像一道预先计算好的框架，等待着你的星座运行。如果期待改变我们的命运，请首先改变心的轨迹。

资料来源：http://www.douban.com/group/topic/28846336/

讨论题：

1. 你生命中最重要的人和事是什么？

（提示：树立自己的职业生涯目标）

2. 在人生中，我们经常会面临"鱼与熊掌不可兼得"的选择，每种选择都会有所得也会有所失，那么以什么样的标准来判断这种得失呢？

（提示：听从内心，选择自己最看重的）

职业生涯规划管理的基本理论

【本章关键词】
  职业选择；职业性向；职业锚；职业生涯阶段

【学习目标】
- 了解佛隆的择业动机理论。
- 了解各学派的职业生涯阶段理论。
- 熟悉施恩的职业锚理论。
- 掌握霍兰德的职业性向理论。
- 掌握格林豪斯的职业生涯管理模型。

开篇案例

每只小狗都有一个目标

  有一对夫妇有两个孩子，一个叫莎拉，一个叫克里斯蒂。在孩子还小的时候，父母决定为他们养一只小狗。小狗抱回来以后，他们想请一位朋友帮忙驯练这只小狗。他们抱着小狗来到朋友家，安然坐下。在第一次驯练前，女驯狗师问道："小狗的目标是什么？"夫妻俩面面相觑，很是意外，他们实在想不出狗有什么目标。丈夫嘟囔："一只小狗的目标？那当然就是当一只狗了。"女驯狗师极为严肃地摇了摇头说："每只小狗都得有一个目标。"夫妇俩经过商量，为小狗确立了一个目标——白天和孩子们一起玩，夜里看家。后来，小狗被成功地驯练成了孩子们的好朋友和家中财产的守护神。

  这对夫妇就是美国前任副总统阿尔·戈尔和他的妻子迪帕。他们牢牢地记住了这句话——做一只狗也要有目标。如果将这句话推而广之，那就是做一个人也有目标。

  但在现实生活中，却有太多太多的人没有目标。其实寻找目标并不是一件太难的事，关键是你要知道天下有这样一件事情，然后尽早来做。这是你自己需要一个目标，而不是你的父母或你的老师或你的上级需要。它的存在和别人的关系没有和你的关系那样密切。也就是说，它将是你最亲爱的伙伴，其血肉相连的程度绝对超过了你和你的父母、你和你的妻子儿女、你和你的同伴及领导的关系。你可能丧失了所有的财产和所有的亲人，但只要你的目标还在，你就还有一个完整的系统存在，你就并不孤独和无望。

我们常常把别人的期待当成了自己的目标。在孩童的时候，这几乎是顺理成章的事情。但是你会渐渐地长大，你会逐渐明白，无论别人的期望是多么美好，它都不属于你。除非有一天你成功地在自己的心底移植了这个期望，这个期望生根发芽，长成了你的目标。但即使到了那时，所有的枝叶都和原先的母本一脉相承，它也已面目全非，它的灵魂完完全全只属于你，它被你的血脉所濡养。

我们常常把世俗的流转当成自己的目标。这一阵子崇尚钱，就把挣钱当成了自己的目标。殊不知钱只是手段而非目标，有了钱之后，事情远远没有结束。把钱当成目标，就是把叶子当成了根。目标是终极的代名词，它悬挂在人生的瀚海之中，你向它航行，却永远不会抵达。你的快乐就在这跋涉的过程中流淌，而并非把目标攫为己有。从这个意义上说，钱不具备终极目标的资格。那一阵子流行美丽，你就把制造美丽、保存美丽当成了目标。殊不知美丽的标准有所不同，美丽是可以变化的，目标却是相当恒定的。美丽之后你还要做什么？美丽会褪色，目标却永远鲜艳。

有人把快乐和幸福当成了终极目标，这也值得推敲。快乐并不只是单纯的快感，类乎饮食和繁殖的本能。科学家们通过研究发现，最长远、最持久的快乐来自我价值的体现。而毫无疑问，自我价值是从属于个体的目标感。一个连目标都没有的人，何谈价值呢！

一棵树的目标也许是雕成大厦的栋梁，也许是撑一把绿伞送人荫凉，也许是化作无数张白纸传递知识，也许是制成一次性筷子让人大快朵颐……还有数不清的可能性，我们不是树，我们不可能穷尽也不可能明白树的心思。我们是人，我们可以为自己确立一个目标，这是做人的本分之一。

有一位女子曾说过，出名要趁早。我看，确立目标要趁早。

资料来源：http://www.zhiyin.cn/2011/0622/142496.html

第一节 职业选择理论

一、佛隆的择业动机理论

美国心理学家佛隆（Victor H. Vroom）通过对个体择业行为的研究认为，个体行为动机的强度取决于效价的大小和期望值的高低，动机强度与效价及期望值成正比，即

$$F = V \cdot E$$

式中：F 为动机强度，指积极性的激发程度；V 为效价，指个体对一定目标重要性的主观评价；E 为期望值，指个体估计的目标实现概率。

择业动机的强弱表明了择业者对目标职业的追求程度，或者对某项职业选择意向的大小。按照上述观点，择业动机取决于职业效价和职业概率，即

$$择业动机 = f（职业效价，职业概率）$$

职业效价是指择业者对某项职业价值的主观评价，取决于两个因素：一是择业者的职业价值观；二是择业者对某项具体职业要素如兴趣、劳动条件、报酬、职业声望等的评估。

职业概率是指择业者认为获得某项职业的可能性大小，通常取决于四个因素：一是某项职业的社会需求量，职业概率与社会需求量呈正相关关系；二是择业者的竞争能力，即择业者自身的工作能力和求职就业能力，职业概率与择业者的竞争能力呈正相关关系；三是竞争系数，即谋求同一种职业的竞争者人数的多少，职业概率与竞争系数呈负相关关系；四是其他随机因素。

一般而言，择业者对其视野内的几种目标职业进行职业价值评估和职业获取概率评价之后，将进行横向择业动机比较。择业动机是对职业和自身的全面评估，是对多种择业影响因素的全面考虑和得失权衡。因此，择业者多以择业动机分值高的职业作为自己的最终目标。

二、霍兰德的职业性向理论

美国心理学教授约翰·霍兰德（John Holland）认为，职业性向包括价值观、动机和需要等，是决定一个人职业选择的重要因素。约翰·霍兰德基于自己对职业性向的测试（Vocational Preference Test，VPT）研究，一共发现了六种基本的人格类型或性向。

1. 实际性向

具有实际性向的人会被吸引去从事那些包含着体力活动并且需要一定的技巧、力量和协调性才能承担的职业。这些职业的例子有森林工人、耕作工人以及农场主等。

2. 研究性向

具有研究性向的人会被吸引去从事那些包含着较多认知活动（思考、组织、理解等）的职业，而不是那些以感知活动（感觉、反应或人际沟通以及情感等）为主要内容的职业。这类职业的例子有生物学家、化学家以及大学教授等。

3. 社会性向

具有社会性向的人会被吸引去从事那些包含着大量人际交往内容的职业而不是那些包含着大量智力活动或体力活动的职业。这种职业的例子有诊所的心理医生、外交工作者以及社会工作者等。

4. 常规性向

具有常规性向的人会被吸引去从事那些包含着大量结构性的且规则较为固定的活动的职业。在这些职业中，员工个人的需要往往要服从于组织的需要。这类职业的例子有会计和银行职员等。

5. 企业性向

具有企业性向的人会被吸引去从事那些包含着大量以影响他人为目的的语言活动的职业。这类职业的例子有管理人员、律师以及公共关系管理者等。

6. 艺术性向

具有艺术性向的人会被吸引去从事那些包含着大量自我表现、艺术创造、情感表达以及个性化活动的职业。这类职业的例子有艺术家、广告制作者以及音乐家等。

具体如表 2-1 所示。

表2-1　约翰·霍兰德的六种人格类型及相应的职业

人格类型	人格特点	职业兴趣	代表性职业
实际性向	真诚坦率、重视现实、讲求实际、有坚持性、实践性和稳定性	手工技巧、机械的、农业的、电子的技术	体力员工、机器操作者、飞行员、农民、卡车司机、木工、工程技术人员等
研究性向	具有分析性与批判性、好奇的、理想的、内向的、有推理能力的	科学、数学	物理学家、人类学家、化学家、数学家、生物学家、各类研究人员
社会性向	富有合作精神的、友好的、肯帮助人的、和善的、爱社交和易了解的	与人有关的事、人际关系的技巧、教育工作	临床心理学家、咨询者、传教士、教师、社交联络员
常规性向	谨慎的、有效的、无灵活性的、服从的、守秩序的、能自我控制的	办公室工作、营业系统的工作等	出纳员、统计员、图书管理员、行政管理助理、邮局职员等
企业性向	喜欢冒险的、有雄心壮志的、精神饱满的、乐观的、自信的、健谈的	领导、人际关系的技巧	经理、汽车推销员、政治家、律师、采购员、各级行政领导者
艺术性向	感情丰富的、理想主义的、富有想象力的、易冲动的、有主见的、直觉的、情绪性的	语言、艺术、音乐、戏剧、书法	诗人、艺术家、小说家、音乐家、雕刻家、剧作家、作曲家、导演、画家

然而，大多数人实际上都并非只有一种性向（比如，一个人的性向中很可能是同时包含着社会性向、实际性向和研究性向这三种性向）。霍兰德认为，这些性向越相似，相容性越强，则一个人在选择职业时所面临的内在冲突和犹豫就会越少。为了帮助描述这种情况，霍兰德建议将这六种性向分别放在如图2-1所示的正六边形的每一个角。可以看到，此图形一共有六个角，每一个角代表一种职业性向。根据霍兰德的研究，图2-1中的两种性向越接近，则它们的相容性就越高。霍兰德相信，如果某人的两种性向是紧挨着的话，那么他或她将会很容易选定一种职业。然而，如果此人的性向是相互对立的（比如同时具有实际性向和社会性向），那么他或她在进行职业选择时将会面临较多的犹豫不决的情况，这是因为他或她的多种兴趣将驱使他们在多种差异较大的职业之间进行选择。

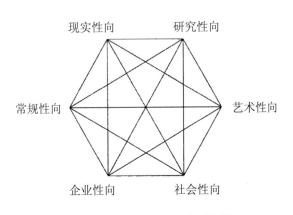

图2-1　职业性向及职业类型分类

三、帕森斯的人格特性—职业因素匹配理论

人格特性—职业因素匹配理论,是指人们依据人格特性及能力特点等条件,寻找具有与之对应的因素的职业的理论,也称"特性—因素匹配理论"。该理论是由美国波士顿大学教授帕森斯(Parson)创立的。

1. 职业选择的三大条件

帕森斯明确阐明了职业选择的三大条件。

(1)应该清楚地了解自己的态度、能力、兴趣、智谋、局限和其他特征。

(2)应清楚地了解职业选择成功的条件、所需知识,在不同职业工作岗位上所具有的优势、不利与补偿、机会与前途。

(3)上述两个条件的平衡。

帕森斯的理论是建立在清楚地认识、了解个人的主观条件和社会职业岗位需求条件的基础上的。

2. 人格特性—职业因素匹配的类型

人格特性—职业因素匹配,分为以下两种类型。

(1)条件匹配。即需要专门技术和专业知识的职业与掌握该种特殊技能和专业知识的择业者相匹配;或者脏、累、险等劳动条件很差的职业,需要吃苦耐劳、体格健壮的劳动者与之相匹配。

(2)特长匹配。即某些职业的从事者需要具有一定的特长,如具有敏感、易动感情、不守常规、有独创性、个性强、理想主义等人格特性的人,宜于从事审美、自我情感表达的艺术创作类型的职业。

四、罗的动力学理论

罗(Roe)认为一个人的早期经历和家庭氛围影响了今后的职业选择。罗的职业选择理论运用了亚伯拉罕·马斯洛(Abraham Maslow)的需要层次理论。马斯洛将人的需要分成五个层次:生理需要、安全需要、社交需要、尊重需要和自我实现需要。这五个层次的需要由低到高依次排列成一个阶梯,当低层次的需要获得相对的满足后,下一个需要就占据了主导地位,成为驱动行为的主要动力。其中,生理需要和安全需要属低级需要,尊重需要和自我实现需要属于高级需要,社交需要为中间层次的需要。

罗从需求被满足或受挫折的角度概述了三种基本的亲子关系:依赖、回避和接纳。

第一种关系为依赖型,其程度可从过度保护到过度要求。罗认为过度保护和过度要求的父母都吝于表现出他们的爱和赞许。孩子的生理需求可以满足,但由于达不到父母的期望,他们的心理需求往往得不到满足。被过度保护的孩子学会迎合他人的愿望以求得赞赏,渐渐变得依赖他人。过度要求的父母则对孩子期望甚高,孩子若达不到标准就不会获得认可。在父母的高标准、严要求下长大的孩子会变成完美主义者,他们会为表现得不够完美而焦虑,因而在做职业选择时会较为困难。

第二种关系为回避型,其程度可从忽视到拒绝。尽管不是有意忽视,但孩子的生理、心理需要都被冷落。罗用情感拒绝来表示,并非所有的拒绝都是物质上的忽视。

第三种关系为接纳型。也许是出于偶然，也许是在爱的基础上，孩子的生理、心理需求都能得到满足。父母以一种不关心也不参与的态度或者是以积极的方式鼓励了孩子的独立和自信。

罗的动力学理论，如图2-2所示。

罗的动力学理论认为，一个人所选的工作反映了他（她）儿时的家庭心理氛围。如果他（她）的家庭氛围是温暖、慈爱或过度保护的，他（她）可能会选择服务、商业、组织、文化和艺术娱乐类等跟人打交道的工作。如果他（她）的家庭氛围是忽视、拒绝或过度要求的，他（她）可能会选技术、户外、科学等跟物体、动植物而非跟人打交道的职业。

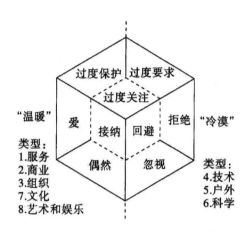

图2-2 罗的职业选择理论说明

罗给职业分类还加入了另一个维度：工作水平。它是根据该职业所要求的责任和能力的水平来划分的。罗（1956）界定了以下六个水平。

水平1——专业和管理：独立的责任。这个水平包括改革家、发明家、高级管理者和行政人员。这些人员制定政策和规则，让其他人遵守。他们在重要的事情上独立担负责任。

水平2——专业和管理。水平2与水平1的主要区别是程度不同，一定的独立性是必要的，但是它所承担的责任要比水平1低一点。

水平3——半专业和小企业。这一水平有几个特征：一是对他人承担的责任较少；二是执行他人制定的政策或仅仅为自己个人作决定（就好比在管理小企业时那样）；三是需要高中程度的教育，外加技术学校或同等学力。

水平4——技术性。技术性的职业要求有学徒经历或者其他特殊的培训或经验。

水平5——半技术性。半技术性的职业要求某种培训和经验，但是明显要低于水平4中的职业。此外，它所允许的独立性和主动性也较小。

水平6——非技术性。这些职业不需要特别的训练或教育，也不需要多少能力，只要具有听从指令、做简单重复的工作的能力就足够了。

罗的职业分类体系根据8种职业类型和6种能力水平将职业分成48组，如表2-2所示。

表 2-2　罗的职业分类和分级表

职 业 类 型	能 力 水 平
1. 服务 2. 商业 3. 组织 4. 技术 5. 户外 6. 科学 7. 文化 8. 艺术和娱乐	1. 专业和管理-1 2. 专业和管理-2 3. 半专业和小企业 4. 技术性 5. 半技术性 6. 非技术性

罗与其他研究人员将她的理论用于测试和研究，结果表明该理论也具有局限性。

（1）儿时的经历与成长后职业选择的关系不像罗想象的那样密切。父母的行为方式没有理论中描述的那样单一和绝对，父母与孩子的关系也不总是一成不变的，他们的关系更有可能是过度关注、接纳和拒绝的混合。父亲与母亲的教养方式也会有不同，可能一个是回避而另一个是接纳。

（2）罗氏理论未考虑从儿时到成年就职这段时间人的正常发展所经历的许多事件。尽管罗氏理论有缺陷，但她的理论仍十分重要。她的模型是最早提出人格因素、儿时事件、父母影响和心理需求会影响职业选择的。罗氏理论引发了对人们如何选择职业的许多研究，她的职业分类对人类职业兴趣的测量也有影响。最重要的是，罗氏理论要求一个人审视自己的早期生活，儿时的经历显然会影响到一个人成为怎样的人。

五、库伦伯茨的社会学习理论

库伦伯茨（Krumboltz）的社会学习理论企图解释个人的教育与职业偏好和技能是如何形成的，以及这些偏好和技能如何影响个人对各种课程、职业或工作领域的选择。此理论认为影响生涯选择的因素包括：遗传因子与特殊能力、环境情况与特殊事件、学习经验、工作取向技能。

社会学习理论的重点是行为分析或问题界定，是以目标为导向，根据当事人的问题而制定辅导目标。库伦伯茨与其同事列举了七种一般当事人常有的问题类型。

（1）将问题归罪于他人；
（2）问题情绪化；
（3）缺乏目标；
（4）被期待的行为不是他所欲的；
（5）不知道自己的行为是不当的；
（6）抉择的冲突；
（7）不知道问题在哪儿。

库伦伯茨和贝克（Baker）在1973年提出他们的第一个决策模式，其步骤如下。

（1）界定问题与制定目标；
（2）当事人和辅导员互相协定达成目标；

（3）产生可选择的问题解决方法；
（4）收集有关选择的资料；
（5）检查选择的结果；
（6）重新评估目标、选择和结果；
（7）对一个新的发展和新机会，作一个临时的决定或实验的选择；
（8）推论面对新问题时作决定的过程。

后来库伦伯茨又在1977年修正此模式，修正后的模式包括以下七个步骤。
（1）界定问题。描述必须完成的决策以及估计完成该决策所需的时间。
（2）拟定行动计划。描述将采取哪些行动或步骤来作决策，并描述如何完成这些步骤，且估计每一步骤所需的时间或完成的日期。
（3）澄清价值。描述个人将采取哪些标准，作为评价每个可能选择的依据。
（4）找出可能的选择。
（5）评估各种可能结果。依据所定的标准与评分标准，评价每种可能的选择。
（6）系统地删除。删除不符合价值标准的选择，从而选择最符合决策者理想的可能选择。
（7）开始行动。描述将采取何种行动以达到选择的目标。

六、施恩的职业锚理论

（一）职业锚的含义

职业锚（Career Anchor），是由美国著名的职业指导专家埃德加·H.施恩（Edgar H. Schein）教授提出的。1961年，施恩教授对斯隆管理学院的44名硕士研究生进行了最初的访谈，当时这批学生正在读二年级（总共两年的学习时间）。在这批学生毕业6个月及毕业1年后，在各自的工作地点对所有的人进行了重复访谈，这些访谈揭示了从学校到社会的转变过程中的大量问题。所有参与者在毕业5年后完成了一份调查问卷。1973年，在这些参与者毕业12年后，又进行了一次跟踪访谈，要求参与者按时间详细回顾自己的职业生涯历史，不仅要求他们识别关键职业选择和事件，而且让他们思考作出决定的原因及每次变动的感受。从访谈中发现，尽管每位参与者的职业经历大不相同，但从职业决策的原因和对事件的各种感受中，他们之间却有着惊人的一致性。个人潜在的自我意识来自早期学习过程所获得的成长经验，当他们从事与自己不适合的工作时，一种意识会将他们拉回到使其感觉更好的方向（职业）上——这就是职业锚。

1. 职业锚的内容

职业锚是指新员工在早期工作中逐渐对自我加以认识而发展出的更加清晰、全面的职业自我观。职业自我观由以下三部分内容组成。
（1）自省的才干和能力，以各种工作环境中的实际成功为基础；
（2）自省的动机和需要，以实际情境中的自我测试和自我诊断的机会以及他人的反馈为基础；
（3）自省的态度和价值观，以自我与雇佣组织和工作环境的准则和价值观之间的实际遭遇为基础。

2. 职业锚的特点

职业锚的概念有以下五个特点。

（1）职业锚定义工作价值观、工作动机的含义更具体、更明确。职业锚产生于最初的工作价值观和工作动机之上，但又受到实践工作经验和自我认识的具体强化。

（2）由于实践工作成果的偶然性，职业锚不可能凭各种测试来预测。职业锚是人与工作环境相互作用的产物，在学校中表现出的潜在才干和能力，在经过实际工作的多次确认和强化之前，并不能成为职业锚的一部分。个体的一系列职业选择偶然性，体现出从不适应、无法满足需要的工作环境向更和谐的环境移动的必然性。个体的职业锚在实践中选择、认知和强化，这就是职业锚的本质特征。

（3）职业锚强调了能力、动机和价值观的互动作用。我们可能喜欢某类职业，从而不断提高和此职业相关的能力，而对此职业的擅长又使我们更喜欢它；或者，发现自己擅长某职业，渐渐培养起兴趣和感情，后来就越发精通了。因此，职业取向中单纯的动机、能力、价值观的意义是不大的，重要的是突出三者的整合作用。

（4）职业锚在正式工作若干年后才可能被发现，即职业锚的确定需要各种情境下实践工作的反复验证方可确认。职业取向的必然性需要一定时间内变化偶然性的累积方可突现。

（5）职业锚概念倾向于寻求个人稳定的成长区域，但并不意味着个人停止变化或成长，因为"职业锚"本身也会发生变化。

（二）职业锚的类型和特点

施恩教授通过对 44 名研究生的跟踪研究，提出了五种职业锚，它们分别是技术／职能能力型职业锚、管理能力型职业锚、创造型职业锚、安全／稳定型职业锚和自主／独立型职业锚。施恩教授的后期研究又增加了三种职业锚：服务/奉献型职业锚、挑战型职业锚和生活型职业锚。

1. 技术／职能能力型职业锚的特点

（1）强调实际技术／功能等业务工作。

（2）拒绝一般管理工作但愿意在其技术／功能领域管理他人。

（3）追求在技术／功能能力区的成长和技能不断提高，其成功更多地取决于该区域专家的肯定和认可，以及承担该能力区日益增多的富有挑战性的工作。

2. 管理能力型职业锚的特点

（1）管理能力型职业锚的雇员追求承担一般的管理性工作，且责任越大越好。他们倾心于全面管理，掌握更大的权力，肩负更大的责任。

（2）管理能力型职业锚的雇员具有强有力的升迁动机和价值观，以提升等级和收入作为成功的标准。

（3）具有分析能力、人际沟通能力和情感能力的强强组合，而分析能力是指在信息不完全以及不确定的情况下发现问题、分析问题和解决问题的能力。

（4）管理型职业锚的人对组织有很大的信赖性。

3. 创造型职业锚的特点

（1）有强烈的创造需求和欲望。

（2）意志坚定，勇于冒险。

（3）创造型职业锚同其他类型的职业锚存在着一定程度的重叠。

4. 安全／稳定型职业锚的特点

（1）追求安全、稳定的职业前途，是这一类职业锚雇员的驱动力和价值观。

（2）注重情感的安全稳定，在一个熟悉的环境中维持一种稳定的、有保障的职业对他们来说是更为重要的，包括一种定居以使家庭稳定并使自己融入团队与社区的感情。

（3）对组织具有较强的依赖性。安全／稳定型职业锚的人，一般不愿意离开一个给定的组织，愿意让他们的雇主来决定他们去从事何种职业，倾向于根据雇主对他们提出的要求行事，不越雷池半步。

（4）个人职业生涯的开发与发展往往会受到限制。安全／稳定型职业锚的人，对组织的依赖性强，个人缺乏职业生涯开发的驱动力和主动性，所以会限制自我职业生涯的发展。

5．自主／独立型职业锚的特点

（1）追求自主／独立型职业锚的人希望随心所欲地安排自己的工作方式、工作习惯、时间进度和生活方式。

（2）自主／独立型职业锚的人追求在工作中享有自由，有较强的职业认同感，认为工作成果与自己的努力紧密相连。

（3）自主／独立型职业锚与其他类型的职业锚有明显的交叉。

6．服务／奉献型职业锚的特点

（1）具有服务／奉献型职业锚的人希望职业能够体现个人价值观，关注工作带来的价值，而不在意是否能发挥自己的才能或能力。他们的职业决策通常基于能否让世界变得更加美好。

（2）服务／奉献型职业锚的人希望职业允许他以自己的价值观影响雇佣他的组织或社会。

（3）他们对组织忠诚，希望得到基于贡献的、公平的、方式简单的薪酬。他们追求的根本目标不是钱，而是认可他们的贡献，给他们更多的权力和自由来体现自己的价值。

（4）他们需要来自同事及上司的认可和支持，并与他们共享自己的核心价值。如果缺少这些支持，他们可能会走向有一定自主性的职业，如咨询业。

7．挑战型职业锚的特点

（1）具有挑战型职业锚的人认为他们可以征服任何事情或任何人，并将成功定义为"克服不可能克服的障碍，解决不可能解决的问题，或战胜非常强硬的对手"。

（2）一定水平的挑战是至关重要的。对于挑战型职业锚的人来说，工作领域、受雇佣的公司、薪酬体系、晋升体系、认可方式等都从属于这项工作是否能够经常提供挑战自我的机会，缺少挑战自我的机会会使他们变得厌倦和急躁。职业中的变化对他们而言非常重要，管理工作吸引他们的一个主要原因是管理工作的多变性和面临的强硬挑战性。

8．生活型职业锚的特点

（1）具有这种类型职业锚的人最需要的是弹性和灵活性。生活型职业锚的人愿意为提供灵活选择的组织工作。

（2）相对于组织的态度，生活型职业锚的人更关注组织文化是否尊重个人和家庭的需要，以及能否与组织之间建立真正的心理契约。

七、完整生活计划

完整生活计划（ILP）是一个全面的职业生涯规划模型，它不只是选择一个职业或理清职业与其他生活角色的关系，也不仅是把工作看作生活的一部分。职业生涯规划的实施主要集中在教育和选择自己满意的职业上，最近闲暇计划被加入到其中。

ILP涵盖与职业生涯规划相关的多个方面的追求（Hansen，1997）：爱情、学习、劳动、闲暇和公民身份等在生活中的作用；身体、心理和精神上的多个维度；家庭关系以及与开拓社会使命的联系。

完整生活计划建立在以下六个相互作用的、关键的生活任务基础之上。

1．发现需要做的工作

Hansen（2001）发现了几种特别重要的工作：保护环境、建设性地使用技术、理解工作场所和家庭的变化、接受性别角色的变化、理解多样性、减少暴力、减少贫穷和饥饿、提倡人权、发明新的认识方式、对精神性和生活目的的探究。

2．将我们的生活编制成一个有意义的整体

这个有意义的整体即职业角色的发展，包括人的社会性、智力、身体、精神和情绪部分的发展。

3．连接家庭和工作

强调在平等的伴侣关系中，男女在分担供养和培育角色中的必要性。随着越来越多的双收入家庭、同性恋家庭、无子女的丁克家庭、有子女的单亲家庭、晚婚晚育家庭的出现，许多新角色也出现了。

4．多元的价值观和开放的世界观

多元的价值观和开放的世界观可以帮助人们理解和适应越来越多元的美国和其他国家。

5．管理个人的转换和组织的变化

决策是这一任务的主要组成部分，理性的、逻辑的、线性的决策模型可能不再够用，新的职业生涯规划的方法帮助人们在面对不确定的、不稳定的、不明确的和复杂的问题时做准备，这个任务也强调社会交换和个人需求作为变化的催化剂在个人生活、家庭和组织中产生的作用。

6．探索精神性的和生活的目标

精神假定在人的自身以外存在着更高的权力，是一种与所有生命内部相关的感觉。渐渐地，人们开始寻求生活的更大目标和平衡，他们不愿把自己的全部生活都花在工作和赚钱上，这是一种简化生活和重新定义成功的趋势。

Hansen（1997）承认其他咨询理论家、心理学家、神学家对工作与精神性之间关联的影响。例如，Abraham Maslow发展了"高峰体验"的概念，在高峰体验下让人们触及了他们生活的精神部分，使他们将世界视为一个整体。Carl Rogers将人类整体视为人际关系和从人际关系中理解自我的模式。Gardon Allport把成熟的人类描述成有能力寻找生活的意义和目的的群体，尽管牵强、模棱两可甚至自相矛盾。Victor Frankl的治疗方法来源于他在纳粹集中营的经历，他发现那些因可怕的煎熬而受到摧残的人们仍然追求生活的真谛，即使他们被囚禁在非常恶劣的环境中。Matthew Fox要求生活和生计是不分家的"工作的再发明"；生活和生计都来源于精神。所以当对他人有更大的贡献感时，生活才会过得更有意义、更有目的。

第二节 职业生涯阶段理论

一、萨柏的职业生涯阶段理论

萨柏（Donald E. Super）是美国一位有代表性的职业管理学家。他以美国白人为研究对象，把人的职业生涯划分为五个主要阶段：成长阶段、探索阶段、确立阶段、维持阶段和衰退阶段。

1. 成长阶段

成长阶段（Growth Stage）大体上可以界定在出生到 14 岁这一阶段上。在这一阶段，个人通过对家庭成员、朋友和老师的认同以及他们之间的相互作用，逐渐建立起自我的概念。到这一阶段结束后，进入青春期的青少年已经对兴趣和能力形成了某些基本看法，开始对各种可选择的职业进行某些现实性的思考。

2. 探索阶段

一般来说，探索阶段（Exploration Stage）为 24 岁以前的在高中、大学或技校中的学习阶段。在这一阶段，人们尝试去寻找自己的职业选择并加深对职业的了解，通过学校教育、休闲活动和业余工作中将个人兴趣和能力匹配起来，并从朋友和家庭成员那儿收集关于职务、职业生涯及职业的信息。在这一阶段开始的时期，他们往往作出一些带有试验性质的较为广泛的职业选择，一旦他们找到了自己感兴趣的工作或职业类型，他们就开始接受必需的教育和培训。然而，随着个人对所选择职业以及对自我的进一步了解，这种最初的选择往往要被重新界定。当员工开始一份新工作时，会继续进行探索。在大多数情况下，处于探索阶段的员工，如果没有他人的指导和帮助，往往较难以完成工作任务及承担工作角色。

从公司管理的角度来说，必须对新员工进行岗位培训和社会化活动，以帮助他们尽可能快地适应新的工作和工作伙伴，从而实现公司的目标。这一阶段也是公司真正开始管理员工职业生涯的阶段。

3. 确立阶段

确立阶段（Establishment Stage）约处于员工 25～44 岁之间的这一年龄阶段上。它是大多数工作生命周期的核心部分。个人在这一阶段会找到合适的职位，并为之全力以赴地奋斗。然而，这一阶段人们仍然会不断地尝试实现与自己最初的职位选择不同的理想。

这一阶段的员工会在公司中找到自己的位置，独立地做出贡献，承担更多的责任，获得更多的收益，并建立一种理想的生活方式。对于这一阶段的员工，公司需要制定政策来协调其工作角色和非工作角色。同时，该阶段的员工需要更积极地参与职业生涯规划活动。

确立阶段可以分成三个不同的子阶段：稳定期、发展期和中期危机阶段。稳定期子阶段是最早期，此阶段的员工将会确定现在的这份工作是否适合自己，如果不适合，他就会进行不同的尝试。发展期子阶段，人们往往已经定下了较为坚定的职业目标，并制订了较为明确的职业计划来确定自己晋升的潜力、工作调换的必要性以及实现这些目标需要开展哪些教育活动。在职业中期危机子阶段，人们开始对自己半生的职业生涯产生怀疑，可能发现自己偏离了职业目标或发现了新的目标，认为自己前半生的梦想并不是自己真正想要的。这时人们开始面临一个艰难的选择，即是否放弃自己半生的事业，开始涉足另一片领域。这一阶段重新开始一段新的职业生涯的例子并不少见。

表 2-3 列出了成长阶段，探索阶段和确立阶段的子阶段。

表 2-3　萨柏职业生涯五阶段理论中的前三个阶段的子阶段

主阶段名称	子阶段名称		
成长阶段	幻想期（10 岁之前）	兴趣期（11～12 岁）	能力期（13～14 岁）
	在幻想中扮演自己喜欢的角色	以兴趣为中心，理解、评价职业，开始作职业选择	更多地考虑自己的能力和工作需要
探索阶段	试验期（15～17 岁）	转变期（18～21 岁）	尝试期（22～24 岁）
	综合认识和考虑自己的兴趣、能力，对未来职业进行尝试性选择	正式进入职业，或者进行专门的职业培训，明确某种职业倾向	选定工作领域，开始从事某种职业，对职业发展目标的可行性进行试验
确立阶段	稳定期（25～30 岁）	发展期（31～40 岁）	中期危机阶段（41～44 岁）
	个人在所选的职业中安顿下来，重点是寻求职业及生活上的稳定	致力于实现职业目标，是富有创造性的时期	职业中期可能会发现自己偏离职业目标或发现了新的目标，此时需重新评价自己的需求，处于转折期

4．维持阶段

维持阶段（Maintenance Stage）一般发生在人们的 45～60 岁左右的时期。这一阶段的人们关注技能的更新，希望人们仍将其看成是一个对公司有贡献的人。他们有多年的工作经验，拥有丰富的工作知识，对于公司及其目标、文化的理解更加透彻，所以往往能够充当新员工的培训导师。在这一阶段的后期，人们将大多数精力都放在了保有这一工作上。

从企业管理的角度来讲，对于这一阶段的员工，主要是防止他们的技能老化，提供学习更新的机会，帮助该阶段的员工达到职业顶峰。

5．衰退阶段

当退休临近时，员工需要准备调整其工作活动和非工作活动的时间比例，且不得不接受权力责任减少的现实。

从企业管理的角度而言，对于衰退阶段（Disengagement Stage）的员工，主要的职业生涯管理活动是制订并实施员工退休计划和分流计划。在我国的一些国有企业中，出于企业经营或安排新员工的需要，往往使得这一阶段提前发生，称之为"内部退休"。这种现象还是相当普遍的。

员工在职业生涯的不同时期会遇到不同的问题，合格的管理人员应该制定政策和计划，以帮助员工处理这些问题。另外，公司还需要提供一个职业生涯规划体系，以了解员工的职业生涯发展需求，帮助员工进行有效的自我规划。

二、金斯伯格的职业生涯阶段理论

美国著名的职业指导专家、职业生涯发展理论的先驱和典型代表人物——金斯伯格（Eli Ginzberg）研究的重点是从童年到青少年阶段的职业心理发展过程，他将职业生涯的发展分为幻想期、尝试期和现实期三个阶段，如表 2-4 所示。金斯伯格的职业生涯阶段理论，实际上解释了初次就业前人们职业意识和职业追求的发展变化过程。金斯伯格的职业生涯阶段理论对实践活动曾产生过广泛的影响。

表2-4 金斯伯格的职业生涯三阶段理论

阶段	幻想期（11岁前）	尝试期（11～17岁）	现实期（17岁以后）
主要心理和活动	对外面的信息充满好奇和幻想，在游戏中扮演自己喜爱的角色。此时的职业需求特点是：单纯由自己的兴趣爱好决定，并不考虑自己的条件、能力和水平，也不考虑社会需求和机遇	由少年向青年过渡，人的心理和生理均在迅速成长与变化，独立的意识、价值观形成，知识和能力显著提升，初步懂得社会生产与生活经验，开始注意自己的职业兴趣、自身能力和条件、职业的社会地位	能够客观地把自己的职业愿望或要求与自己的主观条件、能力和社会需求密切联系与协调起来，已有具体的、现实的职业目标

尝试期包括兴趣阶段、能力阶段、价值观阶段和综合阶段等四个阶段，现实期包括试探阶段、具体化阶段和专业化阶段等三个阶段，各子阶段的特点如表2-5所示。

表2-5 尝试期和现实期的子阶段划分及特点

	子 阶 段	子阶段特点
尝试期	兴趣阶段（11～12岁）	开始注意并培养对某些职业的兴趣
	能力阶段（13～14岁）	开始以个人的能力为核心，衡量并测验自己的能力，同时将其表现在各种相关的职业活动上
	价值观阶段（15～16岁）	逐渐了解自己的职业价值观，并能兼顾个人与社会的需要，以职业的价值性就业
	综合阶段（17岁）	将上述三个阶段的职业相关资料综合考虑来了解和判定未来的职业发展方向
现实期	试探阶段（18~20岁）	根据尝试期的结果进行各种试探活动，试探各种职业机会和可能的选择
	具体化阶段（21~22岁）	根据试探阶段的经历作进一步的选择，进入具体化阶段
	专业化阶段（23~25岁）	依据自我选择的目标，做具体的就业准备

三、格林豪斯的职业生涯阶段理论

萨柏和金斯伯格的研究侧重于不同年龄段对职业的需求与态度，而美国心理学博士格林豪斯（Greenhouse）的研究则侧重于不同年龄段职业生涯所面临的主要任务，并以此为依据将职业生涯分为五个阶段：职业准备阶段、进入组织阶段、职业生涯初期、职业生涯中期和职业生涯晚期，如表2-6所示。

表2-6 格林豪斯的职业生涯五阶段理论

阶段	职业准备阶段（0～18岁）	进入组织阶段（19～25岁）	职业生涯初期（26～40岁）	职业生涯中期（41～55岁）	职业生涯晚期（56岁至退休）
主要任务	发展职业想象力，培养职业兴趣和能力，对职业进行评估和选择，接受必需的职业教育和培训	进入职业生涯，选择一种合适的、较为满意的职业，并在一个理想的组织中获得一个职位	逐步适应职业工作，融入组织，不断学习职业技能，为未来职业生涯的成功作好准备	努力工作，并力争有所成就，在重新评价职业生涯中强化或转换职业道路	继续保持已有的职业成就，成为一名工作指导者，维护自尊，准备引退

四、施恩的职业生涯阶段理论

美国著名的心理学家和职业管理学家施恩教授,根据人类生命周期的特点及其在不同年龄阶段面临的问题和职业工作的主要任务,将职业生涯分为九个阶段,如表2-7所示。

表2-7 施恩的职业生涯九阶段理论

阶　　段	角　　色	主　要　任　务
成长、幻想、探索阶段 （0～11岁）	学生、职业工作的候选人和申请者	1. 发现和发展自己的需要、兴趣、能力和才干,为进行实际的职业选择奠定基础 2. 学习职业方面的知识,寻找现实的角色模式,获取丰富的信息,发展和发现自己的价值观、动机和抱负,作出合理的受教育决策,将幼年的职业幻想变为可操作的现实 3. 接受教育和培训,开发工作领域中所需要的基本习惯和技能
进入工作世界 （16～25岁）	应聘者、新学员	1. 进入职业生涯 2. 学会如何寻找、评估和申请一项工作,并作出现实有效的第一项工作选择 3. 个人和雇主之间达成正式可行的契约,个人成为一个组织或一种职业的成员
基础培训 （16～25岁）	实习生、新手	1. 了解、熟悉组织,接受组织文化,克服不安全感,学会与人相处,并融入工作群体,尽快取得组织成员的资格 2. 适应日常的操作程序,承担工作,成为一名有效的成员
早期职业的正式成员资格 （17～30岁）	取得组织正式成员资格的新员工	1. 承担责任,成功地履行与第一次工作分配有关的义务 2. 发展和展示自己的技能和专长,为提升或进入其他领域的横向职业成长奠定基础 3. 根据自身才干和价值观,组织中的机会和约束,重新评估当初追求的职业,决定是否留在这个组织或职业中,或者在自己的需要、组织约束和机会之间寻求一种更好的平衡 4. 寻求良师和保护人
职业中期 （30岁以上）	正式成员、任职者、终生成员、主管、经理等	1. 选定一项专业或进入管理部门 2. 保持技术竞争力,在自己选择的专业或管理领域内继续学习,力争成为一名专家或职业能手 3. 承担较大责任,确认自己的地位 4. 开发个人的长期职业计划 5. 寻求家庭、自我和工作事务间的平衡
职业中期危险阶段 （35～45岁）	正式成员、任职者、终生成员、主管、经理等	1. 现实地评估自己的才干、动机和价值观,进一步明确自己的职业抱负及前途 2. 就接受现状或者争取看得见的前途作出具体选择 3. 建立与他人的良师关系
职业后期 （40岁到退休）	骨干成员、管理者、有效贡献者等	1. 成为一名良师,学会发挥影响,指导、指挥别人,对他人承担责任 2. 扩大、发展、深化技能,或者提高才干,以担负更大范围的、更重大的责任 3. 选拔和培养接替人员 4. 如果求安稳,就此停滞,则要正视和接受自己影响力与挑战能力的下降

续表

阶　　段	角　色	主　要　任　务
衰退和离职阶段 （40岁到退休）		1. 学会接受权力、责任、地位的下降 2. 基于竞争力和进取心下降，要学会接受和发展新的角色 3. 培养新的工作以外的兴趣、爱好，寻找新的满足源 4. 评估自己的职业生涯，着手退休事宜
退休		1. 适应角色、生活方式和生活标准的急剧变化，保持一种认同感 2. 保持一种自我价值观，运用自己积累的经验和智慧，以各种资深角色对他人进行传、帮、带

五、利文森的职业发展阶段理论

利文森（D. Levinson）等人曾探讨18~45岁的美国人的生涯发展历程，发现其可以分为六个时期。

1. 20岁转型期（18~25岁）

离开原属的家庭，逐渐减少对父母的依赖，以准备进入成人世界。

2. 初期结构建立期（22~28岁）

对成人角色、责任和关系进行探索并作出暂时性的承诺，开始建立初期的生活结构，并对未来的人生理想有更清晰的认识。

3. 30岁转型期（28~32岁）

对初期的生活结构进行检讨或反省，试图建立新的结构。

4. 结构逐渐稳定期（33~40岁）

个体在初期的生活结构修正完后，会有进一步追求成就的倾向，以使个人逐渐成为真正的自己，并让人生的美梦成真。

5. 40岁转型期（40~42岁）

最初的梦想与实际成就之间存在的差距，使个体重新思索人生的目标，并改变与自己的关系，真正接纳自己。

6. 中年期开始（45岁左右）

逐渐不在乎外在的是非得失，慢慢学会以个人的内在追求来引导自己，追求自我实现。

六、道尔顿和汤普森的职业发展阶段模型

该模型是由哈佛商学院教授道尔顿（Gene Dalton）和汤普森（Paul Thompson）开发的。当时，一家大型电气公司向他们咨询管理中的一些问题。他们通过调查工程师的绩效情况发现，个人绩效的期望会随着职业发展而变化。有些工程师无论处于职业发展哪个阶段，都位于高绩效者行列。但大多数工程师的进步相对缓慢，即使分配给他们的工作与高绩效者完全一样。道尔顿和汤普森开始调查高绩效者与平均绩效者之间产生差别的原因究竟是什么。

最后，道尔顿和汤普森界定出职业发展的四个阶段。这四个阶段与职位无关，但能解释出为什么两位员工做同一份工作但创造的价值会有那么大的差异。职业发展后期，要达到高绩效也取决于早期的自我管理。因此，职业发展四阶段模型（见表2-8）为组织和个人提供了指导，

帮助大家更好地理解组织对员工的长期期望。

表 2-8　道尔顿和汤普森的职业发展阶段模型

阶段	成长依赖期	独立贡献期	指导授能期	策划领导期
主要任务	主动接受指导，参与工作项目/任务并有良好表现，掌握基本日常工作技能，在指导下能发挥创造力与主动性，在时间或资源压力下能正常工作，积极学习团队共同的工作方式	对分内工作尽职尽责，较少依赖监督，能独立完成任务且成绩优良，专业技能有所提高，建立信誉与威望，建立良好的内部工作关系	专业技能得到提升，开阔视野、以自己的见解和知识激发他人，以上司、导师和启蒙者的角色培养下级员工，有效地代表所在组织与客户和外界交往，建立良好的内外关系网	为组织指明方向，发现重要商机并引导业务需求，负责任地行使权力，获得必需资源，支持乐于奉献的个人成为后备领导人才，代表组织处理重大战略性事务

处于第一阶段的个人需要接受方向性的指导，培养基本的能力，了解和学习与组织和相关专业有关的技能知识。个人在职业发展早期如真能这么做，那么他的工作效率往往较高，而如果总是依赖别人的指示做事，几年之后，个人绩效就比那些进入第二阶段的同事低。第二阶段的个人将成为独立的专家。但同样的，独立的专家如果没能拓宽自己的视野，帮助别人一起发展的话，价值和绩效也会逐渐下降，除非他们的能力非常突出，能独立创造出与第三阶段的同事同样多的价值。处于第三阶段的个人是通过他人的贡献来体现自己的价值的，他们有能力发展进入第四阶段。而处于第四阶段的个人能影响到组织的发展方向，能预见和把握组织的发展远景，对工作有承诺，常常成为组织的领导者。

这种职业发展四阶段模型与传统的由技术到管理的职业发展理论有很大的差别。道尔顿和汤普森还发现，根据不同阶段所界定的贡献，其实与组织岗位级别无关。比如，第三阶段的特点是发展他人，拓宽视野，理解商业问题，能利用网络和团队来完成任务。这听起来更像是主管或者经理的工作分析。但事实上，许多主管拥有正式的管理权力，却缺乏第三阶段所需要的技能。另外，调查还惊奇地发现，处于第三阶段的大部分人并不处于正式的管理岗位上。经理与非管理者之间的比例为 1∶3，但他们表现出了类似的领导力。第四阶段经理与非管理者的比例刚好相反，但依然有人处于技术专业岗位上，也影响着公司的发展方向。

最近的研究还发现，第三和第四阶段的非管理者的贡献与企业规模缩小和扁平化趋势的到来有很大关系。四阶段模型描述了几十年以来，大公司中所存在的价值。因此，随着组织的规模和形式的变化，理解四阶段也就显得格外重要。一个人从一个阶段进入下一个阶段，个人的贡献能力也应该随着增长，比如他可以带来一些创新，可以完成更有挑战性的工作。"更新"这个词从法律角度来说，意味着重新就职能角色和责任进行沟通，并以合同形式确定。法律上的更新是一个非常正式的过程，职业的更新常常没有这么正式，但是，理解更新的过程能使个人更好地管理自己的发展，更了解自己该如何提高对组织的贡献。当组织中的每个人都能理解四阶段模型之后，四阶段也就成为讨论发展和成长的一种通用语言了。

七、职业生涯发展"三三三"理论

我国学者廖泉文教授，在总结国外学者职业生涯发展阶段观点的基础上，提出了职业发展的"三三三"理论。"三三三"理论是将人的职业生涯分为三大阶段：输入阶段、输出阶段和淡出阶段;每一个阶段又分为三个子阶段:适应阶段、创新阶段和再适应阶段;每一个子阶段又可分为三种状况:顺利晋升、原地踏步和降到低谷,如表2-9和图2-3所示。

表2-9(a)　职业生涯的"三三三"理论

阶段	输入阶段 (从出生到就业前)	输出阶段 (从就业到退休)	淡出阶段 (退休前后)
主要任务	输入信息、知识、经验、技能,为从业做重要准备;认识环境和社会,锻造自己的各种能力	输出自己的智慧、知识、服务、才干;进行知识的再输入、经验的再积累、能力的再锻造	精力渐衰,但阅历渐丰。经验渐多,逐步退出职业,适应角色的转换

表2-9(b)　输出阶段的三个子阶段

输出阶段	个人的工作状态	职业环境状态
适应阶段	订三个契约: 对领导,我要服从你的领导; 对同事,我要与你协同工作; 对自己,我要使自己表现更出色	适应工作硬软环境,个体与环境、个体与同事相互接受,进入职业角色
创新阶段	独立承担工作任务,努力作出创造性,提出合理化建议	受到领导和群众认可,进入事业辉煌时期
再适应阶段	工作出色获得晋升,发展空间小而原地踏步,自满骄傲或工作差错受到批评	个体要调整心态,适应变化了的环境,此时处于职业状态分化时期,领导和同事看法不一

表2-9(c)　再适应阶段的三种状况

再适应阶段	职业状态
顺利晋升	面临新工作环境的挑战,原同级同事嫉妒、领导提出的新要求,表面的风光隐藏着一定的职业风波
原地踏步	"倚老卖老"不求上进的状态出现,挂在口头的话是"我早就干(想)过了",对同事容易陷入冷嘲热讽,此时如做职业平移或变更更合适
降到波谷	由于个体原因或客观原因,遭受上级批评,或受降级处分,工作状态进入波谷,此时如能重新振奋精神,有希望进入第二次"三三三"发展状态

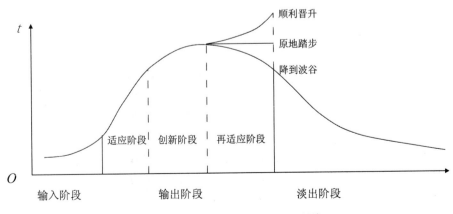

图2-3　职业发展的"三三三"理论

第三节　职业生涯管理模型

一、职业生涯管理模型的一般阐释

受特质—因素理论、人格类型理论等的影响，职业生涯管理模型的基本假设是，当人们的工作和生活体验与本人的愿望和要求一致时，他们会感到更有成就感并具有更高的生产率。当人们的工作经历与个人的需要、价值观、兴趣和生活方式偏好相符时，他们会对职业选择更加满意。当工作所需的恰好是个人所具有的技能时，职业的绩效会有提高。基于这些理由，职业生涯管理模型试图将这种一致性或者说人职匹配最大化。

格林豪斯的职业生涯管理模型如图2-4所示。

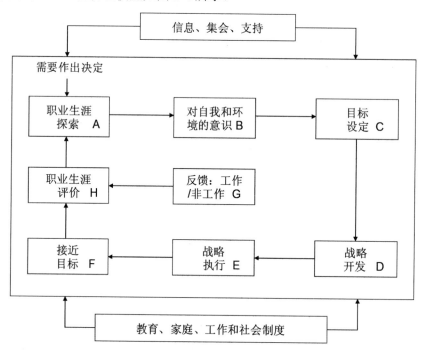

图2-4　格林豪斯的职业生涯管理模型

让我们通过一个假想的案例来对这个复杂的模型作一个简单的阐释。

某年轻的化学工程师正在认真考虑她在公司的未来，尽管她并不厌倦工程师这个普通的岗位，但目前一份从事公司管理工作的职位强烈地吸引了她，她可以这样呆下去，听从公司对她的"安排"。但她决定在自己的职业管理中扮演一个积极的角色，于是决定采取行动进行决策。

职业生涯管理模型中的第一步显示这位工程师应该开始职业探索（图2-4中的步骤A）。也就是说，她应该开始收集信息，包括她自己的（她喜欢做什么，她的天赋在什么方面，这份工作在她整个生活中的重要性）、组织内或组织外可供选择的其他工作（一名公司的管理者真正要做的工作是什么，经验丰富的化学工程师的工资如何）以及作为一个整体系统（在这个公司是否可能从普通员工晋升至直线管理人员，怎样才能获得提升）的她所在的组织（或其他　组织）。

职业探索将会使这位工程师对自己和环境有一个更全面的认识（步骤B）。她会更清楚自己的价值观、兴趣爱好以及在工作和非工作生活中的才能所在,也会对工作的选择及相关要求、环境中存在的机遇和障碍都更加了解。

这种逐步深化的认识可以帮助这位工程师选择工作的目标（步骤 C）。目标可能在某个特定时期为她获得工厂经理助理的职位，或者帮助她成为项目工程师，或者在可预见未来的情况下留在目前的岗位。

可实现的目标的建立有利于职业战略的发展和执行（步骤 D 和 E）（如一系列计划的活动以达到期望的职业生涯目标）。比如，如果这位工程师的目标是成为公司的经理助理，她可能会参加公司的一两个管理发展论坛，并尽量从目前的经理那里争取到更多的管理性任务，更多地了解整个公司的运作。

一个合理的职业生涯战略的执行直接带来向职业生涯目标的接近（步骤 F）。如果这位工程师选择了一个明智的行动计划，那将比没有执行战略或执行一项不当的战略更容易达到她的目标。

职业生涯战略的执行还可以为个人提供有用的反馈信息。这种反馈与来自他人的工作和非工作来源的反馈（步骤 G）一起，可以帮助这位工程师正确评价她的职业（步骤 H），从职业生涯评价中得到的信息又反过来促进职业生涯探索（步骤 H 到 A 的箭头），从而开始职业生涯管理新的循环。比如，这位工程师发现她在所需管理技能方面表现很差，这样的评价会使她考虑更改自己的目标，也许她就不再希望进入管理层，或者她坚持这个目标但要对战略进行修订（见步骤 G 到 H 的箭头），如选择攻读一个管理学的硕士学位。

总之，职业生涯管理模型提供的是一个解决问题进行决策的过程。个人通过收集信息来认识自己和周围的环境，然后建立目标，制订并执行战略计划，获得反馈信息继续职业生涯管理。

遵循这种职业生涯管理方法的人并非生活在真空中，正如图 2-4 中的边框所示，职业生涯探索、目标设定、战略和反馈的有效性往往取决于各类人和组织给予的支持。比如，学校提供的实习和咨询项目，或者由工作组织提供的绩效评估、自我评估和导师培训项目，以及来自家庭的建议、关爱和支持都会有助于有效职业生涯管理的实现。

职业生涯管理模型的成功应用不仅取决于个人，也取决于组织。它需要员工之间的、目前和将来的老板之间的、同事之间的、朋友的以及家庭的信息系统。个人必须愿意对他们的职业生涯采取积极和负责任的行动，也需要收集正确决定所需要的信息。研究表明，获得家庭和朋友支持的个人感到更加安全，也能够更好地实现职业生涯发展。组织必须愿意并善于与员工分享信息，提供必需的资源并支持员工在职业生涯管理中的尝试。

二、职业生涯管理模型中的关键概念

格林豪斯等人在论述其职业生涯管理模型时，对该模型涉及的概念进行了分析。了解这些关键概念，是理解这一模型的重要基础。下面我们将逐一介绍这些概念。

（一）职业生涯探索

职业生涯探索是收集并分析与职业有关的信息的过程，如图 2-5 所示。

图 2-5 职业生涯探索过程

1. 职业生涯探索与自我意识和环境意识

大多数人都需要收集信息以便于对自己的价值观、兴趣和才能以及环境中的机会和障碍有一个更好的认识。假设职业生涯探索涉及的范围越广泛、越合理,人们就越可能看到他们自己和工作环境的不同方面。

为什么职业生涯探索能够提高自我意识和环境意识?格林豪斯等认为:首先,人们并不像自己认为的那样对自己有一个清楚的认识。他们可能并不知道自己在工作或生活中真正想要的是什么,或许他们从来没有过多地思考过这个问题,或许他们过去的决定都是根据别人的期望而非自己的愿望而作出的。因此,人们往往需要收集必要的数据来认识自己。其次,人们对自己能力的认识也不全面。比如,他们可能从来没有想过一名成功的高校学报的广告经理意味着具有较强的说服力和人际能力,或者完成一项特殊的工作会显示他们潜在的领导特质。通常,人们对性别与工作的联系有一种定性思维,哪些工作适合男性、哪些工作适合女性似乎都事先规定好了。因此,我们在分析自己的能力时可能会落入偏见而非实际的情况。再次,在某些方面人们可能会高估自己的优势,并认为自己的能力比实际中的能力更强;反之,一些人也许总是低估自己的能力。因此,职业生涯探索能够为人们提供更加全面、准确的自我形象,提高自我认识的能力,即通过工作中表现出的行为和技能准确地评价自己的能力。类似地,对不同职业、不同组织和职业机会的了解也受益于对环境的积极探索,对于环境的全面认识有助于弄清各种选择及适应环境。

2. 职业生涯探索的类型

格林豪斯将职业生涯探索划分为自我探索和环境探索两种类型(见表2-10),他强调划分职业生涯探索的类型有助于理解职业生涯探索。首先,通过自我探索能够对自己的人格特征有更好的了解,更深地理解自己的兴趣所在,知道自己期望从工作中获得什么(挑战、安全感、金钱或旅游),即自己的工作价值观。其次,自我探索能够提供个人的潜在信息,如优势、劣势、才能和局限。最后,通过自我探索可以对自己喜欢的生活方式、工作、家庭的平衡有一个更好的把握。

表 2-10 职业生涯探索的类型

自我探索	环境探索

• 兴趣
• 才能
   优势
   劣势
• 工作价值观
   工作挑战
   工作自主度
   安全
   工作/生活平衡
   金钱
   工作条件
   帮助他人
   影响力
	• 职业类型
	• 行业类型
	• 所需工作技能
	• 工作选择
	• 公司选择
	• 家庭对职业生涯决定的影响

环境探索，能够让人更加了解环境中的各个方面。对一个学生来说（或者正在考虑更换职业的人），环境探索会更集中在职位上。比如，一个系统分析师真正做什么？电子工程师的职业需要什么技能？面向私人的会计和面向公众的会计职业有什么区别？对已经工作的人来说，环境探索更注重某个组织中可选择的工作。这种情况下，环境探索可以提供有关目前工作或将来可能的工作的信息。比如，在两三年内能胜任什么工作？从现在的直线岗位跳到一个特定职能岗位需要什么经验？目前的职业路径在几年内会不会走到尽头？另外，环境探索还能为员工提供所在组织的信息。比如，组织中什么人愿意成为自己的支持者？谁在这个组织中获得了真正的奖励？可以获得哪些训练和发展机会？最后，环境探索能够让员工了解家庭对职业生涯决定的影响。比如，知道自己的配偶愿意搬家会有助于决定接受一个 2 000 英里之外的工作机会。因此，通过环境探索，个人可以知道家庭的需要、配偶的职业价值观以及工作与家庭生活的关系。

3. 职业生涯探索对职业生涯管理的效用

研究表明职业生涯探索对职业生涯管理有积极的作用。职业生涯探索的直接效用是提高了对自己和环境的认识。很多研究都表明，个人进行的职业生涯探索越多，他们对自己和所选职业的认识就越全面。类似地，职业生涯探索的某些形式会增加人们在工作搜寻过程中的信息总量。研究还表明尽管职业探索对目标设定的影响不仅取决于数量，还有焦点和质量，但职业生涯探索仍有助于人们开发自己的职业目标。当人们的决定是在多方面职业生涯探索下进行的时，个人的职业生涯决定会更合适或更令人满意。比如，格林豪斯、Stephen Stmpf 和他的同事在对探索过程多方面的研究中都指出了职业生涯探索对人们从事的工作前景是有用的。研究发现，那些进行了多方面探索的学生能得到更多的面试和工作机会，获得更高的工资待遇，并且有更现实的工作预期。职业生涯探索还可以帮助人们制定出多方面的职业生涯战略，并且在工作面试情境中表现更佳。

简言之，职业生涯探索能够使人们更好地认识自己和工作环境，为完成达到职业目标所需的重要任务和决定做好准备，并能够为此制定出必需的战略。事实上，探索进行得越多，这些活动就被认为越有用。这并不是说职业生涯探索能够保证提供深刻而有用的信息，但如果职业生涯管理建立在准确信息的基础上，将会更加有效。

（二）意识

意识是指对自己的特质和周围环境的特征相对全面而准确的感知，如图 2-6 所示。

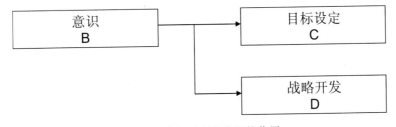

图 2-6 意识对职业生涯的作用

从格林豪斯的职业生涯管理模型中可以看出，全面地认识自我和环境能使人设立适当的职业目标并制定恰当的职业战略，因此，意识——对自我和环境的意识是职业生涯管理的一个中心概念。

如果一个人缺乏对自我和工作的准确认识，确实很难设定可实现的职业目标。事实上，人们的很多职业生涯决策是基于刻板印象、偏见或扭曲的信息而作出的。当人们作的决定是建立在准确把握自我和环境的基础上时，目标往往会更加适当且更加现实。格林豪斯等人的研究结果支持这一观点。他们已经证明那些能够对自己的价值观和所选领域有一个多方面觉察的学生在建立职业生涯目标时比那些相对不清楚自我和职场的学生更倾向于设定更加现实可行的目标，建立更现实的工作预期，从而获得更高水平的工作满意度。总之，研究证据表明，自我意识和环境意识能够对职业生涯管理产生积极的影响。

（三）职业生涯目标

格林豪斯等将职业生涯目标定义为个人希望达到的与职业相关的结果，如图2-7所示。

图2-7　职业生涯目标对职业战略开发的作用

组织行为学文献中最一致的研究结果之一就是，承诺了具体的有挑战性的任务目标的员工比那些没有目标或承诺低目标的员工表现更加出色（Locke and Latham，1988）。建立职业生涯目标的好处在于人们可以通过相对集中的方式指导自己的努力方向。一旦目标设定，互补的行为和态度将推动目标的实现。比如，一位销售代表制定了一个成为地区营销经理的目标，他就可以围绕这一目标开始职业战略的制定。若没有一个明确的目标，行动的计划将很难制订。格林豪斯等指出，职业生涯目标不一定意味着晋升，一个适当的职业生涯目标可以是在同一个或不同组织内的平行移动。实际上，职业生涯目标可以不涉及工作的变换。比如，一个普通工程师的目标可能就是在原有岗位上增加技能和工作责任。

职业生涯目标越具体，制定有效战略以达到目标的可能性就越大。比如，一名财务分析师的目标是3年内成为一名部门经理，他就需要了解获得这个岗位需要什么样的培训或教育，要完成哪些工作任务以及实现这一目标的可能性；另一名分析师的目标是更加有钱或享受生活，他就会盲目行动，因为没有确切的目标。格林豪斯等人的研究表明，设立了1～2年内的具体的职业生涯目标的经理们比没有设立具体目标的经理们对自己的职业更加乐观。并且，经理们对他们的目标承诺越多，他们越可能制定多方面的职业生涯战略。的确，清楚的职业生涯目标和计划是与职业效用的提高、职业的顺应性、工作参与及成功的工作搜寻相关的。Edwin Locke及其助手对部分人的绩效高于其他人的原因进行了广泛的调查，发现当人们设立了挑战性的但可以实现的目标时，他们会被激励并表现得更好（1991，1994）。

（四）职业生涯战略

在格林豪斯等人的职业生涯管理模型中，职业生涯战略是指一系列设计出来的以帮助个人达到职业生涯目标的活动。

不少组织因为制订出了明确的战略计划而成功地实现了目标，这同样适用于个人的职业生涯管理。职业生涯战略的研究可以追溯到Melville Dalton 1951年的深入观察，一个制造工厂的经理的提升似乎不是受他的正规教育或服务年限的影响，而是因为他采取了一些"战略性"行动，如加入到一个有声望的社会或政治组织。Engne Jennings的分析显示，高流动的经理制定了一系列有目的的战略以进入"高级经理层"，成功的管理者积极地参与职业生涯管理，且从不依赖于对工作的忠诚、做上司的非关键下属和对公司保持永恒的尊敬。正如 Jennings 指出的，这种基于忠诚的方法可能在过去奏效，但现在的公司需要的是有经验和竞争力的员工而不仅仅是在公司中的资历。组织正在开始将员工视为财富或智力资本。

格林豪斯等的研究试图弄清员工所采取（或认为应该采用）的用以提高职业成功机会的战略种类。这些研究显示有七种主要的职业生涯战略：

- 现有工作的竞争力；
- 扩大工作参与（长时间努力的工作）；
- 技能开发（通过培训和工作经验）；
- 机遇开发（通过自我推荐、可见的任务和网络）；
- 支持性关系的开发（顾问、赞助者、同龄人）；
- 形象树立（以传递一个成功者的形象）；
- 组织政治。

（五）职业生涯评价

职业生涯评价是人们获得并利用职业相关反馈的过程。它在格林豪斯的职业生涯管理模型中处于非常重要的地位。职业生涯评价的过程如图 2-8 所示。

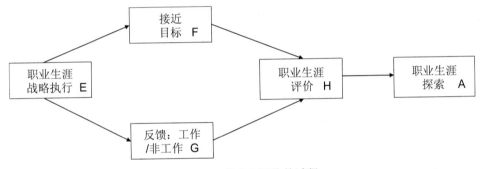

图 2-8 职业生涯评价的过程

工作与日常生活一样，人们需要知道自己表现得如何。建设性的反馈使人们能够确定自己的目标和战略是否仍有意义。职业生涯评价"监督"自己的职业生涯过程，在职业生涯管理中起着协调、反馈的作用。

反馈可以来自不同的方面，执行职业生涯战略的行动就能提供工作和非工作的反馈。比如，周末在办公室加班（扩大工作参与）能够赢得老板的赞许。参加一个培训项目或建立一种亲密的导师关系对于人们认识自己和工作组织都是很有价值的。另外，对接近目标的过程的反馈还能从指导和绩效评估、部门上司、同事以及其他重要人员那里获得。来自职业生涯评价的信息完成了一个循环，作为新的职业生涯探索信息继续下一个循环，然后又提高个人对自己和环境的认识。

正如前面提到的，职业生涯评价过程可能导致对职业生涯目标的重新审核。来自工作和非工作方面的反馈可能促使或导致目标的修订。比如，对一次培训的强烈反应或在新项目中的出色表现可能会说服员工要进入下一个管理层的目标仍是可以实现的，但如果这些活动的结果令人失望，将会促使员工改变自己的目标。职业生涯评价同样可以影响战略性行为。比如，在绩效反馈的过程中，一个员工和他／她的上司也许会认为额外的正式培训是不必要的，但对完成新的任务来说，这种培训却是必不可少的。这样一来，目标并没有变化，但战略却不一样了。

有一点已经证明，个人自我监控和修订职业生涯战略的能力能够带来更高的职业流动——包括更多跨公司的提升和公司内的晋升。

总之，职业生涯评价提供了一个反馈圈，使职业生涯开发和整个职业生涯管理永远处于循环状态。对学习和绩效任务的反馈是有用的，这已经在很多研究中得以证明。作为一种自我纠正机制，反馈功能同样适用于职业生涯管理。

三、职业生涯是一个持续地解决问题的过程

为什么职业生涯管理应该是一个规律的、持续的过程？首先，由于工作是生活中很重要的一部分，一份满意的职业能够提高人们的成就感；相反，一连串糟糕的职业生涯选择会对人的自信产生灾难性的影响。其次，要对自己在工作环境中所处的位置有深入的了解并不是一件容易的事情，目标常常是不现实的，战略也往往让人无法信服，所以若没有持续的、有意识的、积极的职业生涯管理，就很有可能重蹈覆辙。说得更复杂一点，人们往往会对先前的决定继续承诺——即使他们将面临重复的失败和谴责——以向自己和他人证明最初的决定是正确的。这些人会使自己愚信以前的失败可以挽回并且先前的努力会有公正的回报。事实上，他们可能为证明最初的决定是正确的而构造出另外的解释或进一步的自我辩护。持续的积极的职业生涯管理，包括来自各方面的反馈，对于避免继续挖掘也许从不会出现的洞是必要的。进一步说，变化的环境也需要持续的职业生涯管理，在制定新的商业战略时，组织面临新环境，要为新的流动渠道清除旧的职业路径。技术的革新、重组、缩减、合并和习得的知识都会影响一个人在特定组织中的职位。同时，人们也在改变，在一段时期内认为非常重要的目标一段时间后也许要重新审核，30岁时令人兴奋的工作在50岁时可能变得讨厌甚至令人反感。随着年龄的增长、人的成熟和经历的丰富，新的才能和价值观也会出现。另外，家庭环境的改变也许会对职业提供限制或机遇。因此，对自身变化不敏感的人，可能将会失去选择更加适应目前的价值观和生活方式偏好的职业的机会。

基于这些原因，职业生涯管理就应该是一个持续地解决问题的过程。这并不是说人们应该每周、每日随时不断地评价自己的行为或修订自己的目标或战略，但是人们应该与自己及环境的改变大体保持一致。工作搜寻的过程，专业化还是扩大化经验的决定，对失业的反应以及重新评价工作参与和家庭角色的决定都需要有效的职业生涯管理。

四、有效的职业生涯管理的特征

人们如何得知他们的职业生涯管理是否有效呢？由于职业生涯管理是一个解决问题、进行决策的过程，可以尝试通过考察某一时点的职业决策的结果来评估职业生涯管理活动的效果。比如，一个人通过观察职位名称、职责及工作绩效水平的改进来估量职业生涯管理的有效性。同时，由于职业生涯管理是一个持续的可调整的过程，仅靠快速浏览一个人的绩效、地位还不足以了解一个人管理自己职业生涯的方式。格林豪斯等人提出下列四个有效职业生涯管理的特征，并以此作为对职业生涯管理模型的总结。

（一）有效的职业生涯管理需要对自我和环境有深入且准确的把握

虽然一些人几乎不了解自己和工作环境中的其他选择，但也可能非常幸运地找到一份恰好

适合自己且允许能力发挥的工作。然而从长期来看，一个人不能单靠运气，职业生涯是由一生中的很多决定组成的，对自我和环境的准确理解能够让人在恰当决策时扮演积极的角色。

（二）有效的职业生涯管理要求制定现实的目标，且符合个人的价值观、兴趣、能力及向往的生活方式

对自我和环境的准确理解，是有效职业生涯管理的必要但非充分条件。这些信息必须转化为制定一个目标的决定。也就是说，当这个目标达成时应该符合个人的需要。对一些人来讲，他们倾向于选择别人（父母、配偶、教授、上司）认为合适的目标，而不管这些目标是否能满足自己的需要。而目标与个人需要和价值观的一致才是有效的职业生涯管理的特征。

（三）有效的职业生涯管理要求制定并执行适当的职业生涯战略

制定有效的职业生涯目标是一回事，按照计划尝试实现它又是另一回事。另外，即使一个人在没有意识到战略计划的情况下偶然达成了目标，这样的好运也不会总是重现，因为职业生涯需要长期的很多不同类型的决策，制定并执行职业生涯战略的技能对有效的职业生涯管理来说是必不可少的。

（四）有效的职业生涯管理是一个斗争的过程

有效的职业生涯管理要求一个持续的反馈过程，在面临有挑战的环境时做出调整；没有人能完全准确地掌握关于自己和环境的信息，尤其是在人与环境都发生变化时；并且，目标和战略本身可能也需要改善甚至彻底推翻。在实际生活中，人们常常能感受到职业生涯中的"停滞"或者觉得好像遇到了"瓶颈"或"路障"。这种情况可能会使我们认识到自己的职业生涯计划在这种有挑战性的工作环境中是不合适的。认识的不全面和目标战略的不合适并不是无效职业生涯管理的信号，真正的问题在于个人缺乏对这些困难的觉察力并进行一些建设性的改进。因此，有效的职业生涯管理是一个斗争的过程，是不完善的信息和决策被更好的（仍不完善）信息和决策不断取代的过程。

从以上的论述中可以看到，职业生涯管理模型是建立在理性思维和行动的基础上的。格林豪斯等专家建议个人用系统的方法探索自我和环境，选定职业生涯目标，有意识地制定战略并密切关注自己和周围环境的变化。事实上，大量的研究也都表明，用理性的方法进行职业生涯管理是非常有用的，积极、自信的职业生涯管理能使个人受益无穷。然而，认为职业生涯管理应该是理性系统并不意味着这是机械的、无感情的或一刀切的。格林豪斯等特别指出，从本质上讲，职业生涯管理是"零乱"的努力，信息从来都是不完整的，准确地自我意识和环境意识是非常困难的；目标和战略也可能不得不修改很多次才起作用。个人在进行职业生涯管理时不应该是一个机器人，在某些时候内心情感还应该是先于技术和程序的。

本 章 小 结

职业生涯规划和管理理论包括职业选择理论和职业发展阶段理论。

职业选择是劳动者按照自己的职业期望和兴趣，凭借自身能力挑选职业，使自身能力素质与职业需求特征相符合的过程。职业选择是一项非常复杂的工作，受诸多因素的影响。职业选

择理论包括佛隆的择业动机理论、帕森斯的人格特性—职业因素匹配理论、罗的动力学理论、库伦伯茨的社会学习理论、施恩的职业锚理论以及完整生活计划。

根据人的生理特点和职业发展特点，可将一个人一生的职业分为不同阶段。许多学者对职业发展不同阶段进行研究，如萨柏的职业生涯阶段理论、金斯伯格的职业生涯发展阶段理论、格林豪斯的职业生涯发展阶段理论、利文森的职业发展阶段理论、道尔顿和汤普森的职业发展阶段模型、施恩的职业发展阶段理论，以及中国学者廖泉文教授提出的职业生涯发展"三三三"理论。

思考与练习

1. 简述佛隆的择业动机理论，并结合自身实际谈谈感想。
2. 帕森斯人格特性—职业因素匹配理论中职业选择的要素和条件有哪些？
3. 什么是职业锚？请概括说明施恩的职业锚理论的主要内容。
4. 萨柏的职业生涯阶段理论将职业生涯分为几个阶段？各阶段主要特点是什么？
5. 简述格林豪斯的职业生涯发展阶段理论中各职业生涯阶段的主要任务。
6. 职业生涯"三三三"理论是怎样对职业生涯进行划分的？

案例分析

案例一：去还是留？——规划好您的职业生涯

当前，Y是X公司IT部门的员工。早在大学四年级，Y就到一家软件公司实习了，实习薪水2 000多元。临近毕业时，X公司的老总给他打了个电话，想请他帮忙建设企业网络，他们正在投资6 000万建设厂房和办公大楼。Y欣然应允。

随后，Y就帮忙负责设计网络、招标、采购设备。X公司的老总非常器重他，他也觉得非常充实、愉快。随后，Y就没去原来的软件公司实习，而是留在了X公司实习。尽管实习费不高，但工作比较充实，主要负责弱电工程（网络、电话、监控、CATV）的具体实施。

当时，Y就立志将来做一个CIO，要为这家公司的信息化建设做出成绩。后来，Y满腔热情地报名参加了"助理企业信息管理师"考试，并拿到了证书。毕业后，很自然地就留在了这家公司。

经过两年的锻炼，Y渐渐成了IT部门的骨干，相当于IT部门的主管。尽管部门的人不多，但工作比较充实。Y主要负责维护弱电系统、网络维护、电脑维修、软件安装，以及有关信息化项目的鉴定验收资料（是一个市级项目，主要是来验收公司的智能设备）。偶尔，还给个老总做个演讲文件等。但是，至今没有实施过任何信息系统。

公司的一个副总曾对Y说，他很看重Y，Y很受领导器重。

又过了两年，Y慢慢就觉得心里有些不平衡了：现在公司的信息化一直没有新进展，缺乏锻炼机会。另外，作为传统企业的IT部门，虽然干了不少事，可薪水不高，远没有一些软件公司的工资高。

Y 很困惑，目前，IT 部门的职能就是维护系统和网络，仅仅是"修理工"的角色。想提高技术，缺少实践机会；想深入行业中，涉足管理，使 IT 部门日后成为信息化实施的主导，又觉得没有那个能力。特别是，信息化战略规划一般是由专业咨询公司才能做的工作，IT 部门怎么能做得好呢？

当前，Y 还遇到了一个跳槽的机会，有一家软件公司要挖他，让他做一些具体的软件开发工作，薪水比现在要高。

Y 很困惑，到底是去，还是留？如果留下，是不是一辈子就干"修理工"的活儿呢？如果跳槽，又背离了自己朝"企业信息化"发展的初衷。

一般，IT 部门在企业中的地位，往往决定了该部门人员的职业发展走向。一些信息化做得好的企业，IT 部门的地位相对较高，IT 人员的发展前景比较好。相反，信息化起步比较晚的企业，IT 人员的职业前景相对黯淡。

IT 人员该如何规划自己的职业发展方向呢？面对当前的困惑，以及外界的诱惑，Y 是去，还是留？

资料来源：http://www.zgjrw.com/News/2005128/Manage/682404421400.html

讨论题：

1. 你认为 Y 的困惑是什么，对他有什么好的建议？
   （提示：职业生涯阶段理论）
2. 假如你是 Y，你会选择去还是留？为什么？
   （提示：职业锚理论）

案例二：孙简的转变

年度绩效评估以后，孙简好不容易才摆脱了失魂落魄的感觉。

已经是第 3 年了，她又只是被评了一个"良好"——这也表明她得到晋升的可能性几乎为零。孙简并不总是这样的。在早期职业生涯阶段，她总被评为"优秀"或"出色"，而且每 2~3 年就得到晋升。虽然她并不是扶摇直上，但总还是在稳定、持续地进步。

在她 25 年职业生涯的过程中，孙简在工作和个人生活中做出许多成就。她监督过一套新的自动化系统的安装；她接管了经营绩效低下的工作（工作部门）并彻底扭转了局面；她还向主管提出过有关节省成本的建议，而且确实使费用大大减少。另外，孙简还利用业余时间修完了 MBA 课程，并且结了婚，有了一个小孩，最后又离了婚。

总之，她对自己的工作和生活状况很满意。但是，从她最近的评估结果看，孙简不知道接下来该怎么办了。她意识到她不会再得到晋升了，而且她也能感觉到年轻同事想要得到晋升的渴望。处于职业生涯高原的孙简感受到了压力和紧张。她可以换份工作，但她对于前途仍感渺茫。而且，她也不断地问自己，为什么想要丢掉现在这份收入颇丰的工作而去另外找一份，默默无闻地从头干起呢？一段时间以后，孙简开始接受这种职业生涯高原状态了。她认识到，不必为更高的职位、更好的报酬去竞争，其实是有好处的。她现在有更多的时间和孩子在一起，并且可以找些其他感兴趣的事来做。她甚至开始有时间使用公司的运动器械来锻炼身体了。在工作中，孙简并没有让她的职业生涯高原状态对绩效产生负面影响，仍尽最大可能把工作做好。

孙简还想方设法扩充自己在个人电脑和相关应用方面的知识，认为这可以提升她对于公司的价值。最终孙简和老板谈到了她平级调动到公司另一部门的想法。她强调她想要进入另一领域以获得更多的新经验。老板高兴地接受了这一想法,并说自己对孙简是了解的,然后就鼓励她留意公司公告栏上的新机会。

四个月以后,孙简调离了原来的部门——这时她正期望能好好利用她新学到的个人电脑技能。

资料来源:徐笑君. 职业生涯规划与管理[M]. 成都:四川人民出版社. 2008.

讨论题:

1. 你认为孙简目前面临的问题是什么,对她有什么好的建议?

(提示:职业锚理论)

2. 你知道孙简"开始接受这种职业生涯高原状态"中的"职业生涯高原"是什么吗?请查阅相关资料予以说明。

(提示:职业生涯阶段理论、职业高原理论)

第二篇　工具方法篇

第三章　职业生涯规划管理的测量工具

职业生涯规划管理的测量工具

【本章关键词】

能力；气质；职业能力倾向；胜任力；职业适应性

【学习目标】

- ❑ 了解各种智力构成理论。
- ❑ 了解四种气质类型的特点。
- ❑ 熟悉四种职业能力素质的测量方法。
- ❑ 熟悉各种人格测量方法。
- ❑ 掌握霍兰德的职业性向测验。

两个硕士同学的快慢职业生涯

陈雪和方磊是硕士阶段的同学，两人毕业后到了南方的同一所高校任职，并且还在同一个系里。在迎接新教师的座谈会上，院长殷切地希望年轻人树立人生目标，并为之奋斗。会后，两人开玩笑，说目标就是当院长了，看谁先当上。

表面是句玩笑，两人心中却已当真。陈雪认真、冷静、做事有计划，方磊灵活、圆滑、办事有冲劲，两人性格迥异，决定了不同的人生。

三年后，方磊当上了副主任，陈雪仍是一名普遍老师；十五年后，陈雪当上了院长，方磊仍是一名副主任。原先职位在上的方磊现在成了下属，他承认自己输了，但不明白自己错在哪儿。

自从立下目标后，陈雪就制定了自己的人生规划。头三年，他练习普通话、学习讲课技巧、琢磨学生心理、研究课本，三年后，他讲课在学校已小有名气。第4~7年，陈雪考上另一所高校读博，在此期间专心学习研究方法。第8~12年，陈雪潜心做研究，在国际期刊上发表文章、承担国家级课题，渐渐成为该领域的知名学者。从第13年起，陈雪不仅以科研为主、重视教学，还开始加强各方人际关系。第15年老院长退休时，人们不约而同地想到让陈雪接班。学术、教学、人际关系样样不错，不选他选谁？

方磊则不同，一开始就关注仕途，以经营上下级关系为主，三年便当上了副主任。可是一上任就感到来自各方的压力，上课水平一般，科研没有成果，处理问题难以服众。当了两年主任很不顺，看到一些老同学当老板，心中羡慕，也悄悄在外合伙开了间餐厅。不到一年，餐厅倒闭了。后来相继开了面粉厂、美容院、服装店，可是干一样亏一样。瞎忙了四年才发现，自己不适合经商，还是在高校好。这时才发现过去的同事都有了大进步，自己必须跟上，一会儿忙教学，一会儿搞科研，生活和工作忙得像锅粥，但什么都干不好。到了第15年，方磊勉强还是个副主任，但再不有点改观，恐怕也快"下课"了。

资料来源：http://xuegongchu.sdau.edu.cn/s/92/t/192/60/7f/info24703.htm

第一节 职业能力倾向及测量

一、能力和能力倾向

能力是指人们成功地完成某种活动所必须具备的个性心理特征。能力和活动联系密切。一方面，人的能力是在活动中形成、发展和表现出来的，否则能力就是潜在的、未表现出来的；另一方面，从事某种活动又必须以一定的能力为前提。

能力的个别差异表现在质和量的两个方面。质的差异除表现为各人有不同的特殊能力之外，还表现为能力的类型差异；量的差异表现在能力发展的水平和表现的年龄差异上。

能力倾向是一个人的学习能力，指的是潜能，区别于已经发展起来的技能和技术知识。比如，也许某个人具有写作、音乐和安装机械的"能力倾向"，但是没有经过大量的发掘、培训、学习、练习和操作，就可能还没有培养起完成这些活动的"技能"。

二、能力的分类

能力可分为一般能力和特殊能力。

（一）一般能力

一般能力又称为"普通能力"，指多数活动所共同需要的能力，也是人所共有的最基本的能力。观察能力、注意能力、记忆能力、思维能力、想象能力、操作能力都是一般能力。

智力是指人们认识、理解客观事物并运用知识、经验等解决问题的一般能力。智力主要包括感知记忆能力、抽象概括能力（包括想象能力和逻辑思维能力，是智力的核心部分）和创造力。智力不是一种单一的能力，而是一种综合的整体结构。分析智力的结构对于了解智力的本质，合理设计智力测验，拟定发展智力的原则都是必要的。在智力结构的理论中，曾有许多不同的学说，重要的有下列几种。

1. 斯皮尔曼的双因素论

斯皮尔曼（C. E. Spearman）双因素结构理论认为，智力是由普遍因素和特殊因素构成的。普遍因素又叫G因素，特殊因素又叫S因素，完成任何一个作业都是由G和S两种因素决定的。在智力结构中，普遍因素是智力结构的基础和关键，各种智力测验就是通过广泛取样来求出普遍因素。

2. 瑟斯顿的群因素论

美国心理学家瑟斯顿（L. L. Thurstone）是群因素论的主要创导者。他认为智力是由许多彼此无关的原始能力或因素组成的。他对被试者进行大量的测验，得出智力中的七种主要因素，即语词理解（V）、语词流畅（W）、推理能力（R）、计数能力（N）、机械记忆能力（M）、空间能力（S）和知觉速度（P）。

3. 吉尔福特的智力三维结构模型

美国心理学家吉尔福特（J. P. Guilford）于1967年提出智力三维结构模型，他否认有普遍因素G的存在。他认为，智力结构应从操作、产物和内容三个维度去考虑。操作有5种，产物有6种，内容有4种，共计120种智力。

智力不同，首先表现在智力操作上。智力操作有：

（1）评价（即能不能评价事物）；

（2）集中思维（强调抽象概括，形成概念）；

（3）分散思维（过去强调集中思维，当前还必须重视创造性思维的培养，而创造性思维要求分散思维和集中思维相结合）；

（4）记忆；

（5）认知。

智力活动的产物就是智力操作的结果。智力活动的产物有：

（1）单元（如一个词，一句话）；

（2）类别（比单元范围要宽一点）；

（3）认识一个关系；

（4）认识一个系统的关系；

（5）转换（即从一个事物的认识转换到另一事物上去）；

（6）蕴涵（如能了解隐喻）。

从单元到蕴涵是从最简单的结果到最复杂的结果。

智力活动的内容有：

（1）图形的（形象的东西）；

（2）符号的（比较抽象的东西）；

（3）语义的（语言意义的东西）；

（4）行为的（就是动作的）。

4. 阜南的智力层次结构模型

1960年，英国心理学家阜南（P. E. Vernon）提出智力层次结构模型，后来英国心理学家史密斯（Smith, 1964）和洛弗尔（Lovell, 1965）等支持阜南的观点，并发展了这种模式。

阜南认为智力因素的结构不是立体的模型，而是按层次排列的结构。他把斯皮尔曼的智力普遍因素G作为最高层次；第二层分为两个大因素群，即言语和教育方面的因素以及机械和操作方面的因素；第三层分为几个小因素群；第四层即指各种特殊因素，即斯皮尔曼的S因素。由此可见，阜南的智力层次结构理论是斯皮尔曼的双因素说的深化，在G和S之间增加了两个层次。

(二)特殊能力

特殊能力只在特殊活动领域内发生作用,是完成相关活动必不可少的能力。一般认为,数学能力、音乐能力、绘画能力、写作能力、动作协调能力、空间判断能力等都是特殊能力。要顺利完成某项工作,除了要具有一定的一般能力外,还要具有该项工作所要求的特殊能力。例如,从事数学研究要求具有计算能力、空间想象能力和逻辑思维能力;做画家需要具有较强的颜色辨识能力等。每个人只有根据自己的能力所及来确定自己的职业方向和领域,才可胜任工作,也才可能取得职业成功。表3-1是加拿大《职业分类词典》列举的某些职业对特殊能力的要求。

表 3-1 相应职业对特殊能力的要求

能力类型	概念与特点	相应职业
语言表达能力	对词的理解和使用能力,对句子段落、篇章的理解能力,以及善于清楚而正确地表达自己的观点和向别人介绍信息的能力,它包括语言文字的理解能力和口头表达能力	教师、营业员、服务员、护士等
算术能力	迅速而准确地运算能力	会计、出纳、统计、建筑师、工业药剂师等
空间判断能力	能看懂几何图形、识别物体在空间运动中的联系、解决几何问题的能力	与图纸、工程、建筑等打交道的工作,牙科医生、内外科医生等职业,裁缝、电工、木工、无线电修理工、机床工等
形态知觉能力	对物体或图像的有关细节的知觉能力,如对于图形的阴暗、线的宽度和长度作出视觉的区别和比较,能看出其细微的差异	生物学家、建筑师、测量员、制图员、农业技术员、动植物技术员、医生、兽医、药剂师、画家、无线电修理工等
事务能力	对文字或表格式材料细节的知觉能力,具有发现错字或正确地校对数字的能力	设计、经济、记账、出纳、打字员

表 3-2 是国外一些学校在对学生进行职业指导时常采用的职业能力倾向的成套测验中的一部分。此表虽不一定完全符合我国国情,却可以由此大致了解有关职业的能力倾向要求。

表 3-2 部分职业与其所需职业能力的标准

职业	一般学习能力	语言能力	算术能力	空间谈判能力	形态知觉	书写能力	运动协调	手指灵活	手的灵巧
建筑师	强	强	强	强	较弱	一般	一般	一般	一般
律师	强	强	一般	较弱	较弱	一般	较弱	较弱	较弱
医生	强	强	较强	强	较强	一般	较强	较强	较强
护士	较强	较强	一般	一般	一般	一般	一般	一般	一般
演员	较强	较强	较弱	一般	较弱	较弱	较弱	较弱	较弱
秘书	一般	一般	一般	较弱	一般	较强	一般	一般	一般
统计员	一般	一般	较强	较弱	一般	较强	较弱	较弱	较弱
服务员	一般	一般	较弱	较弱	较弱	较弱	较弱	较弱	较弱
驾驶员	一般	一般	较弱	一般	一般	弱	一般	一般	一般
纺织工	较弱	较弱	较弱	较弱	一般	弱	一般	一般	较弱
机床工	一般	较弱	较弱	一般	一般	较弱	一般	较弱	较弱
裁缝	一般	一般	较弱	一般	一般	较弱	一般	较强	一般

三、能力测量

能力测量有很多用途。例如，能力测量用于测定儿童的智力，可做到因材施教；能力测量运用于对各种专业人员的选拔，可以做到人尽其才；能力测量还能对某些心理疾病作出早期诊断；能力测量也可用于检验某些理论，如智力是什么，智力由哪些因素所组成等。

（一）智力测验

智力测验可以追溯到我国古代。孟子说过："权，然后知轻重；度，然后知长短。物皆然，心为甚。"孟子认为心与物皆具有一种可测量的特性。三国时代刘劭在《人物志》一书中提出，"观其感变以审长度"，意思是根据一个人的行为变化可以推测他的心理特点。他提出用回答法为手段来观察人的智力。《人物志》是一部论述能力问题的古代专著。我国自古以来流传的七巧板、九连环等都是智力测验的工具。

1905 年，法国心理学家比奈（A. Binet）和西蒙（T. Simon）为了鉴定低能儿童编制了一套智力测验，包含 30 个题目，称为"比奈-西蒙量表"。1916 年，美国斯坦福大学心理学家推孟（L. M. Terman）加以修订，使这个测验进一步标准化，称为"斯坦福-比奈量表"。后来这个测验曾于 1937 年、1960 年和 1972 年做过三次修订。

目前，针对成人的智力测量有韦克斯勒成人智力量表和瑞文标准推理测验。

1. 韦克斯勒成人智力量表（Wechsler Adult Intelligence Scale，WAIS）

韦克斯勒成人智力量表，主要用于测量年龄从 16～64 岁的成人智力。该测试量表由言语和操作两部分组成，分别给予计分。言语部分包括常识、理解、算术、类同、背数、语汇 6 个测验；操作部分包括数字符号、图形拼凑、填图、图片排列、积木图案 5 个测验，如表 3-3 所示。

表 3-3 韦氏成人智力量表

分测验的内容		分测验的名称
言语量表	常识	知识的广度，一般学习能力及对日常事物的认识能力
	背数	注意力和短时记忆力
	语汇	言语理解能力
	算术	数字推理能力、计算解决问题的能力
	理解	判断能力和理解能力
	类同	逻辑思维和抽象概括能力
操作量表	填图	视觉能力、辨认能力、有视觉理解能力
	图片排列	知觉组织能力和对社会情境的理解能力
	积木图案	分析综合能力、知觉能力及视力协调能力
	图形拼凑	概括思维能力与知觉组织能力
	数字符号	知觉判别速度下的组织能力

2. 瑞文标准推理测验（Ravens Standard Progressive Matrices，SPM）

瑞文标准推理测验主要测量人的推理能力、清晰的知觉和思维以及发现和利用自己所需信息等能力。它是由英国心理学家瑞文（J. C. Raven）设计的一种典型的非文字智力测试，测试对象不受文化、种族和语言的限制，既可适用于个别实施，也可团体实施，实施时间短，解释结果直观简单，具有较高的信度和效度。因此，瑞文标准推理测验是人才选拔和招聘人员时使用最多的能力测试之一。

该测试共有 60 道题目，依次为 A、B、C、D、E 五组，每组 12 题。从 A 组到 E 组，难度逐步增加，同时每组内的题目也是由易到难排列。每组题目所用的解题思路基本一致，但各组之间则有差异。另外，不同的组测试的内容也不同。

（1）A 组主要测试知觉辨别力、图形比较、图形想象力等；
（2）B 组主要测试类同比较、图形组合等；
（3）C 组主要测试比较推理、图形组合；
（4）D 组主要测试系列关系、图形套合、比拟等；
（5）E 组主要测试抽象推理能力。

由于多数量表都是直接从国外引进来的，因此在具体操作时还应考虑国内人群的实际情况。再加上还存在可以通过训练使测量的数值发生特异变化的情况，因此并不能完全依据某一量表来判断一个人的智商。

3．智商的计算方法

心理学中用智商来衡量人的智力高低。智商（IQ）是一个相对数，它表示智力年龄与实足年龄之间的关系。智商就是智力年龄（MA）与实足年龄（CA）之比，为了避免计算中的小数，将商数乘以 100，其公式为

$$智商（IQ）=（MA/CA）\times 100$$

在测验时，一个实足年龄为 10 岁的儿童，如果他的智力年龄是 11 岁，其智商=（11/10）×100=110 大于 100，表示该儿童智力高于同年龄的一般儿童；如果他的智力年龄是 9 岁，其智商=（9/10）×100=90 小于 100，表示此儿童的智力低于同年龄的一般儿童；实足年龄和智力年龄相等，则其智商为 100，表示这个儿童的智力水平与他的实足年龄相当，他的智力是中等的。

通常，人们把智力分为以下层次，如表 3-4 所示。

表 3-4 智力分类

智商	类别
140 以上	天才（genius）
120～140	上智（very superior）
110～120	聪颖（superior）
90～110	中才（average intelligence）
80～90	迟钝（dull）
70～80	近愚（borderline case）
50～70	低能（moron）
25～50	无能（imbecile）
25 以下	白痴（idiot）

（二）特殊能力测验

为了测定从事某种专业活动的能力，就要对这种活动进行分析研究，找出它所要求的心理

特征并列为测验项目，设计测验，以便进行特殊能力的测定。

目前，已经形成并且在实践中广泛应用的特殊能力测试主要有文字能力测试、心理运动能力测试、创造力测试等。文字能力测试主要测试处理办公室日常例行工作的能力，如打字、记录、整理、保管和通知联络等。但由于工作的层次和单位规模不同，具体的工作内容也会有很大的差别。心理运动能力测试主要用于测量一个人运动反应的速度、灵活性、协调性和其他特征。创造力测试是指独立自主地创造出前所未有的新事物的能力。

（三）创造力测验

吉尔福特等人把创造力看作发散思维的能力。发散思维在行为上的表现主要有思维的流畅性、变通性和独特性三个方面。目前，国外的创造力测验主要是通过以下三个测验对人的创造性进行评定。

1．南加利福尼亚大学测验

吉尔福特及其南加利福尼亚大学的同事为测定分散思维而编制的测验，主要有以下一些项目。

（1）用词流畅。迅速写出包含一个指定字母的词，如包含"o"的词：box、over、mother 等。

（2）联想流畅。迅速列举某个词的近义词，如快乐的近义词：高兴、愉快、愉悦等。

（3）表达流畅。写出每个词都以指定字母开头的四个词句，如"K-U-Y-I-"，则 Keep up your interest，kill useless yellow insects 等。

（4）效用测验。尽可能多地列举出每一件东西的用途。

（5）故事命题。为短故事情节命题。

（6）非常用途。列举一个物体的各种非寻常的用途。比如，报纸可以用来点火、填塞空间和遮阳光等。

（7）推断结果。列举一个假设时间的不同结果。比如，"假如人不再需要睡眠，会出现什么情况？"回答如"干更多的工作"。

（8）解释比喻。以几种不同的方式完成包括比喻的句子。

（9）组成对象。给定一组图形，如圆、三角形、梯形、正方形等，让人们运用这些材料组成各种有意义的图形，类似于搭积木。

（10）略图。把一个简单图形复杂化，组成尽可能多的可辨认的物体略图。

（11）火柴问题。移动指定数量的火柴棒，保持一定数目的图形。

2．托兰斯创造性思维测验

美国明尼苏达大学托兰斯（E. P. Torrance）编制了另一个著名的创造力测验，适用于从幼儿园儿童到研究生，适用的范围较南加利福尼亚大学测验广。为了减少被试者的心理压力，托兰斯用"活动"一词来代替"测验"一词。

托兰斯创造性思维测验包括 12 个分测验，全部测验分成三套。

第一套是言语的创造性思维测验，包括七项活动。前三项活动是问与猜（ask-and-guess），呈现一张图片，要被试者猜出画中的情景和以后可能发生的事件；第四项活动是成品改进测验；第五项活动是非常用途测验；第六项活动是提出不寻常题；第七项活动是推断测验。这一套测验从流畅性、变通性和独特性三个方面记分。

第二套是图画的创造性测验，包括三项活动。第一项活动是被试者把一个有鲜艳颜色的图形贴在一张白纸的任何位置上，然后以此为出发点，画出一幅不平常的并能说明一段有趣故事的图画。第二项活动是完成图画，即给被试者以极少的线条，并以此为开端，完成一张图画。第三项活动要求被试者用成对的短的平行线或圆，尽可能多地画出不同的图。这套测验从流畅性、变通性、独特性和精致性四个方面记分。

第三套是声音和词的创造性思维测验，包括两项活动。第一项活动为音响想象，第二项活动为象声词想象，要求被试者根据听到的声音和词想象。这套测验只根据反应的独特性记分。

3．芝加哥大学创造力测验

1962 年，美国芝加哥大学盖茨尔斯（J. W. Getzels）和杰克逊（P. W. Jackson）根据吉尔福特的思想设计了一套创造力测验，包括五个分测验。

（1）词汇联想测验。要求被试者对"螺钉"、"口袋"之类的普通词语，说出尽可能多和尽可能新颖的定义。根据定义的数目、类别和新颖性来评分。

（2）物体用途测验。要求被试者对"砖"之类的普通物品，说出尽可能多的用途。根据用途的种类和独创性评分。

（3）隐蔽图形测验。要求被试者对一张印有各种隐蔽图形的卡片，找出卡片上的隐蔽图形。根据找出的图形的复杂性和隐蔽性进行评分。

（4）寓言解释测验。给被试者几个没有结尾的寓言，要求他对每个寓言都作出三种不同的结尾："道德的"、"诙谐的"和"悲伤的"。根据结尾的数目、恰当性和独创性进行评分。

（5）组成问题测验。给被试者几节短文，要求他用这些材料组成多种数学问题。根据问题的数目、恰当性、复杂件和独创性评分。

一般认为，智力与创造力有高相关性，但据吉尔福特（1967 年）的研究发现，创造力与智力的关系并不单纯，IQ 低的人很少有高的创造力；IQ 高的人可能有高的也可能有低的创造力。IQ 是创造力的必要条件，但不是充分条件。IQ 高的人不一定有创造性，但 IQ 低却阻碍着创造性。一般认为，创造性要求智商最低限度是在 120 左右。

四、职业胜任力

（一）胜任力的概念

胜任力（Competence）的概念最先是由美国心理学家戴维·麦克利兰（David McClelland，1973）提出的。他在发表于《美国心理学家》杂志上的论文《测试胜任力而非智力》中提出，单凭学术能力倾向测验和以知识为内容的测验并不能预测工作中的高绩效以及在生活中取得成功。他提出了"胜任力"的概念，认为通过某些个人特征和胜任力可以将高绩效者鉴别出来。在这里，麦克利兰将胜任力定义为一系列广泛的特性，所有与成功有关的心理或行为特征都可以看作胜任力。

他把胜任力划分为以下六个层次。

（1）知识，是指对某一职业领域有用信息的组织和利用；

（2）技能，是指通过重复而习得的从事某一活动的熟练程度；

（3）社会角色，是指一个人在他人面前想表现出的形象；

（4）自我概念，是指对自己身份的认识或知觉；

（5）人格特质，是指一个人的身体特征及典型的行为方式；

（6）动机与需要，是指决定一个人外事行为的内部动力。

这些胜任力特征通常用漂浮在水面上的一座冰山来描述，如图 3-1 所示。

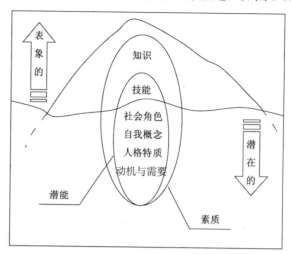

图 3-1　胜任力的冰山模型

知识、技能属于表层的胜任力特征，漂浮在水面上，很容易被发现；社会角色、自我概念、人格特质和动机与需要，属于深层次的胜任力特征，隐藏在水面下，且越往水下，越难发现。深层特征是决定人们的行为及表现的关键因素。

随着许多学者介入胜任力研究，胜任力的内涵也发生了许多变化。麦克利兰的同事波雅提兹（Boyatizis，1982）将胜任力定义为"个体的潜在特征，可能是动机、特质、技能、自我形象或社会角色的方面，或者他／她所运用的知识体"。Mirable（1997）把胜任力定义为：能区分高绩效和一般绩效的知识、技能、能力或者其他的一些特性。罗茨（Losey，1999）则提出了一个胜任力方程式，即

胜任力＝智力＋教育＋经历＋道德规范＋／－兴趣

（二）胜任力的特点

总的来讲，胜任力有以下三个特点。

（1）胜任力中的社会角色、自我概念、人格特质、动机与需要是隐藏在表象背后的深层次特征，是难以衡量的。

（2）胜任力是真正区别生活成就或工作业绩方面优劣的个人特征。岗位胜任力不是从事某岗位的任职资格和必要条件，它是在该岗位表现优秀的充分条件。

（3）胜任力是刚性不变的，岗位胜任力表现在每位绩优者身上都是一样的。

麦克利兰（1973）总结了以下五个胜任力特点。

（1）了解绩效的最好途径是观察人们实际上做了什么而取得成功，而不是依靠基于智力之类的潜在特质和特性的假定。

（2）测量和预测绩效最好的办法是让人们表现出你想要测量的胜任力的关键方面而不是实施一个测验来评估潜在的特质和特性。

（3）胜任力是可以学习和发展的，与此相反，特质和特性是通过遗传获得的，并且很难改变。

（4）胜任力是可见的、可理解的，人们可以理解并发展出达到绩效所必需的胜任力水平。

（5）胜任力和有意义的生活结果联系在一起，这些有意义的生活结果揭述了人们在现实

世界里一定会表现的方式,而绝非是只有心理学家才能理解的深奥的心理特质或构造。

已有的应用研究发现,在不同职位、不同行业、不同文化环境中的胜任特征模型是不同的。能预测大部分行业工作成功的最常用的有20个胜任特征,主要分为六大类型。

(1) 成就特征:成就欲、主动性、关注秩序和质量;
(2) 助人/服务特征:人际洞察力,客户服务意识;
(3) 影响特征:个人影响力、权限意识、公关能力;
(4) 管理特征:指挥、团队协作、培养下属、团队领导;
(5) 认知特征:技术专长、综合分析能力、判断推理能力、信息寻求;
(6) 个人特征:自信、自我控制、灵活性、组织承诺。

(三) 胜任特征评价的步骤

1. 定义绩效标准

定义绩效标准就是要制定一些客观、明确的标准与规则,用来确定什么样的绩效是优秀的,什么样的绩效是差的,从而为该职位所需能力的研究提供基础。一般采用工作分析和专家小组讨论的办法来确定。

2. 确定效标样本

确定效标样本,采用已确定的绩效标准,就可以鉴别和选取达到绩效标准的优秀组和没有达到绩效标准的一般组。

3. 获取效标样本有关的胜任特征的数据资料

获取样本数据的方法会因使用的胜任力模型而有所不同,获取效标样本有关胜任特征的数据资料的方法有行为事件访谈法、专家小组讨论法、问卷调查法、全方位评价法、专家系统数据库法和观察法。

4. 分析数据资料并建立胜任特征模型

将通过各种渠道获得的资料进行分析,确定绩优人员与一般人员的个性和能力,这个过程称为主题分析、概念形成。首先,由两位或两位以上经过训练的分析师将绩优人员与一般人员的资料列出来,寻找其中的差异,包括动机和技巧等。任何符合能力词典的动机、思想或行为都会编码。其次,分析师不断修正、提炼行为事件中的能力定义,一定要使每项能力在定义上都获得大家可以接受的"评分者间信度"。"评分者间信度"是指两个或两个以上的人阅读同一个故事时,能够彼此同意该故事是否包含某一个能力。各个事件由分析师不断评分,一直到他们的"评分者间信度"达到期望的标准为止。最后,编制成胜任能力词典,建立胜任特征模型。

5. 应用于实践

将编制的胜任特征模型应用于人力资源管理的各环节,如培训开方、考核和薪酬激励。

五、职业能力倾向及其测验

能力倾向意味着学习的能力,为了探索某个特定的职业领域就个人的能力而言是不是合适的选择,可以做一些能力倾向测验。目前有一系列的能力测验,包括"一般能力倾向测验"(General Aptitude Test Battery,GATB)、"军队职业能力倾向测验"(Armed Services Vocational Aptitude Battery,ASVAB)、"差别能力倾向测验"(Differential Aptitude Tests,DAT)和"职业能力安置调查"(Career Ability Placement Survey,CAPS)。

能力倾向测验测量的是个人在某些能力领域（通常是8~9个）的学习能力，而智力测验则往往只给出一个一般学习能力或学习潜能的分数。

表 3-5 列出了以上四个广为人知的能力倾向测验所测量的能力倾向。表 3-6、表 3-7 和表 3-8 列出了一般能力倾向测验的内容。

表3-5　四类能力倾向测验

	一般能力倾向测验	军队职业能力倾向测验（ASVAB）	差别能力倾向测验（DAT）	职业能力安置调查（CAPS）
能力倾向	一般学习能力 词汇能力 数字/数学推理、计算 空间能力 形状知觉 文书知觉 运动协调 手指灵活性 手的灵活性 眼—手—足的协调 颜色辨识	一般科学 数学推理 词汇知识 段落理解 数学知识 电子信息 汽车和车间信息 机械理解	词汇推理（VR） 数字能力（DA） VR+NA 抽象推理 知觉速度和精确性 机械推理 空间关系 拼写 语言运用	机械推理 空间关系 词汇推理 数字能力 语言运用 词汇知识 知觉速度和精确性 手的速度与灵活性

表3-6　GATB测验评估能力水平（一）

能力倾向	一般学习能力（G）	语言能力倾向（V）	数学能力倾向（N）
对此能力倾向的定义	与在学校取得优异成绩相关的能力，推理能力	理解词意、使用文字清晰地表达思想	迅速、准确地使用数学
水平1：最高的10%（很高）	在英语、数学、科学、社会科学和语言课程中大部分得A，能够解决困难的问题，在一些学术科目上获奖	在英语、外语和社会科学等科目中大部分得A。在辩论、写作、出版、公开、演讲、学期论文和一些论文中赢得关注和认可	在数学和科学中大部分得A，可以解决高等数学（代数和微积分）的难题
水平2：除去最高10%的1/3（高于中等）	在上述科目上大部分得A和B，能够自觉、有规律地进行阅读，在成绩报告中得到较高的等级	在上述科目中大部分得A和B，在这些科目中能轻松地理解课本，很少犯语法错误	在上述科目中大部分得A和B，可以利用公式解决问题，可以轻松地使用小数和分数
水平3：中间的30%（中等）	在上述科目上大部分得B和C，可以解决像保存材料、装备设备和保存记录之类的问题	在上述科目中大部分得B和C，能注意并纠正在拼写、语法和标点方面的错误	在上述科目中大部分得B和C，可以在中等速度下准确地进行加减乘除运算
水平4：除去最低10%的1/3（低于中等）	在上述科目上大部分得C和D，能够执行清楚明确的指示	在上述科目上大部分得C和D，撰写论文和报告及看懂书面指示上存在困难	在上述科目上大部分得C和D，可以测量物体的高度、宽度和深度
水平5：最低10%	需要在指导下才能完成装配和其他制造工作，在学校中基本要特殊帮助，但仍有困难	在要求读和写的科目上有许多困难（如果你能做这个练习，你能达到5以上）	在任何数学问题上都有麻烦，买东西时在计量物体和数钱时有困难
我的最高水平			

表 3-7　GATB 测验评估能力水平（二）

能力倾向	空间能力倾向（S）	形状知觉（P）	文书知觉（Q）	运动协调（K）
对此能力倾向的定义	在头脑中形成三维形象	观察物体和图画的细节	注意到词汇、数字和符号的细节	迅速移动手、眼和手指去完成任务的能力
水平 1：最高的 10%（很高）	在艺术、地理、机械绘图上大部分得 A，能在绘图、雕塑和服装设计上获奖	在艺术、科学、速记和绘画等科目上大部分得 A，能够轻易地看出相似物体的大小、形状上的差异	在打字、高等数学和英语等科目上大部分得 A，能快速准确地使用数字，在亲人细节性的指导上做得很出色	在打字、速记、体育、工业艺术和家政等科目上大部分得 A，在运动、舞蹈、演奏乐器方面优秀
水平 2：除去最高 10%的 1/3（高于中等）	在上述科目中大部分得 A 和 B，在做衣服和绘画方面比一般人要好，能看懂电路	在上述科目中大部分得 A 和 B，擅长印刷、解字谜、读乐谱、做艺术工作、设计和摄影	在上述科目中大部分得 A 和 B，可以迅速、准确地抄写记录，做秘书和出纳员表现很优秀	在上述科目中大部分得 A 和 B，擅长体育，能够绘画、装配模型、缝纫、制作精美的金属制品和木制品
水平 3：中间的 30%（中等）	在上述科目中大部分得 B 和 C，可根据式样缝制服装，具有中等绘画水平，经常阅读装配图	在上述科目中大部分得 B 和 C，能注意到物体和绘画的轻微失真，能拍摄有吸引力的照片	在上述科目中大部分得 B 和 C，可根据体系对事物进行归档，能遵从大部分的装配指导	在上述科目中大部分得 B 和 C，在运动中很活跃，属于中等水平，能令人满意地完成像送报纸和割草这样的任务
水平 4：除去最低 10%的 1/3（低于中等）	在上述科目中的大部分得 C 和 D，绘画和缝纫做得不太好，能够整理好购物袋中的各种杂货	在上述科目中的大部分得 C 和 D，很少做字谜，可以区分螺母、螺栓和螺钉，能够修理和粘贴物体	可以根据菜谱烹饪和烘烤，在遵从指令上有困难，在拼写和数学上犯粗心大意的错误	在上述科目中的大部分得 C 和 D，能洗车，做清洁工作和体力劳动
水平 5：最低 10%	在识别图画和图表的形状及大小上有困难，视觉能力差，无法估计速度和距离	在识别形状和大小的相似及差异上有困难，视觉能力差	在要求计算和注重细节的科目上有困难，很难发现拼写错误	不能完成需要迅速准确地使用眼、手和手指的任务，在快速运动中存在身体障碍
我的最高水平				

表 3-8　GATB 测验评估能力水平（三）

能力倾向	手指的灵活性（F）	手的灵活性（M）	眼手足协调（E）	颜色辨识（C）
对此能力倾向的定义	手指迅速移动处理细小物体的能力	在放置和翻转运动中能很容易地移动手部	根据观察移动手脚	能看出颜色和阴影的相似与不同
水平 1：最高的 10%（很高）	在打印、速记、工业艺术和家政等科目大部分得 A，能在乐器方面获奖，可以熟练地构造模型、装配物体，娴熟地制作木雕	在体育、工业艺术、家政和乐器方面得 A，擅长体育、木雕、雕塑和手工	在体育科目上大部分得 A，擅长舞蹈和芭蕾，在体操中获奖，手风琴弹得好，能在驾驶培训中得 A	在艺术科目上大部分得 A，在绘画上获得奖励与认可，出售自己的工艺品，设计自己的服装，可以轻松地区分相似色泽和色度之间的不同

续表

能力倾向	手指的灵活性（F）	手的灵活性（M）	眼手足协调（E）	颜色辨识（C）
水平 2：除去最高 10% 的 1/3（高于中等）	在上述科目中大部分得 A 和 B，能在乐队和管弦乐队中演奏，能很好地建造模型和装配物体	在上述科目中大部得 A 和 B，可以很好地使用工具，擅长做衣服、体育运动、魔术和木偶表演	在体育上大部得 A 和 B，擅长运动，会骑自行车、滑冰、跳舞、开车、做体操	在上述科目中大部分得 A 和 B，会设计自己的衣服，做海报，选择颜色装饰房间，识别颜色的细微差别
水平 3：中间的 30%（中等）	在上述科目中大部分得 B 和 C。可以做自己的一些衣服，能很好地制作东西和维修	在上述科目中大部分得 B 和 C，会做各种零工，会修剪灌木、种植和园艺、使用电器，属于普通水平的运动	在体育上大部得 B 和 C，能在军乐队中演奏，运动水平一般，会驾驶汽车，可操作割草机	在上述科目中大部分得 B 和 C，摄影较好，不能敏锐、清晰地分辨颜色，为表演设计布景
水平 4：除去最低 10% 的 1/3（低于中等）	在上述科目中大部分得 C 和 D，会修补衣服、准备食物和饭菜、修理家具	在上述科目中大部分得 C 和 D，会使用锤子和钳子做简单的修理工作。运动水平属于中下	在体育上大部得 C 和 D，边演奏乐器边行进会有困难	在上述科目中大部分得 C 和 D，在衣服颜色的搭配上需要帮助，不能清楚地区分颜色
水平 5：最低 10%	不能完成要求用手指完成细微动作的任务	不能完成需要快速、准确地使用手的工作	在需要跑、跳、投和抛球的运动上存在很大的困难	不能选出人们认为协调搭配的颜色，是个色盲
我的最高水平				

第二节　气质、性格及其测量

一、气质及气质的测量

（一）气质的概念

气质是指个人心理活动的稳定的动力特征。心理活动的动力特征主要指心理过程的强度（如情绪体验的强度、意志努力的程度），心理过程的速度和稳定性（如知觉的速度、思维的灵活程度、注意力集中时间的长短）以及心理活动的指向性（如有的人倾向于外部事物，有的人倾向于内心世界）等方面的特点。

心理学认为气质是指人的高级神经活动类型特点在行为方式上的稳定表现。它和人的认识、情感、动机、意志不同，气质是与生俱来的和神经活动的强度、速度、灵活性、均衡性的特点相联系的一种稳定的心理特征，不会因为活动的内容、个人的动机和目的的转移而改变。在不同的实践活动中，气质都会在个体身上以相同的形式表现出来。

气质是职业选择的依据之一，某些气质特征为一个人从事某项工作提供了有利的条件。例如，黏液质和抑郁质的人较适合从事持久、细致的工作，而多血质和胆汁质的人适合从事反应灵活的工作。

（二）气质的类型与测量

每个人的神经系统、运动器官、感觉器官等，特别是大脑，都有着自身的先天遗传和后天习得的特点。气质在人的生理素质的基础上，通过生活实践，在后天条件影响下形成，并受到人的世界观和性格等的控制。它的特点一般是通过人们处理问题、人与人之间的相互交往显示出来的，并表现出个人典型的、稳定的心理特点。

1．中国古代学者有关气质的研究

我国古代的学者就已看到了人与人之间在这种气质上的差异。例如，孔子在《论语·子路篇第十三》中把人分成"狂"、"狷"、"中行"三类。他认为，"狂者进取"，这类人对现实的态度是积极的、进取的，他们"志大言大"，言行比较强烈而现于外；"狷者有所不为"，这类人性格比较拘谨；中行者介于"狂"和"狷"之间，"依平庸而行"。《周易》、《尚书》也曾用阴阳五行解释人的气质类型，把人分为太阳、少阳、太阴、少阴、阴阳平衡五种。其中，"阳"是指性格活跃、兴奋；"阴"是冷静和抑制。根据阴阳在个体身上的比例，又可细分为24种气质类型。

2．希波克拉底的体液说

公元前5世纪，古希腊名医希波克拉底认为人体内有四种体液，某种体液占主导，其行为方式、反应和情绪表现就带有这一类型的特点，这就是他的气质类型的体液说。

希波克拉底把人的气质分为多血质、胆汁质、黏液质、抑郁质四种。血液占优势的人为多血质，这类人活泼好动、善于交际、反应迅速；黄胆汁占优势的人为胆汁质，这类人热情直率、容易冲动、精力旺盛；黏液占优势的人多为黏液质，他们情绪稳定、沉默寡言；黑胆汁占优势的人多为抑郁质，他们孤僻、多愁善感、动作迟缓。但他还不能对气质作科学的解释。四种气质类型及其表现出的典型特征如表3-9所示。

表3-9 四种传统气质类型的特征

气质类型	典　型
胆汁型	精力充沛，情绪发生快而强，言语动作急速难于自制，内心外露，率直，热情，易怒，急躁，果断
多血型	活泼爱动，富于生气，情绪发生快而多变，表情丰富，思维言语动作敏捷，乐观，亲切，浮躁，轻率
黏液型	沉着冷静，情绪发生慢而弱，思维言语动作迟缓，内心少外露，坚忍，执拗，淡漠
抑郁型	柔弱易倦，情绪发生慢而强，易感而富于自我体验，言语动作细小无力，胆小忸怩，孤僻

3．巴甫洛夫的高级神经活动类型学说

20世纪30年代，俄国著名的生理学家巴甫洛夫经过多年对人的高级神经活动的研究，把四种神经类型科学地解释为气质的生理基础。

巴甫洛夫发现高级神经活动有两个基本过程：兴奋和抑制。高级神经活动过程有三个基本特性：强度、灵活性和平衡性。强度是指神经细胞及整个神经系统工作的耐力，表现为能否接受强烈的刺激或承受持久的工作，有强弱之分；灵活性是指兴奋和抑制更迭的效率，有灵活与不灵活之分；平衡性是指兴奋和抑制两种神经活动过程的相对关系和力量对比的均衡性，有均衡和不均衡的差异。

巴甫洛夫根据三个基本特性的不同组合，把高等动物的高级神经活动划分为许多类型。其中基本的类型有以下几种。

（1）强、不平衡型，也称为"不可遏止型"。这种类型的特点是：兴奋过程强于抑制过程，是一种易兴奋、奔放不羁的类型。

（2）强、平衡、灵活型，也称为"活泼型"。这种类型的特点是：反应灵敏、好动活泼，能较快地适应变化了的外部环境。

（3）强、平衡、不灵活型，也称为"安静型"。这种类型的特点是：较容易形成条件反射，但不容易改造，是一种坚毅而行动迟缓的类型。

（4）弱型也称为"抑制型"。这种类型的特点是：兴奋和抑制过程都很弱，表现为胆小怕事，在艰难工作任务面前，正常的高级神经活动易受破坏而产生神经症。

巴甫洛夫认为，上述四种类型是动物与人共有的，因此称为一般类型。神经类型的一般类型即为气质的生理基础。这四种类型相当于希波克拉底对气质的分类，其关系如表 3-10 所示。

表 3-10 高级神经活动的类型和气质类型

高级神经活动类型		神经过程的特征			气质类型
		强度	平衡性	灵活性	
强型	不可遏止型	强	不平衡	灵活	胆汁型
	活泼型		平衡	灵活	多血型
	安静型		平衡	不灵活	黏液型
弱型	抑制型	弱	不平衡	不灵活	抑郁型

巴甫洛夫对四种气质作了如下解释。

（1）胆汁质相当于神经活动的兴奋型。这种气质的人兴奋性很高，脾气暴躁，性情直率，精力旺盛，能以很高的热情埋头于事业，兴奋时有决心克服一切困难，而精力耗尽时情绪又一落千丈。

（2）多血质相当于神经活动的灵活型。这种气质的人热情，有能力，适应性强，喜欢交际，精神愉快，机智灵活，注意力易转移，情绪易改变但是办事重兴趣，富于幻想，不愿做耐心细致的工作。

（3）黏液质相当于神经活动的安静型。这种气质的人平静，善于克制忍让，生活有规律，不为无关事情分心，埋头苦干，有耐久性，态度持重，不卑不亢，不爱空谈，严肃认真；但不够灵活，因循守旧。

（4）抑郁质相当于神经活动的弱型，兴奋和抑制过程都弱。这种气质的人沉静，易相处，人缘好，办事稳妥可靠，做事坚定，能克服困难；但比较敏感，易受挫折，孤僻、寡断，疲劳不易恢复，反应缓慢，不图进取。

4．克列奇默尔的气质分类

克列奇默尔（Ernst Kretschmer）是德国精神病学家。他在对精神病患者与正常人的性格研究中发现，他们的性格并不存在任何差别，而患者得病前与得病后的情况有很大联系，这种气质倾向在正常时就已经存在了。

克列奇默尔将气质分为五类：分裂性气质（S）、躁郁性气质（Z）、癫痫性气质（E）、癔症性气质（H）和神经质性气质（N）。这些气质类型的分类特征如表 3-11 所示。

表 3-11 克列奇默尔的气质分类及其特征

气质类型	典 型
分裂性（S型）	安静、谨慎、一本正经、不善交际、不懂幽默；胆怯、腼腆、敏感、易兴奋、神经质；顺从、温和、老实、沉着、迟钝。敏感和迟钝这两个相对特点同时存在为其基本特征
躁郁性（Z型）	善良、敦厚、友爱、好心肠、善交际；开朗、活泼、风趣、易激动；安静、寡言、抑郁、脆弱。"躁"与忧郁消沉的"郁"交替出现为其基本特征
癫痫性（E型）	专心致志、一丝不苟、重秩序、有条理、固执；迟缓、啰嗦、周到、不灵活；震怒、情绪不佳。专心致志、不屈不挠、对人殷勤有礼、拘泥于小事，并有黏液质与胆汁质特点为其基本特征
癔症性（H型）	虚荣心强，好表现自己，什么事都想"以我为中心"；自律、神经不稳定，动摇易疲倦，容易受暗示，意志薄弱；有空症症，对上殷勤，对下压制，态度傲慢，名誉欲强烈，不善团结人，难与人相处。高度情感性、情感易变性、高度暗示性、高度显示性和幻想丰富为其基本特征
神经质性（N型）	感官和精神易受刺激而激动，但又很易疲劳；敏捷灵活，但因易疲劳工作很难坚持到底；工作易受外界干扰而作出反应，容易放弃原有的想法与计划，致使工作半途而废；以我为主，厌弃他人，情绪不稳，想象力丰富，意志薄弱，有时无缘无故丧失信心，缺少主动性。不安性、固执性、自我内省性及强烈欲求为其基本特征

二、人格及人格测量

（一）人格的性质

人格是构成一个人思想、情感及行为的特有模式，这个独特模式包含了一个人区别于他人的稳定而统一的心理品质。这一简单的人格定义包含了许多的内涵，反映了人格的多种本质特征。

1．独特性

"人心不同，各如其面"，这句俗语为人格的独特性做了最好的诠释。一个人的人格是在遗传、环境、教育等先天与后天因素的交互作用下形成的。不同的遗传环境、生存及教育环境，形成了各自独特的心理特点。

2．稳定性

俗话说："江山易改，秉性难移。"一个人的某种人格特点一旦形成，就相对稳定下来了，要想改变它，是较为困难的事情。这种稳定性还表现在，人格特征在不同时空下表现出一致性的特点。

3．统合性

人格是由多种成分构成的一个有机整体，并具有内在的一致性，受自我意识的调控。当一个人的人格结构的各方面彼此和谐一致时，就会呈现出健康的人格特征，否则就会使人发生心理冲突，产生各种生活适应困难，甚至出现"分裂人格"。

4．复杂性

人格表现绝非死水一潭，各种人格结构的组合千变万化而使人格的表现千姿百态。每个人的人格世界，并不是由各种特征简单堆积起来的，而是依照一定的内容、秩序、规则有机结合起来的一个运动系统。

5．功能性

人格是一个人生活成败、喜怒哀乐的根源。人格决定一个人的生活方式，甚至有时会决定一个人的命运。当人格具有功能性时，表现为健康而有力，支配着一个人的生活与成败；而当人格功能失调时，就会表现出软弱、无力、失控，甚至变态。

（二）人格的结构

人格是一个复杂的结构系统，它包括知—情—意系统、心理状态系统、人格动力系统、心理特征系统和自我调控系统五种人格系统。这五种人格系统成分的独特结合，构成了每个人的独特人格。这五种人格系统之间并非完全独立，相互之间会有重合，这种重合性使各成分之间具有相互影响、相互制约的关系，也使人格构成一个整体。

1. 知—情—意系统

心理过程包括知、情、意三大方面，认知过程、情绪情感过程和意志过程是人们都具有的共同心理现象，但是每个人在这三大过程中却表现得千差万别，这种个体差异现象是人格结构的成分。比如，在感知觉中，表现出分析型与综合型的差异；在记忆过程中，有的人识记速度快但保持性差，有的人记忆的提取功能强，有的人遗忘率低；在思维过程中，有的人表现出优秀的直观形象思维能力，有的人则表现出杰出的语词逻辑思维能力。这些差异反映了人的认知风格的差别。在情绪情感过程中，有的人情感细腻、丰富，体验深刻，有的人情绪爆发力强但不持久；受社会因素的影响，人们在道德感、美感上也存在着高尚与低劣之分。在意志过程中，差异主要体现在意志品质方面，有的人果断，有的人武断，有的人坚强，有的人懦弱。在知、情、意这三大方面所表现出来的心理差异，都属于人格结构的成分。

2. 心理状态系统

心理状态是指某一时刻或某段时间内相对稳定的心理活动背景，包括意识状态、注意、情绪状态、疲劳状态等。比如，有些人易疲劳，表现出较大的心理惰性；在应激状态下，有的表现出焦虑不安、不知所措，有的表现出泰然自若、灵活多变；当产生动机冲突时，有的优柔寡断，有的当机立断；在学习与工作时，有的注意力集中，有的注意力分散。这些心理状态直接影响到心理活动的差异性。

3. 人格动力系统

人格动力系统是决定并制约人的心理活动的进行、方向、强度和稳定水平的结构，包括需要、动机、兴趣、价值观和世界观等。不同的价值观决定了人们选择不同的生活目标、人生发展方向和看世界的方式。价值观一旦形成，具有相当的稳定性，并对人格起控制作用。

4. 心理特征系统

这一系统包括能力、气质、性格三种成分。在能力方面，自然科学家表现出较强的认知能力，而社会活动家则表现出较强的人际交往能力。在气质方面，有的人暴躁，有的人温和。在性格方面，有的人正直，有的人阴险。

5. 自我调控系统

自我调控系统是以自我意识为核心的人格调控系统，包括自我认识、自我体验、自我控制三个子系统。自我调控系统的主要作用是对人格的各个成分进行调控，保证人格的完整、统一、和谐，它属于人格中的内控系统或自控系统。自我认识是对自己的洞察和理解，包括自我观察和自我评价，其中自我评价是自我调节的重要条件。自我体验是自我意识在情感上的表现，是伴随自我认识而产生的内心体验。比如，当一个人对自己作正向的评价时，就会产生自尊感；作负向评价时，就会产生自卑感。自我控制是自我意识在行为上的表现，是实现自我意识调节的最终环节。当个体认识到某种社会要求后，会力求使自己的行为符合社会准则，从而激发起自我控制的动机,并付诸行动。

(三) 人格的测量方法

常用的人格的测量方法有艾克森情绪稳定性测评、卡特尔人格测试、迈尔斯—布里格斯类型指标、大五人格测试等。

1. 艾克森情绪稳定性测评

艾克森是英国伦敦大学的心理学教授,是当代最著名的心理学家之一,编制过多种心理测评。情绪稳定性测评可以被用于诊断是否存在自卑、抑郁、焦虑、强迫症、依赖性、疑心病和负罪感。该测验一共给出 210 道题,包含 7 个分量表,每个量表 30 道题,分别从自卑感、抑郁性、焦虑、强迫状态、自主性、疑心病观念和负罪感七个方面评价一个人的心理健康状态。

2. 卡特尔人格测试

詹姆斯·麦基思·卡特尔(1860—1944 年)出生在美国宾夕法尼亚的伊斯顿城,在拉弗页大学接受教育,1883 年去莱比锡,跟随冯特学习到 1886 年。1889 年,卡特尔刚 28 岁时就成为宾夕法尼亚大学的心理学教授。《卡特尔 16 种人格因素测验》就是建立在卡特尔的人格特质理论之上。卡特尔认为,人的行为之所以具有一致性和规律性就是因为每个人都具有根源特质,这些根源特质是人格的内在因素,是一个人行为的最终根源。卡特尔用因素分析法得到了乐群性、聪慧性、稳定性、恃强性、兴奋性、有恒性、敢为性、敏感性、怀疑性、幻想性、世故性、忧虑性、实验性、独立性、自律性、紧张性 16 种根源特质。测验由 187 道题目组成,不仅能够对受测者在这 16 种人格因素上的主要特征进行分析性描述,而且能够根据实验统计结果所得的 4 个公式对他在次级人格因素上的特征(分别用于诊断受测者的适应性、外向性、情绪性和果断性)进行综合描述。同时可以利用另外 4 个公式预测受测者在某些特殊情境中的行为特征(EB 心理健康水平、专业成就的可能性、创造潜力、对新环境的适应能力)。

3. 迈尔斯—布里格斯类型指标

迈尔斯—布里格斯类型指标(MBTI)是以瑞士心理学家卡尔·荣格(Carl1 Jung)有关人格中知觉、判断和态度的观点提出来的,它有四个维度,即外倾(extroversion)和内倾(introversion)、感觉(sensing)和直觉(intuition)、思维(thinking)和情感(feeling)、判断(judging)和知觉(perceiving),并以之来测量我们对人、职业和生活的态度与取向。这些维度特征是组成一个人人格意识层面的重要组成部分。如果说职业量表的主要目的是提供具体的可供探索的职业,那么 MBTI 的优点之一在于:它可以揭示为何我们对某些特定职业的兴趣比其他职业的兴趣强(Myers and McCaulley,1985)。另外,根据 MBTI 量表,如果一个人了解自己在所处环境中获取信息、作决定及态度等方面的偏好,那么他处理职业选择的问题就会容易得多。MBTI 通过上述八种态度和功能形成了四个维度,具体表述如下。

(1)外倾—内倾维度(extroversion-introversion,EI)。外倾的意思是指将自己的注意力和能量主要指向外部的人和事,内倾则是将自己的注意力和能量集中于内部世界。按照荣格的观点,这种态度的差异形成了一种人格能量的张力。外倾者习惯于外界活动,愿意与人打交道,而内倾者则多表现为安静、缄默,喜欢独处或者习惯一对一的人际交往。如果一个外倾者和一个内倾者共处,他们在相互理解上可能存在困难(Baron,1998)。

(2)感觉—直觉维度(sensing-intuition,SN)。感觉和直觉是我们感知世界、获取信息的两种方式。感觉型的人倾向于通过自己的五官来获取有关环境的事实和现实,他们是实际的,需要获取精确的信息,着眼于现在;直觉型的人则习惯于通过想象、无意识等超越感官知识的方式来获取信息,他们更重视事情的含义、象征意义和潜在意识。直觉型的人对于洞察力、抽象的事物和未来等方面有明显的偏好。

（3）思维—情感维度（thinking-feeling,TF）。思维和情感是关于我们如何对获取的信息作决定并得到结果的两种方式。思维型的人习惯于通过分析数据、权衡事实来作出符合逻辑的、客观的结论和选择;而情感型的人则习惯于通过自己的价值判断来作决定,他们通常会对信息作出个人的、主观的评价。此处的"情感"并不等于"情绪（emotion）",它是作判断过程中的一种逻辑方式。思维型的人通常是直接的、分析性的,他们用大脑作决定;而情感型的人更坚信自己的价值观,并习惯于用心灵来作决定。

（4）判断—知觉维度（judging-perceiving,JP）。判断和知觉是关于我们如何对待所作出的决策以及面对外部环境时如何行动的两种态度。判断型的人或者说判断型的态度意味着会通过思维和情感去组织、计划和调控自己的生活;而知觉型的人或者说知觉型的态度则意味着倾向于用感觉和直觉的方式去对事物作决定,他们的态度通常是灵活机动的、开放的。判断型的人喜欢将事情管理得井井有条,习惯过一种井然有序的生活,当他们作决定时,他们会对如何实施决定作出明确的计划,并考虑不同的观点;而知觉型的人喜欢自发、随意地处理问题,他们愿意保持开放性的选择。

以上所述的四个维度采用"迈尔斯—布里格斯类型指标"来测量,通过 MBTI 的四个维度能够测查八种人格特征。一个人在 MBTI 上的得分将说明这个人对某种态度或功能的偏好可能比该维度上另一态度的偏好要明显。高分——远高于同纬度另一选择的分数——通常意味着这个人的偏好很明显,而低分或者说接近于同纬度另一选择的分数,则说明这个人的偏好可能由于某种原因不明显。但是一个人的得分与这个人能很好地运用或发展某种偏好并不直接相关（Myers,1987）。

对这四个维度的回答将决定一个人的类型偏好。偏好（preference）"是一种天生的倾向性,一种特定的行为和思维方式"（Baron,1998）,它并无好坏之分。偏好类型由 4 个字母组成,编码顺序为：E 或 I、S 或 N、T 或 F、J 或 P。例如,ESFP 表示的是这样一种人：外倾（E）,习惯于通过感觉（S）来获取信息,依据情感（F）来作决定,主要通过知觉（P）的方式来与外界发生联系;而 INTJ 表示的则是一个内倾的（I）、习惯于通过直觉（N）来获取信息、依据思维（T）来作决定和通过判断（J）来与外界发生联系的人（Myers,1987）。

MBTI 类型中的偏好有助于解释人们考虑问题时的差异,尤其是不同的收集信息的知觉方式,以及信息收集之后不同的决定方式。在 MBTI 中,4 个字母的代码代表了 16 种可能的偏好类型之一。表 3-12 列出的描述性词语用于解释每一种类型。当然,人类的偏好远不止这 16 种,MBTI 所提供的仅仅是对人类偏好类型的一部分描述（Myers and McCaulley,1985）。MBTI 不会提供绝对的、肯定的信息,仅仅提供你对该量表的回答所提示的可能选择。另外,4 个字母代码中的主导偏好并不意味着你就不具备那些不占主导地位的偏好。例如,一个外倾型的人有时也会愿意独处,而一个内倾型的人有时也是喜欢社交的。主导偏好只不过表明它是一个人最习惯的方式。

表 3-12　16 种 MBTI 类型描述表

ISTJ	SIFJ	INFJ	INTJ
可靠的	乐于助人的	有同情心的	爱分析的
恰好的	注意细节的	理性的	自主的
讲事实的	有奉献精神的	有创造力的	坚决的
逻辑的	忠诚的	深沉的	坚定的
有组织的	细心的	坚决的	全面的
实际的	有组织的	理想主义的	独立的
现实的	有耐心的	激烈的	有组织的
缄默的	实际的	亲密的	有创新性的
明智的	呵护备至的	忠诚的	爱独处的
坚定的	安静的	有条不紊的	系统化的
详尽的	负责的	爱思考的	注重伦理的
	传统的	敏感的	有远见的
ISTP	**ISFP**	**INFP**	**INTP**
适应能力强的	适应能力强的	适应能力强的	自主的
勇敢的	关心他人的	投入的	认知性的
实用主义的	合作的	好奇的	漠不关心的
权宜的	温和的	深沉的	独立的
讲实事求是的	和谐的	具有奉献精神的	逻辑的
独立的	忠诚的	富有同情心的	有创新性的
逻辑的	谦虚的	温和的	精确的
实际的	善于观察的	理想主义的	自主的
现实的	敏感的	富于想象力的	多疑的
足智多谋的	自发的	亲密的	爱思索的
自主的	信任的	忠诚的	自发的
自发的	善解人意的	沉默寡言的	注重理论的
ESTP	**ESFP**	**ENFP**	**ENTP**
爱参与活动的	适应能力强的	有创造力的	适应能力强的
适应能力强的	随便的	好奇的	爱分析的
富有冒险精神的	合作的	精力充沛的	具有挑战精神的
警觉的	逍遥自在的	热心的	聪明的
逍遥自在的	热心的	善于表达的	有事业心的
精力充沛的	友好的	友好的	独立的
好交际的	友善的	富于想象力的	有创新性的
友善的	顽皮的	独立的	直言不讳的
实用主义的	实际的	创新性的	爱探询的
迅速的	善交际的	不安定的	机智的
自发的	健谈的	自发的	足智多谋的
多才多艺的	宽容的	多才多艺的	注重理论的

续表

ESTJ	ESFJ	ENFJ	ENTJ
果断的	谨慎的	欣赏的	具有挑战精神的
直接的	合作的	和谐的	自控的
高效率的	和谐的	老练的	精力充沛的
喜欢社交的	忠诚的	精力充沛的	逻辑的
逻辑的	优雅的	热心的	有条不紊的
明确的	有计划的	善于表达的	客观的
有组织的	负责的	理想主义的	坚持己见的
实际的	反应快的	忠诚的	有计划的
负责的	易于相处的	有组织的	直率的
结构化的	具有同情心的	优雅的	讲策略的
系统化的	细心的	反应敏捷的	坚忍不拔的
任务取向的	传统的	支持的	

知觉功能和判断功能的组合，也即 MBTI 的 4 个字母代码中的第 2 和第 3 个字母组合，是考虑职业选择时最重要的一组指标。任一知觉方式（感觉或直觉）可以与任一判断方式（思维或情感）组成 4 种可能的组合。ST（感觉加思维）型的人一般都属于那种比较实际、注重事实的类型，他们获取成就或令他们感到满意的职业通常是那些需要不带个人主观色彩的、对正确的事实进行分析的职业，如经济、法律、外科、商业、会计、生产、处理机械和材料等。SF（感觉加情感）型的人通常都是富有同情心、友好的类型，他们倾向于在那些能发挥他们爱心的职业当中工作，如销售商品、教育孩子和健康服务等行业。NF（直觉加情感）型的人也同样具有满足他人需要的爱心、热情和洞察力等特点，他们更可能会被中学、大学、销售服务、咨询、写作和研究等职业吸引。NT（直觉加思维）型的人在其感兴趣的特定领域里会以符合逻辑的、创新的方式处理问题。他们在如下一些职业里会表现出色：科研、电子计算、数学、金融、技术革新或管理等（Myers & McCaulley, 1985）。

主导功能和辅助功能（或过程）通常由 4 个字母代码中中间的两个字母来说明，即 S 或 N 和 T 或 F。主导功能在此处的意思是个人的最偏好过程，辅助功能则表明一个人位居次级的偏好。也就是说，主导功能起领导作用，而辅助功能起辅助作用。其他的功能虽然没有出现在 4 个字母的代码当中，但也会使用到，只是不像主导功能和辅助功能那么常用罢了。

如果你是一个外倾的人，你的判断—知觉（JP）维度就表明了主导过程和辅助功能，因为 JP 反映的仅仅是用于处理外界事物的过程。就一个外倾者而言，如果他的类型代码结束于 J，则其主导过程为判断型——T 或 F。如果他的类型代码结束于 P，则其主导过程就是知觉型——S 或 N。而对于一个内倾者而言却正好相反，因为他的心理能量是指向内部世界而不是外部世界，字母 J 或 P 在其类型代码中反映的是辅助过程而非主动过程。如果一个内倾者的类型代码结束于 J，他的主导过程就应该是知觉型——S 或 N；而如果其类型代码结束于 P，则其主导过程就应该是判断型——T 或 F。主导过程对于外倾者而言较为明显，但对内倾者而言却较为隐蔽，因为内倾者主要将主导过程作用于内部世界，而常常将辅助功能作用于外部世界。因为这种趋势，内倾者的能量和态度通常较难辨认。

比如 ESFJ 型的人，属于"外倾的情感加感觉型（Extrovert Feeling With Sensing）"，其主导功能——情感——主要用于处理外部事件，因为这种外倾者通常是采用以人为中心的价值判断而将能量用于判断外界事物。而它的辅助功能——感觉——则主要集中于内部世界，为其提供一些事实以帮助自己作决定（Hirsh & Kummerow，1990）。如果换成另一种类型——ISFJ 型，则他的主导功能就变成感觉了，因为这种内倾者的能量主要是通过细心观察外部事物的细节而作用于外部世界的。

《迈尔斯—布里格斯类型指标报告单》（the Report Form the Myers-Briggers Type Indicator，MBTI）里提供了对 16 种类型的简要描述。有关 MBTI 类型更完整的描述和应用及对理论的解释可以参考《类型简介》（Myers，1993）和《天赋差别》（Myers，1980）。Baron（1998）的《我是什么类型的人？》一书则对 MBTI 中的 8 种偏好类型作了更清楚的描述，并将其中的 16 种人格特征所适合的每一种职业都列了出来。Hirsh & Kummerow（1990）和 Myers & McCaulley（1985）提供了 16 种 MBTI 类型的功能或过程的顺序、职业兴趣的范例，并以词或短语的形式描述了每一种偏好的工作环境，如表 3-13 所示。

表 3-13　16 种 MBTI 类型的功能顺序、可能的职业兴趣和工作环境偏好

类　型	功能顺序	可能的职业兴趣	工作环境偏好
ISTJ	感觉 思维 情感 直觉	会计／办公室管理人员 工程师 警察工作／法律工作 生产、建筑、保健	注重事实和结果 提供安全、结构和顺序 能保持稳定的情绪 努力、任务取向，为了工作不被中断而喜欢独处
ISTP	思维 感觉 直觉 情感	科研 机械和修理 农业 工程师和科技人员	注重迅速解决问题 目标和行动取向 不受规律限制 着眼于现在的经历
ESTP	感觉 思维 情感 直觉	市场销售 工程师和技术人员 信用调查 健康技术、建筑／生产、娱乐	注重第一手的经验 灵活、注重结果 工作具有灵活性 及时满足需要、技术取向
ESFJ	思维 感觉 直觉 情感	商业管理 银行、金融 建筑／生产 教育、技术、服务	注重正确、高效地做事 任务取向，注重组织、结构 提供稳定性和可预知性 实现可行的目标
ISFJ	感觉 情感 思维 直觉	保健专业 教学／图书馆工作 办公室管理 个人服务、文书管理	看重有条理的任务 注重安全和隐私 结构清晰、有效率，一致、平静、安静 服务取向
ISFP	情感 感觉 直觉 思维	机械和维修 工厂操作 饮食服务 办公室工作、家务工作	善于合作、喜爱自己的工作 允许有自己的私人空间 灵活、具有审美能力 谦恭有礼、以人为本
ESFP	感觉 情感 思维 直觉	保健服务 销售工作／设计 交通工作、管理工作 机械操作、办公室工作	注重现实 行动取向、活泼、精力充沛 适应性强、和谐 以人为本、舒适的工作环境

续表

类型	功能顺序	可能的职业兴趣	工作环境偏好
ESFJ	情感 感觉 直觉 思维	保健服务 接待员 销售 看护孩子、家务工作	喜欢帮助他人 目标明确的人和组织 有组织的，气氛好的 善于欣赏的，有良心的，喜欢按事实办事
INFJ	直觉 情感 思维 感觉	宗教工作 教学图书馆工作 媒体专家 社会服务、研究	关注人类的思想和心理健康 具有创造性 协调、安静、有组织的 具有情感、喜欢有反省时间和空间
ONFP	情感 直觉 思维 感觉	咨询 教学文学、艺术 戏剧、科学 心理学、写作、新闻工作者	关注他人的价值 合作的氛围 允许有思考的时间和空间 灵活、安静、不官僚
ENFJ	直觉 情感 思维 感觉	教学、咨询 宗教工作、 广告销售、艺术、戏剧 音乐	关注人类的潜能 丰富多彩、积极参与的 活泼的，不受限制的、 提供变化和挑战、思想取向
INTJ	情感 直觉 感觉 思维	销售 艺术家演艺人员 宗教工作 咨询、教学	愿意为帮助他人而作出改变 支持的，社会化的，和谐的， 以人为本，井井有条， 鼓励自我表达
INTP	直觉 思维 情感 感觉	科学 工程师 社会服务 计算机程序、心理学、法律	注意实现长远规划 有效率的，以任务为重的， 允许独自一人和思考 支持创造性和独立，人员是有效率的，多产的
ENTP	思维 直觉 感觉 情感	摄影、艺术 市场营销 零售、促销 计算机分析、娱乐	喜欢解决复杂的问题 灵活的，喜欢挑战的，不官僚 求新取向 喜欢冒险
ENTJ	直觉 思维 情感 感觉	管理 操作和系统分析 销售经理 市场营销 人事关系	结果取向，独立的， 喜欢解决复杂问题的 目标取向，果断 有效率的系统和人 挑战性的、结构性的顽强的人员

4. 大五人格测试

20世纪80年代末兴起的"大五人格理论"认为人格是一个由五个维度特征组成的抽象结构，这"五维"特征分别是外倾性（extroversion）、随和性（agreeableness）、情绪稳定性（emotional stability）、责任心（conscientiousness）以及经验的开放性（openness to experience），如图3-2所示。每个人都在这个"五维空间"中占据一个相对固定的点，其人格测量值即为该点向五个维度投影所得的坐标值。没有两个人在这个结构空间中是完全重合的，因此，可用测量值（或坐标值）的大小来区分人格的个体差异。

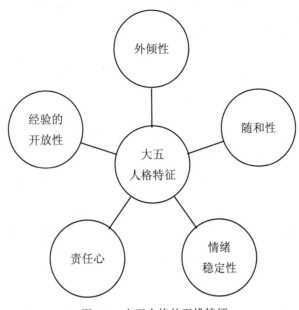

图 3-2　大五人格的五维特征

（1）外倾性（Extroversion，E）。这一纬度描述的是个体喜欢与他人一同出现的程度。外倾者倾向于喜欢群居、善于社交和自我决断；内倾者倾向于封闭内向、胆小、害羞和安静少语。

（2）随和性（Agreeableness，A）。这一纬度描述的是个体对他人所持的态度。高随和性的人是合作的、热情的和依赖他人的；低随和性的人是冷淡的、敌对的和不受欢迎的。

（3）责任心（Conscientiousness，C）。这一纬度是对信誉的测量。高度责任心的人是负责的、有条不紊的、值得信赖的、持之以恒；在该纬度上得分低的人很容易精力分散、缺乏规划性，且不可信赖。

（4）情绪稳定性（Emotional Stability，E）。这一纬度刻画的是个体承受压力的能力。积极的情绪稳定者倾向于是平和的、自信的和安全的；消极的情绪稳定者倾向于是紧张的、焦虑的、失望的和缺乏安全感的。

（5）经验的开放性（Openness to Experience，O）。这一纬度针对个体在新奇方面的兴趣和热衷程度。开放性非常高的人富有创造性、凡事好奇、具有艺术的敏感性；处于开放性纬度另一个极端的人很保守，对熟悉的事物感到舒适和满足。

第三节　职业适应性测量

职业适应性测量主要从个体的动机、需求、兴趣等方面考察人与工作之间的匹配关系。这一类测验可以了解个体的生活目的、追求或愿望，反映个体对工作的期望，因此对于选拔人员、激励设计等方面很有参考价值。

常用的职业适应性测量有生活特性问卷、个体需求测验和职业兴趣测验。

一、生活特性问卷

(一) 生活特性问卷的目的和功能

生活特性问卷是为评定个体的动机水平而编制的,测验从风险动机、权力动机、亲和动机、成就动机四个方面描述应试者的动机模式和强弱程度。

1. 风险动机

风险动机是指决策时敢于冒险,敢于使用新思路、新方法,不惧怕失败的动机。高风险动机的人可能过于莽撞,对可能的危险和损害估计不足,缺乏足够的大局意识和责任感,缺乏对失败的应变策略;低风险意识的人则过于保守、审慎,优柔寡断,谨小慎微,缺乏决断。

2. 权力动机

权力动机是指人们力图获得、巩固和运用权力的一种内在需要,是一种试图控制、指挥、利用他人行为,想成为组织领导的动机。高权力动机的人往往有许多积极有利的特征,如进取意识比较强、有开拓精神、善于左右形势大局、果断自信、试图说服人和比较健谈;但权力动机过高的人会成为组织中的危险人物,他们只顾及个人的权力和利益,在极端情况下会不择手段,不顾组织的利益,甚至危害组织。总的来说,权力动机是有价值的,一定水平的权力动机是企业管理者实现统率力的行为根源;但在组织中要控制权力动机的无限扩张。

3. 亲和动机

亲和动机是指人对于建立、维护、发展或恢复与他人或群体的积极情感关系的愿望。其结果是引导人们相互和睦、关心,形成良好的人际氛围。亲和动机强的人能很容易与他人沟通、交流,并且促进团队中积极的社会交往;他们富有同情心,容易接纳他人,减少冲突,避免竞争,有利于合作气氛。亲和型的领导受下属的认可和拥护,团队合作密切、有高绩效。但亲和动机过于强烈时可能有副作用,如回避矛盾、害怕被拒绝,过于求同,忽视个性,甚至息事宁人,放弃原则。

4. 成就动机

成就动机是指人们发挥能力获取成功的内在需要,一种克服障碍、完成艰巨任务、达到较高目标的需要。它是对成功的渴望,意味着人们希望从事有意义的活动,并在活动中获得圆满的结果。由于成就动机具有行为驱动作用,在智力水平和其他条件相当的情况下,高成就动机的人获得的成功更大,绩效更突出。但成就动机过高也有逆反现象:人们对目标的设置降低难度,倾向于回避失败,结果是动机的行为驱动力减退,工作任务未必尽善尽美,而且害怕失败就意味着害怕尝试多种可能性,无形中放弃、丧失很多机会。

(二) 测验的特点

本测验从近代激励理论中关于员工行为动机的基本概念出发,以风险动机、权力动机、亲和动机和成就动机为维度构建而成。这些维度与人们的工作绩效以及参与管理活动中的效能是有必然联系的。其中成就动机和工作绩效之间有高相关性,高成就动机有利于实现高度的个人绩效,但不一定是出色的经理人;而亲和动机和权力动机与管理绩效有密切的关系,高权力动机是管理效能的一项必要条件,同时要求亲和动机较低。测验在设计构成上有高度的目标指向性,通过揭示个体的动机水平和需求模式来有效预测其未来的工作表现和绩效,以及个体自身的工作满意度。本测验是评定应聘人员与应聘职位匹配度、揭示职员动机模式、实行有效激励政策的必备适用工具。

（三）适用对象

本测验广泛适用于各行业、各层次人员，特别是面临择业、改行或求职的应聘者，用于评估其动机与职业的匹配程度。

（四）测验的构成

本问卷测试的是四种动机。每种动机选定 11~15 道题目加以测试。每道题目陈述一个观点，应试者根据他对此观点的同意程度进行七分制评分，如"完全同意"评 7 分，"完全不同意"评 1 分。将题目随机排列编成生活特性问卷，问卷由 51 道题目组成。

（五）测验的时间

测验不限定时间，要求应试者凭直觉做答，不用过多考虑。测验所需时间大约为 20 分钟。

二、个体需求测验

（一）测验的目的与功能

需求测试是测查应试者对生理需要、安全需要、社会需要、尊重需要和自我实现需要等各大类生活需要的程度，可全面列出个体的需要状况和需求的主次形态，并可定性、定量地分析员工总体结构、需求分布模式以及各种需求的强弱程度。

1. 生理需要

生理需要是指各种用于满足生存的基本物质需要，如伙食、睡眠、营养等。

2. 安全需要

安全需要是指对安全、稳定、依赖的需要，希望免受恐吓、焦躁和混乱的折磨，有稳定的工作等。

3. 社会需要

社会需要是指对爱、情感、友谊、归属和社会交往的需要，希望拥有朋友、爱人和亲人。如果得不到满足，个体会感到孤独。

4. 尊重需要

尊重需要是指对于自己稳定的、牢固不变的、较高的评价的需要或欲望，对于自尊、自重和来自他人尊重的需要或欲望。

5. 自我实现需要

自我实现需要是指个体充分发挥自己的潜能，实现人生价值的需要，也就是说一个人生下来具有什么样的潜能，他就希望成为什么样的人。

需求是动机的基本来源，动机产生的原因就是需求的满足。需求是决定行为目标的根本原因。在团体层次上，通过对组织全体员工实施需求测试，可揭示各层次员工的需求结构，根据这个结构可了解团体中需要的分布、形态，这是安排组织权力、调动员工士气的基本环节。需求测试和价值取向评估相互对照使用，可为组织人事工作、动机激励、企业文化建设提供依据。

（二）测验的特点

本测验的设计和建构参照了马斯洛的需求层次理论所提出的五种层次的需求形式，以生理需求、安全需求、爱与归属的需求、自尊的需求、自我实现的需求为维度建构而成。其中生理需求、安全需求、爱与归属的需求为较低层次的需求，主要靠外在的事物来满足。通过本测验可把握应试者的主要需求方向，帮助他们全面了解自我的状态，作出良好的职业设计和规划，同时可相应地安排不同的激励政策，引导提高各级员工的动机水平，提高工作满意度，增强忠诚度和稳定性。

（三）适用对象

本测验广泛适用于任何希望了解自我状态的个体和各行业、各层次人员。同时，适用于组织全体在职人员集体施测，可了解各级员工的需求构成，为实施有效激励措施提供建议和依据。但是，它只适用于企业的激励设计、员工民意调查，而不太适合用于选拔。

（四）测验的构成

测验根据马斯洛的需求层次理论编制，以该理论体系中的五种基本需求——生理需求、安全需求、爱与归属的需求、自尊的需求、自我实现的需求作为测验维度。每种需求选定 10～16 道题目加以测试。每道题目陈述一个观点，应试者根据他对此观点的同意程度进行评分，如"完全同意"评 7 分，"完全不同意"评 1 分。将题目随机排列编成需求测试问卷，测验由 67 道题目组成。

三、职业兴趣测验

职业兴趣是职业素质的一个方面，在人的职业活动中起着重要的作用。要做到个人的职业兴趣特点与职业环境所要求的职业兴趣类型相匹配，就需要进行职业兴趣测验。

（一）测验的目的与功能

职业兴趣测验的功能表现为以下几个方面。

1. 从个人择业方面来说，职业兴趣测验可以帮助人们明确自己的主观性向，从而使测验者得到最适宜的活动情境，并给予最大的能力投入

它通过直接或间接地了解人们对不同职业或不同操作对象（如人或事物或观念）的偏好，甄别人们究竟更倾向于和更适合于何种职业，使个人各适其位、各尽其职、发挥特长，取得对工作最佳、对个人最满意的效果。

2. 职业兴趣测验不但对就业人员的择业有指导意义，而且对管理人员的选拔和安置也起着举足轻重的作用

检测不同类型的管理活动与不同人的兴趣倾向之间是否存在恰当而合理的匹配关系，能为成功的管理工作提供基础保证。企业管理人员兴趣测验不但有利于发挥管理人员自身的才干，而且能为整个团队创造健康有益的氛围，从而保证整个工作的效益和提高全体成员的工作满意度。

3. 职业兴趣测验可以在能力鉴定的基础上甄别可能取得最大效益和成功的活动（职业）

也就是说，只有考虑到了兴趣，才能说明能力与成功的关系。能力是取得成功的必要条件，但它还不是充分条件。并不是每一个有能力的人都能够成为成功者。绝大部分成功者都是那些既具备一定能力，又对所从事的工作真正感兴趣的人。满足感本身就是激励人们去努力工作的一种动力。因此，"兴趣加能力"是确保取得成功的重要条件。

（二）测验的特点

社会中的不同职业形成一定的群类，它们对人具有一定的相对固定的要求。同样，社会中的人也有各种各样的兴趣，它们也形成一定的群类。当人的兴趣和社会中的职业相吻合时，也就是人们选择了恰当的职业道路时，便为开辟事业、取得成就确立了正确的方向。

（三）适用对象

职业兴趣测验适用范围很广，包括以下三类。

1．大、中学生

大、中学生往往面临升学、就业的选择，大多数学生在高中甚至大学阶段并不大肯定自己的人生抉择，不能正确地判断和了解自己。他们可能受一些外界的、偶然的、性格的因素影响而作出盲目且不适合自己发展的选择，而家长们望子成龙，往往忽视孩子的兴趣。测验为孩子报考学校或选择工作提供科学可靠的测评数据，有助于他们恰当地选择职业。

2．社会上的一般人员

对于那些正处于最初择业阶段的人，即使是成年人，也不一定能全面了解各种职业的情况，往往只是从日常接触到的有限的知识经验来判断他们的兴趣。因此，科学制定的职业兴趣测验对人们的职业选择有十分重要的应用价值。

3．管理人员

从企业用人角度来说，对管理人员进行兴趣方面的检测，目的就在于确定不同类型的管理活动与不同人的兴趣倾向之间是否存在恰当而合适的匹配关系，从而为成功的管理工作提供基础保证。众所周知，生产管理、技术管理、经营管理、行政管理等各种不同类型的管理具有不同的活动特征，对人格特征的要求不尽相同。因此，检测这两者之间的匹配性是选拔、安置管理人员不可或缺的。

（四）霍兰德职业兴趣量表的编制及其内容

约翰·霍兰德（John Holland）以职业人格理论为依据，先后编制了职业偏好量表（Vocational Preference Inventory，VPI）和自我职业选择量表（Self-Directed SearCh，SDS）两种职业兴趣量表，并修订过多次。

VPI 有七个部分：第一部分是个人心目中的理想职业，第二部分是感兴趣的活动，第三部分是擅长或胜任的活动，第四部分是喜欢的职业（第二、三、四部分，每一部分都划分为六种职业类型，每种类型 10 道题），第五部分是个人能力类型简评，第六部分是统计和确定职业倾向，第七部分是职业价值观。

SDS 是在 VPI 基础上发展而成的量表，整个量表有四个部分：第一部分是列出自己理想的职业；第二部分是测查部分，分别测活动、能力、爱好的职业及自我能力评定四个方面，每个方面有六种类型，每个类型有 38 道题；第三部分按六种类型的四个方面测得结果的得分高低，从大到小取三种类型构成三个字母的职业码；第四部分为职业寻找表。

霍兰德假设人的职业选择是其人格的反映。"职业选择反映了人的动机、知识、人格和能力。职业代表一种生活方式、生活环境，而不仅仅是一些工作职能和技巧。做一个木匠不只意味着要使用工具，也意味着特定的地位、社会角色和生活模式。"他认为个人职业兴趣与职业环境特点一致，会带来令人满意的职业决策、职业投入和职业成就，人们终身职业稳定；反之，会导致无法决策、不满意的决策和缺乏成就感，人们经常变动职业。这说明职业兴趣和职业之间有一种内在的联系。霍兰德的基本思想是先测量个人的职业兴趣，然后根据自己的职业兴趣特点查找适合自己的职业。

霍兰德职业人格理论的基础主要是由四个基本假设组成的。

（1）大多数人的人格特质可以归纳为六种类型，即现实型、研究型、艺术型、社会型、管理型和常规型。

（2）工作环境也有六种类型，其名称及性质与人格类型的分类一致。

（3）人们都尽量寻找那些能运用自己的技能、体现自己的价值和能在其中扮演令自己愉快的角色的职业。

（4）一个人的行为表现是职业环境类型和人格类型相互作用的结果。如果知道自己的人格类型和职业类型，我们就可以预测自己的职业选择、工作变换、职业成就、个人竞争和教育及社会行为。

霍兰德的理论体系认为，某一类型的职业通常会吸引具有相同人格特质的人，而具有相同人格特质的人对许多生活事件的反应模式也是相似的。他们创造了具有某一特色的生活环境，也包括工作环境。霍兰德认为，在同等条件下，人和环境的适配性或一致性将增加个体的工作满意度、职业稳定性和职业成就感。

1. 霍兰德职业性向测验的人格特质类型

人格一般是指一个人的价值取向、态度和行为表现等特有的思想和行为模式。人格类型是指人格特征相似的一群人所具有的共同特质。具有共同特质的人就算是某一种人格类型的人。霍兰德假定大多数人可以归为六种人格类型：现实型、研究型、艺术型、社会型、管理型和常规型。每一种类型都有其相应的特质。

（1）现实型（R）。在现实型上得分高的人喜欢用手或工具制造或修理一些东西，与从事思想或人的工作相比较而言，他们更愿意从事实物性的工作。他们喜欢从事户外工作或操作机器而不喜欢在办公室工作。这种人通常具有较强的实践性，身体强壮、粗犷、稳健，擅长机械和体力劳动。他们会倾向于选择如下一些职业：制造、渔业、野生动物管理、技术贸易、机械、农业、技术、林业、特种工程师和军事工作等。有时候，现实型的人在用言语表达自己的情感时可能存在困难。

（2）研究型（I）。研究型的人喜欢那些与思想有关的研究活动，如数学、物理、生物和社会科学等，他们喜欢研究那些需要分析、思考的抽象问题。研究型的人通常具有如下特征：聪明、好奇、有学问、具有创造性和批判性，具有数学和科学天赋等。这一类型的人虽然常常隶属于某一研究团体，但他们喜欢独立工作，如实验室工作人员、生物学家、化学家、社会学家、工程设计师、物理学家和程序设计员等。

（3）艺术型（A）。在艺术型量表中得分高的人喜欢自我表达，喜欢在写作、音乐、艺术和戏剧等方面进行艺术创作。他们通常会尽力避免那些过度模式化的环境。他们喜欢将自己完全投注在自己所制定的项目中。这样的人通常善于表达，有直觉力，具有想象力和创造力，具有表演、写作、音乐创作和讲演等天赋和天生的审美能力。他们从事的职业主要有作家、艺术家、音乐家、诗人、漫画家、演员、戏剧导演、作曲家、乐队指挥和室内装潢等。

（4）社会型（S）。社会型的人典型的表现是喜欢与人合作，积极关心他人的幸福，喜欢给人作培训或给大家传达信息，愿意帮助别人解决困难。他们喜欢的工作环境是那些需要与人建立关系、与群体合作、与人相处以及通过谈话来解决问题和困难的工作环境。社会型的人通常易合作、友好、仁慈、随和、机智、善解人意。他们偏好的职业有数学、社会工作、宗教、心理咨询和娱乐等。

(5) 管理型（E）。在管理型量表中得分高的人喜欢领导和控制别人，或为了达到个人或组织的目的而去说服别人。他们追求高出平均水平的收入。他们喜欢利用权力，关心地位，希望成就一番事业，这样的人多从商或从政。管理型的人通常精力充沛、自负、热情、自信，具有冒险精神，能控制形势，擅长表达和领导，大多会在政治或经济领域取得成就。适合这一类人的代表性职业主要有商业管理、律师、政治运动领袖、推销商、市场经理或销售经理、体育运动策划者、采购员、投资商、电视制片人和保险代理等。

(6) 常规型（C）。常规型得分高的人喜欢规范化的工作或活动，他们希望确切地知道别人希望他们怎么样和让他们干什么，他们喜欢整洁有序。若把常规型的人放在领导者的位置会让他们感到不适应，他们更愿意在一个大的机构中处于从属地位、跟随大流。常规型的人大多具有细心、顺从、依赖、有序、有条理、有毅力、效率高等特征。他们多擅长文书或数据类工作，通常会在商业事务性的工作中取得成就。适合这一类人的典型职业有会计、银行出纳、图书管理员、簿记员、秘书、档案文书、税务专家和计算机操作员等。

将个人特质与六种类型特点比较，就可以看出与哪一种最像。霍兰德建议将与每一种类型相似的程度排出先后顺序。例如，可能最像现实型，其次是研究型，之后是其他类型，一直排列到最不相似的类型。霍兰德把这个排序称为人格模式。这六种类型有720种可能的排序方式，也就是说有720种人格模式，其中会有一种能最好地吻合于个人的模式。霍兰德设计了一个名为"自我定向（Self-Directed Search）"的问卷，用来测量个人与每种人格模式的相似度。

2. 霍兰德职业性向测验中的职业环境

霍兰德同时提出了六种职业环境模型，并给其与六种人格类型相同的命名。霍兰德认为，一种职业环境就是一种职业氛围，而这种职业氛围又是由具有类似人格特质的人所创造出来的特定环境，具有特定的价值观念、态度倾向和行为模式。也就是说，每种工作环境都由相应人格类型的人主导。例如，在现实型环境中，大部分人会是现实型人格。如果人格类型与职业环境适配（如一个社会型人格特质的人在社会型的职业环境中工作），就有可能取得令人满意的结果，如增加职业满意度、带来职业成就感和提高职业稳定性等。

以下六种职业环境类型的解释来自霍兰德的描述（Holland，1997）：现实型的职业通常是那些对物体、工具、机器、动物等进行操作的工作；研究型的工作通常是指那些对物理学、生物学或文化知识进行研究和探索的职业；艺术型的工作通常指那些进行艺术、文学、音乐和戏剧创作的职业；社会型的工作主要是那些与人打交道的工作，如教导、培训、发展、治疗或启发人的心智等；管理型的工作主要是指那些通过控制、管理他人而达到个人或组织目的的职业。常规型的工作通常是指那些对数据进行细致有序的系统处理的工作，如录入、档案管理、信息组织和工作机器操作等。

这六种职业环境类型在不同的职业和环境中都或多或少地存在着，只是其中的两三种会占据主导地位。一个特定的职业场所的工作氛围可以通过对其工作人员的工作、教育背景或职业偏好进行分类而获得。比如，一所学校的人员组成可能遵循如下结构：40%的社会型人员、25%的研究型人员、15%的艺术型人员、10%的常规型人员、6%的现实型人员和4%的管理型人员。这种职业环境类型可用代码 SIACRE 来表示。

3. 霍兰德职业性向测验中六种类型间的关系

霍兰德提出了六角形模型来解释六种职业环境之间的关系（见图2-1），其主要的观点如下：在六角形模型上，任何两种职业类型之间的距离越近，其职业环境及人格特质的相似程度越高（Holland，1997）。比如，管理型和社会型在六角形模型上的距离最近，它们的相似性最高。都较其他类型的人更喜欢与人打交道；而管理型和研究型在模型上正好处于相对的位置，这就意味着它们的相似性最低；管理型和现实型则具有中等程度的相似性。

六角形模型也表明了六种人格特质类型之间的一致性。相邻的类型，即那些在六角形上相近的类型组成了最一致的模型。从六角形模型上看，最一致的模型有现实型—研究型—常规型、社会型—管理型—艺术型、管理型—常规型—社会型等。而人格特质类型相反的模型如现实型—社会型、管理型—研究型、常规型—艺术型等一致性最低，如常规型的人多墨守成规，而艺术型的人则富有创新精神；常规型的人擅长自控，而艺术型的人则擅长表达等。

六角形模型可以帮助我们对人格特质类型与职业环境之间的适配性进行评估。比如，一个社会型人格特质占主导地位的人在一个社会型职业环境中工作会感到更舒畅，但是如果让他在一个现实型的工作环境中工作，他可能就会感到不舒服、不满意，因为社会型和现实型具有不同的特点。霍兰德提出的这一"适配型"概念也支持了他有关人格特质模型中占主导地位的特质类型可以为个人选择职业和工作环境提供方向的理论。

霍兰德同时指出，应该注意人格特质模型之间的区分性。霍兰德"自我指导探索量表"（Self-Directed Search，SDS）是用于测试六种人格特质类型的量表。下面来看看一个测试结果中三个字母代码的得分情况：假设一个代码的前三个字母的得分分别是30分、20分和10分，这和前三个字母的得分分别是21分、20分和18分的同样三个字母代码的类型有很大的不同。前一种分数组合（30—20—10）代表的是区分性或者稳定性高的模型，而后一种分数组合（21—20—18）的区分性则不够。像这种分数接近的类型，我们既要对其前三个字母的组合进行研究，同时也要对其他六个可能的组合进行研究，因为这种模型的区分度太低。当前两个字母得分接近而它们与第三个字母的得分相差很远（如27—25—7）时，需要对所有由前两个字母形成的代码组合进行研究，其中包括这两个字母分别在三个字母的代码中出现在第一位和第三位或第二位和第三位的代码组合。

要想作出正确决策，选好自己的职业，迈好事业发展的第一步，主要是做好两个方面的工作：一要了解职业世界，对职业进行研究；二要了解自己，要做好自我分析。

合理择业的前提之一——找出一种发展潜力大的职业。职业生涯选择的成功不能靠运气，而要靠对未来发展趋势的清醒认识。

合理择业的前提之二——认识和把握自己。职业选择中的许多重要决策必须由自己来作出，而进行这些决策又要求自己制定大量的个人生涯规划并付出大量的努力。进行职业选择的关键是进行自我剖析：

（1）透视个人希望从职业中获得什么。
（2）透视个人的性格、兴趣、气质、才能与不足。
（3）透视自己的价值观以及它们是否与自己当前正在考虑的这种职业相匹配。

霍兰德职业兴趣类型和坎贝尔职业兴趣类型的对照如表3-14所示。

表 3-14　霍兰德类型和 CISS 兴趣问卷的关系

霍兰德类型	坎贝尔兴趣和职业生涯发展问卷（CISS）
现实型（R）	生产、冒险
研究型（I）	分析
艺术型（A）	创造
社会型（S）	帮助
管理型（E）	影响
常规型（C）	组织

本章小结

个体在作职业生涯规划前，要先了解自己，了解自己的能力、气质、性格以及职业适应性。

能力是指人们成功地完成某种活动所必须具备的个性心理特征。能力和活动联系密切。能力可分为一般能力和特殊能力。一般能力又称为"普通能力"，指多数活动所共同需要的能力，也是人们所共有的最基本能力，包括观察能力、注意能力、记忆能力、思维能力、想象能力、操作能力。特殊能力只在特殊活动领域内发生作用，是完成相关活动必不可少的能力，如数学能力、音乐能力、绘画能力、写作能力、动作协调能力、空间判断能力等。能力倾向意味着学习的能力，为了探索某个特定的职业领域就个人的能力而言是不是合适的选择，可以做一些能力倾向测验。职业胜任力可以将高绩效者和一般绩效者鉴别出来。

气质是指个人心理活动的稳定的动力特征。气质是与生俱来的和神经活动的强度、速度、灵活性、均衡性的特点相联系的一种稳定的心理特征，不会因为活动的内容、个人的动机和目的的转移而改变。巴甫洛夫把高等动物的高级神经活动划分为四种类型，即强、不平衡型，强、平衡、灵活型，强、平衡、不灵活型，弱型，并将这四种神经类型视为气质的生理基础。

人格是构成一个人思想、情感及行为的特有模式，这个独特模式包含了一个人区别于他人的稳定而统一的心理品质。人格是一个复杂的结构系统，包括知—情—意系统、心理状态系统、人格动力系统、心理特征系统和自我调控系统五种人格系统。这五种人格系统成分的独特结合，构成了每个人的独特人格。常用的人格测量的方法有：艾克森情绪稳定性测评、卡特尔人格测试、迈尔斯—布里格斯类型指标、大五人格测试等。

职业适应性测量主要从个体的动机、需求、兴趣等方面考察人与工作之间的匹配关系。这一类测验可以了解个体的生活目的、追求或愿望，反映个体对工作的期望，因此对于选拔人员、激励设计等方面很有参考价值。常用的职业适应性测量有生活特性问卷、个体需求测验和职业兴趣测验。

思考与练习

1. 您认为可以从哪些因素来进行自我认知？
2. 什么是职业胜任力？职业胜任力的作用有哪些？
3. 巴甫洛夫把高等动物的高级神经系统分为哪几种类型，各有什么特点？
4. 人格的测量方法有哪些？人格包括哪几种系统？
5. 常用的职业适应性测量方法有哪些？
6. 如何理解能力、气质、个性和职业兴趣与职业相匹配？请举例说明。

案例分析

案例一：李一男：出走华为的叛逆男人

2008年10月6日，百度宣布任命华为首席科学家李一男为百度公司首席技术官，即日起生效。

华为准接班人李一男，沉默两年之后火线换亲加盟百度。就在两年前，他曾以更为悲壮的方式进入华为，那是他第二次走进这家以狼作为图腾的公司。

像大多数人认为的那样，李一男是个倔强的理想主义者，虽然刻意低调却又不时卷入看不见硝烟的战争。而此次，百度会成为李一男期待的黎明吗？

与那些同在通信行业前台的人物相比，李一男此次离开华为缺少一个辉煌的告别——与现在华为的告别、与过去港湾的告别，或许也将是与通信行业的彻底告别。但他的离开却是对犬牙交错的通信产业一个最真实的呈现。李一男两次离职华为，潜藏在其中的不仅包括梦想，也包括在商战的残酷中显得单薄而可怜的骄傲和叛逆。

通信少帅梦断华为

1992年，正读研究生第二学年的李一男与他的几位同学一起，怀揣着理想进入当时毫不起眼的华为实习。一年之后，这个带着黑色边框眼镜的大男孩正式加盟华为。华为的多位老员工回忆，当时的李一男不爱讲话，但天生的技术敏感让他深得华为高层的赏识。

"他的确是个技术天才，但在与同事相处的过程中却处处左支右绌。如果是在其他公司，李一男肯定会被排挤出去。"时任华为人力资源部专员的于蓉如今已不愿轻言往事，她已经是一家生产化学试剂公司的人力资源总监。

"当时在华为明显的气氛是，争论强烈但没有复杂的办公室政治，而且当年的华为确实在任正非的领导下唯才是用，这正是吸引李一男留在华为并能被委以重任的原因。"于蓉表示，"最明显的例子是，在李一男的思想中根本没有层级制度，在技术和产品方面的见地他常常只跟两个人分享——与他一起进入华为的徐某和任正非本人。这在任何一家国内公司看来都显得有点特立独行的行为方式，却大受任正非喜爱。"

或许是李一男的技术天赋打动了任正非，1995年，李一男被破格提升为华为总工程师。当时的李一男25岁，在华为历史中颇占分量的华为上海研究院在李一男加盟升任总工后一年才正式成立。

少年得志的李一男并没有因此改掉骄傲和叛逆的行为方式,"很少对人假以辞色,对其他副总也是态度粗暴,和任正非很相像。这可能源于他的单纯,不知道去了解如何做人,或许压根是不屑于学习。"于蓉回忆李一男的当年。

有趣的是,李一男对产品和技术发展趋势的把握却总能走在时间前面,因此华为与任正非本人也给了他足够大的发展空间。于蓉表示:"当时,外界议论说李一男身上有太多任正非的影子,任正非这位华为的开创者和精神领袖用独到、乖张的性格感染了业界,自然也影响了不谙世事的李一男。李在2000年离开华为时,除了与任正非和少数技术主管仍保持顺畅的沟通之外,和大多数其他高管都有不同程度的交恶。这预示了不失才华的李一男今后与华为的曲终人散。"

2000年,一致被认为是任正非准接班人的李一男携1000万元分红第一次走出华为,北上创立了港湾网络。饶有意味的是,就在李离开之际,任正非在五洲宾馆举办隆重的欢送会,期望港湾成为华为内部创业的典范。2001年,港湾推出路由器和交换机等产品,港湾与华为自此反目,任正非昔日的爱将在此后7年的时间内不断跟这位华为"老船长"开着不合时宜的玩笑。

"李一男在离开华为后的4年内,并没有与华为直接竞争。这其中除了种种说不清的竞争利益之外,还能看到李本人对任正非、对自己在华为的5年经历的认同与尊重。"熟悉港湾的一位资深评论人士认为,"2005年9月是港湾与华为正面冲突的分水岭,面对竞争对手西门子欲收购港湾的消息,华为向港湾发出律师函,要求港湾尽快解释对华为多项产品的知识产权侵犯问题。"2006年,西门子基于华为与港湾的知识产权纠纷问题,宣布放弃收购港湾。从此,港湾不断传出被某公司收购的传闻,直至港湾成为华为囊中之物。

谁能让李一男走人

2006年6月,华为宣布收购港湾网络——没有新闻发布会,没有红酒,李与任正非这对昔日的师徒、如今的对手再次握手。

"公司在发展中遇到很多困难和挫折,由于管理层,尤其是我本人在知识和能力方面的欠缺,导致在公司战略的制定和内部的管理上都存在很多不足,错失了企业发展的机遇,辜负了大家对我的期望,对此也感到深深的自责。"倔强的李一男从未作过像6月6日发给员工的内部邮件中那样诚恳的道歉。李一男这位与任正非多年是非恩怨感情交错的后辈,5年前还接受任正非干杯祝愿的通信少帅,被迫放弃了自己一手养大的孩子。

少帅李一男温顺回归华为,在许多接近李一男的人眼里是一件不可思议的事情。原港湾市场部公关专员杨先生表示,8年前李一男的离职就已经注定了与老东家华为今后的关系将非常微妙。"李总跟着港湾回到华为让公司上上下下都感觉很惊讶,李总不像是屈服在资本意志下的人。"他说。

据他回忆,华为收购港湾时,李本人的状态并没有因被迫放弃自己一手带大的"孩子"而失常。"相反,他看起来心情还蛮好,尽管公司上上下下的气氛都很不友好。"在李的价值观中,倔强与骄傲似乎从未走远,即使在与华为的抗争中明显处于劣势,李一男也从未张口向昔日的故人作任何讨价还价。李的傲骨,与之前在华为颇为不利的人际关系,注定其在华为将再次度过孤寂的两年。

李一男在华为与港湾的近10年中,一直都是一个备受争议的人物。他曾经用自己极其敏锐的技术嗅觉领导了华为的技术研发，也曾在后来与老东家进行的收购大战中处处被动。在两次进出华为的过程中，李一男收获了人生历程中最宝贵的经验、资本和为人处世之道，却失掉了与生俱来的骄傲的天性。

与李一样，华为副总裁郑宝用也是任正非的得力干将。对于李和郑，任正非并没有像柳传志那样协调好二虎相争的关系。树欲静而风不止。尽管两个当事人相互之间并没有成见，但公司内部人言可畏，许多人都风传两人争夺任正非接班人的位置，这一度让社会关系学不佳的李一男非常被动。

如今大多数华为内部员工都认为，李一男此次离开华为加盟百度，原因有二：其一是有了李一男第一次"叛逃"华为的经历，任正非对其信任已经大打折扣，此后的两年时间内，李本人一度以首席科学家的职务被华为雪藏，没有施展身手的机会；其二是李本人的倔强使自己在华为内部并不受欢迎。

华为的同行、四川迈普集团品牌推广部经理刘炜知道李一男离开华为后，用了易卜生《玩偶之家》式的"出走"二字来形容李的离职。他认为，任何人都明白李一男的技术天赋对华为的意义，但李根本得不到重用，所以李的离职"应该只是时间问题"。36岁时，李一男只能郁闷地说："我们没有别人幸运。"而38岁时，他必须选择离开。

山的那一边

从华为跳槽到百度，从通信转行到互联网，淡出公众视野两年之久的李一男，再次回到公众的视野。通信少帅李一男加盟百度的消息传出后，业界震撼之余，对李一男和百度双方的选择充满猜想。

与事件本身造成的影响相比，李本人保持了学术派沉稳低调的风格，或许是考虑到此次转型的轰动程度之大。百度市场部表示，李一男在加盟百度的前4个月将潜心熟悉业务，不接受任何采访。

对于李选择百度，业内很多人不理解这一行为，不知道百度如何为李一男提供足够的发展空间，也不理解李一男如何通过百度这个平台来发挥他的"天才"价值。对此，华为内部知情人士认为，李一男选择离开华为并加入百度是非常合适的选择。对于他来说，经历了港湾的失败以后，没有必要贸然重新再次创业。他选择了百度以后，应该不会轻易回到通信行业，因为互联网有着更大的发展空间。

"李一男的眼光非常敏锐，他的事业选择即表示了他对未来的选择。而这种选择往往具有极强的前瞻性。"这位高层表示，"由于有通信行业的深厚积累，李一男进入与通信关联紧密的互联网行业障碍不大。通信行业独特的视角为李一男提供了转型的资本，而百度正好提供了这种实践机会。"

资料来源：http://zgsc.qikan.com/ArticleView.aspx? titleid=zgsc20084638

讨论题：

1. 你如何评价李一男的职业生涯？
   （提示：气质、人格与职业生涯规划）
2. 你认为应如何处理职业忠诚和企业忠诚的矛盾？
   （提示：职业适应性及其测量）

案例二：世界名企英特尔传奇领袖：安迪·格鲁夫

作为企业管理大师，格鲁夫成就卓著。他的教诲，有讲坛上的挥洒阐释，有作为报刊言论的洞见，有一对一的透彻交流（脍炙人口，有时又令人畏惧），还有他的深刻著述。他的著作包括1983年的《高产出管理》(*High Output Management*)和1996年的《只有偏执狂才能生存》(*Only the Paranoid Survive*)，后者的题目和其中的语句"策略转折点"已经成为专有名词了。格鲁夫对"策略转折点"的定义是："一个企业生命过程中即将发生根本性变化的时刻。"仅以其教学工作一项，就足以构成一项辉煌的事业。然而，在象牙塔里搜索真理是一回事，把那些无论多么严酷的教训用于一个活生生的企业（如英特尔）则完全是另一回事。格鲁夫最有力的教诲，正是实践中的结晶。

从格鲁夫漫长而曲折的经历中，人们能够学到什么呢？未来的变化将层出不穷，变化的速度将日新月异。现实的变革将是大多数人——以及大多数公司——所难以应付的。颠覆现实的企业新秀可以突如其来地成功，但也可能轻而易举地被下一波变革所颠覆。格鲁夫通过自身变革避免了自然淘汰的命运。他坚强地去适应一连串的崭新现实，在前进的道路上扬弃掉一个又一个成见。当现实改变时，他坚毅地放弃旧我，拥抱新生。

格鲁夫的人生阅历，与其成就一样非同寻常。作为犹太人，他在匈牙利的童年是在纳粹的铁蹄下度过的，随后又经历过俄国人的占领，但他最终成为美国公民，进而成为一位资本家。这样的经历，除此公外，再无他人。现在，他是我们21世纪企业经营的最佳典范。如果你想在未来急速变化的环境中立于不败之地，就要以这个铸就于远已消逝的世界的人作为榜样，要以安迪·格鲁夫攻克难题的方式来学习、掌握领导的技艺:把你所知的一切暂时搁置。

作为一向以研究古人为主的历史学家，我在充满活力的安迪·格鲁夫面前不免深受感染。当他谈到关键之处，便会俯身向前、别无他顾地凝视着你。他的眼睛是一片深邃的纯蓝之色。他会短时间地取采访者身份而代之，问道："这个问题不对？"他并不是针对个人，而是针对一个无形的第三方：真理。真理是多么可贵，又多么难于一目了然；真理常被政治因素和半真半假的因素所包围。欲求真理，绝不能含糊其辞。在与他交谈的过程中，你不禁会亲身体验到那种融入英特尔的个人魅力。格鲁夫的惊人记忆力，会把你从他那俯视整个硅谷的家中带到不同时间的不同地点。譬如，英特尔的高层主管克雷格·基尼（Craig Kinnie）和丹尼斯·卡特（Dennis Carter）来到了他办公室与他争辩。

在准备有关技术选择的演讲过程中，格鲁夫十分罕见地犹豫不决。他曾经告诉斯坦福大学的伯格曼，他倾向于坚持英特尔的主体CISC（复杂指令固定运算）芯片技术。但是，当英特尔发表年度报告时，封面上却印有一个新型的RISC（简化指令固定运算）芯片。RISC芯片能用较少的晶体管完成绝大多数的计算任务，其优越性令计算技术工程师们欢欣鼓舞。格鲁夫甚至还出现在英特尔的一个电视片中，为RISC推波助澜。

基尼和卡特都是格鲁夫管理思想的门徒——格鲁夫的领导方法向来依靠有益的直言者,以确保自己不会赢得一场应该输掉的论争。两位主管开门见山："安迪,你不能这么干。"他们强调，放弃CISC而上马RISC，将断送掉商业史上利润最大的特许经营生意。而得到的是什么呢？难道要替英特尔的竞争对手磨利刀枪？在讨论结束时,基尼和卡特完成了一项其难无比的成就：他们赢得了与安迪·格鲁夫的辩论。

直到今天，格鲁夫还为那场辩论而感谢他们。他在回顾那件事时，对自己依然十分不满。"我们差点儿就葬送了公司。"他对我说，"我们的技术是行业的标准。这个特许经营业务价值成十、上百亿。而我们……我……却由于一个漂亮新产品的诱惑而忘记了市场，差点儿就把生意白白断送掉。"此时，屋外阳光明媚，景色壮丽，但安迪·格鲁夫却在为15年前他未曾犯下的错误而自责不已。这就是他的生活写照——一个荆棘遍布的人生，一个紧要关头需要他更换角色、自我变革的人生。

早年的调整

1936 年出生在一个匈牙利的犹太家庭，可以说是一个极其不幸的历史选择。格鲁夫从人生的一开始就不得不作出不断的自我调整，以应付一连串的艰险现实。

格鲁夫的早年生活充满了艰难的变化。当纳粹 1944 年占领匈牙利时，他母亲把他的名字从安德拉斯·格洛夫（Andras Grof）改为斯拉夫人名字安德拉斯·马勒赛维茨（Andras Malesevics）。一年后，当共产党掌握政权时，他又重新改回安德拉斯·格洛夫。青年时期，他的文章由于政治原因而遭出版社拒绝，因此，他放弃新闻学专业而改学化学。

二战后匈牙利当局的做法让他厌恶。他清楚地记得 1950 年"五一"劳动节的游行。当时，布达佩斯全城的大喇叭里都播放着人们热烈欢呼的声音。但是，当安迪和同学们来到英雄广场时，他们发现那里空空如也：欢呼声原来是事先录制的。六年后，匈牙利革命使该国通往奥地利的边境有一段时间处于开放状态。此时，格鲁夫必须作出一个毫无准备的紧急决定。在那以前，他从未离开过匈牙利。他是个独生子，如果离开父母，也许此生再也见不到他们了。他不知道这样的冒险会把自己带往何处，但是格鲁夫毅然决然地投入了渺茫的未来。

他于 1957 年 1 月 7 日来到美国；同一天，《时代》（Time）杂志把匈牙利自由战士作为"年度人物"刊登在封面之上。不久，他第三次也是最后一次改变了自己的姓名。他就读于纽约城市学院；在学校的成绩单上，"安德拉斯·伊斯特凡·格洛夫"被用笔划掉，在上方写着"安德鲁·史蒂芬·格鲁夫"。他已经永远离开了故国，在新的地方，他需要一个人们能念得出的名字。

自我成才的经理

到 20 世纪 60 年代，格鲁夫已经从加州大学伯克利分校获得了化学工程博士学位，并加入了仙童半导体公司（Fairchild Semiconductor）。这家公司是集成电路的创始者。公司的同事罗伯特·诺伊斯（Robert Noyce）和戈登·摩尔（Gordon Moore）另起门户，创立了英特尔公司。格鲁夫也决定追随他们，开始一份新的事业。1968 年，英特尔的两位创始人安排他们这位 32 岁的得意门生负责生产。这项工作迫使格鲁夫踏进了一个完全陌生的领域：领导他人。

突然之间，格鲁夫已经置身于一家新成立的制造公司中。那里的人际交互活动远比他在伯克利专攻的流体力学复杂得多。他很快便悟到：这份工作所需要的知识是他完全不了解的——管理。这到底是门什么样的学问呢？格鲁夫觉得，他必须把这个问题搞清楚。

1969 年 7 月 4 日，他仔细地将一篇从《时代》杂志上剪下的文章贴在了一本学生用的笔记本上。这篇文章讲述的是电影导演的故事，题目叫做《激励的愿景》。文章写道："任何一位导演都必须掌握极为复杂的技艺。他必须精通声、光、摄影术；他必须善于安抚人心；他必须懂得如何启发、调动艺术才华。要成为一个真正杰出的导演，他还必须具备更为难得的本领：促使这些本质各异的因素融合为一，变成有机整体的力量和愿景。"在剪贴文章的上方，格鲁夫用红笔写道："我的职责描述？"

安迪·格鲁夫经理的自我教育就这样开始了。他全身心地投入这项事业之中。他的学习经历被记录在多年不断的日记中（这些日记直到今天才首次披露）。日记的内容是一扇窗户，使我们得以窥探一位工程师在应对人员管理的挑战时所走过的心路历程。让我们谨试看一例。一家公司的增长速度与员工成长的能力有着怎样的关系？格鲁夫在 20 世纪 70 年代初期的一篇日记中写道:"有三类人:(A)根本不适合自己工作的人。这些是'次品',对增长毫无帮助。(B)与前一类人相同,无法与工作共同成长。(C)前两类以外的所有人,包括那些表现出各种成长能力的人……要点在于,当达到某种增长速度时,所有的人都会无法适应,因而大局便随之陷入混乱。我认为,作为能够判断失败临界点的最高层经理,自己最重要的作用是发现全面失败即将开始的最大增长速度。"

格鲁夫在别人失败之处取得了成功,部分原因就在于他把管理视作一门独特的专业。他对自己的学习有着真实的紧迫感;他从未失去一个匈牙利难民对即将降临的灾难的深切担忧。

变革者

到了1983年,格鲁夫将自己的管理思想凝练之后写入到了《高产出管理》一书(即使在今天,该书仍然值得一读)中。此时,格鲁夫已经成为首屈一指的记忆芯片制造公司的总裁,他的公司年收入达11亿美元,正经历着快速的增长。公司首席执行官是戈登·摩尔。在这个充满凶猛竞争者的行业中,格鲁夫和摩尔能否带领公司安然无恙地稳步前进?

在很大程度上,英特尔公司的躯体中遍布着变革的基因。摩尔有一个十分著名的论断——一个芯片里所能装进的晶体管数量每两年便翻一番(后来这个频率更精确为一年半)。但是,摩尔定律所没有预料到的是,日本的企业也能掌握这一技术,并把记忆芯片变成了大众化商品。这种变化的深刻性是前所未有的,即使善变如英特尔者,也未能对这一变革未雨绸缪,事先准备。

公司的经营者几乎无法相信这样的事实:他们竟然在自己开创的市场上被人甩在了后面。多年来,英特尔就是"记忆芯片"的同义词。英特尔的芯片武装了许多顶尖的小型电脑,并且也装进了一种正在流行的新机器——个人电脑。20世纪80年代初期,由于其他产品利润的支持,人们对记忆芯片的前途仍然抱有一丝幻想。

英特尔一直拒绝正视前方不远处的悬崖。但是,它的利润很快便一落千丈,从1984年的1.98亿美元下降到1985年的不足200万美元。危机时刻,许多经理还在喋喋不休地纠缠于细枝末节。格鲁夫毅然挺身而出。在《只有偏执狂才能生存》一书中,格鲁夫回顾了当时的情景:"有好几个星期的时间,他和摩尔一直进退维谷、踌躇不决。一天,看着窗外远处那个旋转不停的伟大美国游乐园大转轮,我忽然转向戈登,问道:"如果我们被踢出门去,董事会找来个新首席执行官,你认为他会怎么干?戈登不假思索地回答:他会立刻退出记忆芯片的生意。我盯着他,一时语塞;稍顷后说道:"为什么你我不能自己走出那扇门,然后再回来,由我们自己这样干呢?"

安迪"我盯着他,一时语塞"表明,在那个危急的时刻,安迪已不再是安迪,而是变成了工程师、教师、格鲁夫博士,他正以客观的视角审视着自己的案例。在这种冷静的理智下,他能够清楚地看到英特尔目前的路线只会导致一个必然的结局:灾难。他的这种短暂心理变格是一种非同寻常的理性状态。稍顷之后,安迪·格鲁夫总裁又重新附身,他惊异于安迪·格鲁夫教师的结论。教授可以推翻理论和观点,但他们并不颠覆人生。"说实话,"格鲁夫写道,"当我开始讨论退出记忆芯片业务的可能性时,我不得不含糊其辞,因为我实在难于把话说出口。"一位经理甚至建议"继续进行一个产品的研发,而他和我都十分清楚我们并没有销售那个产品的计划。"格鲁夫的理智,并不意味着他是一台没有感情的机器。恰恰相反,他的意志使他能够下决心去做他深感痛苦的事情,他有放弃的决断力。

"欢迎来到新的英特尔!"格鲁夫不久后在公司的一次会议上这样说,以此使大家都能支持退出芯片业务的决定。他解释道，芯片公司英特尔已经死亡，但公司的命运可以押在另一个产品上。这个产品就是微处理器。微处理器是英特尔于1971年发明的。这个产品当时并不出色，它的主要用途是为交通灯计时，以及帮助腌肉生产者均匀切割腌肉片。然而，当IBM选择英特尔的微处理器作为其个人电脑的核心芯片时，微处理器的需求量便陡然上升。尽管如此，从记忆芯片转入新的业务仍然是一个残酷的过程：1986年，英特尔解雇了8 000名员工，实现了13亿美元的销售额，但亏损超过1.8亿美元。这一亏损是英特尔成立以来的唯一一次亏损。

现实转变者

格鲁夫和摩尔都无法预料，英特尔当时正处在一个即将大获成功的转折点上，它将经历十年的飞黄腾达。他们十分清楚的是，他们正在奋力一搏；要做出这一转变，他们不得不冒得罪IBM的风险。年销售额600亿美元的巨型企业IBM不仅是英特尔的最大客户，也是英特尔的最大股东——IBM为了支持处境困难的供应商，购进其大量的股份。

与人类的初衷并非控制地球一样，英特尔的初衷并非控制电脑产业，两者的主要目的都是生存。面对更大、更凶猛的动物以其为食的威胁，人类是如此的脆弱，以至于他们生存的唯一希望就是控制自己的环境。同样，"新英特尔"也面临着它无法控制的势力的威胁。格鲁夫日后用一幅图画来描述英特尔的状况：英特尔是个城堡，它的中心是386型微处理芯片。城堡被许多芯片制造竞争对手所包围；竞争对手有Sun（Sun Microsystems）、哈里斯（Harris）、摩托罗拉（Motorola）、NEC，当然还有RISC。在20世纪80年代中期，格鲁夫的那幅图画还没有画出。当时，英特尔面临的另一个根本性的挑战是：它并非一个王国，而只是一个附庸国。英特尔的大客户IBM一直坚持要它把微处理器的设计特许权让给其他芯片制造商，以便自己总能得到稳定的供应和优惠的价格。

格鲁夫认为，这种状况必须改变。谈及386微处理芯片时，他说，"我们终于有了一个成功的产品。"但是，如果英特尔想要有更牢靠的未来，"我们不但要成功，我们还要按照我们的方法办。" 386芯片是计算机技术的一个真正里程碑。当微软公司和其他软件开发商看清了如何充分利用这个新型芯片时，格鲁夫心中知道，电脑市场很可能会如火如荼地发展起来。但只要英特尔仍然与其他芯片制造商分享自己的设计，它就只能作为一个命运不定的配件供应商，受制于比它大60倍的客户。

格鲁夫意识到，如果英特尔想做一个独立自主的王国，就必须使自己成为微处理器的唯一货源。要让IBM接受这种想法，绝非轻而易举；他无法预料那个巨无霸合伙方会如何反应，但他非常清楚，维持现状将剥夺英特尔的增长空间和发展自由。英特尔毅然决然地采取了单方面的行动：1985年，英特尔推出了386微处理芯片，并宣布不会将该技术特许权授予其他制造商。IBM起初在他们的机器中不安装386微处理芯片。但是，当头号竞争对手康柏（Compaq）使用了386微处理芯片后，IBM便回心转意，与英特尔达成协议，由英特尔为他们制造一部分386芯片，用于其产品组装。英特尔赢得了赌注。"坚持我们的立场，意味着我们可能会输掉，"格鲁夫说，"但就我而言，那样输掉比抛弃掉我们的优势而输来得要好。" "人非圣贤，孰能无过"，在格鲁夫担任英特尔首席执行官的11年间，公司的年复合增长率几近30%。英特尔和微软取代了IBM，成为计算机业占支配地位的标杆。1992年，英特尔的销售额达58亿美元，利润首次突破10亿美元。格鲁夫对变化的现实不断作出明智的调整的能力，使公司在他的领导下取得了辉煌的业绩。然而，即使连"策略转折点先生"也会有失误的时候。

386芯片风靡一时。毫无疑问，微软利用386芯片彻底改变了计算技术——其1990年推出轰动全球的视窗3.0操作系统，正是为在386机器上运行而设计的。格鲁夫在改变游戏规则方面的突破，开创了品牌运作和市场营销的新纪元。1990年，市场总监丹尼·斯卡特（正是那个曾经拿RISC对格鲁夫纠缠不休的卡特）向格鲁夫提出了一项展开大规模消费市场营销的计划。该计划的口号是"内装英特尔芯片"。现在回首当初，已经很难真正体会品牌运作的概念，当时与类似英特尔这样的技术型公司是多么的格格不入。卡特回忆说，当他向一屋子的英特尔高层主管介绍这种想法时，"大部分人都认为这是天方夜谭。唯独安迪不那样看。他说，'妙极了。就这么干！'"这一宣传攻势竟然出其不意，把一个电脑的内部配件变成了世上无人不知的著名品牌。格鲁夫极其热衷于这项针对消费者的营销攻势，他亲自选定了"奔腾"（Pentium）的名称。

但是，当达到某种增长速度时，所有的人都会无法适应，包括安迪·格鲁夫自己。他的学习曲线在1994年开始了一次最大的跌落。那年秋天，弗吉尼亚州林奇伯格学院（Lynchburg College）的数学家托玛斯·奈斯利（Thomas Nicely）发现，英特尔公司的最新奔腾芯片在进行一项罕见而复杂的科学运算时，有"不一致"的现象。

英特尔的工程师早就知道这个问题，但认为它微不足道，因而并未报告。根据他们的估算，一个电子表格的使用者平均要使用电子表格27 000年才会碰到一次这个问题。但是，当奈斯利的发现被登在互联网的新闻网页上时，引发了激烈的讨论，随后更引起了公众的广泛注意。很快，IBM宣布它将停止发运装有奔腾芯片的电脑。

在这样的时刻，格鲁夫本应该转变为客观的观察者模式，并提出问题："现在有什么样的变化？"然而，他却仍然以工程师的头脑进行思考，并投入了网上的辩驳征战，似乎这只是一次纯粹的技术讨论。公众的不满日益加重，宣泄的呼声此起彼伏。最终，格鲁夫被迫采取"绝不提问、全面退换"的政策，并向顾客道歉。但他的致歉之辞显得并不诚恳。"在我们看来只是一个小小的技术问题，但它的发展却完全走了样。"他宣称，"我们道歉。我们此前相信，对于大多数人来说，更换是完全没有必要的。我们现在仍然这样认为。"换言之，他在对消费者说，他们想要的是他们并不需要的东西，而英特尔只是迁就了他们的不合理性。一位顾客在互联网上以诗作答："有朝一日，首席执行官成为世人笑柄，只因为他自以为英明绝顶，令他的代言人信口开河，令他的销售转眼黯淡，我们要说，谁叫他'内装了英特尔芯片'。"

即便格鲁夫是个一向力求掌握客观现实的人，他仍然没有看到自己行业中的一个根本性转变。英特尔已经变成了一个市场营销的工具。芯片是由工厂制造的，但一个品牌却是与顾客共同营造的。这就需要人们重新思考"客观性"的含义。在品牌推广的过程中，顾客的主观现实（即便是混淆不清的主观现实），就是商家的客观现实。这次教训的代价比任何一次都昂贵：奔腾芯片的召回耗去了英特尔4.75亿美元，在公司年度损益表上留下了深深的伤痕。

抓住数据不放的病人

几个月后，格鲁夫又一次经历了人生的危机。他被诊断患有前列腺癌。但在紧接下来的动荡阶段里，他继续坚守岗位，只有两天半的时间离开工作。他用为英特尔制定决策的方式为自己的疾病治疗作出决定，把生命握在自己的手里。

格鲁夫从来不依赖别人对现实的解释。匈牙利教会了他怎样避而不为。那里的现实是由一个人在体系中的职位而决定的。在英特尔，他培育了一种"知识力量"否决"职位权力"的企业文化。在英特尔，每个人都可以对别人的观点提出挑战；条件是对事不对人，随时准备对自己的主张"加以证明"。要这样做，就需要数据。没有数据，一种想法只是一个故事——一种对现实的自我表述，因此不免被歪曲。匈牙利曾经是一面奇怪的变形镜。胖子在镜中可以变瘦，瘦子在镜中可以变胖。当格鲁夫1995年被诊断患有前列腺癌时，他发觉自己像大多数病人一样：恐惧，迷茫，完全依赖医生的意见。医生的意见直截了当：外科手术是最好的选择；除此之外，这种病几乎是没有什么其他可谈的。

果真如此吗？格鲁夫并没有花费多少气力便发现，治疗的方法大有讲究。除手术之外，还有许多别的选择。但所有外科医生都劝他不必太重视那些消息。尽管如此，格鲁夫很快便醒悟到，专家的意见也仅仅是一家之见而已，往往并没有充分的数据作为依据。现实中确实存在着大量的数据。令格鲁夫格外惊异的是，居然没有人认真把这些数据收集在一起。他十分清楚，他只能靠自己来做这件事。

病人俨然变成了自己的医生。格鲁夫进行了广泛而深入的研究。他的详细研究内容记录在《财富》1996年的一篇报道中。我们看到了格鲁夫深夜未眠、在他仔细建立的图表上反复标画着各种数据。那些数据告诉他些什么？数据显示：如果接受一种被称为放射植入的疗法，他的前景会更好一些。于是，他便选择了那种疗法。

格鲁夫后来发现的一个极其糟糕的现实是，很多医生固执己见，他们往往不能区分真知灼见与传统观念的差别，即使为格鲁夫实施治疗的医生也不例外。格鲁夫有一次问他："假如你患上了我的病，你会怎么办？"医生说他可能会接受手术。格鲁夫对此迷惑不解，后来问其原因。他的回答是："你知道，在整个学医的过程中，他们一直不断地向我们强调，前列腺癌的标准最佳治疗方法就是手术。恐怕这种理论仍旧在影响着我的想法。"

"开动脑筋"

格鲁夫1998年春天卸去了首席执行官的职务，成为英特尔公司的董事长。公司内部的人普遍认为格鲁夫绝不会真正放弃领导权，但他的行为却出乎所有人的意料。他像以往对待其他工作一样，一丝不苟地履行他的新职责——审查并批准董事会的治理方案。他以自己的实际行动为其他公司的董事会树立了良好的榜样。

去年5月，欧德宁（Paul Otellini）接替克雷格·贝瑞特（Craig Barrett）成为英特尔的首席执行官后，格鲁夫正式成为公司的"资深顾问"。职衔称号并不重要，格鲁夫仍然一如既往、诲人不倦。

去年11月的最后一个星期一，格鲁夫站在了400多位英特尔公司医疗健康项目开发人员的面前。（英特尔希望把它的芯片建造成为21世纪医疗技术的基本构件。）许多员工此前从未见过格鲁夫本人；格鲁夫还没开口，大家便全体起立，鼓掌致敬。格鲁夫的演讲强调的是战略，理解源于行动。因此，"不要拖延，要分秒必争，身体力行。""投身其中，再做计划。反复实践，不断改善。这就是我们的时代、我们的行业推动变革的方程式。最好的例子就是IBM的个人电脑"——创造个人电脑的只不过是一小组远离总部、边干边试的技术人员。

资料来源：http://31.toocle.com/detail--4798465.html，略有删减

讨论题：

1. 格鲁夫的性格都有哪些特点？你怎么理解他的性格对他职业生涯产生的影响？
（提示：气质、人格与职业生涯规划）
2. 结合格鲁夫的职业生涯，谈谈自己对职业生涯适应性的认识？
（提示：职业适应性及其测量）

第三篇 实际操作篇

第四章 个人职业生涯规划管理

第五章 个人职业生涯周期管理

第六章 组织职业生涯规划管理

第七章 组织职业生涯周期管理

第四章

个人职业生涯规划管理

【本章关键词】
　　自我分析；机会评估；目标设定；职业生涯路线；职业生涯设计

【学习目标】
- ☐ 了解个人职业生涯规划管理的内容。
- ☐ 掌握个人职业生涯规划的步骤与方法。
- ☐ 掌握如何设定个人职业生涯目标。
- ☐ 熟悉职业生涯成功的涵义、标准、类型及其个人因素。
- ☐ 掌握如何开发个人职业生涯。

 开篇案例

北大毕业生卖猪肉开连锁店成千万富翁

　　数年前，北大毕业生陆步轩当屠夫的新闻曾一度传遍大江南北，并引发了人们关于此行为是否浪费人才的大讨论。数年之后，另一位北大才子陈生也悄悄进入养猪行业，并在不到两年的时间在广州开设了近100家猪肉连锁店，营业额达到2个亿，被称为广州"猪肉大王"。这一次人们的关注点不再是北大毕业生该不该卖猪肉，而是探究陈生在卖猪肉行业掀起的这场"变法革命"。

　　陈生毕业于北京大学，十多年前放弃了自己在政府中让人羡慕的公务员职务毅然下海，倒腾过白酒和房地产，打造了"天地壹号"苹果醋，如今卖猪肉卖成了千万富翁。

　　猪肉也可以定制？这个说法，也许乍听起来觉得陌生，甚至不以为然。然而，陈生推出的绿色环保猪肉"壹号土猪"正是采取的这一战略。专家还为此冠以一个更专业的词语：精细化营销。

　　不过在陈生自己眼里，这只是自己又一次采用了"歪门邪道"的办法而已。

读北大学会"歪门邪道"

　　如果你问陈生"自己为什么能成功"，他一定会告诉你"自己只不过是比别人做事的方式更灵活"。"别学我，我那些都是歪门邪道。"他笑着说。而这一切，正是他的母校——北京

大学——为他带来的最大财富。

"北京大学是个很有意思的地方。"陈生如是评价自己的母校,"还记得厉以宁在成名之前,曾经在北大当了十来年的经济系图书管理员。当时,所有经济专业的都在学马克思、列宁的那一套苏联的经济理论,没有人讲西方经济学。他自己钻研了很久的西方经济学。结果改革开放来了,人们需要学习西方经济学了,可是连本翻译的教材几乎都找不到,这时候厉以宁站出来,编著了《西方经济学》,并且以讲座的形式在北大开始讲授。反而在正式的课程表上却没有这门课。就是这样,厉以宁成了如今的大牌。"

陈生觉得,正是那些正式课表上没有的讲座带给了他许多启发,影响很大。此后他曾经再次回到母校进修,讲授的老师和学术界的主流看法分歧很大,有的同学对此提出异议,陈生很直接地质问那些同学:"你来北大难道就是想学教材上的东西吗?那你随便找个地方就行,不要来北大。这里最好的东西,就是那些和教材不一样的东西。"

对此,陈生笑谈:"其实老师也是没办法,北大特自由,学生可以不上课,老师怕没人来,被逼着讲些歪门邪道的东西。"

下海因为穷疯了

陈生毕业后,被分配到一个地方政府的秘书科当公务员。按道理,能够担任公职应该是很多人羡慕的事情,然而陈生却毅然决然地放弃了这份令人羡慕的工作,下海了。

"怎么说呢,和我的性格有关吧,我思维比较活跃,常做不合常理的事情,这在党政机关有点不合时宜。"多年后谈到这件事,陈生最先给出的是这样一个简单的理由。

可是再聊了一会,陈生终于爆出真正的原因:"关键还是穷啊,那时候我们几个朋友都是从名校毕业的,可是在机关里的收入非常低。我们家睡觉都从来不关门,为啥?就是因为没有任何值得别人惦记的东西,没有任何值钱的东西可拿。穷得没有办法了,只好下海去拼。"

陈生作出了在当时看来有点离经叛道的决定,但是却没有受到来自家庭的阻挠。倒不是说家里人就完全没有意见,而是对于陈生来说,自己下决心去做的事情,不会被外界的因素干扰而改变,这也是他所谓的霸道。可以说,他决定下海的时候脑子里就不再考虑成败、得失或者旁人的看法了,他认为在一件事开始时不能想太多,因为考虑太多,到最后的结果很可能是做不了。

时至今日,公务员的待遇已经提高,成为了社会上很受追捧的一种职业,那么在现在这种情况下,陈生还会不会作出同样的选择呢?记者提出了心中的疑问。陈生很快地回答:"肯定不会。"然后自己也被这个答案逗笑了。

永远快人一步

陈生卖过菜,卖过白酒,卖过房子,卖过饮料。走到今天,他已经成为拥有数千名员工的集团的董事长。在商海浮浮沉沉这些年,最后能够成功存活,陈生靠的是永远领先于别人的想法。

他认为,很多事情不是具备条件、做好了调查才去做就能做好,而是在条件不充分的时候就要开始做,这样才能抓住机会。至于条件的不足,可以用种种办法调动一切资源来解决。正如他卖白酒的时候,开始根本没有能力投资数千万设立厂房,可是他直接从农户那里收购散装米酒,不需要在固定设施上投入一分钱便可以通过广大的农民帮他生产,产能居然能达到投资5 000万的工厂的数倍。之后,他积累起一定资金再开始从买成品酒转变成原料加工,这才开始租用厂房和设施,再之后才有自己的厂房,打造自己的品牌,迅速地进入和占领市场,让他在白酒市场上打了个漂亮仗。

而陈生最著名的产品"天地壹号"苹果醋，其诞生说起来十分简单。当时有一位著名国家领导人到南方视察，在途中该领导人用陈醋兑雪碧当饮料。当时人人都跟风照此喝，陈生没有和大家一起尝味道，他直接想到了如何将这种饮料生产出来。经过多次尝试，"天地壹号"苹果醋就此诞生。

卖猪肉也能卖出花样

现在，陈生进入了养殖业，卖起了猪肉。而这一次，他依靠的武器是分众销售，又称"精细化营销"。

2006年，陈生在湛江和广西交接处附近打造他的土猪养殖厂，2007年开始在广州开猪肉档卖猪肉。在短短两年时间里，发展成为广州乃至广东最大的猪肉连锁店。

国际著名直销传播专家薄朗思认为，精细化营销就是恰当地、贴切地对你的市场进行细分。

陈生认为，除了确保质量上乘、采用低价策略外，在经济增长放缓的今天，无数企业为了能更好地撬动市场，都在抓破脑袋思考各种各样的办法，一些企业正是成功运用精细化营销，取得了不错的成绩。比如，国内家电零售企业巨头国美就一直站在消费者的角度上去考虑，采取"定制"的方法来满足不同顾客的不同需求。

陈生卖猪肉，用的也是这样的战略。他告诉记者，在中国，猪肉行业是一个传统行业，市场空间大，中国每年的猪肉消费约500亿千克，按每千克20元算，年销售额上万亿。但与其他行业相比，猪肉这个行业一直没有得到很好的整合，基本上没有形成像样的产业化，竞争不强，档次不高，机会很多。在这样的背景下，他们率先推出绿色环保猪肉"壹号土猪"，开始经营自己的品牌猪肉。他把猪肉消费群继续细分。虽然走的还是"公司+农户合作"的路子，但针对学生、部队等不同人群，可以选择不同的农户，提出不同的饲养要求，为部队定制的猪可肥一点，学生吃的可瘦一点，为精英人士定制的肉猪据说每天吃中草药甚至冬虫夏草，使公司的生猪产品质量与普通猪肉"和而不同"。

陈生认为，即使是卖猪肉，也要卖得和别人不一样，将"歪门邪道"进行到底。

资料来源：http://news.sina.com.cn/s/2008-10-13/042416441455.shtml

第一节 自我分析与定位

有效的职业生涯规划应从自我认识开始，然后才能谈到建立可实现的目标，并确定怎样达到这些目标。自我分析就是对自己进行全面的分析，通过自我剖析来认识自己、了解自己，以便准确地为自己定位。自我分析的重点在于测评出管理能力、人际交往能力、知识水平、职业导向因素、价值观念和相对独立性等。自我分析是个人职业生涯规划的基础，它将直接关系到个人的职业成功与否。

一、自我分析的内容

自我分析应从个人、事业和家庭三个方面进行。个人分析不仅要分析个人的职业兴趣、性格、职业能力和职业形象，还要分析个人的健康情形、自我是否充实以及个人的休闲情况。事业分析主要分析个人的财富情况、所属的社会阶层、自我实现情况。家庭分析主要分析个人的生活品质、家庭关系和家人的健康。这方面的分析可以通过提出一系列的问题进行，如表 4-1 所示。

表 4-1 自我分析内容

1. 个人部分	健康情形	是否有不良的生活习惯？是否有影响健康的活动？生活是否正常？有没有养生之道
	自我充实	是否有专长？经常收集和阅读资料吗？是否正在培养其他技能
	休闲管理	是否有固定的休闲活动？有助于身心和工作吗？是否有休闲计划
2. 事业部分	财富所得	薪资多少？有储蓄吗？有动产、有价证券吗？有不动产吗？价值多少？有外快吗
	社会阶层	现在的职位是什么？还有升迁的机会吗？是否有升迁的准备呢？内外在的人际关系如何
	自我实现	喜欢现在的工作吗？理由是什么？有完成人生理想的准备吗
3. 家庭部分	生活品质	居住环境如何？有没有计划换房子？家庭的布置和设备如何？有心灵或精神文化的生活吗？小孩、夫妻、父母有学习计划吗
	家庭关系	夫妻和谐吗？是否拥有共同的发展目标？是否有共同或个别的创业计划？与子女、与父母、与公婆、与姑叔、与岳家的关系如何
	家人健康	家里有小孩吗？小孩多大了？健康吗？需要托人照顾吗？配偶的健康如何？家里有老人吗？有需要你照顾的家人吗

二、自我分析的方法

自我分析的方法有很多，比较常用的主要有三种：橱窗分析法、自我测试法和计算机测试法。通过采用不同的方法测试，可以帮助我们全面地了解自己、认识自己，并以此为基础规划和设计自己。

（一）橱窗分析法

橱窗分析法是自我剖析的重要方法之一。心理学家常把对个人的了解比喻成一个橱窗——为了便于理解，我们可以把橱窗放在一个直角坐标系中来进行分析。坐标的横轴正向表示别人知道，负向表示别人不知道；纵轴正向表示自己知道，负向表示自己不知道。这样我们就可将坐标橱窗表示成图 4-1。

橱窗 1 是自己知道、别人也知道的部分，称为"公开我"，属于个人展现在外、无所隐藏的部分。

橱窗 2 是自己知道、别人不知道的部分，称为"隐私我"，属于个人内在的私有秘密部分。

橱窗 3 是自己不知道、别人也不知道的部分，称为"潜在我"，属于有待开发的部分。

橱窗 4 是自己不知道、别人知道的部分，称为"脊背我"，犹如一个人的背部，自己看不到，别人却看得很清楚。

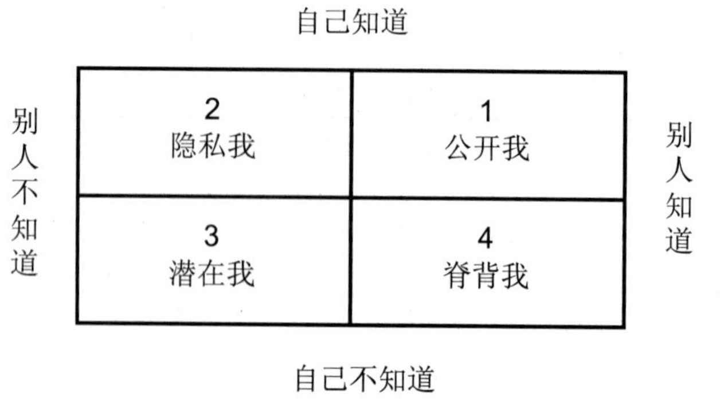

```
              自己知道
    ┌─────────┬─────────┐
别  │    2    │    1    │  别
人  │  隐私我 │  公开我 │  人
不  ├─────────┼─────────┤  知
知  │    3    │    4    │  道
道  │  潜在我 │  脊背我 │
    └─────────┴─────────┘
             自己不知道
```

图 4-1　橱窗分析法的坐标橱窗图

在进行自我分析时，重点是要了解橱窗 3 "潜在我"和橱窗 4 "脊背我"这两个部分。

"潜在我"是影响一个人未来发展的重要因素，因为每个人自身都蕴藏着巨大的潜能。许多研究都表明，人类平常只发挥了极小部分的大脑功能。如果一个人能够发挥出其一半的大脑功能，他将很轻易就能学会 40 种语言，背诵整套百科全书。著名的美国心理学家奥托指出，一个人所发挥出来的能力，只占他全部能力的 4%。控制论的奠基人美国数学家 N. 维纳也曾指出："可以有把握地说，每个人，即使他是做出了辉煌成就的人，在他的一生中利用他自己的大脑潜能也还不到百亿分之一。"由此可见，认识与了解"潜在我"是自我剖析的重要内容之一。

"脊背我"是准确地对自己进行评价的一个重要方面。如果你能诚恳地、真心实意地对待他人的意见和看法，你就不难了解"脊背我"。当然，这需要一个人具有开阔的胸怀、正确的态度和有则改之、无则加勉的精神，否则就很难听到别人对自己的真实评价。

（二）自我测试法

自我测试法是通过回答有关问题来认识自己、了解自己，这是一种比较简捷、经济的自我分析法。其测试题目大都是由心理学家经过精心研究设定的，只要如实回答，就能在相当程度上了解自己的有关情况。在自测回答问题时，切忌寻找标准答案，而应该是自己怎么想、怎么认识就怎么回答，这样得到的测试结果才有实际意义。

自我测试的内容和量表有很多，具体涉及方方面面，如性格测试、气质测试、情绪测试、智力测试、技能测试、记忆力测试、创造力测试、观察力测试、应变能力测试、想象力测试、管理能力测试、人际关系测试、行动能力测试等。

自我测试法常用的六种测试工具，包括自我访谈记录、斯特朗—坎贝尔个人兴趣调查问卷、奥尔波特—费农—林赛价值观问卷、24 小时活动日记、"重要人物"访谈记录和生活方式描述，具体内容如表 4-2 所示。

表 4-2 自我测试常用的六种诊断工具

自我访谈记录	给每个人发一份提纲,其中有 11 个问及他们自己情况的问题,要他们提供生活(有关的人、地、事件)中经历过的转折以及未来的设想,并让他们在小组中互相讨论。这篇自传摘要体裁的文件将成为随后的自我分析依据的主要材料
斯特朗—坎贝尔个人兴趣调查问卷	这份包含有 325 项的问卷填答后,就能据此确定他们对职业、领域、交往的人物类型等的喜恶倾向,为每个人跟不同职业中成功人物的兴趣进行比较提供依据
奥尔波特—费农—林赛价值观问卷	此问卷中列有多种相互矛盾的价值观,每人需对之作出 45 种选择,从而测定这些参加者对不同的理论、经济、美学、社会、政治及宗教价值观接受和同意的相对强度
24 小时活动日记	参与者要把一个工作日及一个非工作日全天的活动如实而无遗漏地记下来,用来对照其他来源所获同类信息是否一致或相反
"重要人物"访谈记录	每位参加者要对自己的配偶、朋友、亲戚、同事或其他重要人物中的两个人,就自己的情况提出一些问题,看看这些旁观者对自己的看法,这两次访谈过程需要录音
生活方式描述	每位参加者都要用文字、照片、图或自己选择的任何其他手段,把自己的生活方式描述一番

(三)计算机测试法

计算机测试是一种现代测试手段。这种测试与自我测试法相比,其科学性、准确性较高,是一种了解自己、认识自己的有效方法。目前,用于测试的软件多种多样,许多网站也都开设有网上测试(如 http://www.ayao.net 和 http://test.studyget.com 等网站)。国外目前最常使用的四种计算机辅助指导系统为:"发现"、"职业辅导信息系统"、"职业信息系统"和"互动式指导及信息系统"。如今,应用计算机技术作为获得职业信息的方法已经应用得越来越普遍了。

通过自我分析认识自身的条件和整体综合素质,可以对自己进行比较准确、综合的评估,以便根据自身的特点设计自己的职业发展方向和目标。表 4-1 为自我评估练习举例。

表 4-3 自我评估练习举例

活　　动	目　　标
第 1 步:我现在处于什么位置 思考一下你的过去、现在和未来。画一张时间表,列出重大事件以了解目前的职业现状	了解目前职业现状
第 2 步:我是谁 利用 3×5 卡片,在每张卡片上写下"我是谁"的答案,考察自己担当的不同角色	这有利于未来的目标设置
第 3 步:我喜欢去哪儿,我喜欢做什么 思考你目前和未来的生活。写一份自传来回答三个问题:你觉得已经获得了哪些成就,你未来想要得到什么,你希望人们对你有什么样的印象	明确所需要的资源
第 4 步:未来理想的一年 考虑下一年的计划。如果你有无限的资源,你会做什么,理想的环境应是什么样的,理想的环境是否与第 3 步相吻合	明确所需要的资源
第 5 步:一份理想的工作 现在,思考一下通过可利用资源来获得一份理想的工作。考虑你的角色、资源、所需的培训或教育	明确所需要的资源

续表

活 动	目 标
第6步：通过自我总结来规划职业发展 ☐ 是什么让你每天感到心情愉悦 ☐ 你擅长做什么，人们对你有什么样的印象 ☐ 为了达到目标你还需要什么 ☐ 在向目标进军的过程中你会遇上什么样的阻碍 ☐ 你目前该做什么才能迈向你的目标 ☐ 你的长期职业生涯目标是什么	总结目前的状况

第二节　职业生涯机会评估

所谓职业生涯机会评估，就是对影响自己职业生涯发展的内外环境因素进行分析，从而找出适合自己职业发展的机会。每个人都生活在一定的环境中，其成长与发展都与环境息息相关。所以在制定个人的职业生涯规划时，也要分析环境的特点、环境的发展变化、自己与环境的关系、自己在特定环境中的地位、环境对自己提出的要求以及环境对自己有利与不利的条件等。只有对这些环境因素都有一个充分的了解，才能在复杂的环境中做到避害趋利，才能使自己的职业生涯规划得以发展与实现。

一、对职业所处的社会环境进行分析

社会环境对每个人的职业生涯乃至发展都有重大的影响。它不但能够影响到我们的职业，还能影响到我们生活的方方面面。通过对社会大环境进行分析，了解所在国家或地区的经济、法制建设发展方向，可以帮助我们寻求各种发展机会。

（一）经济发展水平

在经济发展水平高的地区，由于企业相对比较集中，优秀企业较多，个人职业选择的机会也就比较多，因而比较有利于个人职业的发展；反之，在经济落后的地区，个人职业选择的机会就会相对较少，由此个人的职业生涯发展也会受到很大的限制。

（二）社会文化环境

社会文化是影响人们行为、欲望的基本因素。它主要包括教育水平、教育条件和社会文化设施等。在良好的社会文化环境中，个人往往能够得到良好的教育和熏陶，从而也就为其职业发展打下了良好的基础。

（三）价值观念

个人生活在社会环境中，必然会受到社会价值观念的影响。在现实生活中，大多数人的价值取向在很大程度上都是为社会主体价值取向所左右的。一个人的思想发展、成熟的过程，其实就是认可、接受社会主体价值观念的过程。而社会价值观念也正是通过影响个人价值观来影

响个人的职业选择的。

（四）政治制度和氛围

政治和经济是相互影响的。政治不仅能影响到国家的经济体制，而且影响着企业的组织体制，从而直接影响到个人的职业发展。另外，政治制度和氛围还会潜移默化地影响个人的追求，从而对个人的职业生涯产生影响。

二、对职业所处的行业环境进行分析

职业生涯是在特定的行业、具体的企业中进行的。组织的行业环境将会直接影响到组织的发展状况，进而也就影响到个人职业生涯的发展。行业分析既包括对目前所在行业的环境分析，也包括对将来想从事的目标行业的环境分析。

（一）行业发展状况

首先应当了解自己现在从事的是什么行业，这个行业在我们国家的发展趋势如何，它是一个逐渐萎缩的行业（如资源消耗大、造成环境污染的小型采矿业、小型造纸厂）还是一个朝阳行业（如旅游业、保险业、管理咨询行业）。

（二）国际、国内重大事件对该行业的影响

行业的发展很容易受到国际、国内重大事件的影响，进而就会影响到该行业能否提供较多的职业机会。比如，2008年奥运会的举办就为北京的建筑业、旅游业和服务业等提供了较大的发展和较多的就业机会。

（三）目前的行业优势和问题

在这方面应特别关注的是行业目前存在的问题是可以改进或避免的还是无法消除的，行业是否具有优势和竞争力，以及这种优势会持续多久。

（四）行业发展前景预测

对行业发展前景的预测可以从两个方面来进行分析：一是行业自身的生命力，是否有技术、资金支持等；二是要考虑和研究国家对相关行业的政策。政府往往会根据经济与社会发展状况对一些行业发布法规、政策，如对一些行业实施鼓励、扶持，而对另一些行业则要限制发展。

一般来说，个人可以通过回答下列问题来帮助自己更清楚地认识所处的社会环境对职业选择和职业发展的影响。

（1）你所在地区的经济发展形势怎样？是发展很好，还是一般或者较差？这个地区能给你提供怎样的发展机会？

（2）你所在的行业是处于发展上升时期，还是处于衰落时期？这个行业会为你提供哪些发展机会？机会有多大？

（3）社会上将会出现哪些新兴的行业？哪些新兴的行业比较适合你的发展？

（4）社会上还有哪些地方、哪些行业和哪些企业有更好的发展机会？

（5）还有哪些重要的社会因素会影响到你的职业选择和职业发展？

三、对职业所处的组织环境进行分析

如果一个人已经在工作或者将要进入某一个组织工作,组织环境就会对这个人的职业发展产生重要的影响。通过对组织的内部环境进行分析,可以帮助个人了解企业在本行业和新的发展领域中的地位与发展前景,以及组织产品在市场上的发展前景。

(一) 组织文化

组织文化决定了一个组织如何看待其员工,所以员工的职业生涯是为组织文化所左右的。一个主张员工参与管理的组织显然要比一个独裁的组织能为员工提供更多的机会;而一个渴望发展、追求挑战的员工自然也很难在论资排辈的组织中受到重用。当然,从另一方面来看,个人的价值观与组织文化有冲突,难以适应组织文化,这也决定了他在组织中难以得到发展。因此,组织文化也是在制定个人职业生涯规划时应当加以考虑的一个重要因素。

(二) 组织制度

组织员工的职业发展是要靠组织管理制度来保障的,包括合理的培训制度、晋升制度、绩效评估制度、奖惩制度、薪酬制度等。诸如组织的价值观、组织的经营哲学也只有渗透到制度中,才能使制度得到切实的贯彻执行。凡是没有制度或者制度制定得不合理、不到位的组织,其员工的职业发展都难以实现。

(三) 领导人的素质和价值观

组织的文化和管理风格与其领导人的素质和价值观之间往往有着直接的关系,实际上组织的经营哲学往往就是组织家的价值观。组织主要领导人的抱负及能力是组织发展的重要因素。

(四) 组织实力

组织在本行业中是具备了很强的竞争力,还是处于一个很快就会被吞并的地位?发展的前景是什么?在激烈的市场竞争中,不一定是最大、最强的组织就能生存,即不是强者生存而是适者生存。只有适应环境、适应发展趋势的组织才能生存。

你对你工作的组织环境了解吗?它会给你的职业发展带来怎样的发展机会?为了更清楚地了解你所处的组织环境,请先回答下列问题。

(1) 你所在的是一个什么性质的单位?是组织、政府机构还是事业单位?

(2) 如果你工作的地方是企业,那么是什么性质的企业?是生产性企业还是商业企业?是处于发展中的组织还是衰落中的企业?

(3) 你所在的组织的发展目标是什么?这样的发展目标为你的职业发展提供了什么样的机会?

(4) 组织将最需要什么样的人才?组织将会出现哪些新增的岗位?你的上司有哪些人退休或转移到别的岗位?你现在或者通过发展能适应组织发展的要求吗?

(5) 你有哪些竞争对手和潜在的竞争对手?他们有哪些特长?这些特长对你的工作会起到什么样的作用?

(6) 还有哪些组织因素会影响到你的职业选择和职业发展?

对组织的评估也有一个渐进的过程。在选择一个组织时,个人要尽可能地利用可以获得的信息,了解组织的基本情况。通过对组织进行分析得出结论,判断自己对组织发展战略、组织文化和管理制度的认同程度，了解组织结构发展的变化趋势及与自己有关的未来职务的发展预计。但是在进入组织后，随着对组织内部的进一步了解，还应对组织重新作出评估，以进一步明确自己的发展目标或作出重新择业的决策。

第三节　职业生涯目标的设定

职业发展必须有明确的方向与目标，目标的选择是职业发展的关键，坚定的目标可以成为追求成功的驱动力。研究表明，一个人事业的成败在很大程度上取决于其有无适当的目标，凡是成功的人士都有明确的奋斗目标，那些没有奋斗目标的人则都没有获得成功。因此，一个未来的成功者必须是一个目标意识很强的人。

一、职业目标设立的原则

设立职业目标的八个指导原则：

（1）可行的，即就自己的能力和特点而言，实现这个目标是现实的，可能的。

（2）可信的，就是对自己的能力非常有信心，相信自己能够在设定的时间内完成。

（3）可控的，就是指对一些可能会最终影响到实现目标的因素的控制能力。

（4）可界定的，即目标必须是以普通人都能理解的口头语言或书面语言表达。对代表一个长期目标的用词必须仔细推敲，这样才有可能将它进一步分解为一系列的短期限目标。

（5）明确的，即只陈述某一特定的目标，并且在一段时间之内只集中于这一个目标。

（6）属于自己的，即制定的目标应该是自己真正想去做的事情，而不是别人强加的。

（7）促进成长的，这是指目标应该是对自己和他人均无伤害性或破坏性的。

（8）可量化的，即目标应当尽量以一种能够用数字加以量化的方式来表达，而尽量不要采用宽泛的、一般的、模糊的或抽象的形式。以一种可衡量的方式开始目标，可以在向目标迈进的过程中计算、控制或调整自己的进程。表4-4提供了一些目标的举例。

表4-4　设立可以测量的目标举例

含糊的目标	较好的目标
我的目标是……	我的目标是……
更好地完成家庭作业	每天阅读历史书12页以上，在下周六晚10点之前至少要读到60页
加强锻炼	在以后的两个星期内，每天都在45分钟内跑完5 000米
获得更多的杂志订单	在下星期这个时间之前获得30份杂志单
在网球比赛中表现得更好	在下星期的网球期间练习发球，每天至少要有40~50个球落在发球区之内
减肥	在……之前减掉5斤

二、职业目标的分解

职业目标分解就是根据观念、知识、能力差距将职业生涯长期的远大目标分解为有时间规定的长、中、短期分目标，直至将目标分解为某一确定日可以采取的具体步骤。目标分解是一个将目标清晰化、具体化的过程，是一个目标化成可操作的实施方案的有效手段，是一个非常重要的实现目标的方法。

目标分解的主要目的就是分段、分步来实现大目标、总目标。影响目标分解的因素主要有环境条件、自身条件、职业方向、职业生涯阶段和在一个组织内的工作阶段等。

分解目标的方法主要有按性质分解和按时间分解。按性质分解，可以将目标分解为外职业生涯目标和内职业生涯目标；按时间分解，可以将目标分解为最终目标、长期目标、中期目标和短期目标。

（一）按性质分解

美国著名职业指导专家沙因教授的职业学说有着重要的学术影响和实践价值。他把人的职业划分为十个阶段，把人的职业生涯含义分为"外职业生涯和内职业生涯"。根据他的这一划分，职业发展目标也可以相应地分为外职业生涯目标和内职业生涯目标两个层次。

外职业生涯是指从事职业时的工作单位、工作地点、工作内容、工作职务、工作环境、工资待遇等因素的组合及其变化过程；内职业生涯是指从事一项职业时所具备的知识、观念、心理素质、能力、内心感受等因素的组合及其变化过程。

1. 外职业生涯目标

该目标主要侧重于职业过程的外在标记，它主要包括工作内容目标、工作环境目标、经济收入目标、工作地点和职务目标等。

（1）职务目标。职务目标通常需要具体化，如总经理（即负责全面工作的管理人员）、生产部经理或营销经理等部门经理（即负责管理一个部门的管理人员）。

（2）经济目标。比如，明年的年薪为10万元，30岁之前赚取20万元等。

通常，外职业生涯的这些因素多数都是别人给予我们的，尤其是在职业生涯初期。

2. 内职业生涯目标

该目标侧重于职业生涯过程中知识与经验的积累、观念与能力的提高和内心感受。这些因素不是靠别人赐予的，而是要通过自身努力去获得和掌握的。它主要包括以下四个目标。

（1）工作能力目标。如具有能够和上级领导无障碍沟通的能力、组织大型公共关系活动的能力、组织结构设计的能力等。

（2）提高心理素质目标。心理素质目标主要包括能经受挫折与成功，能够做到临危不惧、宠辱不惊。心理素质可以通过情绪智力的培训加以提高。

（3）观念目标。观念主要是指对人、对事的态度和价值观。观念目标是指自己在工作学习中逐步形成的观念或态度。

（4）工作成果目标。这一目标是指发现和应用新的管理方法创造新的业绩等。工作成果本身属于外职业生涯目标，但在取得工作成果的过程中取得的知识、经验等则都属于内职业生涯目标，它重在强调取得工作成果时的内心收获或成就感。

内职业生涯的因素是通过努力自己获得、掌握的，一旦获得后别人是不可能拿走的。

外职业生涯目标和内职业生涯目标有着密切的关系：内职业生涯目标的发展可以带动外职业生涯目标的发展；外职业生涯发展目标的实现可以促进内职业生涯目标的实现。

（二）按时间分解

按时间分解就是给按性质分解的目标作出明确的时间规定。个人的职业目标按时间划分可以分为短期职业目标、中期职业目标、长期职业目标和人生职业目标。

1．短期职业目标

短期职业目标通常是指时间在一至两年内的目标。中长期职业目标通常都会被换成一个个具体的短期职业目标。短期职业目标是一种将长期职业目标具体化、现实化、可操作化的特殊工具，它是结果和行动之间的桥梁。

（1）目标必须清楚、明确、现实、可行。

（2）目标可能是自己选择的，也可能是组织或上级安排的、被动接受的。

（3）为每一短期职业目标都设立输出目标和能力目标。输出目标是为达到长远目标而设定的具体实施目标，是能以标准衡量是否完成的目标。能力目标则是为达到输出目标所需要的相应能力。两者是携手并进、互相支持的。

（4）短期职业目标要服从于中长期职业目标。

2．中期职业目标

中期职业目标一般为三到五年内的目标，它相对长期职业目标要具体一些，如参加一些旨在提高技术水平的培训并获得等级证书等。其特点如下。

（1）通常与长期职业目标保持一致。

（2）是结合自己的志愿和组织的环境及要求来制定的目标。

（3）可以用明确的语言来定量说明。

（4）对目标实现的可能性作出评估。

（5）有比较明确的时间，且可作适当的调整。

（6）基本符合自己的价值观，充满信心，愿意公布于众。

3．长期职业目标

长期职业目标是时间为五年以上的目标，通常比较粗略、不具体，可能会随着企业内外部形势的变化而变化。其特点如下。

（1）目标有可能实现，与社会发展需求相结合。

（2）眼光放得比较远，不囿于现实和近期，具有挑战性。

（3）非常符合自己的价值观，为自己的选择感到骄傲。

（4）能用语言进行定性说明。

（5）没有明确规定实现时间，在一定范围内实现即可。

4．人生职业目标

人生职业目标是指整个人生的发展目标，时间可以长至40年左右。短期职业目标服从于中期职业目标，中期职业目标服从于长期职业目标，长期职业目标又服从于人生职业目标。在具体实施目标时，通常都是从具体的、短期的目标开始的。

个人职业目标的体系如图4-2所示。

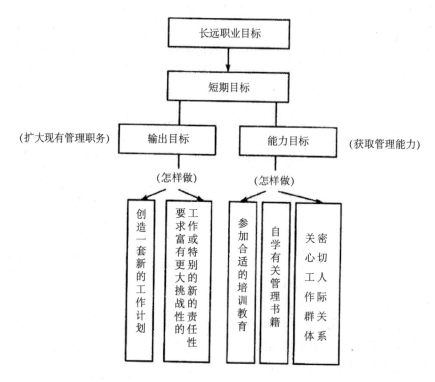

图 4-2　个人职业目标体系图

个人职业生涯的目标如表 4-5 所示。

表 4-5　个人职业生涯规划表

姓名		性别	
年龄		学历	
所学专业		职业类型	
目前所在部门		目前任职岗位	
人生职业目标			

（1）岗位目标
（2）技术等级目标
（3）收入目标
（4）社会影响目标
（5）重大成果目标
（6）其他目标

人生观简要文字说明：

实现人生目标的战略要点：

续表

长期职业目标
（1）岗位目标 （2）技术等级目标 （3）收入目标
（4）社会影响目标 （5）重大成果目标 （6）其他目标

人生观简要文字说明：

实现人生目标的战略要点：

中期职业目标
（1）岗位目标 （2）技术等级目标 （3）收入目录

实现中期目标的战略要点：

短期职业目标
（1）岗位目标 （2）技术等级目标 （3）收入目标
短期的计划细节： （1）短期内完成的主要任务 （2）有利条件 （3）主要障碍及其对策 （4）可能出现的意外和应急措施
年度目标及年度计划的细节通常另行安排，以保持生涯计划的相对稳定性和保存性。
职业生涯规划人（签字）： 　　　　制定个人的职业生涯规划日期：　　　　年　　　月　　　日

三、职业目标的组合

　　目标组合是处理不同目标之间相互关系的一种有效措施。在对总目标进行分解后，为了更为有效地处理不同子目标间的相互关系，还应对具有因果关系与互补性的目标积极地进行组合。对各种各样的目标可以从实践上、功能上和全方位等不同角度进行组合。其中全方位组合已经超出了职业的范畴，涵盖了人生的全部活动。

（一）进行时间上的组合

　　职业生涯目标在时间上的组合可以分为并进和连续两种情况。

1. 并进组合

并进组合是指同时着手实现两个现行的工作目标或指建立和实现与目前内容不相关的预备职业生涯目标。建立和实现本职工作以外的目标是居安思危、具有长远眼光的表现，需要具备较强的时间管理能力和学习上的毅力。比如，假定你做的是财务经理，那么它实际上就涵盖了两个职业：一个是财务专业人员职业，另一个是管理人员职业。你需要在这两个职业上同时学习，同时提高，既要做优秀的财务工作人员，又要做成功的管理人员——这两个职业目标并不矛盾，可以同时进行。

2. 连续组合

连续组合是指一个目标实现之后再去实现下一个，最终连续而有序地实现各个目标。职业生涯的阶段目标与职业生涯的最终目标是相关联的：如果将职业生涯的阶段目标连接起来，加上一个时间表，再加上一个衡量目标达成结果评估方式，便转变成了最终的目标。

比如，你想读完MBA后做两年财务经理，再去做人力资源部经理，这种目标组合方式就叫做连续，即实现了一个目标之后再实现另外一个目标。

（二）进行功能上的组合

职业生涯目标在功能上可以产生因果关系和互补关系。

1. 因果关系组合

通常情况下，内职业生涯是原因，外职业生涯是结果。如能力目标的实现，将有利于职务目标的实现；而职务目标的实现，则会带来经济收入的实现。因此，要想实现因果组合，就需要我们不断更新知识，树立新观念，然后去实践。这样，我们的实践能力就提高了，随着职务提升，业绩突出，报酬也就会不断增加。

2. 互补作用组合

互补作用组合即把存在互补关系的目标进行组合。假如一名管理人员希望在成为一个优秀的部门经理的同时得到MBA证书，这两个目标之间就存在直接的互补作用：实际管理工作为MBA的学习提供了实践的经验和体会，而MBA学习则为实际的管理工作提供了理论和方法。

（三）全方位的组合

对目标进行全方位组合是指个人事务、职业生涯和家庭均衡发展，相互促进。要实现这一目标，就要求我们在建立职业生涯目标时，应当通盘考虑个人发展、家庭生活和职业生涯中的各种愿望。全方位组合已经超出了职业的范畴，涵盖了人生的全部活动。完美的职业生涯规划并非要把生活中的其他内容排斥在外，而是要在生活中的不同目标间建立平衡的协调关系。

四、职业目标的选择

目标的定位是一个不容回避的问题。具体到每个人的人生要确立一个什么样的事业目标，需要根据主客观条件和可能来加以设计。高尔基说过："一个人确定的目标越高，他的才能发展得就越快，对社会就越有益，我坚信这是一个真理。这个真理是根据我的全部生活经验，即是根据我观察、阅读、比较和深思熟虑过的一切而确定的。"这个带有普遍意义的经验要求人们依据自己的目标，尽可能最大限度地发挥自己的心智才能。目标选择既要追求得高一些，更要注重实现的可能性。应该说，目标定位是一个综合效应的结果。

尽管每个人的具体条件各不相同，所以其目标也不可能完全相同，但其确定目标的方法都是相同的。在选择职业目标时，应考虑以下基本要点。

（1）符合社会与组织需要。有需要才有市场、才有位置。

（2）适合自身的特点。不同的人往往有着不同的特点。这种特点就是性格、兴趣、特长等，而这些特点往往也就是优势，因此若能将目标建立在个人优势的基础上，就能左右逢源，处于主动、有利的地位。

（3）高低恰到好处。生涯目标是高一些好，还是低一些好呢？总的来看还是高一点好，因为一个人追求的目标越高，其才能就发展得越快，对社会也就越有益。

（4）幅度不宜过宽。最好选择窄一点的领域，并全身心地投入进去，这样更容易获得成功。

（5）注意长期目标与短期目标相结合。长期目标指明了发展方向，可以鼓舞斗志，而短期目标则是实现长期目标的保证。在职业生涯发展过程中，通过短期目标的达成，能够体验到达到目标的成就感和乐趣，鼓舞自己为了取得更大的成就而向更高的目标前进。但是只有短期目标，看不到远大的理想，也会影响奋斗的激励作用，并且还会使事业发展摇摆不定，甚至偏离发展方向。因此，长短结合更有利于生涯目标的实现。

（6）目标要明确具体。同一时期的目标不要太多，目标越简明、越具体就越容易实现，越能促进个人的发展。要实现人生目标，成就一番事业，必须把目标集中到一个焦点上。但这也并不是说就不能设立多个目标，而是可以将其分开设置，即一个时期设一个目标，实现一个目标后，再实现另一个目标，拉开时间差距。

（7）注意职业目标与家庭目标以及个人生活与健康目标的协调与结合。要想在事业上取得成功，家庭与健康是基础和保证。值得注意的是，在职业目标确定之后，并非就此一成不变，需要经常对其进行多次调整才能明确方向。在现实生活中，目标与志向的调整是一种动态的调整，是随机变化的。如果你发现已经确定的目标与自己的素质及外在条件不相适应，那就应当另做打算。

第四节 职业生涯路线的设定

确定职业和职业发展目标，就要面临职业生涯路线的选择。所谓职业生涯路线，就是指当一个人选定职业后从什么方向上实现自己的职业目标，比如是向专业技术方向发展，还是向行政管理方向发展。可以说职业生涯路线是整个人生规划的展开。

由于发展路线不同，对其要求也就不相同。而且在现实生活中，即便是同一职业也有不同的岗位。因此，在职业生涯规划中必须作出抉择，以便使学习、工作以及各种行为沿着生涯路线和预定的方向前进。职业生涯路线选择是职业发展能够成功的重要步骤之一。

一、进行职业生涯路线的选择

在选择生涯路线时，首先要对职业生涯各要素进行系统分析。具体来说，可以从四个方面来对其进行考虑。

（1）我想往哪一路线发展？在这方面主要应当考虑自己的价值、理想、成就动机等主观因素，以便确定自己的目标取向。

（2）适合往哪一路线发展？在这方面主要应当考虑自己的性格、特长、经历、学历、家庭影响等一些客观条件对职业路线选择的影响，以确定自己的能力取向。

（3）可以往哪一路线发展？在这方面主要考虑自身所处的社会环境、政治与经济环境、组织环境等，来确定自己的机会取向。

（4）哪条路线可以取得发展？一旦选定自己希望和适合的发展道路后，还应进一步综合分析各方面的因素，判断自己的这条职业目标的实现路线是否可以取得发展。

二、挑选最佳路线

职业生涯路线选择的重点是通过对自身因素和环境因素进行系统分析，权衡利弊，作出路线选择，挑出能够实现自身目标的最佳路线。

典型的职业生涯路线图是一个 V 形图。假定 21 岁大学毕业参加工作，即 V 形图的起点是 21 岁。从起点向上发展，V 形图的左侧是行政管理路线，右侧是专业技术路线。将路线分成若干等分，每等分表示一个年龄段，并将专业技术的等级、行政职务的等级分别标在路线图上，作为自己的职业生涯目标（见图 4-3）。当然，职业生涯路线也可能出现交叉与转换，具体可以根据自身的情况与处境来决定。

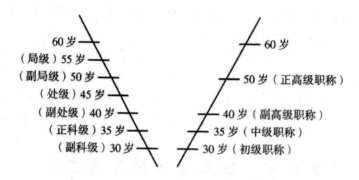

图 4-3 行政事业单位职业生涯路线图

第五节 职业生涯目标实现策略

在确定了职业生涯目标后，要想实现自己的职业生涯目标还必须有相应的职业生涯策略作保证。职业生涯策略是指为争取职业生涯目标的实现所采取的各种行动和措施。

第一，增加个人对组织的价值，保住现有工作，为个人职业目标的实现奠定基础。一个人只有对组织有用才能长期留在组织中，因此如果决心在本组织内发展，第一步就是要保住现有工作。因此，在个人职业计划中要明确预期自己在哪里、哪个岗位或哪项工作上能为组织持续地提供增值服务。

第二，请求担当责任更大、更繁重的工作，并切实完成好工作任务。这样做一方面可以增加自己对组织的价值贡献，另一方面也可展示和证明自己的实际能力，为实现个人职业目标、获得职业成功创造条件。

第三，预计成功实现未来目标将需要何种知识、技能，并事先设计好以何种方式去获得这些知识和技能。这是个人职业计划成功的核心内容。职业成功与否固然有机遇因素，但是起决定作用的根基还在于个人的知识和解决问题的能力。在这一过程中，个人的职业期望必须与培训开发活动相结合，通过不断调整知识结构、提高运用能力来拓展职业成功的要素。比如，为了达到工作目标，计划采取哪些措施提高效率？在业务素质方面，计划采取哪些措施提高业务能力？在潜力开发方面，计划采取哪些措施？对诸如此类的问题都要有具体的计划与措施。

第四，培养、提高人际交往能力，搞好组织内工作场所的人际关系。工作场所的人际关系包括与上级的关系、与同级同事的关系以及与下属的关系。人际关系反映了员工的一种工作环境，如果处理不好，就会成为个人职业成功的障碍。人际关系的好坏不仅反映了员工人际交往能力的大小，也反映了员工适应环境、能动地改造环境的能力，同时还折射出员工的思想意识和个人特质（如性格）。因此，职业成功要求个人在处理人际关系时应当努力加强人际交往，建立良好的人际关系，为个人职业目标的实现寻求支持与帮助，以便促进职业目标的顺利实现。

总之，如参加公司的教育、培训与轮岗，构建人际关系网，参加业余时间的课程学习，掌握额外的技能与知识等，都是实现职业目标的具体策略，另外也包括为平衡职业目标与其他目标（如生活目标、家庭目标等）而做出的种种努力。通过上述种种努力，可以促使个人在工作中取得良好的业绩。需要注意的一点是，职业生涯策略一定要具体、明确，以便于定期检查落实。

第六节 职业生涯规划的反馈与修正

任何事物都是始终处于运动变化中的，由于自身及外部环境的变化，职业生涯规划也要随着时间的推移而变化。它既是个人不断认识自己的过程，也是个人不断认识社会的过程，是使职业生涯规划更加有效的一个手段，在制定职业生涯规划时，由于对自身及外界环境不是十分了解，最初确定的职业生涯目标往往是比较模糊或抽象的，有时甚至是错误的。经过一段时间的工作以后，有意识地回顾自己在工作中的言行得失，可以检验自己的职业定位与职业方向是否合适。在实施职业生涯规划的过程中自觉地总结经验和教训，评估职业生涯规划，可以修正个人对自己的认知，并可通过反馈与修正来纠正最终职业目标与分阶段职业目标的偏差，保证职业生涯规划的行之有效。同时，通过评估与修正还可以极大地增强个人实现职业目标的信心。

修订职业生涯规划的内容主要包括重新选择职业、重新选择生涯路线、修正生涯目标、变更实施策略计划等。

第七节 职业生涯的成功

一、职业生涯的成功标准

职业生涯成功就是个人职业生涯追求目标的实现。职业生涯规划标准则是规划者个人对自己职业生涯目标实现程度的认可描述，反映了规划者本人的价值观。职业成功的定义因人而异,不应只有一种标准。对于不同的人来讲,职业需求不同、职业目标各异,成功的标准自然就不一样。职业生涯成功能使人产生自我实现感,从而促进个人素质的提高和潜能的发挥。职业生涯成功与否,在个人、家庭、企业、社会判定的标准上都具有明显的多样性。

德尔(C. Brooklyn Derr,1988)经过研究总结出企业员工有五种职业生涯成功方向。

(1)进取型——使其达到集团和系统的最高地位;

(2)安全型——追求认可、工作安全、尊敬和成为"圈内人";

(3)自由型——在工作过程中得到最大的控制而不是被控制;

(4)攀登型——获得刺激、挑战、冒险和"擦边"的机会;

(5)平衡型——在工作、家庭关系和自我发展之间取得均衡协调发展,以使工作不至于变得太耗精力或太乏味。

迈克尔·德赖弗(Michael Driver,1979,1980,1982)在对多种公司的经理和人事专家进行调查后,根据他们的自我意识,系统地阐述了四种职业生涯成功的标准。

(1)一些人将成功定义为一种螺旋型的东西,不断上升和自我完善(攀登型);

(2)一些扎实的人需要长期的稳定和相应不变的工作认可(安全型);

(3)一些人认为成功只是暂时的——他们视成功为经历的多样性(自由型);

(4)直线型的人视成功为升入企业或职业较高阶层(进取型)。

德赖弗假定这些职业生涯观念来自个人的思维习惯、动机和决策类型,并成为指导人们长期职业生涯选择的根据。

尽管由于人们价值观念的不同而导致对成功标准的定义也各有不同,但总的来说个人职业成功可以分为以下几种。

(1)个人的价值取向、能力、个人特质与其所选的职业正相合适,且在这一职业岗位上的工作得心应手、顺心、顺利。

(2)个人有自我职业目标,无论是初就业便一直待在某种职业岗位上,还是经历了多次职业变动,只要最终个人既定的职业目标得以实现,就是一种职业成功。这种职业目标因个人能力、个性、职业经历而有所不同,有人以作为领袖、教授、专家为荣,也有人以做好本职的普通工作为荣。

(3)在所从事的职业工作岗位上尽职尽责,做出突出成绩,本人有一种自我满足感、成就感;或者得到组织、同事的认同,也是一种职业的成功。

(4)通于创新、另辟蹊径,从而在新的领域或以新的方法有所建树,也是个人职业成功的实现方式。

二、职业成功的个人因素

个人能否获得成功除了受组织外部因素、组织内部因素等多方面的因素影响,还要受个人因素的影响。个人因素是影响职业成功与否的一个根本的决定性因素。

有学者从20世纪美国最成功的几百位名人的终身经验中提炼出17条职业成功条件:积极的心态;确定的目的;多走些路;正确的思考;自我控制;集体心理;应用信心;令人愉快的个性;个人的首创精神;热情;集中注意力;协作精神;总结经验与教训;创造性的见识;预算时间和金钱;保持身心健康;应用普通规律的力量。

基于前人对已有的实践经验的高度概括和总结,想要获得职业成功,个人必须具备的决定性的基本要素或条件是信心、目标、行动。

（1）信心。要想做一个成功者，首先就要一心想成为一个成功者。一定要有"我将是成功者"的坚定意识和信念，这是成功的先决条件。

（2）目标。先确定总目标，再确定具体目标。人生的意义就在于追求一个目标。人生就是不断打破现状、追求超越的过程。

（3）行动。这是获取职业成功的关键所在。如果不付诸行动，所谓信心、目标全都是空谈。以下是取得职业成功的必要行动。

- 积极主动，坚持不懈，保持旺盛的激情；
- 适应形势与环境、不断有所创新；
- 把握机遇，利于职业成长；
- 有超前的眼光；
- 善于利用时间。

职业生涯成功与家庭生活之间也有着非常密切的关系。个人与家庭发展遵循着并行发展的逻辑关系，职业生涯的每个阶段都与家庭因素息息相关，或协调或冲突。在职业生涯与家庭责任之间保持平衡，对于年轻人来说尤为重要。

要对职业生涯成功进行全面的评价，必须综合考虑个人、家庭、企业、社会等各方面的因素。有人认为职业生涯成功意味着个人才能的发挥和为人类社会做出贡献，并认为职业生涯成功的标准可以分为"自我认为"、"社会承认"和"历史判定"。对于企业管理人员来说，按照其人际关系范围，可以将其职业生涯成功标准分为自我评价、家庭评价、组织评价和社会评价四类评价体系，具体内容如表4-6所示。

表4-6 职业生涯成功的评价体系

评价方式	评价者	评价内容	评价标准
自我评价	本人	自己的才能是否得到充分施展 对自己在企业发展、社会进步中所做的贡献是否满意 对自己在职称、职务、工资待遇等方面的变化是否满意 对处理职业生涯发展与其他人生活关系的结果是否满意	根据个人的价值观念及个人的知识水平、能力
家庭评价	父母、配偶、子女等家庭成员	是否能够理解和肯定 是否能够给予支持和帮助	根据家庭文化
组织评价	上级、平级、下级	是否有下级、平级同事的赞赏 是否有上级的肯定和表彰 是否有职称、职务的晋升或相同责任权力范围的扩大 是否有工资待遇的提高	根据企业文化及总体经营结果
社会评价	社会舆论 社会组织	是否有社会舆论的支持和好评 是否有社会组织的承认和奖励	根据社会文明程度、社会历史进程

第八节 个人职业生涯开发

个人职业生涯开发，是指为了获得或改进个人与工作有关的知识、技能、动机、态度、行为等因素，以利于提高其工作绩效、实现其职业生涯目标的各种有目标、有计划、有系统的努力。个人职业生涯开发的内容和形式多种多样，一般应从个人要素开发和社会资本开发两个方面来加以开展，并要注意用有效的开发方法。

一、个人要素开发

（一）能力的开发

能力是一个人可否进入职业的先决条件，是能否胜任职业工作的主观条件。无论从事什么职业总要有一定的能力作保证。没有任何能力，根本谈不上进入职业工作，对个人来讲也就无所谓职业生涯可言。职业工作能力包含两大方面的能力——体能和智能，具体可分为六大能力要素，即体力、心理、智力、知识、技能和人际交往，如图4-4所示。

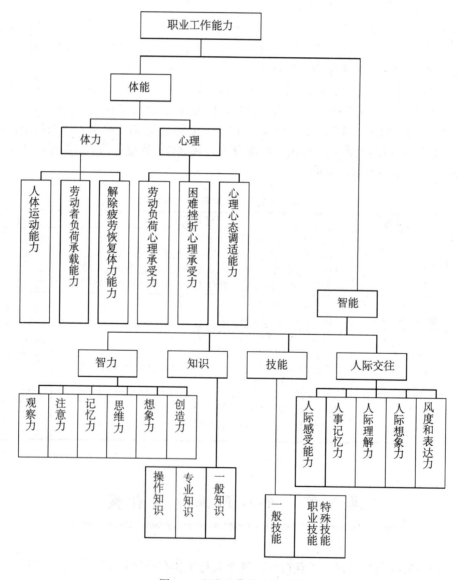

图4-4 职业工作能力结构图

职业工作能力的开发策略主要有以下三个。

1．增强实力

（1）尽可能提高自己的学历。进入组织之后，千万不要停止对学历的追求，尤其是低等或较低文化水平者更是如此。学历标志着一个人的知识水平，追求学历，是扩大知识面、增加新知识，甚至是学习和掌握专业知识的过程，这是任何一项职业工作所需要的。进入组织内的员工要根据个人情况，制订可行的学习计划，脚踏实地地向上走。

（2）采取多种形式，不断加强专业知识和职业技能的学习。在信息时代，停止学习，意味着原有专业知识和职业技能的丧失，所以必须积极、主动、自觉地参加各种形式的职业教育、职业技能培训。

（3）丰富工作经验。不要拒绝一切提高自己、丰富与发展自己实力的机会，特别是不要拒绝一些复杂的工作任务或组织委以的重任。

2．获取新能力

（1）抓住关键性的事业变动转折点，获得新能力。人的职业生涯中有以下主要的转折点：中学至大学（教育程度）；大学至工作（投入的领域）；工作至精通专业（专门化过程）；精通专业至权力（高位）；权力至最高限度（停止增长）；最高限度至退休（生活形态的选择及衰退）。每一个转折点都代表个人发展的一次挑战，不可忽视或回避。抓住机遇，扩展新能力，迎接挑战，才有前途。

（2）变更职业工作，获得新能力。长期或较长期位于一个职业岗位往往限定从业者的能力发展，要在目前的职务以外获得新能力并非易事。变换工作岗位，会因能获取新能力而令人惊喜。

3．适应职业需要发展个人能力，做表现杰出的突出人物

（1）必须清楚和了解现职业自己所必需的能力，并且力争表现自己非凡的能力。个人能力的开发，无论是深化原有能力，还是获得新能力，都不是盲目的，必须适应职业需要，有意识、有目的地进行能力开发。没有一种能力可以适用于各种职业，也并非所有的能力都同样有助于优异表现。

（2）根据变更了的职业所需要的能力，有针对性、有选择性地学习和发展自己的能力。每个人的职业生涯都会有事业转折点和发生职业的变更。凡至此时，获取新能力都是必要的。学习或获取新能力应当根据自己所追求或者已变更的职业需要而定。在现实中，不同职业有不同的职业能力需要，即使同一领域或系统的工作，若职位不同所需的能力也有分别。

（二）态度的开发

良好的思维方式可以让你拥有正确的处事态度，而这种态度是个人职业生涯成功的关键。态度决定一切，它是你每天对生活所作的回应，良好的态度是一种有责任的体现。每个人都会经历各种艰难，然而乐观的积极态度可以让人们重新崛起。

下面介绍几种培养正确态度的方法。

1．选择自己的态度

你应该确定什么态度是你所希望拥有的。尽管态度决定着一个人发挥其潜能的程度，但只有将态度付诸行动以后才会实现。选择了一种特定的态度，也就建立了自己未来的位置。因此，必须首先知道自己现在的位置，明确自己有哪些思想及情感上的问题，然后再选定合适的目标来改变自己的态度。

2. 作记录

可以每天在笔记本或电脑上写日记，将如何表现新态度的具体例子记录下来。如果在转变过程中犯了一些错误，也一样记录下来。将这些错误列出来，然后把注意力集中在如何成功转变态度上。

（三）职业资本的开发

职业资本是一个人选择职业、发展自我、运作金钱和创造财富等能力的总和，它是在与生俱来的先天基础上，通过后天的社会生活和教育改造而逐步形成的。一个人只有自身拥有雄厚的职业资本，才能获得更大的择业自由，获得更多的就业机会，才能获得更多的职业生涯发展与成功机会。

能力的开发、职业资本的保值与增值是没有终结的人生课题。提高能力和职业资本的附加值，可以从以下几个方面做起。

1. 努力汲取知识营养

这不仅是指接受系统的学校教育，更是指在离开学校后的自我修炼。知识是知识经济社会最重要的生产要素，不掌握最新的职业知识，就无法为企业、社会和国家做出更多的贡献。没有一个老板喜欢不学习的员工。靠经验和感觉去处理问题的时代已经一去不复返，持续的学习和知识更新已成为必然。活到老，学到老，进行终身学习，已成为现代职业发展的必然要求。

2. 树立效率观念，强调功效

没有效率就谈不上竞争，提高工作效率，才能降低成本（生产成本与机会成本）。提高效率、合理规划与利用时间，是实现职业生涯成功的重要措施。

3. 高瞻远瞩，树立国际化观念

站得高才能看得远。随着全球化与国际化步伐的加快，没有国际化的思路，没有广博的知识与先进观念，就不能称为现代人，特别是外语、计算机和涉外法律等与外商打交道的工具和知识更是必不可少。因此，职业生涯的开发与发展，必须从全球化的角度进行思考，按照国际人才标准要求自己，并从全球的角度进行职业定位。

4. 脚踏实地，积极参与

职业生涯能力的培养需要从小事着手，从大处着眼，现代社会不欢迎那些"一屋不扫"而想"扫天下"的空想家。在职业生涯发展过程中积极地参与各项开发活动，这不仅可以锻炼能力，更可以扩大和传播思想，更新观念，从而能够更好地促进个人的发展。

二、社会资本的开发

社会资本是指处于一个共同体之内的个人或组织，通过与内部、外部对象的长期交往、合作、互利形成的一系列认同关系，以及由此而积淀下来的历史传统、价值理念、信仰和行为范式。随着社会的进步与发展，影响人类发展的因素将逐渐由物资资本向人力资本转化，资本的智能化是知识经济发展的必然结果。人力资本的无限性、稳定性与普惠性使其成为现代社会经济发展中的真正资本与首要财富。社会资本作为影响个人行动能力以及生活质量的重要资源，在任何经济体制下都有着重要的作用。特别是在我国社会经济转型期，社会资本作为沟通个人和制度的中间物，能够提供个人与制度的缓冲，影响制度的开放性，造成不平等竞争。比如，职业知名度和职业信用度等都是非常重要的社会资本。因此，在个人的职业生涯发展中，积极开发与利用社会资本，注重个人形象传播和个人公关等社会资本，对促进个人职业生涯发展具有重要意义。

职业社会资本的开发主要可以从如下几个方面入手。

（一）服饰与仪表

服饰与仪表虽然是外在的东西，却能起到非常重要的作用。注重职业形象的员工往往赢得更多的职业资本。

（二）对权力关系的把握

一般情况下，领导都喜欢通过一定的方式表达自己的权威和权力，聪明的员工和管理人员总是善于把握这一点，并依此规范自身的行为，显示出对领导权威的尊重，赢得领导的好感。

（三）争取领导的注意

要想在职业生涯中获得进步，一个很重要的问题是怎样获取上司和领导的重视。在军队，不主动要求任务，一切听从指挥是一个基本的原则。而在公司或企业则不同，管理人员必须主动地争取任务，这样才能获得与上司、与领导接触的机会。晋升迅速的员工总是争取那些相对短期而且能够很快显示绩效的工作任务，这样他们才能够更多地被赏识和重视。

（四）人际关系的处理

要获得职业生涯的成功，就要注意利用负责任、勤于做事、注意仪表来为成功铺路，并时刻以成功为念，避免想到失败。同时，还要注意经营人际关系，因为良好的人际关系是达到晋升目的的重要手段和途径。

（五）构建职业人际关系网的技巧

职业生涯成功在很大程度上取决于拥有多大的权力和影响力，而与恰当的人建立稳固的人际关系对此至为关键。构建职业人际关系网应注意以下几个方面的技巧。

（1）构建稳固的人际关系内部圈。良好、稳固、有力的人际关系的核心必须由10个左右能靠得住的人组成。这首选的10个人可以包括朋友、家庭成员和那些在职业生涯中彼此联系紧密的人，他们构成影响力内圈。同时，应该与15个左右、可以作为10人关系圈后备力量的人保持联系。

（2）为人要慷慨大方。

（3）掌握人际关系的维护技巧，为自己的关系网和组织提供信息。时刻关注对网络成员有用的信息，并且定期将自己收到的信息与他们分享，这是很关键的。

三、职业生涯发展文件管理法

职业生涯发展文件（Personal Performance Development File，PPDF）是个人职业发展档案，它是一种极为有效的职业生涯匹配人力资源开发的方法。

（一）PPDF 的主要目的

PPDF 是对员工工作经历的一种连续性参考。它的设计使员工和他的主管领导对该员工所取得的成就以及员工将来想做些什么有一个系统的了解。它既指出员工现在的目标，也指出员工将来的目标及可能达到的目标。它标示出，如果要达到这些目标，在某一阶段应具有什么样的能力、技术及其他条件等。同时，它还帮助个人在实施行动时进行认真思考，看其是否非常明确这些目标及其应具备的能力和条件。

（二）PPDF的使用方法

PPDF是两本完整的手册。当你希望达到某一个目标时，它为你提供了一个非常灵活的档案。将PPDF的所有项目都填好后，交给你的直接领导一本，员工自己留下一本。领导会找你，你要告诉他你想什么时间内、以什么方式来达到你的目标。他会同你一起研究，分析其中的每一项，给你指出哪一个目标你设计得太远，应该再近一点儿；哪一个目标设计得太近，可以将它往远处推一推。他也可能告诉你，在什么时候应该与某些培训机构联系，他也可能会亲自为你设计一个更适合你的方案。总之，不管怎样，你将单独地和你相信的领导一同探讨你该如何发展、奋斗。

（三）PPDF的主要内容

PPDF的主要内容包括个人情况、现在的行为、未来的发展，具体内容如表4-7所示。

表4-7　PPDF的主要内容

1. 个人情况	A. 个人简历	包括个人的生日、出生地、部门、职务、现住址等
	B. 文化教育	初中以上的校名、地点、入学时间、主修专题、课题等，所修课程是否拿到学历，在学校负责过何种社会活动等
	C. 学历情况	填入所有的学历，取得的时间、考试时间、课题以及分数等
	D. 曾接受过的培训	曾受过何种与工作有关的培训，如在校、工作还是在职培训的课题、形式、开始时间等
	E. 工作经历	按顺序填写你以前工作过的单位名称、工种、工作地点等
	F. 有成果的工作经历	写上你认为以前有成绩的工作是哪些，不要写现在的
	G. 以前的行为管理论述	写你对工作进行的评价，以及关于行为管理的事情
	H. 评估小结	对档案里所列的情况进行自我评估
2. 现在的行为	A. 现时工作情况	应填写你现在的工作岗位、岗位职责等
	B. 现时行为管理文档	写上你现在的行为管理文档记录，可以在这里加一些注释
	C. 现时目标行为计划	设计一个目标，同时弄出和此目标有关的专业、经历等。这个目标是有时限的，要考虑到成本、时间、质量和数量的记录。如果有什么问题，可以立刻同你的上司探讨解决
3. 未来的发展	A. 职业目标	在今后的3~5年里，打算在单位里做到什么位置
	B. 所需要的能力知识	为了达到你的目标，你认为应该拥有哪些新的技术、技巧、能力和经验等
	C. 发展行动计划	为了获得这些能力、知识等，你准备采用哪些方法和实际行动，其中哪一种是最好的、最有效的，谁对执行这些行为负责，什么时间能完成
	D. 发展行动日志	此处填写发展行动计划的具体活动安排，所选用的培训方法，如听课、自学、所需日期、开始的时间、取得的成果等

本章小结

有效的职业生涯规划应从自我认识开始,然后才能谈到建立可实现的目标,并确定怎样达到这些目标。自我分析就是对自己进行全面的分析,通过自我剖析来认识自己、了解自己,以便准确地为自己定位。自我分析的重点在于测评出管理能力、人际交往能力、知识水平、职业导向因素、价值观念和相对独立性等。橱窗分析法是自我剖析的重要方法之一。

职业生涯机会评估,就是对影响自己职业生涯发展的内外环境因素进行分析,从而找出适合自己职业发展的机会。职业发展必须有明确的方向与目标,目标的选择是职业发展的关键,坚定的目标可以成为追求成功的驱动力。确定职业和职业发展目标后,要选择最佳的职业生涯路线。同时,要有相应的职业生涯策略作保证。

在实施职业生涯规划的过程中自觉地总结经验和教训,评估职业生涯规划,可以修正个人对自己的认知,并可通过反馈与修正,纠正最终职业目标与分阶段职业目标的偏差,保证职业生涯规划的行之有效。修订职业生涯规划的内容主要包括重新选择职业、重新选择生涯路线、修正生涯目标、变更实施策略计划等。

PPDF 是个人职业发展档案,它是一种极为有效的职业生涯匹配人力资源开发的方法。PPDF 的主要内容包括个人情况、现在的行为、未来的发展。

思考与练习

1. 自我分析都有哪些内容?请试着对自己进行自我分析并和大家分享。
2. 如何进行职业生涯机会评估?你都有哪些职业生涯机会呢?
3. 你的职业生涯目标是什么?
4. 个人职业生涯规划都有哪些内容?请制定自己的职业生涯规划表。
5. 德尔提出的企业员工职业生涯成功方向有哪些?
6. 职业生涯发展文件都包括什么内容,请制定个人的职业生涯发展文件。

案例分析

案例一:邹其芳——设计人生

简历:

1978—1982 年,在天津外国语学院学习

1982—1984 年,在天津医管局工作,做美国史克公司与中国合资谈判的翻译

1984—1992 年,在中美史克公司从底层一直做到市场部经理

1992—1994 年，在美国沃顿商学院学习，念书期间负债 8 万美元，并在思维方式、做事方式和知识结构上发生质的变化

1994—1995 年，进入美国信孚银行工作

1995—1997 年，任科尔尼咨询公司顾问

1998 年，创立瑞尔齿科

在瑞尔齿科的诊所里，经常会有一位和蔼可亲面带微笑的先生为患者倒茶，与患者聊天。这个人不是瑞尔齿科的一名普通医护人员，而是瑞尔集团有限公司总裁邹其芳。在瑞尔齿科，邹其芳总是用这种方式来教育员工要把患者当作客户。

邹其芳不是医生出身，在他的简历中，我们可以看到对很多人来说"显赫"的经历：在中美史克做过市场部经理，就读于美国沃顿商学院，有过在美国信孚银行、著名咨询公司科尔尼工作的经历。就是这样一个人却丝毫没有架子，在采访过程中，他始终亲切、语气匀缓地把他的观点娓娓道来，就像他接待每一位患者一样。

在他身上找不到成功后的傲气，看到的是对命运牢牢掌握后的坚定与泰然。

外企中傻干，以前的同事都成了下属

作为中国恢复高考后第一批参加高考的人，邹其芳到现在都说，如果他准备好了一定学数理化，但是那时仅有几个月的时间准备高考，所以邹其芳的选择只能是他一直坚持从广播中学习的英语。而正是这无意识的准备，使邹其芳成为中国恢复高考后第一批外语专业大学本科毕业生。

"毕业时我最想做的工作是当老师。"可是当时的环境并没有给邹其芳这样的机会，而除了当老师，其他的机会却很多，毕竟刚刚改革开放的中国外语人才是最紧俏的。

选择去天津医药管理局工作，邹其芳说看重的是医药管理局正在谈的一个合资项目，觉得这个项目不错，可以把外语派上用场。"我当时找工作有一个思路，就是如果进入一个非教书的领域外语只能成为工具。"在这个思路指导下，邹其芳进了医药局。

在医药局，邹其芳作为美国史克公司与中国合资谈判的翻译进入了合资谈判。这也给了邹其芳一个机会，"在医药局工作了两年后，我去了正在筹备中的中美史克"。虽然医药局的工作已经令当时很多人羡慕，但邹其芳毫不犹豫地扔掉了这个"铁饭碗"，去了他认为发展前景更宽、机会更多的中美史克。

邹其芳去中美史克的时候，中美史克正处在筹建期，"加上我只有 4 名员工，所以什么工作都要做"。邹其芳说，当时他有一种傻干的精神，就是领导给什么工作都高高兴兴地去干，不会就学。在傻干中，邹其芳一边向别人证明着自己的能力，一边又得到了更多的机会。"我总是比别人下班晚，干得多，随着时间的推移，我的能力不断地增长，也就得到了更多的认可。"

邹其芳在中美史克干到第 4 年的时候，被任命为中美史克的市场部经理，直接向总经理汇报。从普通员工到计划主管到办公室主任最后成为市场部经理，邹其芳把他同时进入中美史克的同事远远抛在了后面，这些人都成了他的部下。"我是学外语的，并不懂得生产和管理。之所以公司让我做这些职位，就是因为我的傻干，因为在傻干中，我建立起了我的信誉，建立起了别人对我的信任，积累了经验。"到现在，邹其芳都认为，先傻干再说，是在外企发展的基本点之一。

去沃顿学 MBA，职业生涯就此改变

在邹其芳为徐小平新书写的书评中，邹其芳写下了这样一段话："人的一生实际上是可以

由自己来设计的，关键取决于你有没有提升改善自己、不断向前走的动力。"实际上这段话正是邹其芳自己的人生感悟。

在中美史克工作到第 10 个年头的时候，邹其芳下决心辞职去美国读 MBA。这个决定意味着邹其芳将舍弃在外企工作 10 年的经验，意味着他必须举债度日，而此时的邹其芳已经 37 岁。"虽然在工作中我已经积累了一些经验但毕竟我不是科班出身，我的经验是零散的，我当时觉得必须通过学习一套系统的理论把我的经验串起来。而 MBA 是我认为最好的选择，因为它是把管理理论和知识系统化的一种课程。"

但是，面对这样的取舍，邹其芳真的不犹豫吗？

"人的思维是不同的，大致可分为积极的和消极的，我大概属于积极的那种。做事时我更多地考虑的是成功以后会怎么样，而不是不成功会怎么样。用这样的心态去看待我将失去的东西会觉得不算什么，因为 MBA 毕业后这些都会再有的。"

邹其芳当时的考虑是，读完 MBA 后回国做个真正的职业经理人。而这个想法在他进入沃顿商学院后完全改变了。"在沃顿读书我最大的变化是思维方式和看问题角度。去沃顿前我从来没想过自己去创业，也不知道自己是否具备这样的能力。在沃顿，我不仅学习了很多我从来没有接触过的知识，而且也深深地感受到了美国浓厚的创业文化。"

邹其芳在沃顿时，最爱听的不是老师讲的课，而是那些学校请来的企业名流的演讲，而这些人大多是自己创业成功的。"读了 MBA 的人都有一个梦想，就是从头到尾做一件事，看看自己的价值所在。回过头来看，我当时想去读 MBA 实际上就已经有这个想法了，只是没被发现而已。到沃顿后，美国崇尚创业的文化和周围人潜移默化的影响使我这个潜在的想法被发现了。"

当邹其芳的创业梦想被激发出来后，他就再也待不住了，美国的绿卡也丝毫不能挽留他。但现实是，并不知道创业做什么，什么时候是好时机，而且读书借的 8 万美金要还。在创业的梦想没实现前，邹其芳不得不选择一个过渡的办法：先进公司再寻找机会。

进投资银行是一个错误，选职业和选工作完全不同

在创业前的过渡期，邹其芳在职业的选择上犯了一个错误。"当时并不认为是错的，但现在看来是。"

邹其芳从沃顿 MBA 毕业后在香港进了美国信孚银行工作。其实，在沃顿主攻金融的他，进投资银行应该是顺理成章的事。而能到如此著名的投资银行工作是很多人一生的追求。但到了信孚邹其芳才意识到，这个选择是一个错误的冲动。"在银行工作我发现，10 年医药领域的工作经验在这里一点都用不上，什么都要从头再来，很多东西都要重新学。不仅如此，上司还比我年轻，而且要用 5 年的时间才能做到一定的职位，这对我来说太漫长了。"自己的特长发挥不出来，邹其芳的头脑开始冷静下来。"职业选择和工作选择完全是两码事。选工作可以随便些，但选职业一定要慎重。如果职业选错了，每一次跳槽自己都会受很大的损失。10 年医药领域的工作经验本应为我的职业发展做加法，但在投资银行一点作用都没有起到。"领悟得快，行动也得快，邹其芳在信孚银行工作一年后，就去了著名的咨询公司科尔尼咨询公司。在科尔尼，邹其芳的医药工作经验和他学的 MBA 知识得到了很好的融合和运用。但即便如此，创业的梦想在他心头始终挥之不去。

这一次机会又眷顾了有准备的人，也使邹其芳回到了他熟悉的医药医疗领域。

在香港工作一年多后，邹其芳遇见了以前的上司——原美国史克董事长温特。当时退下来的温特收购了一家美国最大的生产种植牙的公司，并想开发中国市场，而温特想到的最好的人选就是邹其芳。"我在中美史克工作时，曾和温特有过几次接触，但都是工作上的。后来我去美国读书，每年都要去拜访他一次，我曾告诉他我想回国创业。"看似偶然的选择，实际上存在着必然的关系。选择邹其芳，温特显然不是任意而为。

有经验也有教训，管理的真谛需要干中领悟

真正作为企业领导者，邹其芳应该是从瑞尔齿科开始的。几年来，邹其芳的领导感悟是影响比说教有意义，做事力求简单。

以身作则不仅是邹其芳对管理层的要求，也是对自己的要求。很多时候，你在瑞尔齿科诊所里看到的一个和蔼可亲、面带微笑、为患者倒茶、与患者交流的人正是邹其芳。"在一个新企业，大家做事都想有一个标准，那么谁是标准呢？管理层要以身作则。"

有人的地方就有矛盾。在邹其芳看来，管理的过程就是把事情捋顺的过程，把人际关系调整好。而这时，邹其芳讲究的是简单，比如，两个医生为患者多少起争执时，最好的办法是分开解决。

从做瑞尔齿科开始，邹其芳提倡的管理理念是为人民服务。"管理者不是发号施令的，不是下指标提要求，而是了解工作是怎样完成的，并协调衣食住行、财务、市场、供应、服务等各个系统。如果你能让专家工作得更得心应手，效率更高，你的管理就是成功的。"为了把这个主导思想贯穿下去，他采取的方法是借题发挥，任何一件小事都能被他引导到这个主题上来。

邹其芳用过很好的人。比如，前上海公司的总经理，在日本工作近20年，回来后没有丝毫的水土不服。"当时上海公司正在筹办，他挽起袖子就干，没有跟我谈待遇，是个先干后说的人。"但邹其芳也走过眼，用错过人。"有的人确实很能说，但做起来就不行了，而中层管理者要的就是执行力。"这时，邹其芳更多地把责任揽在管理者身上，谁让你事先没看好。

瑞尔齿科要发展，邹其芳面临着人才的挑战。

资料来源：周文霞.职业生涯管理[M]. 上海：复旦大学出版社，2004.

讨论题：

1. 你认为邹其芳在其职业生涯发展中有哪些关键点？他是如何把握这些机遇的？
（提示：个人生涯机会评估）
2. 为什么他认为进入投资银行是其职业选择中犯的一个错误？你如何评价他的这一选择？
（提示：职业生涯路线的选择与调整）
3. 从对自我认识和环境认识的角度评价邹其芳的职业生涯管理策略。
（提示：职业目标选择、职业生涯策略、职业生涯规划反馈与修正）

案例二：个人职业生涯规划设计书（模板一）

目 录
一、自我认知
1. 职业生涯规划测评
2. 360度评估
3. 橱窗分析法
4. 自我认知小结
二、职业认知
1. 外部环境分析

续表

  2．目标职业分析

  3．职业素质测评

  4．SWOT 分析

  5．职业认知小结

 三、职业生涯规划设计

  1．确定目标和路径

  2．制订行动计划

  3．动态分析调整

  4．备选规划方案

一、自我认知

 1．职业生涯规划测评

 （测评报告）

 推荐测评网站：http:// www.e8621.com；http://test.studyget.com

 2．360 度评估

项目	优点	缺点
自我评价		
家人评价		
老师评价		
亲密朋友评价		
同学评价		
其他社会关系评价		

 3．橱窗分析法（选做，不作强制要求）

 （1）橱窗 1："公开我"

 （2）橱窗 2："隐藏我"

 （3）橱窗 3："潜在我"

 （4）橱窗 4："脊背我"

 4．自我认知小结

二、职业认知

 1．外部环境分析

 （1）家庭环境分析

 （2）学校环境分析

 （3）社会环境分析

续表

（4）目标地域分析

2．目标职业分析

（1）目标职业名称

（2）岗位说明

（3）工作内容

（4）任职资格

（5）工作条件

（6）就业和发展前景

3．职业胜任力测评

（测评报告）

4．SWOT 分析

（1）我的优势（strength）及其使用

（2）我的弱势（weakness）及其弥补

（3）我的机会（opportunity）及其利用

（4）我面临的威胁（threat）及其排除

MiniMax SWOT 分析（选做）

外部因素 ➡ 内部因素 ⬇	外部机遇：Opportunities O1：	外部挑战：Threats T1：
内部优势：Strengths S1：	优势—机遇：SO	优势—挑战：ST
内部劣势：Weaknesses W1：	劣势—机遇：WO	劣势—挑战：WT

续表

5．职业认知小结

三、职业生涯规划设计
    1．确定职业目标和路径
      （1）近期职业目标

      （2）中期职业目标

      （3）长期职业目标

      （4）职业发展路径

    2．制订行动计划
      （1）短期计划

      （2）中期计划

      （3）长期计划

    3．动态分析调整
    评估、调整我的职业目标、职业路径与行动计划：

    4．备选职业规划方案
    由于社会环境、家庭环境、组织环境、个人成长曲线等变化以及各种不可预测因素的影响，一个人的职业生涯发展往往不是一帆风顺的。为了更好地主动把握人生，适应千变万化的职场世界，拟定一份备选的职业生涯规划方案是十分必要的。
    我的备选职业规划方案：

案例三：个人职业生涯规划设计书（模板二）

职业规划设计书

封　面

××大学 职业规划书

扉　页

个人基本资料：

真实姓名：×××

笔名：×××

性别：×

年龄：××

籍贯：×××××

身份证号码：××××××××××××××××××

所在学校及学院：××大学××××学院

班级及专业：××××级×××专业

学号：××××××××

联系地址：××××××××××

邮编：××××××

联系电话：×××××××××××

E-mail：××××××××××

小一寸
照　片

目　录

一、自我分析

二、职业分析

三、职业定位

四、计划实施

五、评估调整

结束语

正　文

一、自我分析

结合大赛指定的人才测评报告以及XX等分析方法，我对自己进行了全方位、多角度的分析。

1. 职业兴趣——喜欢干什么

我的人才素质测评报告中，职业兴趣前三项是××型（×分）、××型（×分）和××型（×分）。我的具体情况是……

2. 职业能力——能够干什么

我的人才素质测评报告结果显示，××能力得分较高（×分），××能力得分较低（×分）。我的具体情况是……

续表

3．个人特质——适合干什么
我的人才素质测评报告结果显示……，我的具体情况是……

4．职业价值观——最看重什么
我的人才素质测评报告结果显示前三项是××取向（×分）、××取向（×分）和××取向（×分）。我的具体情况是……

5．胜任能力——优劣势是什么

我的优势能力	我的弱势能力

自我分析小结：

二、职业分析
参考人才素质测评报告建议以及通过××等途径方法，我对影响职业选择的相关外部环境进行了较为系统的分析。

1．家庭环境分析
（如经济状况、家人期望、家族文化等以及对本人的影响）

2．学校环境分析
（如学校特色、专业学习、实践经验等）

3．社会环境分析
（如就业形势、就业政策、竞争对手等）

4．职业环境分析

5．行业分析
（如××行业现状及发展趋势，人业匹配分析）

6．职业分析
（如××职业的工作内容、工作要求、发展前景，人岗匹配分析）

7．企业分析
（如××单位类型、企业文化、发展前景、发展阶段、产品服务、员工素质、工作氛围等，人企匹配分析）

8．地域分析
（如××工作城市的发展前景、文化特点、气候水土、人际关系等，人城匹配分析）

职业分析小结：

续表

三、职业定位

综合第一部分（自我分析）及第二部分（职业分析）的主要内容得出本人职业定位的 SWOT 分析。

	优势因素（S）	弱势因素（W）
内部环境因素		

	机会因素（O）	威胁因素（T）
外部环境因素		

结论：

职业目标	将来从事（××行业的）××职业
职业发展策略	举例：进入××类型的组织（到××地区发展）
职业发展路径	举例：走专家路线（管理路线等）
具体路径	举例：××员——初级××——中级××——高级××

四、计划实施

计划实施一览表：

计划名称	时间跨度	总目标	分目标	计划内容（参考）	策略和措施（参考）	备注
短期计划（大学计划）	2007年—20××年	如大学毕业时要达到……	如大一要达到……大二要达到……或在××方面要达到……	如专业学习、职业技能培养、职业素质提升、职业实践计划等	如大一以适应大学生活为主，大二以专业学习和掌握职业技能为主……，或为了实现××目标，我要……	大学生职业规划的重点
中期计划（毕业后五年计划）	20××年—20××年	如毕业后第五年时要达到……	如毕业后第一年要……第二年要……或在××方面要达到……	如职场适应、三脉积累（知脉、人脉、钱脉）、岗位转换及升迁等		大学生职业规划的重点
长期计划（毕业后十年或以上计划）	20××年—20××年	如退休时要达到……	如毕业后第十年要……第二十年要……	如事业发展，工作、生活关系，健康，心灵成长，子女教育，慈善等		方向性规划

详细执行计划如下：

本人现正就读大学（研究生）×年级，我的大学计划是……

续表

五、评估调整
职业生涯规划是一个动态的过程，必须根据实施结果的情况和因素变化进行及时的评估与修正。 1．评估的内容 （1）职业目标评估（是否需要重新选择职业？）假如一直……，那么我将…… （2）职业路径评估（是否需要调整发展方向？）当出现……的时候，我就…… （3）实施策略评估（是否需要改变行动策略？）如果……，我就…… （4）其他因素评估（身体、家庭、经济状况、机遇、意外情况的及时评估） 2．评估的时间 一般情况下，我定期（半年或一年）评估规划；当出现特殊情况时，我会随时评估并进行相应的调整。 3．规划调整的原则 结束语：

第五章

个人职业生涯周期管理

【本章关键词】

　　个人职业生涯周期；职业生涯危机；个人职业化；退休

【学习目标】

- 　　□　了解个人进入组织时的任务。
- 　　□　熟悉职业生涯早期、中期、后期的特征及面临的问题。
- 　　□　掌握个人职业生涯早期、中期和后期自我管理的内容与方法。

原地踏步：灰暗的人生

　　王平刚参加工作时是位销售高手，业绩骄人，拿的业绩奖励在同级别的销售员中是领先的。但不久他发现其他业绩不如自己的甚至是业绩二流的销售人员却晋升到领导自己的管理岗位上，而自己无论业绩如何好，拿的奖励如何高，就是不如居于这些管理岗位上的上司拿的综合奖励高。于是他开始抱怨这个社会不公平，并产生种种揣测：他们和某某领导有关系，他们会拍领导的马屁。

　　他们凭什么管理自己？他不服气，甚至开始发难，把时间和精力用在与自己的直接上司作对上，接下来他的销售业绩开始下降。

　　这样一来，他这位销售高手的命运可想而知。

　　王平愤愤然辞职，怀着新的希望加盟到另一个企业组织，又从零开始干起销售，自己原先的积累，除了销售经验打了一个大折扣后留存于自己职业生涯的包裹里，其余的统统化为乌有。于是王平在新的销售岗位上开始了自己新的人生征程。他没有悟出自己在原单位失败的主观原因，在原有的思想观念支配下开始新的工作，结果他重蹈原来的覆辙。

　　王平这样反复折腾了几个单位后，对自己都没有信心了，甚至找个工作都很困难，因为这世界圈子很小，尤其同一行当的圈子更小，当他先后到几家新的单位应聘时，发现新的单位销售主管有些甚至比他应聘的岗位高出许多级别的主管都是他原来的同事，或曾经接触过，有的还是他带过的小徒弟。正是这些主管对他有所了解，所以他的面试一次次失败。他开始抱怨这些人不念旧情，但这些抱怨对他自己找工作没有任何益处。

王平也曾经到几家没有认识自己的人的单位去应聘，那些坐在掌握着他饭碗的岗位上的主管们，尽管比起他属于"嘴上没毛"者，但依旧傲慢地把他上下打量一番后，开始了疑惑的甚至是挑剔的下意识中就不想录用的面试，因为坐在这些主管岗位上的人与他素不相识，只能按一般常理去推测："您老为什么这么大年龄还在寻找这么基础的具体工作，而且还跳槽N次，每次都是做重复的最基层的销售员工作？"基于这样的前提他的应聘成功的概率几乎为零，因为招聘者对他的能力和能力以外的许多事都持怀疑态度。

随着年龄的增长，家庭生活的担子越压越重，王平没有机会作更多的选择，只能着急挣钱养家糊口，于是他只能委曲求全做自己最不愿意做的工作，做最低层次的工作，做付出和收获比最低效的工作，做随时都有可能被解除辞退的工作，因为越是这些低层次的工作其竞争越激烈，这样的工作岗位随着社会的进步随时都有可能消弥，同时许多命运和他一样等待就业的待业者时刻在窥视着他所在的岗位，伺机取代他。

此时，连王平自己都感觉到人生的失意、失落、失败，灰暗的前景时刻袭染着他的心灵，逐渐染就了他灰暗的人生。此时，他回首早期骄傲于同事的业绩，仿佛只是遥远的蜃楼，或者那时心中的希望好像是发生在他人身上。他至今也许还不明白，最初一起参加工作的同事，在同一人生起跑线上开始人生跋涉，为什么会有如此大的差别呢？为什么那些还不如自己的人会超过自己，甚至成为年薪丰厚的总裁级人物呢？他百思不得其解，他又若有所悟——命运如此！

资料来源：http://lw.china-b.com/zygh/lwzx_653301.html

第一节 个人职业生涯早期管理

职业生涯早期主要是指从进入组织之前的职业选择、职业培训到进入组织的一段时期。这一段时期一般发生在20～30岁之间，是一个人由学校走向社会、从学生转变为员工的过程。在此阶段，一个人开始择业、择偶的选择，其中择业居于首位。一个能发挥自己才能、有成长空间的职业能使一个人获得良好的经济地位和社会基础，它是实现自己人生目标的重要保证。

在这个时期，职业生涯管理可以分为两个阶段：进入组织之前的一段和进入组织之后的一段时间。进入组织之前主要以自我职业生涯管理为主，进入组织后的职业生涯管理则是双向的，既有组织的职业生涯管理，又有自我的职业生涯管理。

进入组织之前，主要是个人选择适合自己的职业，积极地准备应聘，为了实现自己的职业生涯目标而进入理想的组织。在进入职业生涯之后，便开始逐渐适应新环境、新岗位，检验自己的知识、技能、经验和能力是否适合新岗位的需要，逐渐融入组织，在组织中建立自己的地位。对于一个跳槽者来说，则不涉及进入职业之前的准备问题，主要是适应新单位的文化，慢慢地确立自己的声望和地位。

一、职业生涯早期特点

职业生涯早期阶段，员工处于青年时期，逐渐成熟，这一阶段无论从个人生物周期、社会家庭周期还是从生命周期来看，其任务都比较单纯、简单，个人的主要任务就是在企业里适应企业，学会好好地工作。职业生涯早期的特点是个人进行职业生涯管理的基础，所以有必要了解一下。职业生涯早期的特点主要表现在以下几个方面。

（一）员工的个人特征

这时的员工刚进入职场，具有一种新鲜感，并且具有很强的上进心，在各方面都严格要求自己，内心潜在的力量在不断地推动着他们前进和发展。由于年轻气盛，过分的自信导致在工作中难免表现出浮躁和冲动，比如在工作出现失误的时候，可能会怨天尤人；有时候也可能会因为过度的自以为是而与他人意见不合，从而导致人际关系紧张。

带着"初生牛犊不怕虎"的精神，怀着远大的理想和抱负，职场新人开始了职场的拼搏生涯。渐渐地，他们开始适应环境，工作经验也越来越丰富，自信心不断增强，一展雄才的壮志也在心中不断地升腾。

除了在事业上的拼搏，职业生涯早期的员工开始组建家庭，逐步学习调适家庭关系的能力，承担着家庭责任。职业生涯的初期，员工处于寻找自己未来的伴侣、由单身转向组建家庭或成家后有第一个子女的时期。成家之前，没有什么负担；成家之后，就不可避免地要处理同爱人的关系，承担起抚养子女的责任，此时员工的家庭观念也随之增强。家庭生活难免会发生冲突，为了缓和并化解家庭矛盾，承担起家庭的重任，他们要逐步学会与配偶相处，照顾孩子，协调工作和家庭生活的关系。

从心理方面来看，职业生涯早期的员工主要解决依赖与独立的矛盾。初涉职场，独立担当某种重要岗位的责任的机会比较少，常常处于配合、从属于有经验的人的地位，有一定的依赖性。但是，依赖是独立的前提，当经过一段时间的学习和积累之后，工作经验和能力都会有所提高，这时就应该寻求独立，否则，一味地依赖会成为职业生涯发展的绊脚石。

（二）职业发展情况

员工在进入自己向往的职业领域之后，开始接触职业生涯领域的知识、技能，并逐步尝试在所确立的职业生涯领域积累知识和经验。这个时期也是职业适应和职业探索的时期，因为员工刚进入组织，对组织环境和组织文化都很陌生，需要不断地适应，不断地学习，如果觉得不合适，就需要作一些调整和改变。

二、职业生涯早期问题

职业生涯的早期，也是职业生涯发展关键的一段时期。这一时期选择适合自己发展的职业，进入合适的组织并迅速适应组织的发展是关键。如果一个人能在职业进入前期很好地把握自我，认识自我，寻找适合自己发展的职业和组织，那么就会为以后的发展开辟出一条阳光大道。在职业生涯早期需要解决的问题可以归纳为以下几点。

（一）职业选择问题

每个人都有自己的梦想，而且可能不止一个，有时候还可能会发生变化。年少时，我们想当英雄，想当科学家，长大后想当作家、企业家等。但并不是所有的梦想都可以实现，在选择职业时，我们一定要根据自己的职业价值观、爱好、特长等方面来决定自己的发展方向。职业价值观决定行为的方向，职业兴趣和职业能力则是维持一个人对职业永远投入、不知疲惫的保证。如果一个人不喜欢和人交际，那么安排他从事销售、公关、人事等方面的工作时，他就很难积极主动地与人沟通,也不能在工作领域内坚持下去并取得成就。

此外,在进行职业选择时,社会因素也不可忽视。一个人可以把握自己,但却不能操纵社会。由于在学生时代很少接触现实,因此一个人的职业目标往往理想化了。真正走向社会之后,会发现社会提供的选择和机会自己并不愿意接纳,而自己想从事的喜欢的职业却不一定有机会从事。这种矛盾和冲突在现实中确实存在,如何处理这种矛盾成为许多人面临的难题。当出现这种情况时,一个人可以综合考虑个人的理想、自身条件和社会实际,作出自己的选择,在选择之前要对自己说"不后悔!"

(二)确立职业生涯目标

要想在自己的职业道路上开创出属于自己的天空,就要选好自己的职业生涯目标。职业生涯目标的确定,要考虑自我因素和外部环境因素。自我因素主要是认识自我,这在本书的前面已有叙述,在此不再重复。下面主要介绍对外部因素的认识。

首先,要对社会的宏观发展趋势有基本的认识。比如,自己所选择的职业在将来社会中会有怎样的发展;政府的政策和技术的创新会对职业产生怎样的影响;社会热门职业的需求情况以及发展前景怎样等。

其次,要对自己即将进入的企业的外部环境进行分析,包括该企业所从事的行业的发展状况及前景,该企业在行业中的地位和发展趋势、竞争能力等。比如,IT 行业就要分析目前行业中的竞争状况、发展趋势和市场的空间等;房地产行业就要分析发展状况、竞争力和国家政策可能对其产生的影响等。

再次,分析完企业的外部环境之后,还要对企业内部的情况进行了解,以确定自己在企业中的发展空间。比如,企业领导人的个性和潜能;企业文化和规章制度,特别是企业的人力资源方面的规划是否完善;企业的福利制度以及企业的组织发展状况及自身是否拥有职务晋升的机会等。

(三)个人与组织文化冲突问题

组织在挑选员工的时候,价值观和能力与组织的要求相符合的人就会入选,如果选择的双方都没有意见,那么这些新员工很快就会融入组织这个大家庭之中,建立良好的同事关系;如果员工发现自己的价值观与组织所宣传的价值观或自己感受到的价值观发生冲突,产生摩擦,就需要组织或个人之中的某一方作出让步,即进行工作调适,如果调适失败,个人可能就会离开组织。

工作调适是员工与组织之间进行的利益交换,也是各取所需的过程。员工以工作能力来换取工资、有趣的工作和认可等物质与精神方面的需要,而组织则以提供工资、工作条件、合作者、管理手段等来获得令人满意的工作者。如果双方的交换不是协同变化的,就会有一方不满,这就需要双方或其中一方作出工作调适。在工作调适中,个人对不满意的容忍程度、调适行为的灵活性和坚持性对调适的成败起着重要的作用。员工与组织相互适应的结果,会使员工与组织出现相互的接纳。

(四)个人与群体适应问题

在一个人的职业生涯中,进入企业的初期阶段,是员工最需要将他们的职业生涯发展情况加以考虑的时期。由于这一时期新员工对企业还不是很了解,与上司和同事之间还不熟悉,处于适应的阶段,所以个人与群体之间容易出现一些问题,主要表现在以下两个方面。

1. 新员工难以得到信任和重用

新员工刚进入企业，对企业的人员和环境都不了解，企业对员工也缺乏足够的认识，所以领导不会把重要的任务交给新员工，也不会立刻就把他安排在重要的岗位上。但新员工却难以接受这种现实，因为这一时期的员工对自己有较高的期望，面对毫无挑战且枯燥乏味的工作自然就会感到很失落。

比如，一名刚毕业的工商管理硕士，可能满怀信心地想寻找一份自己期望已久的具有挑战性的工作，并希望把自己所学的知识很好地运用在工作中，一展自己的才华。然而，事实却并非如他想象的那样。他会失望地发现，自己被安排在一个并不重要更不显眼的位置上。刚开始时，他会鼓励自己努力，告诉自己这是老板在考验自己，但如果这种情况持续的时间达到数月、一年甚至更长，那么他就会产生不被重视的感觉。这种感觉会大大地消减其工作的积极性，对他的自信心也是一个致命的打击，这个时候他也许会考虑跳槽。

2. 组织成员对新成员往往会产生抵触心理，怀有偏见或嫉妒

由于时代、年龄和经历等方面的原因，企业中的老员工不是很容易接纳新员工，往往认为他们书生意气，没有经验，还喜欢好高骛远、不脚踏实地等。这种看法有一定的事实根据，但又有很大的片面性。还有一种情况就是，当新员工进入企业时，可能因为受过良好的教育且年轻有为，所以工资比老员工还多，这样对老员工来说就是一个威胁。他们会在内心产生一种嫉妒心理，从而排斥新员工。

以上的这些问题不仅会对个人的职业生涯发展造成阻碍，造成企业人力资源投资的巨大浪费，还会使人才流失或者被埋没，对组织文化造成破坏。

三、职业生涯早期管理

职业生涯的早期管理同样可以从组织和个人两个角度来考虑，这里主要介绍个人自我职业生涯管理。

（一）进入职业之前需要做好思想准备

在进入职业生涯之前，做好思想准备工作十分重要。要有取得成功所必需的态度和价值观，要有积极的工作态度。首先，要对企业进行积极的认知和理解，做好充分的思想准备，接受企业的文化。其次，要培养积极的情感，不管对企业是怎样的一种感觉，当融入其中时，都要以饱满的热情来工作，这也是事业成功的一个法宝。

另外，还要树立积极的意向和正确的价值观。既然选择了这一职业和职业所在的工作单位，就要从内心真正地接受。任何企业和职业的好坏都不是绝对的和不可改变的。对于自己所选择的职业，要认识到它对自己的重要性，要充满信心，只有兢兢业业地努力工作，做出自己的成绩，才会有发展的前景。

在进入组织之前做好思想准备工作，培养正确的态度和价值观，有助于个人更好地接受组织文化和组织价值观，及时融入组织团队，促进个人职业目标的实现。

因此，在态度上，要积极认知，培养积极的情感，树立积极的意向；在价值观上，要真心接受所选职业，充分认识所选职业的重要性，形成个人积极向上的价值系统。

(二)进入组织后,熟悉工作环境,形成良好的印象

第一次交往所形成的印象会对人的态度产生深远而持久的影响。如果对某人的第一印象好,这个好的印象就会维持很长时间,并影响人们对他以后行为的认知。如果对一个人的印象不佳,往往会对此人以后的言行举止产生偏见。因此,新员工在进入一个新的组织之后一定要注意建立良好的形象,否则会影响到自己今后的发展。

通常应该注意以下问题。

(1)要适当地讲究着装;
(2)要有时间观念;
(3)尽快熟悉工作,明确岗位责任,争取出色地完成第一件任务;
(4)积极地利用非正式场合熟悉周围的员工;
(5)不断总结,改进工作;
(6)注意交往的技巧;
(7)熟悉企业的文化、制度和发展策略等。

(三)掌握职业技能,学会如何工作

掌握职业技能,提高工作能力是新员工要做的最重要的事情,包括以下三个方面。

1. 弄清岗位职责,明确工作任务

在接受每项具体工作时,都要向企业问清楚个人承担的工作任务、任务的目标和要求、要求完成任务的时间等。

2. 克服依赖心理,自己积极主动地工作

有些新员工在进入企业工作之后,往往带有一定的依赖性,总希望老板或者同事给自己指导和照顾。有些员工还会把在工作中得不到指导,看作上司不称职、对自己不友好,从而产生抱怨心理。其实,企业中的每个人都承担着自己的工作职责,新员工应当学会自主地开展工作,明确所承担的工作任务和工作方法,认真工作,这样才能够有所收获,尽快成长。

3. 从小事做起,树立良好的职业形象

刚进入企业的新员工,其工作表现的好坏对未来的发展影响较大。如果新员工给企业的第一印象不好,以后再想扭转就必须付出加倍的努力。有些刚毕业的大学生总认为自己很了不起,对于工作中的小事不屑一顾,从而给人不踏实、不卖力的印象,可能因此就会失去发展自我的机会。

(四)适应组织环境,学会与人相处

新员工进入企业之后,要想尽快融入企业就必然要经历一个适应环境的过程。刚毕业的大学生还有些学生气,很少能很快就适应新环境。要想适应组织环境,和同事友好相处,应该注意以下三个方面的问题。

1. 要接受企业现实的人际关系

任何已经存在的企业都有一定的人际关系和人际结构,甚至还存在复杂的人际氛围。有喜欢搬弄是非的人,有喜欢结帮派的人,还有妨碍他人进步的人等。面对这种情况,新员工要有正确的态度,学会客观对待,不要卷入人际关系的是是非非之中,要学会把自己的分析能力和智慧用在工作上,否则不仅浪费时间和精力,而且会有不好的结果。

2. 要尊重上司,学会与上司融洽合作

一个刚刚结束了学校生活的新员工,进入工作岗位之后,要尽快完成从学生到雇员的角色

转换,认识到上司管自己是应该的,同时还要学会接受不同性格类型的上司。不要表现出不满意、瞧不起、不在乎等情绪,而是要针对上司的性格特点,与其融洽相处。

另外,作为一名新员工,一定要有虚心学习的态度,当遇到困难和问题时,要多向同事请教,不要自以为是,但同时还要有独立性,主动解决工作中面临的问题,不要事事依靠他人。

3. 寻找个人在企业中的位置,建立心理认同

新员工进入企业之后,对自己进行恰当、合理的定位,对争取上司的认可和同事的接受有着重要的作用。如果你被分配到一个工作团队,并明确承担本团队的任务,那么就必须学会使自己的需要和才干与该团队的要求相结合,学会与团队成员和睦相处,团结合作。

(五)正确面对困难,努力提高自己

对于刚工作的新员工来说,在工作中遇到困难和挫折是在所难免的,这时候不要惊慌,也不要退却,要摆正自己的心态,用积极乐观的态度来解决问题。

面对困难和挫折,不能逃避,更不能畏缩不前。一个人的能力、各方面的素质以及进取心等在很大程度上决定了这个人未来的职业发展道路。在面对困难的时候,要学会在困境中崛起,不断地提高自我。

(六)找准目标,少走弯路

"人生没有轮回的季节",走过的路是无法回头的。一个人如果没有明确的努力目标,不考虑自身的特点,总是跟在别人的身后走,或者总在变换自己的目标,那么一生的宝贵时光都要在摸索中度过,最后很可能一事无成。因此,一定要尽早地给自己定位,确定自己的前进方向。

第二节 个人职业生涯中期管理

职业生涯中期阶段是一个时间长、富于变化,既有可能获得职业生涯的成功,又有可能出现职业生涯危机的阶段。这一时期作为人生最漫长、最重要的时期,其特殊的生理和家庭特征使其职业生涯发展面临特定的问题和任务。

职业生涯发展中期主要由两种方法来界定:一是根据个人的职业生涯发展状况来区分,即从立业到退休的一段时期;二是根据年龄来划分,即30~50岁。第一种分类比较多地考虑了个人的职业生涯的发展状况,如果职业生涯前期发展不是十分顺利,比如职业探索的时间长,经常转换职业,可能在40岁左右还没有找到要终身努力的职业的发展方向和目标,那么他的中期职业生涯时间就会推迟;如果发展基本顺利,就与第二种分类的时间差不多;如果发展很顺利的话,那么中期职业生涯发展阶段可能会提前到来。

这里我们是按照年龄的标准来划分职业生涯的,因为按照职业生涯发展状况来决定职业生涯中期,时间段的差异比较大。

一、职业生涯中期特点

职业生涯中期是一个非常复杂的时期,在这一阶段,职业生涯周期处于发展和提升的时期,

并逐步达到高峰;家庭周期由组建家庭到生育、培养子女,直至子女成家立业;而生物周期则由精力旺盛到逐渐衰弱。职业生涯中期是个体生命周期中最重要的阶段,也是个人职业生涯周期中最重要的时期。在这一时期,个人的生命周期和心理素质都会发生明显的变化,并呈现出明显的阶段性特征。

（一）个人能力和职业生涯特征

虽然每个人的能力和职业生涯发展状况各不相同,但也表现出一定的特征。具体表现为以下三个方面。

1. 职业能力稳步提升并逐渐成熟

在职业生涯中期阶段,雇员的职业能力不断得到提高,各方面都逐渐趋于成熟。这时的员工已经到了中年,价值观和世界观都已成熟定性,绝大多数人的事业心、责任心增强,逐步形成了沉稳、踏实和一丝不苟的工作作风。此外,处理人际关系和各种事情的能力也在不断提高,趋于成熟。

2. 创造力旺盛,工作业绩突出

在职业生涯中期,员工在企业中已经具有了一定的地位,一般都是作为骨干在发挥着作用。此时,个人也具备了创造一番辉煌业绩的潜在的实力。一方面源于工作经验的积累和能力的增强,另外一方面则源于自身的个性和能力创造性的发挥。因此,职业生涯中期,正是个人创造力最强、工作卓有成效并不断创造辉煌的时期。

3. 职业发展轨迹呈倒"U"形

职业生涯中期长达20多年,在中期的初始阶段,职业发展轨迹呈现由低到高逐步上升的趋势,在职业生涯中期的中间段出现职业顶峰,经过辉煌的职业高峰之后,职业轨迹就会呈现下降的趋势,整个过程呈现为一个倒"U"形的曲线形状。不同人的曲线也是各有差别:事业成功、大有作为的人的曲线顶峰平而长;事业成功只是昙花一现的人,其形状如山峰,峰高尖顶;事业发展平平的人,曲线低而平缓,无明显突出。

（二）个人总体生命空间特征

职业生涯中期处于三个生命周期完全重叠的时期。人的生物周期贯穿人的一生,职业生涯周期从20岁左右开始到60岁（或更长）结束,家庭生命周期则从20岁左右开始贯穿人的后半生。如果30~50岁为职业生涯的中期,那么三者重叠的时间长达20年。相比之下,职业生涯的其他发展阶段三者重叠的时间则相对较短。

1. 职业生涯中期的生物社会周期运行任务繁重

面对工作、婚姻家庭状况、教育子女和其他方面的责任,个人需要重新审视、评估自己,重新确立目标,进行职业自我发展的重新选择,处理家庭和职业要求之间的冲突。

2. 家庭生命周期在本阶段发生显著变化,伴随产生一些新的问题,需要承担新的责任

职业生涯中期由单身变为有家庭和子女,并且子女也开始长大成人,此时的家庭关系较为复杂,任务重,既要学会担当家庭责任,处理好同配偶、子女的关系,又要抚养、教育子女,为子女的将来做好打算。

3. 职业中期阶段个人职业生涯运行和发展任务重

在职业生涯中期阶段,职业发展呈现复杂化和多元化特征,既要想方设法在自己的专业领域保持领先地位,以自己的经验和知识获取更多的报酬与地位,又要面对职业生涯中期的危机,职业发展任务繁重。30岁左右，人的精力还比较旺盛，职业发展处于上升时期；在40岁左右，职业发展将会到达顶峰，这是人的生物周期所能承受的。如果40岁左右，职业发展还没有达到顶点，还在不断地努力，那么精力可能会跟不上，这时如果生活和工作的节奏调节得不够好，就可能会出现重大的疾病。人的三个生命周期之间是相互影响、相互作用的，既有相互促进、相互推动的正面作用，又有相互矛盾、相互制约的负面作用。

在职业生涯和家庭方面，由于都需要花费大量精力，容易产生工作和家庭冲突。特别是在子女上小学或者中学的时候，这种冲突比较严重。现代社会的生活节奏很快，工作压力越来越大，许多人在繁忙的工作之后，还要回家做大量的家务，照顾孩子的学习和生活。而且，有时候可能还要把工作带到家里或者在下班之后去参加一些培训，以提高自己的竞争力。这样在家庭、工作之间就会产生矛盾和冲突。特别是当有一些特殊事件发生，比如子女生病、父母生病或夫妻一方由于出差等原因不在家时，都会出现忙得晕头转向，恨不得有分身术的情况。

（三）个人的心理特征

职业生涯发展中期由于工作状况和家庭状况的变化，个人的心态也发生了不同于职业生涯早期的一系列变化。

1. 职业认同感遭到冲击，同时感到职业机会有限

进入职业生涯中期，特别是人到中年以后，开始面临梦想和现实成就之间的冲突，青春期曾发生的选择职业和生活道路时的矛盾再度出现。随着子女逐渐长大成人，自己对昔日的职业选择开始产生怀疑和困惑，甚至是不满和焦虑。此外，父母和子女之间存在着代沟，子女对父母的价值观和所取得的成就未必认同，有的甚至不屑一顾，这样就会加重他们对自己职业生涯的不满和疑虑。这些感情和心理的变化会给中年人的职业生涯发展带来一定的影响。一部分人会对自己的工作进行重新评估，如果个人的认同要素和需要从未得到满足，他就会毅然地去寻找新的职业，探索新的发展空间。

同时，人到中年会逐渐意识到职业机会随年龄的增长越来越受到限制，个人更加难以作出职业选择，从而产生焦虑不安的情形。主要表现在两个方面：第一，因为金字塔式的职位结构的存在，越向上路越窄，职位越少，所以正在攀登的人或专业技术水平达到一定程度的人会感到发展道路遭到阻塞，产生焦急与忧虑；第二，平日工作平稳，但出于某种变化，有调换职位的欲望，但由于自身的年龄和经历等原因，无法找到新的职业岗位。

2. 家庭结构和内部关系改变

人到中年，孩子长大成人并离开家庭，家庭角色结构出现明显的变化：子女不再需要照顾，充当抚育子女任务的父母角色消失；"空巢"家庭下的夫妻两人开始重新处理彼此的关系；饮食、娱乐和休闲活动等的安排也会有所改变，不再需要支付给子女养育和教育费用，家庭负担减轻，休闲支出增加。这时候，还要处理好与父母的关系。如果夫妻双方对赡养父母、解决父母困难等问题产生分歧，就会引起家庭关系和感情上的混乱。

3. 因为时间有限、生命短暂而产生心理变化

在职业生涯的早期和职业生涯中期的初始阶段，人们往往尚未从感情上意识到时间和生命的有限，认为自己有充裕的时间来实现自己人生的梦想。在进入职业生涯发展阶段的中后期时，开始意识到个人学习能力正在下降，感到力不从心，总觉得没有时间和精力完成自己梦寐以求的事，从而感到抑郁，心理负担较重。

二、职业生涯中期问题

从职业生涯中期的发展特点可以看出,职业生涯发展中期主要存在以下问题:职业生涯发展机会减少,而个人的发展愿望不能得到满足,组织成为个人发展的瓶颈;个人对职业生涯的发展产生困惑,或探索新的职业领域,或继续过平庸的生活;在职业生涯上升时期,家庭需要投入,从而产生个人与家庭的冲突;工作压力大,身心健康容易受损。

(一) 职业中期危机问题

职业生涯中期阶段,正值复杂人生的关键时期,由于个人三个生命周期的交叉运行,面临诸多的问题,导致某些员工职业问题的存在,形成所谓的"职业生涯中期危机"。这些危机主要表现在以下三个方面。

1. 缺乏明确的组织认同和个人职业认同

这种情况往往会出现两种结果:一是放弃工作,更多地转向关注工作之外的自我发展和家庭生活;二是对工作本身失去了"反应",其积极性、兴奋点、注意力已不在工作上,而是放在了组织福利与奖酬上,如对报酬、津贴、安全等问题的计较。

2. 现实与职业理想不一致

有些人在职业发展中期会陷入一种自我矛盾之中,因为其现实职业发展同早期的职业目标、职业理想不相一致,表现为:一是虽然从事自己理想的职业,然而并未取得自己所期望的成就;二是职业锚完全不同于最初的设想,与抱负相比,更需要职业以外的其他东西来弥补。

3. 职业生涯发生急剧转折或下滑

在职业生涯中期,特别是人到中年以后,每个人不可避免地会产生中年期的各种矛盾和心理变化,不少人还面临工作不顺心、无成就感、现实与理想矛盾的情境。如果一个人不能正确地对待和处理这些复杂的情况与变化,必然会产生职业生涯的急剧转折与滑坡。

(二) 职业生涯发展的瓶颈问题

职业生涯发展的瓶颈首先来自组织结构的制约。组织对各类人员的需求量不同,初级层次的人员较多,中间层次次之,高级层次的需求相对较少。由于对初、中、高级人才的需求呈现金字塔形,初期和中期的竞争可能不是十分激烈,但争取高级职位就比较困难。有些人由于缺乏竞争力,对未来的前途感到迷茫。

(三) 组织成熟度的制约问题

在组织的开拓时期,由于事业发展较快,不断需要人才配合,所以个人发展的机会也比较多;但当事业发展走向成熟期时,新的岗位增加缓慢,老的岗位基本已经被老员工占据,除非由于退休、离职或者其他特殊原因空出来,因此导致晋升的机会非常少,个人发展困难。

(四) 工作与家庭的冲突问题

职业生涯中期,是家庭、工作和生物生命周期相互作用最强烈的阶段。处于这一阶段的员工,基本上都有了家庭和孩子,孩子的教育、抚养是员工需要花费时间和精力的工作。同时,这时也是事业上升的时期,需要投入很多的精力对企业做出贡献。但是,此时一个人的身体状况开始下降,有时会出现力不从心的现象。

(五)精神压力过大,健康状况不佳

职业生涯中期是个人发展的相对顶点,处于事业的探索阶段,在工作上比较熟练,但同时因为这个阶段处于人生的中年时期,一个人的身体健康状况开始下降,所以工作负担相对比较重。此外,这个时期员工的子女在中小学阶段,升学压力比较大,需要投入一定的精力来照顾。除此之外,还要赡养双方的父母。

由此可见,中年是人生最劳累的阶段,事业发展、子女教育、父母赡养都需要精力,如果不能妥善地处理这些事情,往往容易出现身体疾病。有关调查显示:许多老年性疾病开始提前,如高血压、高血脂、偏头痛等,都在35~40岁的人身上发现。据有关专家研究发现:35岁以前是健康期,35~45岁为疾病形成期,45~65岁为疾病爆发期,而65岁以后则为相对安全期。

三、职业生涯中期管理

职业生涯中期,各种问题和矛盾集中,如果不能妥善处理,就会成为职业生涯发展的致命伤害。这一时期,个人要克服职业生涯中期所发生的职业问题,应付人到中年时面临的生命周期的变化,担负起阶段性的特定的管理任务。在这一时期,如何根据自己的特点,制定有针对性的职业生涯管理措施,具有特殊意义。

(一)保持积极进取的精神和乐观的心态

诸多的问题和生命周期运行的变化,使人的中年时期成为一个关键的时刻和转折点。对于有信心和把握获得晋升与发展的人来讲,他们充满斗志,干劲十足,将来有可能进入高层领导职位,成为职业中的稳定贡献者。但是,还有相当一部分中年雇员,由于面临家庭和职业生涯中期危机,不想也不愿意对工作投入太多。少数人因为职业发展遇到的困难和问题较多,以致失望、沉沦,开始走下坡路。后面的两种情况对个人、家庭和企业都十分不利。

职业中期会产生诸多问题,给个人造成巨大的压力,但同时也提供了前进的动力和机遇。如果能够正确地控制自己的感情,正视客观事实,保持乐观向上的心态,积极寻找解决问题的方法,那么就会走过危机,同时还可为新的发展打下坚实的基础。

(二)适当考虑降低职业生涯目标

年轻的时候,我们有过许多的梦想和追求,但由于种种原因,有些梦想只能深藏在心里或是如星星一样高挂在天上,无法实现。这对于一个人来说可能是个遗憾,对组织来说也是个损失。但如果组织实施的措施得力,个人也努力了,目标还是实现不了,那就是个人的能力问题。能力的差异是客观存在的,不能用社会精英的标准来苛求自己。人到中年,应该以更加实际的态度来对待自己,调整自己的职业目标,以更加豁达的眼光来对待自己的禀赋。如果我们制定的目标是通过自己的努力可以实现的,就不会生活在挫折的阴影里,而是拥有成就感。不是所有的人都能获得职业生涯的成功,所以要考虑适当降低自己的职业生涯目标。

(三)面临新的职业与职业角色选择

处于职业生涯中期的人都经历了较长时间的职业工作,同时也面临着新的职业角色选择,这时个人必须重新审视自身的生活目标和价值观,以便取得一种更稳定的生活结构,摆脱以往的角色模式或压力,选择新的角色。如果组织缺乏合适的机会和岗位,而员工个人又有能力,

就可以考虑寻求新的发展机会。这时员工需要重新复习或学习有关求职的技巧，可以广泛地收集职位空缺信息，撰写履历表。

（四）协调好三个生命周期

在职业生涯中期，每个人都面临着来自职业生涯周期、家庭周期和个人生物周期的生命周期问题。这三个生命周期相互影响、相互制约，因此，解决职业生涯中期的问题，正确处理三个生命周期运作之间的关系，求得三者的适当均衡，是这一阶段的人必须完成的重要任务。可以从两个方面着手来完成这个任务。

1. 重新评估自我

包括重新评估自己的职业锚和贡献区，真实地看待自己的职业才干、表现和业绩，重新思考自己的成功标准和目标定位等。

2. 对今后的人生重新定位，决策职业工作、家庭生活和自我发展三者的运作模式

以自我重新评估和再认识的结果为基础和前提，对今后如何参加工作，如何适应家庭生活，如何自我取向作出决策。虽然这种决策不一定是永久性的，但是它将代表对未来发展方向的一种确认。

由于职业生涯的三个生命周期本身运行就存在着矛盾，因此作出决策、做好决策是十分困难的，往往会出现顾此失彼的情形。因此，在进行职业生涯发展决策时，要懂得"鱼和熊掌不能兼得"，可以根据自我评估和再认识后的需求，综合考虑各方面的因素，妥善处理工作、家庭和自我发展三者的关系，求得三个区间的适当均衡。

（五）树立终身学习的理念

知识经济社会，一个人要想在激烈的竞争中获得生存，需要渊博的知识作为后盾。在知识界，许多中青年学者利用各种机会重新学习知识，有的老同学变成了师生，有的师生则变成了同学。这种发展态势使人们不断地更新知识，转变观念，为提高自己在劳动力市场上的竞争力打下坚实的基础。现代社会的竞争很激烈，只有不断地给自己充电，不断地通过学习来提升自己，才能在竞争中立于不败之地。俗话说："人无远虑，必有近忧。"那些整天混日子、不思进取的人，最后只能在竞争中被淘汰。而那些通过学习不断来提高自己的人，便会成为职场中的常青树，事业保持永远的旺盛态势。

（六）注意身心保健

由于三个生命周期的影响，中年时期是人的一生中负担相对比较重的时期，所以对于健康就应该特别注意。如果不注意身心健康，就会失去人生最宝贵的财富，家庭、事业都会受到影响。面对巨大的生活压力，中年人应该学会调节自己，可以从以下几个方面开始努力。

1. 要保持好的心态，积极面对人生的挑战

可以通过学习知识和技能来提高自己的自信心，增强自己战胜困难的能力，避免依靠自己的阅历、地位、关系和权力压制年轻人，出现不公平的竞争。

2. 要对自己的身体进行定期检查，及早发现问题，及早治疗

组织应该积极改善工作条件，让员工踏实地工作，并从中体验舒适与满足。如果有条件，还可以建立疗养制度，让员工在工作之后有调养和休息的时间。员工自己也可以参加一些保健讲座，多看一些保健书，细心呵护自己的健康。同时，要注意戒掉一些不良的生活习惯，如熬夜、抽烟等。

3. 要加强心理保健

心理健康和身体健康是相互影响的，有很多疾病都是心理的原因造成的。中年人由于压力大，有时还会因为一些名利和地位的问题患得患失，产生焦虑不安的情绪，这样的状态就很容易导致疾病的发生。

4. 要注意合理安排时间

工作固然很重要，但在繁忙的工作之余，还要注意锻炼身体，进行适当的休闲活动，以减轻快节奏生活带来的压力。

第三节　个人职业生涯后期管理

在西方，职业生涯后期通常是指45～60岁之间的一段时间。而在我国，45岁左右还属于精力旺盛时期，员工经验丰富，处于职业生涯的顶峰时期。50岁左右，大多数人的学习能力和体力开始下降，适应能力也开始减弱，他们的事业已经达到顶点，开始呈现下降的趋势。因此，我们把退休前的5～10年的时间确定为职业生涯的后期阶段。员工在退休前的工作主要是完成交接班，带徒弟，为退休之后的生活做准备。

一、职业生涯后期特点

（一）个人家庭与心理特征

处于职业生涯后期的员工，子女多数都已经成家立业，家庭出现"空巢"现象，夫妻相依为命，拥有温馨的家庭和享受人生的天伦之乐成为处于职业生涯后期员工的一大需求。个人的家庭和心理特征主要表现在以下两个方面。

1. 自我意识上升，怀旧、念友心重

这时的员工觉得自己已经干了一辈子了，应该是安享晚年、追求自己的兴趣和爱好的时候了。在追求自己兴趣的过程中，开始怀念逝去的岁月和曾经的朋友，同时，也意识到健康的重要性，自我保健意识大大增强。

2. 安于现状，淡泊人生

随着个人年龄的增长，个人的精力、体力和生理机能开始退化，学习能力开始下降，工作能力开始减退，进取心也逐渐削弱。经过了人生的漫长里程，酸甜苦辣尽在心间，已经看破红尘，淡泊名利，能坦然面对自己的人生。

（二）个人职业特征

处于职业生涯后期的员工，个人职业特征主要体现在以下三个方面。

1. 职业竞争力、进取心和职业能力明显下降

处于职业生涯后期的员工，体能和精力明显衰退，学习能力及整体职业能力呈下降趋势。而科技的发展，需要知识和技能的更新，处于职业生涯后期的雇员已经没有更多的精力来学习，竞争力和职业能力明显下降。

2. 责任和权力及中心地位发生变化，从而引起角色的变化

职业中期，正值雇员年富力强、职业发展至顶峰的时期。有的雇员依靠自己的能力获得了属于自己的权力和地位，拥有了一定的威望；有的雇员虽然发展平常，但在中期也拥有娴熟的技能和丰富的经验。但是当到达职业生涯后期，曾经夺目的光环就会逐渐消失，领导地位被新的雇员所取代，权力和责任也随之削弱，中心地位和作用逐渐丧失。

3. 保留一定的优势，可以发挥余热，做出贡献

虽然处在此阶段的员工在体能、智能等方面已经明显下降，地位已经不如中期阶段，但他们还拥有一定的优势。长期的职业生涯使他们拥有了丰富的经验和业务知识，因为他们深知企业及其发展过程，对企业存有很深的情感。此外，他们有丰富的人生阅历、见识，具有处理各种复杂的人与事、人与人之间矛盾的能力和经验，是其他员工的导师，能在企业中发挥自己独特的作用。

二、职业生涯后期问题

（一）职业生涯即将终结

组织中新老员工的交替是不可避免的，因为组织中的重要地位，通常是由经验丰富、熟悉历史、能力较强的人来担任。往往一个人在过了50岁之后，就该考虑从岗位上离开，把自己的重担交给年轻人。

我国现阶段的政策倾向于在岗的员工，特别是中青年员工，部分牺牲退休人员和老年员工的利益。正因为这些原因，老年员工不愿意从岗位上退下来，害怕"人走茶凉"。各种有利的退休政策难以实现，这种情况影响了组织的更替和组织的发展进程。让员工安心退休，心情舒畅地离开工作岗位，的确是组织应该考虑的问题。

另外，受观念的影响，尽管年轻人有能力，少年得志，可能并不比年老者差或者更强些，但年老的员工总是容易产生年轻人轻浮、不能担当重任的想法，所以也就不愿意把自己的权力交出去。

（二）不安全感增多

职业生涯后期阶段的员工，不安全感增多，主要体现在以下两个方面。

1. 经济上的不安全感

员工退休之后，经济收入就会减少，但社会消费品水平却有可能提高，在社会保障体系还不够健全的情况下，退休后的生活来源就会成为员工的精神负担。建立健全的保障制度，按时发放退休金，会使员工的衣食住行有保障，减轻心理负担。

2. 心理上的不安全感

此时的员工已经接近人生暮年，他们开始寻求心理的归宿，害怕被子女、社会和家庭冷落。有些年轻人冷落老年人的现象确实是存在的，他们嫌老年人啰嗦、观念陈旧、做事循规蹈矩，且经常会生病。这种不孝顺的表现应该遭到社会的谴责。不过，大多数子女还是孝顺的，他们在各个方面关心老人，让老人安度晚年，这样的老人心理安全感就会增加。此外，有的老年人晚年丧偶，感情上感到孤独无助，不安全感也会随之而生。

（三）疾病增多

此时的员工由于年纪大了，身体衰退、老化，免疫系统功能减弱，疾病就会显著增加。这时员工就会担心自己身体健康没有保障，将来的生活会很艰辛，所以希望组织能够提供符合老人特点的医疗服务和相关的卫生保健措施。

（四）不适应退休后的生活

很多时候，当我们养成了一种习惯时，就很难放弃。处于退休时段的员工也是如此。他们早已经习惯了每天用工作来填补自己的时间，突然离开自己的工作岗位，离开自己所熟悉的环境，会感到失落和无奈，面对退休后的生活会感到很不适应。如果退休的员工在以前是个工作狂的话，就更难以从中解脱出来，闲下来也会感到无所适从。

其实，这种心情可以理解，但退休是必然的，是一个人必须经历的人生阶段。这时候，可以转移自己的注意力，多培养自己的兴趣爱好。比如，养花草鸟鱼，下棋，打太极等都是不错的选择。

三、职业生涯后期管理

（一）面对现实，承认自己能力和竞争力下降的事实，接受新的角色

在职业生涯后期，雇员的能力和竞争力下降是事实，要学会勇敢地面对和接受，另辟蹊径，寻求适合自己的新的职业角色，来发挥自己的特长和优势。在现实工作中，充当参谋、职业顾问的角色，对组织提供指导意见；充任教练，对雇员进行技能培训；充当师傅的角色，培养新雇员等，都是职业生涯后期的好选择。

（二）面对权力、责任和中心地位下降的事实要学会坦然接受

从领导的位置降下来或从核心地位转变为普通的位置，一时间心理上可能会产生落差，但仍要从思想上认识和接受这个事实。俗话说："长江后浪推前浪，一代新人换旧人"。自己的能力和竞争力下降是事实，所以要心悦诚服地接受。可以将自己的注意力转移到家庭和个人生活方面，善于在家庭、社交、业余爱好和休闲娱乐等方面寻找满足感和充实感。比如，钓鱼、养花、旅游或和老同学、老朋友聊天等，以此来缓解自己的心理压力，也可以寻找一些新职业来满足自己的需求，充实自己的生活。

（三）培养年轻人

有的组织考虑到老员工的利益和对公司的贡献，就把培养年轻人的任务交给了老员工，希望他们能够发挥自己的经验优势。其实，培养年轻人也是一门科学。老员工要像老师一样，将自己的感受和理解以科学的方法与方式传递给年轻人。在培养年轻人的时候，既要了解年轻人的心理，使自己与年轻人和谐相处，又要讲究技术，使他们能够很好地理解并接受。

（四）学会如何应付"空巢"问题

"空巢"的出现是职业生涯后期的一大变化，也是人生的一大转折。处理好"空巢"问题，对于一个人职业生涯后期的发展很重要。这时应该多给配偶时间，通过多种途径密切与配偶的关系。此外，可以发展自己的兴趣爱好或者培养新的兴趣，以此来丰富自己的生活，充实自己的日子。

（五）回顾自己的职业生涯，着手退休准备

职业生涯在人的一生中占据很长的时间，对一个人一生的发展起着重要的作用。在职业生

涯结束时，回顾一下自己所走过的职业生涯之路，并进行总结，是非常必要的。一方面，可以总结和评价自己的职业生命周期，为自己的职业人生画上圆满的句号；另一方面，通过总结自己职业生涯成功的经验和失败的教训，以现身说法的方式对新员工进行教育。

此外，为自己的退休做准备也是非常必要的。有的人在退休之前就对自己今后的生活做了安排，心理准备比较充分，退休之后能够很快地适应不再上班的生活；而有的人，在退休之前并未意识到退休后的生活与现在生活的区别，缺乏足够的心理准备和实际的安排，所以退休之后会感到很不适应，寂寞、空虚和无聊可能会充斥在生活中，这样对身体健康极为不利。

有的单位可能会为员工做好日后的打算，而有的单位可能不会。在这种情况下，员工就要为自己做好退休后的安排。如果你的身体还好，还能继续工作，那么就可以再找一个单位，继续自己的职业生涯；如果你觉得自己累了大半辈子，是该歇息的时候了，那么就可以出去旅游，散散心；如果感到孤单，可以养养花、种种草、喂养鸟鱼等，以此来充实自己的生活，亦或是练练书法、绘画、上网、下棋等。此外，选择一些适合老年人的体育运动来锻炼身体也是不错的选择，如打太极、做健身保健操、跑步等。

本 章 小 结

个人进入组织时的任务包括：作出初步的职业选择；形成可行的发展目标；做好进入职业生涯的思想准备；对初步选择的职业和组织进行评估与调整。

职业生涯早期主要是指从进入组织之前的职业选择、职业培训到进入组织的一段时期。这一段时期一般发生在20~30岁之间，是一个人由学校走向社会、从学生转变为员工的过程。这一时期，个人要有取得成功所必需的态度和价值观，要有积极的工作态度，熟悉工作环境，掌握职业技能，适应组织环境，正确面对困难。

职业生涯中期阶段是一个时间长、富于变化，既有可能获得职业生涯的成功，又有可能出现职业生涯危机的阶段。这一时期作为人生最漫长、最重要的时期，其特殊的生理和家庭特征使其职业生涯发展面临特定的问题和任务。这一时期，个人要保持积极进取的精神和乐观的心态，适当考虑降低职业生涯目标，进行新的职业与职业角色的决策，担负言传身教的责任，维护工作、家庭和自我发展三者之间的均衡。

在职业生涯后期，最主要的就是要调整心态，接受权力、责任和中心地位的下降，着手为退休做准备，为退休生活做好财务计划。

思 考 与 练 习

1. 简述个人进入组织时的任务。
2. 分析不同职业生涯阶段，个人与组织特征的变化趋势与特点。
3. 讨论在不同职业生涯阶段个人应如何进行生涯的自我管理。
4. 什么是个人组织化？如何解决个人组织化过程中出现的问题？

5. 联系实际,谈谈职业生涯中期面临的问题和如何克服职业生涯中期的危机。
6. 在职业生涯后期,个人应为退休做什么准备?

案 例 分 析

案例一:吴依敏的前程规划

吴依敏今年28岁,女性,刚获得企业管理硕士学位,并与陈震东先生一起工作,然而目前的职位并不是吴依敏所期望的,因此她正在犹豫自己是否应该留在光明投资银行。

光明投资银行具备清晰的管理结构,但并没有刻板的等级制度。其风格相对不拘泥于形式,具有较大的灵活性,工作积极主动的人能迅速脱颖而出,具有创新意识的思路能够迅速传递到银行上层。光明投资银行不是一个只就备忘录所记载的事务而忙碌的公司,大量的工作是通过电话和面谈而得以完成的。这种环境并不适合所有的人。加入光明投资银行的人不要指望随波逐流,员工必须发挥主观能动性,努力寻找脱颖而出的新途径。光明投资银行引以自豪的是推崇唯才是举,在这里公司看重的是成果。

光明投资银行历来注意拓展员工的经验范围,重视各项业务之间技能的互通性,承诺为公司内的优秀人才提供最佳的发展机会。当需要专业化技能时,公司鼓励个人朝这个方向发展,但并不强求。客户交给公司的问题越来越复杂,公司认为,广博的经验和对公司运作的理解是满足他们需求的最有效的方法。

参观过光明投资银行的人都会感受到一种同事间的友谊和真诚,一种轻松自如,一种大门随时敞开的感觉。在这里,每个人都至关重要,个性得以充分的发展。光明投资银行是一个倡导鲜明个性、鼓励积极主动、重视创造能力的公司。

公司在客户的眼里是一个统一的整体。无论要解决的问题多么复杂和困难,公司都确保能调配整个公司内相应的人力和资源来为客户服务。这种通过团队协作解决问题的方法对公司的客户来说至关重要,而且这正是公司的工作重点所在。这种以公司整体开展业务的方法,要求公司注重互相协调和执行战略计划。公司通过研究长远发展的问题并不断进行调整,保证使公司战略成功的模式得到持续应用,以便公司能够在竞争中不断满足客户提出的各种各样的新要求。

光明投资银行个人发展的宗旨是将公司的战略目标同个人发展目标相结合,这种哲学始终是企业文化的一部分,也是公司未来计划中的一个具体组成部分。公司聘用的员工具有广泛的专业背景,以使公司人员专业能力的深度和广度都能得到拓展。他们来自世界各地,专业范围也越来越宽,从金融到哲学、从经济学到工程学。公司认识到保持技术领先地位至关重要。在为客户服务、向客户提供信息时,技术优势转化为公司的竞争优势,所以公司大量投入资源保持这一优势。

公司能持续发展,关键是在适应环境不断变化的同时,能够保持公司的优秀文化及形象的精髓——公司的信念:在工作方法方面,公司重视以客户为重点、业务范围多样化、团队合作和创新;在员工相互协作方面,公司重视信守承诺、职业精神、尊严和尊重;在员工事业发展方面,公司重视岗位流动、唯才是举以及提供优越的薪酬福利。

以客户为重点

公司的成功始于每一名员工对客户的奉献。客户知道公司会竭尽全力帮助他们达到其目标,也知道虽然形势在不断变化,但是公司在业务上着眼于长远的观点始终没有改变。正因如此,一些重要机构正在依靠光明投资银行执行涉及全行业的、最为错综复杂、最具有创新意义的交易。因为公司承担必要的风险以换取客户的最佳利益,也因为公司把客户的利益放在首位,所以许多客户都和公司保持着长期的合作关系。

业务范围多样化

公司的业务灵活多样,包括企业融资、并购、销售与贸易、资产管理和直接投资等,每一项业务又都提供多种产品和多种服务。这种多样性可以为客户提供广泛的服务,以满足他们的需求。此外,这种多样性在市场波动很大的情况下,有助于避免收益不稳。

团队合作

公司提倡并奖励团队合作。这一方针使公司在目前尤为受益,因为满足客户的需求需要集思广益。比如,当投资者寻求更改风险和回报的方案时,其解决方案就涉及研究、资产分配与优化模型、上市融资和结构融资以及各种执行方法。公司的专业人员必须根据所需专业技术把各种人才组织成一支队伍,齐心协力制定出解决方案。一个真正的"一体化公司"应由具有高技能的个人组成,这些个人通过不断变更组合来解决不同的问题。

创新

公司的客户现在不知道十年后他们会需要什么样的产品,但公司打算为他们做好准备。公司在多种业务之间调配人员和技术的独特方法,创造了一种激发创新能力的氛围。公司以其创新精神欢迎各种新想法和新方案;只要符合公司的标准,公司就会迅速将其推向市场,这将提高公司在创新方面的声誉,还能鼓励客户上门寻求新思路。

信守承诺

公司在开发人力资源方面不惜花费大量资源,共同探索关于全球资本市场的深奥知识,并挖掘应用这些知识的能力。公司的目标是成为金融服务业中的最佳雇主。公司承诺为所有员工保持一个积极向上的工作环境,根据业绩提供晋升的机会。

职业精神

追求完美是公司一贯的作风,力求完善是公司与客户保持长久关系的基础。公司的文化是培养每位员工以最高的标准对待工作的作风。因此,在每年一次的专业人员绩效评估中,除工作效率与产品知识之外,在帮助他人、交叉销售和人员招聘等方面所花费的精力也包括在评估范围之内。

尊严与尊重

尊严与互相尊重是人们在共同工作、共同发展、共同学习中所形成的文化的核心表现。在光明投资银行能体验到人与人之间的伙伴情谊、相互尊重和公司的荣誉感。公司的每个成员都扮演着一个不可或缺的角色,所以公司中有许多人都长期留任,或以公司为其唯一雇主。

岗位流动

公司信奉的哲学是将每个员工在不同地区、不同业务领域之间进行流动,这有利于员工的全面提高和发展。公司将安排专业人员参加公司其他分支机构的工作。

唯才是举

公司引以自豪的是推崇唯才是举。公司注重的是成果,不管员工在公司里的级别如何,都能为公司做出贡献,对公司产生影响。虽然公司具有明晰的管理结构,但并没有刻板僵硬的等级,公司的风格比较随便、灵活,工作积极而主动的人能够迅速提升到高层。

提供优越的薪酬福利

公司的环境要求雇员保证充分的时间和精力进行工作。作为回报,公司也承诺为专业人员提供优越的报酬。从一开始,员工就会享受到较高的薪酬及福利。员工的年度收入一般包括基本薪金加上按业绩评定的浮动性奖金。

我们可以看出光明投资银行是一个充满活力、有大好发展前景的公司,那么为什么吴依敏要离开光明投资银行呢?

当吴依敏刚从大学取得数学学士之后,她进入了上海市的大上海国际银行,担任电脑程式设计师。她晋升得很快!从程式设计师到系统分析师,她希望有机会去从事具有挑战性及重要性的工作,而且吴依敏感觉到她还需要追求一些别的。

由于吴依敏对银行方面的知识十分了解,所以大上海国际银行派她到光明投资银行接一个计划。当然,吴依敏是设计规划小组的组长,她的责任就是帮光明投资银行发展一套在自动交换机上的软件程式,而计划的委托人就是陈震东先生。

在吴依敏尚未与陈震东先生谋面时,她就耳闻陈震东先生在光明投资银行是最闪亮之星,他45岁,似乎无所不通,而且他知道该如何去激励及激发他的下属。因此,她和陈震东谈得十分融洽,她也花了不少次的午餐时间与陈震东先生谈到她目前的需求,她希望能拥有一个更广阔的前景,而非目前在大上海国际银行被指定的工作。陈震东先生鼓励她,并告诉她应该再去进修一些企管方面的课程,如获得企管硕士;如果她对行销有兴趣的话,陈震东先生向她保证在光明投资银行留个职位给她。

因此,在吴依敏完成了这个自动变换机软件程式的计划案以后,她就辞职去攻读她的企管硕士课程,该课程是令她兴奋的,但也是十分吃力的。不过,她仍然维持着上进的努力。

当吴依敏毕业后,陈震东先生也兑现了他的诺言,给她一个十分好的职位——行销经理,负责自动交换机网络并负责建立起对新ATM的制度行销活动,该行销活动是希望能将产品推展到郊区各角落。因此,吴依敏第一次真正尝试到她的经理经验。

吴依敏通过企管硕士课程,获得有关企管方面的知识,并且使她在思考上更有信心。因此,没多久吴依敏就不再需要在办事之前先去找陈震东先生讨论,也不再需要陈震东先生的忠告。她变成要监视并检查所有她负责的工作,而且也变得十分易怒,以往的她是那么懂得感激和鼓舞他人,可是现在变得很容易干扰他人,与他人发生冲突并且缺乏自制。对于如何行销ATM的产品,她也开始与陈震东先生意见相左,处处显示出她不是一位好的工作伙伴。

资料来源:http://blog.sina.com.cn/s/blog_66d4db6a01014rgn.html

讨论题:

1. 吴依敏目前正处于何种阶段的生涯?若你是吴依敏你是辞职还是继续留任?为什么?
2. 如果吴依敏要在公司继续留任,她应该做哪方面的准备来适应她目前的职位?

案例二:青云直上:命运的主宰

程辉是我的一位朋友,他刚参加工作时也是做销售工作,业绩虽不算特别突出,但一直在单位算中上等水平,一做就是3年。但程辉在做好销售工作的时候,经常积极地做客户访问笔记,每天把客户的意见记录下来,并在后面附上自己的意见看法,时间久了就形成了自己独到的见解,并把这些问题和意见形成书面的报告,呈给自己的直接上司。每次集会发言程辉不仅见解与众不同，而且有理有据。

在做好销售工作的同时，程辉还主动帮助上司和周围的同事干活，尤其经常做自己团队中的事务性工作，上司有时也很自然地把这些活派给他做。有些好心的同事就劝他，这又不是你份内的工作，做了不仅没有收益，还影响你的销售收入。可程辉并不太介意，继续学雷锋，做好事，而且在交流销售心得时还主动把自己的经验招数拿出来与大家共享，这在别人看来是傻子举动。期间公司业绩虽有一定波动，但他一直坚持下来，后来他的上司因外部机遇调走了，而他因资格老、原上司的极力推荐和大家的良好口碑自然而然地接替了原上司的工作。

当然后来程辉也遇到过一位脾气不好、毛病比较突出的上司，而他没有抱怨，从来不在人前议论上司，而是积极地、默默地配合上司的工作。后来这位上司因群众意见大、队伍不稳定、业绩上不去被企业辞退，程辉就得到晋升而接替了这个位子。

后来，程辉在工作中也有过外部的机遇，也曾经调动过工作，但他的调动不是简单的因挣钱多而跳槽，更多是看重发展机遇，是职务上的晋升。就这样程辉在大学毕业工作8年后的刚刚而立之年便升任某一颇具规模的公司的副总裁，主管业务市场工作，年薪也以数十万计。

在猎头公司的眼里，程辉更是一位价值不菲的"奇货"。而当年那些认为他比较傻的"精明"之人大多还都在第一线做"资深"销售代表，原地踏步。而且随着年龄的增长，那些"资深"销售代表作为基层员工，其竞争优势正逐渐让位于更年轻的员工。

资料来源：http://lw.china-b.com/zygh/lwzx_653301.html

讨论题：

1. 程辉在职业生涯发展中一路"青云直上"，其原因是什么？

（提示：职业生涯周期管理）

2. 从程辉的职业经历中，我们可以获得什么启示和借鉴？

（提示：如何在职业生涯周期中进行新的职业与职业角色的决策）

组织职业生涯规划管理

【本章关键词】
　　员工分析；职业生涯通道；工作轮换

【学习目标】
- 了解组织职业生涯规划的内涵和基本内容。
- 熟悉组织职业生涯规划的方法和步骤。
- 掌握职业生涯通道的几种模式和发展变化趋势。
- 掌握组织职业生涯开发的渠道与方法。

 开篇案例

中铁十五局七公司：职业规划书　彩绘人生路

近几年，针对新员工进入企业后找不准定位、对未来较为迷茫这一现状，中国铁建中铁十五局集团七公司一分公司结合实际，积极引导新入职人员制定职业生涯规划书，有针对性地开发其潜能，为新职工快速成才铺就了一条坚实的事业"飞行跑道"。

注重前期引导，抓好理论宣教

为帮助新员工设计好职业生涯规划，分公司结合各项目的实际情况，设身处地为员工成长着想，通过召开座谈会、QQ 群讨论、观看视频讲座等方式，全面抓好前期引导工作。

在座谈会上，就职业生涯规划活动开展的意义和注意事项进行研讨，就员工职业生涯规划书的制定进行指导，根据员工的个人需要、个性特征和职业发展方向，选拔出一批有理想、有抱负和工作热情旺盛的青年职工作为首批人才培养对象，并要求项目领导对青年职工的职业生涯规划进行指导，有针对性地制订培养计划，让职工少走弯路，快速地成长成才。

在 QQ 群讨论过程中，分公司结合部分职工对职业生涯规划的认识不透彻、不能客观公正地认识职业生涯规划的目的和意义等问题，由分公司领导牵头，就职工如何认识职业生涯规划，如何制定中、长期奋斗目标，如何发挥最大潜能，个人目标与现在岗位之间的关联等问题展开讨论。广大职工踊跃发言，结合自己工作中遇到的问题、困惑展开广泛交流，使职工对自身发展方向和未来奋斗目标有了初步认识。

分公司各项目部还组织职工观看了程社明教授关于职业生涯规划的系列讲座,使职工了解了职业生涯的内涵与特征、注意事项、如何制定职业规划等基本知识,激发了职工参与职业生涯规划的兴趣和热情。经过一段时间的工作,新员工的不同性格、能力、素质得到一定体现,分公司根据各人的特点,积极帮助他们着手设计符合个性发展的职业规划,阐明其个人发展潜力和发展空间。

注重制度建设,确保措施落实

为确保职工能够顺利完成职业生涯规划书,分公司注重制度建设,完善奖惩机制,抓好每个环节,做好过程监督,确保活动实效。

分公司结合在建项目实际,成立了职业生涯规划领导小组,建立了以点带面、层层递进、全面落实的责任体系,并将2012年确立为人才培养推动年,积极推进分公司人才制度建设。为此,分公司下发了《关于规范职业生涯规划书的通知》,文件中对职业生涯规划的含义、内容、格式、整体框架作了具体要求。职业生涯规划书包括认识自我,职业认知,职业选择,制定行动计划、方案、措施,评估与反馈等五个方面内容。在职业生涯规划目标设定时,要求职工短期目标不少于2年,中期目标设定为3~10年,并要求在规划书中明确目标实现的细节条件、所需资源,制定具体的措施和时间表,为目标的顺利实现提供保证。在职业生涯规划书上交前,签署个人姓名,作为对分公司的一项个人承诺,由各项目综合办公室存档备案。

为确保此项活动不流于形式,分公司领导班子对职业生涯规划书写情况进行认真考评,共评选出12名90分以上人员,对这12人员在进行物质奖励的同时直接列入分公司人才培养序列,参与分公司各项目副职、中层干部竞聘。对于考评不合格者,在分公司范围内通报批评并取消当年评选资格,并要求其端正态度,认真反思,在限定日期内上交重新修改的职业生涯规划书。据统计,分公司共有53人结合自身特点,立足岗位制定出个人职业生涯规划书。项目新来的职工宋艳杰对分公司这一举措称赞不已:"职业生涯规划就像我心中的指南针,让我不再迷茫,为我指明了未来前进的方向。"

注重成果转化,提升整体水平

在人才培养推进过程中,分公司注重成果转化,通过将职业生涯规划与其他人才培养方式有机结合,积极引导职工在急难险重任务中挑大梁,在真抓实干中当标杆,一批优秀的青年业务骨干脱颖而出。

针对分公司工程技术人员年轻、施工经验不足、对施工工艺了解不深入这一实际,各项目根据工程特点有计划、分类别地开展学习培训,努力做到全面学习与重点学习、专题学习与座谈交流、个人学习与集中学习"三个有机结合",取得显著成效。分公司结合职工制定的职业生涯规划书,积极开展"导师带徒"促成才活动,挑选专业精、责任心强的同志担任师傅,专心致志地传知识、授经验,帮助青年职工顺利实现阶段目标。此外,分公司还注重青年职工岗位历练,把工作岗位尤其是施工现场当作职工的"第一课堂",结合职业生涯规划书,通过给岗位、分任务、压担子、教方法对职工进行培养,使一大批职工在实践中学到了真本领,成为各个岗位上的行家里手。近几年,分公司先后培养出项目经理3名,项目总工3名,副经理4名,以及一批中层干部,实现了"干一期工程,育一批人才"的目标。其中2006年毕业的杨涛锋、2007年毕业的杨明、司发旺善于学习,做事踏实,成为年轻职工中的典范,现都已提拔为项目总工。周志武、耿惠芳、朱志宇等人经过岗位历练,项目管理经验不断丰富,施工技术水平不断提高,现已担任项目副经理,为分公司稳步健康发展发挥了重要作用。

在今后的工作中，分公司将以岗位指导为重点，把职业生涯规划作为分公司人才队伍建设的特色工作来开展，全面做好职业引领，发挥职工的最大潜能，让新入职人员尽快成长成才，为分公司建立后备人才梯队、实现健康快速发展奠定坚实的基础。

资料来源：http://txy.chnrailway.com/news/20120816105532.shtml

第一节　组织职业生涯规划管理的内涵和功能

一、组织职业生涯规划管理的内涵

职业生涯规划的目的是帮助员工真正了解自己，在进一步详细衡量内在与外在环境的优势、限制的基础上，为员工设计出合理可行的职业生涯发展目标，在协助员工达到和实现个人目标的同时也实现组织目标。组织的职业生涯规划为员工的职业生涯成功提供了基本的载体和科学的指导。它为员工实现其职业目标明确了职业道路，能充分调动员工的潜能，使员工对组织的贡献达到最大化，从而也有利于组织目标或管理活动的实现。组织职业生涯规划对员工的职业生涯发展具有重要的作用。

从组织的角度来看，组织应当对员工的职业生涯规划有一个长远而系统的考虑。成功的职业规划在招聘、吸引优秀员工的过程中是必不可少的，因此组织应当帮助新员工制定职业生涯规划，使新员工树立起追求的目标，知道实现的途径和过程，这样不仅能够增强组织对员工的吸引力，而且有助于维持他们的工作热情。从更广泛的意义上来说，组织进行职业生涯规划能够提高员工的工作质量，促使其形成积极向上的工作态度，并能提高其对组织的忠诚度。

（1）组织职业生涯规划可以使员工获得适宜性发展。用人之长是人力资源管理的基本原理，因此组织如果能够根据员工的特点和专长对其进行配置和开发，就可以激发员工的工作热情，挖掘员工的工作潜力，做到人尽其才、才尽其用，从而也就能够更好地促进员工的发展。

（2）职业生涯规划可以使员工掌握适宜成长的方法，获得公平持续的发展。组织职业生涯规划考虑了不同员工的特点和需要，并据此为其设计不同的职业发展途径，以使员工扬长避短。让不同学历、不同性别、不同年龄的员工按照不同的方向和途径发展，不仅可以使其获得更为平等的就业和发展机会，而且也有利于全体员工技能水平、创造性、主动性的发挥，从而可以使员工在追求更高层次的自我价值实现的同时获得持续稳定的发展。

（3）确定培训和开发需求的方法。如果员工渴望实现某种职业道路，但目前还不具备相应的资格，这时可以发现一个培训和开发的需求。当然，所有这些目标都应是经过努力可以实现的，同时这种开发努力也应是组织可以承受的。

（4）组织职业生涯规划有利于实现雇员发展与组织发展的统一。人力资源部门通过提供必要的信息，创造成才的机会，给予员工必要的帮助与指导，促使员工个人成才；而这反过来也能满足组织对人才的需要，从而也就实现了员工的职业生涯目标与组织发展目标的统一，达到了双赢。

（5）职业生涯规划是组织吸引和留住人才的重要措施。所谓组织职业生涯规划与管理，就是通过适当的职业管理工作来发挥每个人的才能和专长，实现每个人的人生目标并使其担任一定的社会角色，提高个人的待遇和对未来职业发展的预期，从而淡化由于待遇偏低而产生的负面作用——当一个人对工作极感兴趣、能充分发挥自己的才能或担任一定的职务时，其成就感和身份地位就会提高，待遇问题也就不会成为其考虑的主要问题了，有利于增强员工的忠诚度和主动性，降低员工流动水平。那些认为组织对他们未来的职业发展感兴趣的员工更有可能留在组织里，而这也正是职业生涯规划与管理能够吸引人才、留住人才的关键所在。

从组织角度而言，职业生涯规划就是组织根据自身的发展目标，结合员工的发展需求，制定组织职业需求战略、职业变动规划与职业通道，并采取必要的措施对其加以实施，以实现组织目标与员工就业发展目标相统一的过程。

二、组织职业生涯管理的功能

职业生涯管理旨在将组织目标与个人目标联系起来，因此组织对员工实施职业生涯管理本身就应该是一个双赢的过程。综合来看，其作用主要可以从组织和员工两个角度来考虑。

组织职业生涯管理对组织的作用表现为以下三个方面。

（1）使员工与组织同步发展，以适应组织发展和变革的需要。任何成功的企业，其成功的根本原因是拥有高质量的人才。而这些人才除了依靠外部招聘，更主要的是要靠组织内部培养。在当今世界竞争加剧、环境不断变化的大背景下，实施职业生涯管理可以有效地实现员工和组织的共同发展，不断更新员工的知识、技能，提高人的创造力，是确保企业在激烈的竞争中立于不败之地的关键所在。

（2）优化组织人力资源配置结构，提高组织人力资源配置效率。经过职业生涯管理，一旦组织中出现了空缺，可以很容易在组织内部寻求到替代者，既减少了填补职位空缺的时间，又为员工提供了更加适合他们发展的舞台，解决了"人事合理配置"这一传统的人力资源管理问题。

（3）提高员工满意度，降低员工流动率。职业生涯管理的目的就是帮助员工提高在各个需要层次的满足程度，尤其是马斯洛的需求层次理论中提到的归属、尊重和自我实现等高层次的需要。它通过各种测评技术真正了解员工在个人发展上想要什么和应该得到什么，协调并制定规划，帮助其实现职业生涯目标。这样可以有效地提高员工对组织的认同度和归属感，降低员工的流动率，进而形成企业发展的强大推动力，更高效地实现企业组织目标。

组织职业生涯管理对个人的作用主要表现为以下四个方面。

（1）让员工更好地认识自己，为他们发挥自己的潜力奠定基础。每个人都有自己的目标，以此来指导自己的行为，但是人们尤其是年轻人在规划自己的发展目标时，往往过高地估计自己，而且由于从众心理的影响，人们经常会不顾自身的特点及环境提供的条件，盲目追随社会热门的职业。事实上，个人目标应该是建立在对自己的客观评价和认识的基础之上的。有很多人在目标实现过程中并非不努力，而是由于缺乏对自身和对环境的正确认知，导致对工作的期望过高。通过职业生涯管理，组织可以帮助员工了解自己的特点及所在组织的目标、要求，为自己制定切实可行的发展目标，并不断从工作中获得成就感。

（2）提高员工的专业技能和综合能力，从而增加他们的自身竞争力。组织适当地对员工进行职业生涯指导并提高他们进行职业生涯自我管理的能力，可以增强其对工作环境的把握能力和对工作困难的控制能力，帮助他们养成对环境和工作目标进行分析的习惯，同时又可以使员工合理计划、分配时间和精力，提高他们的外部竞争力。

（3）能满足个人的归属需要、尊重需要和自我实现的需要，进而提高生活质量，增加个人的满意度。随着时代的发展，工作对于个人的意义可能远远超过一份养家糊口的差事，它已成为人们生活的一部分，人们越来越热衷于追求高质量的工作生活。职业生涯管理可以通过对职业目标的多次提炼使工作目的超越财富和地位之上，让人们都享受到追求更高层次自我价值实现所带来的成功。

（4）有利于员工过好职业生活，处理好职业生活和生活其他部分的关系。良好的职业生涯管理可以帮助个人从更高的角度看待工作中的各种问题和选择，将各分离的事件结合联系起来，服务于职业目标，使职业生活更加充实和富有成效。它更能考虑职业生活同个人追求、家庭目标等其他生活目标的平衡，避免顾此失彼、两面为难的困境。

三、组织职业生涯规划管理的内容

为了有效地进行职业生涯发展与管理，组织的职业生涯规划必须同时满足组织、员工的需要。那么，如何将员工对自己职业发展的要求与组织的发展紧密地结合起来呢？这就需要对职业生涯进行分析，并依据职业生涯发展的规律性来发挥组织的职业管理作用。

组织在进行职业生涯规划时主要涉及以下几个方面的内容。

（1）沿着各条不同的职业道路转移或流动的人数、具体的工种和工作职位；

（2）发生职业流动或转移的原因；

（3）员工转移或流动预计发生的时间；

（4）安置去向；

（5）具体实施方案与相关的政策与措施。

职业生涯是一个逐渐展开的过程，它能够促使员工去学习新的知识、掌握新的技能、养成良好的工作态度和工作行为。而以往组织对员工的发展往往都忽略了这个根本原则，这具体表现在：组织对员工的发展不是采取连续的和战略性的方法，而是采取了零星的、互不关联的、不连续的方法来对待员工的发展，致使员工对职业发展的需要与组织的发展战略不能紧密地结合起来。因此，对员工的职业生涯规划一定要有一个长远而系统的考虑。如果一个员工在进入组织以后就能有人帮助他制定自己的职业生涯规划，使其能树立起追求的目标，并知道实现的途径和过程，就能够增强组织对员工的吸引力。因此，组织制定出切合实际的职业生涯发展计划，可以说是人力资源管理必须面对的重要挑战之一。员工职业生涯发展与组织的生存发展息息相关，所以为员工制定职业生涯发展计划也就显得尤为重要。

第二节 组织职业生涯规划管理的实施步骤与方法

尽管由于员工个体的差异而使得员工个体的职业生涯规划内容各不相同，但组织在为员工制定职业生涯规划时需要考虑的因素却是基本相同的。它们一般包括以下三个方面。

（1）员工个人的情况（包括健康状况、社会阶层、教育水准、性别、年龄、负担状况、价值观以及所在的地区等因素）以及个人对自身能力、兴趣、职业生涯需要及追求目标的评估等。

（2）组织对员工能力、兴趣和潜力的评估。

（3）组织与员工在职业生涯选择、规划与机会方面的沟通。

在综合考虑上述因素的基础上，组织职业生涯规划一般都要经过四个步骤来完成。

一、对员工进行分析与定位

组织应当帮助员工进行比较准确的自我评价，同时还必须对员工所处的相关环境进行深层次的分析，并应根据员工自身的特点设计相应的职业发展方向和目标。这一阶段的主要任务是开展员工个人评估、组织对员工进行评估和环境分析三项工作。

（一）开展员工个人评估

职业生涯规划的过程是从员工对自己的能力、兴趣、职业生涯需要及其目标的评估开始的。员工个人评估的重点是，分析自身条件——特别是自己的性格、兴趣、特长与需求等。性格是职业选择的前提，不同的工作往往要求由不同性格的人来适应，否则职业生涯也就难以成功。兴趣是工作的动力和最好的导师，如果一个人的工作与自己的兴趣相符，那么工作起来就是一种享受和乐趣。但要指出的是，兴趣并不等于特长。比如，一个人特别喜欢唱歌，如果这个人五音不全，那么即便兴趣再大，也成不了歌星。特长主要是分析自己的能力与潜力。需求主要是分析自己的职业价值观，弄清自己究竟要从职业中获得什么。因此，个人评估是职业生涯规划的基础，直接关系到员工的职业成功与否。人力资源管理专业人员在员工的自我评估这一环节主要是为员工提供指导，如提供问卷、量表等，以便使员工能够更容易地对自己进行评价。比如，美国通用汽车公司以及通用电器公司等，都是根据公司的情况为员工制定专门的个人评估手册（见表6-1）。

表6-1 通用电器公司的员工自我评估问卷

1. 从下面的个人需要列项中选择三项你认为在你的下一个工作中对你来说是最重要的，并将其圈起来；再选择三项你认为在你的下一个工作中对你来说是次重要的，并在其下面画线。 自由　权力　有兴趣的工作　金钱　独立　安全　专业地位　挑战　无烦恼　朋友　声望　文化氛围 地理位置　消遣　透明度　气候　教育设施　当领导　专家　与家人在一起的时间
2. 请加上你认为应有但在上面所列个人需要中没有列举出的项目。
3. 你目前的工作安排为满足你下一步最需要的东西提供了可能性吗？如果是，请回答细节；如果不是，请指出哪种安排提供了这种可能性。
4. 你觉得你的下一个工作安排能满足你自己的需要吗？
5. 确定你下一个工作安排中最需要的东西并对其加以描述。
6. 描述你能从事的以及为了实现你的目标愿意从事的主要活动，但是，不要使用工作名称或工作职业来描述你愿意从事的工作。描述为了获得你需要的东西你将要进行的工作，至少列出4项活动。
7. 为了在下一步工作中增进你的潜力，你是否需要开发一些新技能或能力？如果是，你需要开发哪种技能或能力？
8. 总结你个人的需要和为满足这些需要你能做的或你将要做的工作。

（二）组织对员工进行评估

组织对员工进行评估是为了确定员工的职业生涯目标是否现实。组织可以通过以下三种渠道来对员工的能力和潜力进行评估。

（1）利用招聘筛选时获得的信息进行评估，包括能力测试、兴趣爱好、受教育情况以及工作经历等。

（2）利用当前的工作情况，包括绩效评估结果、晋升记录或晋升提名、提薪以及参加各种培训的情况等。

（3）利用员工个人评估的结果。

为了评估员工的潜力，许多有名的国际公司都设立或使用评估中心来直接测评员工将来从事某种职业的能力。评估中心的评估可以帮助组织确定员工可能的发展道路，同时也能帮助员工知道自己的优势与劣势，以便于员工更加现实地设定自己的职业发展目标。

（三）环境分析

环境分析主要是通过对组织环境、社会环境、经济环境等问题的分析与探讨，弄清环境对职业发展的作用、影响及要求，以便更好地进行职业选择与职业目标规划。

人是社会的人，任何一个人都不可能离群索居，而是都必须生活在一定的环境中，特别是要生活在一个特定的组织环境之中。而环境也为每个人都提供了活动的空间、发展的条件、成功的机遇。特别是近年来，社会的快速变迁、科技的高速发展、市场的竞争加剧更是对员工的发展产生了巨大的影响。在这种情况下，员工如果能够很好地了解和利用外部的环境，就会有助于其事业取得成功，否则就会处处碰壁，事倍功半，难以成功，有时甚至还会寸步难行。

二、帮助员工确定职业生涯目标

帮助员工确定职业生涯目标，主要包括职业选择和职业生涯发展路线的选择两个方面的内容。

职业的选择是事业发展的起点，选择正确与否直接关系到事业的成败。据统计，在选错职业的人当中，有76%的人在事业上是失败者。因此，组织应当开展必要的职业指导活动，通过对员工的分析与对组织岗位的分析，为员工选择适合的职业岗位。

职业生涯路线是指一个人选定职业后从什么方向实现自己的职业目标，比如是向专业技术方向发展还是向行政管理方向发展。发展方向不同，对个人的要求也就不同，因此生涯路线选择也是人生发展的重要环节之一。生涯路线选择的重点是组织通过对生涯路线选择要素进行分析，帮助员工确定生涯路线并画出职业生涯路线图。值得注意的是，组织帮助员工设立的职业生涯目标可以是多层次、多阶段的，这样既可以使员工保持开放灵活的心境，又可以保持员工的相对稳定性，提高其工作效率。

组织内部的职业信息系统是为员工制定职业生涯目标时的重要参考。在员工确立实际的职业目标之前，他们往往还需要知道有关职业选择及其机会方面的情况，包括可能的职业方向、职业发展道路以及具体的工作空缺。

组织应当根据自身既定的经营方针和发展战略，预测并作出对未来可能存在的职位以及这些职位所需技能类型的规划，并应对每一职位进行彻底的工作分析，公布其结果，如某项工作的最低任职资格、具体职责、工作规范等。员工可以根据它们来确定自己的职业目标或职业规划。同时，组织还要鼓励员工去思考不同职位的成功者所经历的职业发展道路，为员工勾画出不同的职业发展道路与前景。

组织可以通过多种方式向员工传递有关职业发展方面的信息，如文字的或口头的。许多制定职业生涯发展规划比较正规的组织，通常都是使用组织内部职位海报、工作手册、招聘材料等来向员工提供有关职业选择与职业发展机会的信息。

三、帮助员工制定职业生涯策略

职业生涯策略是指为了争取实现职业目标而积极采取的各种行动和措施。比如，参加组织举办的各种人力资源开发与培训活动、构建人际关系网、参加业余时间的课程学习、掌握额外的技能与知识等都是职业目标实现的具体策略，另外也包括为平衡职业目标与其他目标（如生活目标、家庭目标等）而做出的种种努力。这些努力有助于个人在工作中取得良好的业绩表现，具体如图 6-1 所示。

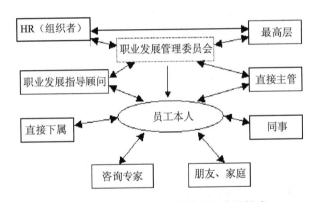

图 6-1　多方帮助员工实施职业生涯策略

在积极实施员工职业生涯规划的同时，根据员工的不同情况采取不同的职业生涯策略，对组织和员工的发展同样具有十分重要的意义。一般来说，在人生的不同年龄阶段，员工的志趣、价值取向等都会有所转变。因此，组织也就应当对不同年龄段的员工采用不同的职业管理方法。

年轻人喜欢不断地自我摸索，寻找适合自己发展的职业道路。因此，向新加入组织的年轻人提供富有挑战性的工作，对他们形成良好的工作态度将会产生深远的影响，并能使他们在今后的职业生涯中保持旺盛的工作热情和竞争能力。

人到中年之后往往对家庭、工作保障及社会地位考虑得更多，他们非常渴望能够获得以职务升迁为标志的职业成就。为了弥补职位空缺，组织可以安排他们对年轻员工进行传、帮、带，使他们认识到自己的重要性；鼓励或资助他们经常"充电"，防止知识老化或掌握更多的工作技能，增强他们的就业保障感；对于那些已有一定地位但不可能再继续晋升的员工，可以通过工作轮换来提高他们的工作兴趣；对于即将退休的员工，组织可以为他们创造一些机会或提供一些条件来培养他们对有益于身心健康的娱乐活动的兴趣，以便营造一个充满人情味的组织氛围，从而使企业获得员工"忠诚"。

组织在帮助员工制定职业策略时，常用的指导表格如表 6-2 所示。

表 6-2　组织职业策划安排指导表

1．请圈出，我对现职业工作的满意程度：很低　较低　中等　较高　很高
2．我想在工作中通过_____取得进一步的提高。（可选择多项）
（1）在现任工作岗位上争取进一步的业绩和成果
（2）努力争取达到胜任比现任工作岗位更高一级工作的资格的能力
（3）努力达到胜任组织内另一部门其他类型工作的资格和能力
（4）争取能够胜任高于现任工作的若干职务
3．我认为自己最适合于做_____工作。（可选择多项）
（1）监督管理工作
（2）生产操作管理
（3）技术与产品开发工作
（4）其他_____（请写明）
4．职业生涯目标
对我而言，一个切实可行的工作目标是：
_____
5．限制条件（任职资格、条件）
立足于现有的工作，评价自身的限制条件和要达到工作目标需要：
_____
6．我的全面平衡发展规划
（1）我的优势在于：
（2）我喜欢做的工作类型，如：
（3）我的局限因素在于：
（4）我不喜欢做的工作类型：
7．职业生涯发展
如果我想在现有工作或别的工作方面取得发展，我需要：
（1）在_____方面吸取更多的工作知识
（2）我想从事_____工作
（3）对_____持有更为完善的态度和视野
8．实现工作目标的行动计划
列出为了实现职业目标，你将会如何提高自己的知识水平，工作技能水平和个人能力。
（1）某专业的正规学习（列出是大学、研究生课程、公司培训计划还是其他函授课程）：

（2）正规学习（列出校外或业余时间的学习计划和方案）：

（3）能力培养方案（列出提高自己沟通与管理能力的开发计划和方案）：

四、职业生涯规划的评估与修正

由于种种原因，最初组织为员工制定的职业生涯目标往往都是比较抽象的，有时甚至是错

误的。因此，在经过一段时间的工作以后，组织还应当有意识地回顾员工的工作表现，检验员工的职业定位与职业方向是否合适。通过在实施职业生涯规划的过程中评估现有的职业生涯规划，组织就可以修正对员工的认识与判断。通过反馈与修正，可以纠正最终职业目标与分阶段职业目标的偏差。同时，通过评估与修正还可以极大地增大员工实现职业目标的可能。

通过对职业生涯规划进行评估与修正，架设组织发展战略及员工职业目标之间的桥梁，是实现组织规划目标的重要手段。组织在了解了员工的自我评价与职业目标之类的信息后，就可以据此并结合组织的发展战略来全盘规划与调整其人力资源。当组织未来的人力资源需求与某些员工的职业目标和个人条件大体一致时，组织就可以事先安排这些员工接触这些工作并使之熟悉起来；当然也可以根据未来职位的要求有的放矢地安排有关员工进行相关的培训，以便使其做好承担此项工作的任职准备。有些员工对本职工作并不喜欢，而对组织的另一些工作很感兴趣，如果这些工作的要求与这些员工的条件相匹配并且又有空缺的话，组织也可安排他们转岗，但是组织应当恪守"公平、公开、公正"的原则，以便让组织获得最佳人选，让员工获得最佳发展。

通过以上四个步骤，组织就可以帮助员工个人完成组织职业生涯规划表，具体格式如表 6-3 所示。

表 6-3 组织职业生涯规划表

姓名		性别		年龄		政治面貌	
现工作部门				现任职务		到期年限	
个人因素分析结果							
环境因素分析结果							
职业选择							
职业生涯路线选择							
职业生涯目标		长期目标			完成时间		
		中期目标			完成时间		
		短期目标			完成时间		
完成短期目标的计划与措施							
完成中期目标的计划与措施							
完成长期目标的计划与措施							
所在部门主管审核意见							
人力资源开发部门审核意见							

填表说明：
- 个人因素分析包括自己的性格、兴趣、能力、气质等方面。其中重点是要分析自己的性格、兴趣与能力，并从中找出三者的结合点。
- 环境因素分析包括组织环境分析、社会环境分析、经济环境分析，应当从中分析出哪些是有利因素、哪些是不利因素、哪些因素将阻碍职业生涯发展、哪些因素将为职业生涯发展提供机遇。
- 职业选择又分两种情况：一种是初次选择职业，此时可以根据个人因素和环境因素的分析结果，选择自己的职业；另一种是在职人员应当根据个人因素和环境因素分析的结果，对自己所从事的职业进行一次核查，如有必要可以重新选择。
- 生涯路线选择是指走行政管理路线、业务路线还是经营路线，或者是先走业务路线，等到实现某一业务发展目标后再走行政路线，或再转入经营路线等。
- 职业生涯目标包括短期目标、中期目标和长期目标。目标要具体明确，并要写出各目标的完成时间。
- 完成短期目标计划与措施，应写出近三年的具体实施措施。
- 完成中期目标计划与措施，主要是应列出第4~5年的行动与计划。
- 完成长期目标计划与措施，是要列出职业生涯规划的第6~10年的行动与计划。
- 部门主管填写意见时应对员工个人填写项目进行分析与核实；人力资源开发部门审核意见的重点应是员工所选择职业生涯路线和所设定目标的可行性。

第三节 组织职业生涯发展通道管理

一、职业生涯发展通道的内涵

职业生涯发展通道是指组织为内部员工设计的自我认知、成长和晋升的管理方案。职业通道设计指明了组织内员工可能的发展方向及发展机会，组织内每一个员工可能沿着本组织的发展通道变换工作岗位。具体来说，职业生涯通道是个体在一个组织中所经历的一系列结构化的职位。职业通道的设计是为了帮员工了解自我的同时使组织掌握员工职业需要，以便排除障碍，帮助员工满足需要。另外，职业生涯通道通过帮助员工胜任工作，确立组织内晋升的不同条件和程序对员工职业发展施加的影响，使员工的职业目标和计划有利于满足组织的需要。

这里需要指出的一点是，职业生涯发展通道的概念略不同于职业生涯路径。职业路径是指员工在其职业生涯中所经历的一系列工作经验。

二、职业生涯通道模式

一般来说，组织有五种职业生涯通道模式：传统职业通道、行为职业通道、横向技术通道、双重职业通道和多重职业通道。职业生涯通道是组织中职业晋升和职业发展的路线，是员工实现职业理想和获得满意工作，达到职业生涯目标的路径。

（一）传统职业通道

所谓传统职业通道是员工在组织中从一个特定的职位到下一个职位纵向向上发展的一条路径，是一种基于过去组织内员工的实际发展道路而制定出的一种发展模式。图6-2所表示的就是传统的技术人员与管理人员的职业生涯发展路径。从中我们可以看出，在传统的职业生涯道路中，技术职业发展道路所提供的升迁机会十分有限。这种模式将员工的发展限制于一个职能部门内或一个单位内，通常是由员工在组织中的工作年限来决定员工的职业地位。它假定每一个当前的职位是下一个较高职位的必要准备。因而，一名员工必须一个台阶一个台阶地、从一个职位到另一个更高的职位变动，以获得所需要的经历和准备。

比如，某一组织的销售部门的职业阶梯是从下而上设计为销售小组、社区销售、地区销售、全国销售及全球销售五个等级，一个销售人员可在 5 年后成为销售组长，10 年后成为社区销售主管，15 年后成为一个地区销售主管，25 年后成为跨国公司在某一国家的销售主管，30 年后成为某一国家的销售总监。我国的公务员职称序列实际上就是这样一种基于资历进行排序的传统职业发展阶梯。

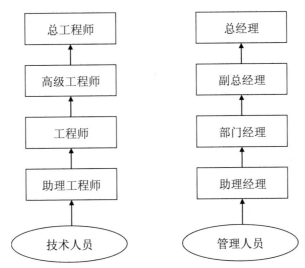

图 6-2　技术人员与管理人员的传统职业生涯通道

传统职业通道的最大优点是清晰明确、直线向前，员工知道自己向前发展的特定工作职位序列。但它有一个很大的缺陷，就是它是基于组织过去对成员的需求而设计的，但实际上随着组织的发展，技术的进步、外部环境的变迁、企业战略的改变都会影响企业的组织流程和组织结构，进而影响对人力资源的需求，原有职业需求已不再适应目前企业发展的要求。

（二）行为职业通道

行为职业通道是一种建立在对各个工作岗位上的行为需求分析基础上的职业发展通道设计。它要求组织首先进行工作分析来确定各个岗位上的职业行为需要，然后将具有相同职业行为需要的工作岗位化为一族（这里的族是指对员工素质及技能要求基本一致的工作岗位的集合），然后以族为单位进行职业生涯设计。这样，除了传统职业通道之外，员工还可以在族内进行职业流动，从而打破了部门对员工职业发展的限制。这种呈网状分布的职业发展通道设计能够给员工和组织带来巨大的便利：对员工来讲，这种职业发展设计首先为员工带来了更多的职业发展机会，尤其是当员工所在部门的职业发展机会较少时，员工可以转换到一个新的工作领域中，开始新的职业生涯；其次，这种职业发展设计也便于员工找到真正适合自己的工作，找到与自己兴趣相符的工作，实现自己的职业目标。对组织来讲，这种职业发展设计增加了组织的应变性。当组织战略发生转移或环境发生变化时，能够顺利实现人员转岗安排，保持整个组织的稳定性。

表 6-4 是几位前金霸王公司销售人员制定的职业发展时间表，这些路径说明了从销售人员向区域经理职业发展的方向。

表6-4 金霸王公司销售人员的职业生涯发展

在金霸王公司的位置	在位的月数			
	瑞克	霍利	汤姆	塔米
销售人员	6	6	3	
小区经理	30	12	24	42
重要客户经理		24		
区域销售培训师	3	6	8	18
地区经理	3	当前	36	24
促销经理	18			
销售计划经理			9	
特别签约零售商				12
贸易市场经理	18			
销售培训经理			9	
一线销售经理				6
产品经理	当前			
地区经理			当前	
贸易经理				12
分公司经理				当前

(三) 横向技术通道

前两种职业途径都被视为组织成员向较高管理层的升迁之路。但组织内并没有足够多的高层职位为每个员工都提供升迁的机会,而长期从事同一项工作会使人倍感枯燥无味,影响员工的工作效率。因此,组织也常采取横向调动来使工作具有多样性,使员工焕发新的活力、迎接新的挑战。虽然没有加薪或晋升,但员工可以增加自己对组织的价值,也使他们自己获得了新生。按照这种思想所制定的组织职业通道就是横向技术通道,它进一步打破了行为职业通道设计对员工行为和技能要求的限制与约束,实现了员工在组织内更加自由的流动。这种设计一般也是建立在工作行为需求分析基础上的。

(四) 双重职业通道

传统职业通道是组织中向较高管理层的升迁之路,而双重职业通道主要用来解决某一领域中具有专业技能、但并不期望或不适合通过正常升迁程序调到管理部门的员工的职业发展问题。这一职业通道设计的思路是:专业技术人员没有必要也不可能因为其专业技能的提升而从事管理工作,技术专家能够而且应该被允许将其技能贡献组织而不必成为管理者。他们的贡献是组织需要的,应该得到组织的承认。承认的方式不必是被提拔到管理岗位,而是体现在报酬的变更和地位的提升上,并且处于同一岗位上不同级别专业人员的报酬是可比的。双重职业通道有利于激励在工程、技术、财务、市场等领域中有突出贡献的员工。实现双重职业通道能够保证组织既聘请到具有高技能的管理者,又雇佣到具有高技能的专业技术人员。专业技术人员实现个人职业生涯发展可以不必走从管理层晋升的道路,避免了从优秀的技术专家中培养出不称职的管理者这种现象。这无疑有助于专业技术人员在专业方面取得更大的成绩。

图6-3就是一个双重阶梯发展道路系统。在双重阶段发展道路系统中,技术人员有机会进入三条不同的职业发展道路:一条技术的职业道路和两条管理的职业道路。由于在这三种路径中员工的薪资水平相近,发展机会也较为相似,因此他们就会选择一种最符合自己兴趣和技能的职业发展道路。

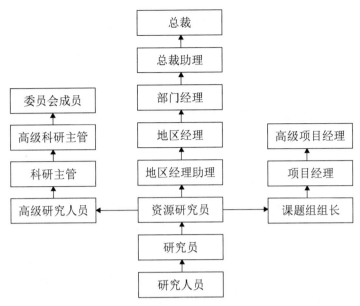

图 6-3 职业生涯双阶梯模式

随着高新技术发展和现代企业的革新再造，双重职业道路日益流行，专业知识和管理技能同样重要。双阶梯模式不是从合格的技术专家中培养出拙劣的管理者，而是允许组织既可以培养高水平的管理者，也可以开发出高技能的专业人员。

总体来看，传统职业通道以及由其改良来的行为职业通道都是基于晋升而设计的职业通道；横向职业通道可以增加员工的职业生活多样性；双重职业通道可以保证员工在适合自己的岗位上发展。每种通道都有它的特点，组织可以根据本组织的特色而选择适当的职业通道，发挥职业管理的巨大功效。

（五）多重职业通道

由于双阶梯模式对专业技术人员职业生涯发展阶梯的定义太狭窄，因此如果将一个技术阶梯分成多个技术轨道，双阶梯职业生涯发展模式也就变成了多阶梯职业生涯发展模式，同时这也为专业技术人员的职业发展提供了更大的空间。比如，美国一家化工厂将技术轨道分为三种：研究轨道、技术服务和开发轨道、工艺工程轨道。又如，深圳某高技术公司将技术人员的职业发展轨道分成六种，即软件轨道、系统轨道、硬件轨道、测试轨道、工艺轨道与管理轨道，不同的轨道又分成 8~10 种不同的等级。再如，西部电子公司为拓展专业技术人员的发展空间，为员工设计了三类职业生涯发展阶梯：技术人员阶梯、技术带头人阶梯与技术管理人员阶梯。这是一种典型的职业生涯多阶梯模式。在西部电子公司的职业生涯阶梯模式中，技术带头人是指有较强技术基础、能管理项目的员工。他们进行项目资源的计划、协调与控制，并有预算能力，设立技术开发策略与产品的开发方向。他们主要对技术人员的技术要求进行把关，而无直接管理技术人员的权力。技术管理人员主要对项目的预算和人员的调动、升迁、考评负责。在技术三轨制中，技术人员分为 5 个等级（技术一级、技术二级、技术三级、高级技术一级、高级技术二级），技术带头人分成 4 个等级（一般技术带头人、高级技术带头人、技术主任、技术执行主管），技术管理人员也分 4 个等级（一般管理人员、高级管理人员、管理主任、管理执行主管）。

从西部电子公司的职业生涯阶梯安排来看，技术带头人等级与技术管理人员等级要高于技术人员等级，技术人员一般要到 4 级（高级技术一级）才有可能进入技术带头人和管理人员等级,而且这种职业的迁移还要取决于公司的内在需要和该员工所拥有的才能。

三、职业通道设置

传统的职业发展意味着沿着组织内部的管理职位阶梯一步一步地向高层提升,但是对许多人来说,单一的管理职位通道是与他们的职业自我观和兴趣不相称的。"职业锚"理论告诉我们,员工都有自己的职业定位,而管理型只是八种职业锚中的一种,因此以管理层级设计为基础的职业通道显然是过于片面的,不能满足拥有不同职业锚的员工的职业发展需要。

受到双重职业通道模式的启发,一个解决问题的办法就是,以职业锚的类型划分为依据,对组织内部的员工的工作类型进行分类,设计适合本组织的多重职业通道,不同职业通道的层级之间在报酬、地位、称谓等方面具有某种对应关系,这样就可以让每一个员工都能找到适合自己的职业通道,朝着自己的职业里程碑前进。

多重职业通道的设计实际上向员工传达了一种非常重要的信息,就是组织非常重视每个员工的个人发展,会为每个员工提供足够的发展空间和晋升机会。这样做的好处是有助于降低员工的离职倾向,尤其是技术类员工将会因此受到极大的鼓舞,因为他们将会有更多的机会得到晋升或获得提薪。

海尔公司在多重职业通道设计方面的探索非常值得借鉴(见图6-4)。海尔对每一位新进厂的员工都进行一次个人职业生涯培训。不同类型的员工自我成功的途径不尽相同,为此海尔为各类员工设计出了不同的升迁途径,使员工一进厂就知道自己该往哪方面努力才能取得成功。

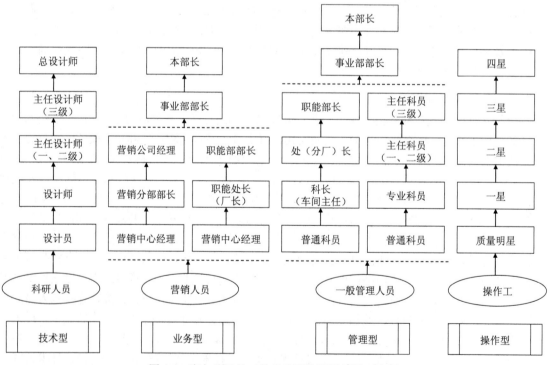

图6-4 海尔公司员工的多重职业通道设计示意图

索尼公司则利用非传统的职业生涯阶梯设计来促进员工的创新能力。在索尼个人有权自主调到他们认为更有兴趣、更有挑战性的部门,而不需要经过主管的同意。如果他们加入了一个新的项目小组,他们现在的上司应当让他们离去。索尼的自我促进思想也许是激发具有革命与创新性产品设计的关键所在。

第四节　组织职业生涯开发

组织职业生涯开发是指组织为了提高员工的职业知识、技能、态度和水平,进而提高员工的工作绩效,促进员工职业生涯发展而开展的各类有计划、有系统的教育训练活动。有组织地进行职业生涯开发,有意识地将个人的职业生涯规划与组织机构的劳动力需求相联系,作为提高劳动力效率的策略,已经逐渐成为有远见的组织机构的关键性战略资产。

如今,组织职业生涯开发正在越来越多地采取一种有系统的方式。以前则多数都是分散的培训活动,系统的某个局部变化都会产生牵一发而动全局的整体效应。比如,提供职业信息会使员工更经常地使用已有的岗位需求信息发布方式,如果员工与管理者能够定期讨论工作中出现的问题,那么绩效评估讨论会的效果就会好得多——这种增效作用将会越来越突出地成为职业生涯开发活动的特点。

组织职业生涯的开发与管理模式如图6-5所示。

一、组织职业生涯开发的渠道

组织的职业生涯开发具体可从以下六个方面来考虑。

（1）员工自我评估手段,如职业生涯规划讨论会、参考书目或电脑软件。

（2）组织机构潜力的评估程序,诸如可推广性预测和评价中心。

（3）内部劳动力市场信息交换,包括职业信息手册、资源中心等。

（4）员工与主管、人力资源顾问或专业化的职业咨询顾问之间的个人咨询和职业生涯讨论。

（5）岗位任职、技能审核或调查、更替或人员接替规划的职务调配制度。

（6）开发培训项目,包括内外结合的活动安排、研讨班、学费补偿、岗位轮换、充实强化、指导制度等。

由于有组织的职业生涯开发注重的是工作场所的学习,以及创造一种有利于这种学习的文化,所以组织必须采用多种多样的活动方式和策略方法来让员工适应不同的学习形式。另一个关键因素是要确认适合公司的价值观。一项职业生涯开发政策必须明确公司、员工和主管都将遵守的"实施准则"。组织必须能够通过职业生涯规划使个人发挥他们的才干,以积极合作的精神投入公司要求他们从事的工作中去。

在职业生涯开发中,最主要的问题是要使员工的技能与工作相匹配。随着组织的发展,应当让员工更多地了解相关的职业发展机会,并对职业成功进行重新的界定,因为职业成功对员工的重要影响远远超过为晋升准备的培训与开发。需要强调的是,员工个人必须为职业生涯发展承担更多的责任,而主管也要担当起职业生涯教练的角色。成功的员工职业生涯开发系统一般都会鼓励员工、管理人员和组织积极参与其中,各自担当一套具体的角色和责任,以使整个系统可以正常发挥作用。在这种参与中,员工负责自我评估与开发的运作程序,管理人员负责协助和鼓励这一过程,而组织则通过提供工具、资源及持续的鼓励与指导对这一过程给予支持。

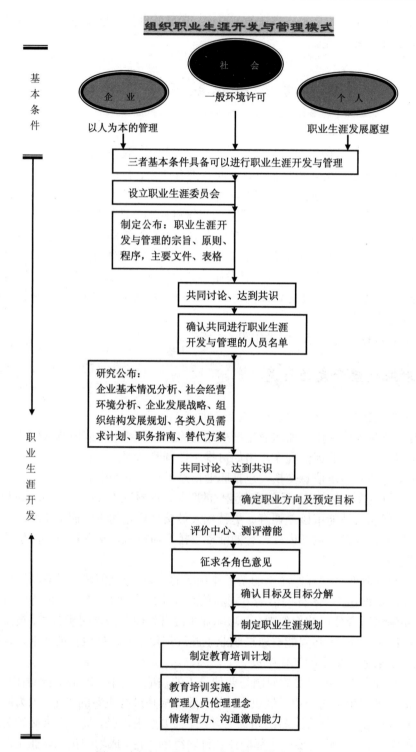

图 6-5　组织职业生涯开发与管理模式示意图

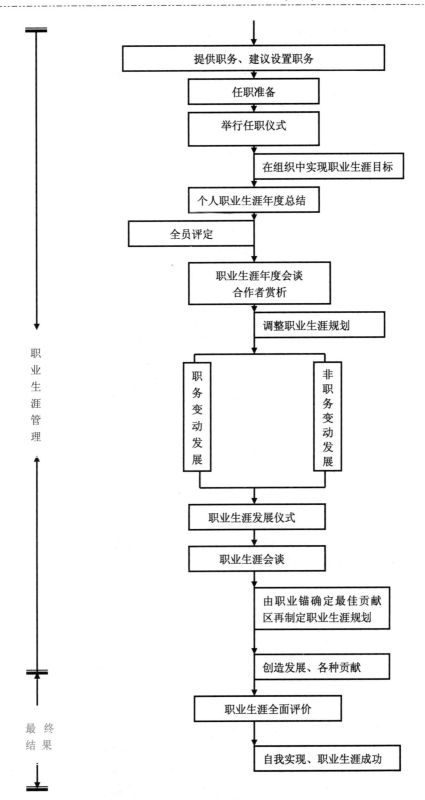

图 6-5 组织职业生涯开发与管理模式示意图（续）

二、组织职业生涯开发的方法

组织职业生涯开发的方法有很多种，具体的开发方法随职业种类和岗位的不同而不同。一般可以通过在职开发和离职开发来分析可能的开发方法。在某一职业开发计划中采用何种方案，最好由职业生涯管理专家和心理学家来决定。

（一）在职开发

目前有大量的在职开发方法可供选择。在职开发面临的主要困难是经常把无计划的活动看成开发，因此主管们必须计划和协调开发活动以达到期望的开发目的。

1．指导

这是一种最古老的开发技巧，它是由直接主管对员工进行日常培训并作出反馈。指导是一个持续的在干中学的过程。但要使指导能够取得理想的效果，就必须在员工和他们的主管间保持一种健康开放的关系。现在有许多公司都是通过安排正式的培训课程来提高其主管的指导技能。

但是，和其他在职培训方法一样，开发也存在着在没有任何计划的情况下就轻易地进行指导的现象。而实际上，即便有人擅长一项工作或一项工作的特定部分，也不保证他就能指导他人做好工作。"教练"往往不愿系统地指导学习者，即便他们本人知道系统的经验是最重要的。而且，许多技能中的一些智力分可能在指导发生之前从书中或讲座中学会更好。

2．委员会任命

指派有前途的员工进入重要的委员会，能给他们增添一种广阔的经历，并能帮助他们理解品行、重大问题及管理组织的程序。比如，指派员工进入安全委员会，可能会使他们具备主管所需要的安全背景，而且他们也可能会经历涉及维持员工安全意识的问题。但是在这样做的同时主管必须意识到，委员会的任命也可能会成为浪费时间的活动。

3．工作轮换制

工作轮换制是指在组织的几种不同职能领域中为员工作出一系列的工作任务安排，或者在某个单一的职能领域或部门中为员工提供在各种不同工作岗位之间流动的机会。在一些组织中工作轮换是无计划的，而在有些组织中就对工作轮换制定了详细的图表和日程表，精确地规划了每个员工的计划表。

工作轮换作为一种开发工具在实际生活中得到了广泛的使用。比如，一个有前途的年轻主管可能要花三个月的时间在工厂工作，花三个月从事组织规划，再花三个月去外面跑采购。如果规划得当，这种轮换安排可以使他对组织的方方面面有一个更好的理解。特别是在晋升机会很少的情况下，横向的工作轮换可能会有助于重新激起员工的热情并开发出新的才能。最佳的横向调动应做到以下一项或几项：将员工调入核心业务；提供与客户更密切接触的练习机会；教授新的技巧或观点。

工作轮换有助于员工对组织的目标有一个总体性的把握，增强他们对公司中不同职能的理解和认识，形成一个组织内部的联系网络，并且有助于提高他们解决问题的能力和决策的能力。比如，"助理"是直接位于经理之下的职位。通过这一工作，受训者能和杰出的经理一起工作，否则他们就可能没有机会碰到这些经理，没有机会处理富有挑战性或有趣的任务。对于不同的工作，尽管这种方法有很多好处，但也应清楚地意识到工作轮换的成本是昂贵的，而且当受训者改变职位时，他们往往丧失了大量的管理时间，因为他们必须熟悉每个新单元中的不同的人和不同的工作技巧。

（二）离职开发

离职开发方法之所以能够有效，是因为它给个人提供了远离工作、专心致力于要学习的东西的机会。而且，与具有不同问题及来自其他组织中的他人会谈，也可能会为员工提供一个看待老问题的新视角。在现实生活中，各种离职开发方法也经常被使用。

1. 课堂学习和学位

许多离职开发计划都包括一个课程指导。课堂培训的好处在于能被大多数人所熟悉和接受。但课堂指导也有一个缺点，就是这种授课方法可能会产生消极听讲，学习者的参与程度不高。课堂指导的实际效果往往取决于团体大小、能力、授课者及主题等因素。

一般企业常派员工参与外部研讨会或专业课程。一些大型企业还建立了自己的培训中心以供自己的员工使用。表 6-5 列示了通用电气公司的员工开发计划类型以及这些计划的目标听众。另外，还有许多组织则是通过为员工支付大学教育费用来鼓励继续教育。大多数组织都为员工的学费提供补偿。许多组织还鼓励员工以这种方式攻读高等级学位，如工商管理硕士等。员工通常都是在他们白天的正规工作结束后参加夜校来获得这些学位。

表 6-5　通用电气公司的开发计划举例

计划	描述	目标听众	课程
高级管理人员开发系列	课程所强调的是战略性思考能力、领导能力、跨职能整合能力、全球竞争能力以及赢得客户满意能力等	高潜质的专业人员和高级经营管理人员	管理人员开发课程 全球化经营管理课程
核心领导能力计划	开发职能性专业技术、促成卓越的企业管理以及变革能力的提高等方面的课程	管理人员	公司初级领导能力讲习班 专业开发课程 新管理者开发课程 有经验管理者课程
专业开发计划	强调为特定的职业发展道路做好准备的课程	新员工	审计人员课程 财务管理课程 人力资源课程 技术领导能力课程

2. 人际关系培训

人际关系培训起源于霍桑（Hawthorne）的研究。此类培训的重点在于开发个人和他人一起和谐工作所需要的人际关系技巧。许多人际关系培训方案的对象都是新主管或相对无经验的一线主管及中层管理者。人际关系培训方面典型的课程是激励、领导、员工沟通及使工作场所人性化。

这种方法存在的问题是难以衡量其效果。由于人际关系技巧的开发是一个长期目标，在几年的时间跨度里难以确认有形的效果，因此此类项目经常都是仅仅通过参与者的反馈来进行衡量，而反馈衡量则是评估培训效果最差。

3. 案例研究

案例研究是一种得到广泛使用的课堂导向的开发技巧。案例为受训者学习管理知识或行为知识的概念提供了一套范例，其重点是应用和分析，而不仅仅是概念的记忆。

4．角色扮演

角色扮演这种开发技巧要求受训者在一个给定的情境中扮演一个角色，并展示与该角色相联系的行为。采用这种方式时，参与者必须理解许多影响工作情况的行为因素。尽管角色扮演在一些情形中是一种很有用的工具，但对它也要谨慎应用。由于受训者在角色扮演中经常会感到不自在，培训者必须很好地介绍情境以使学员能够更好地进行学习。

5．模拟（商业游戏）

模拟需要参与者分析形势，根据给定的数据决定最佳的行动方案。其中也有一些模拟是电脑互动游戏：个人或团体为组织起草一套市场计划以决定诸如资源等在广告、产品设计、销售及促销中的分配，参与者可以作出各种决策，接着电脑会告诉他们与竞争团队相比他们做得如何。模拟有时也被用来诊断组织的问题。

如果做得好，模拟是一种有用的管理开发工具。不过，由于模拟有时缺乏现实性，所以就会导致学习效果降低，因此采用这种方式必须以学习为重点，而非仅仅是"参与游戏"。

6．周期性休假

周期性休假是指带薪休假以开发自身并重获活力。这种方式在国外学术界已经流行了很多年，教授们休假以加强自己的技能，推进自己的教育或研究。如今商业世界中也已经采用了带薪休假。10%以上的美国公司都提供带薪休假，比如施乐公司给一些员工提供六个月甚至更多的假期以参加社会公益项目，包括在城市的少数民居居住区开展培训，向海外国家提供技术帮助。带薪休假通常是公司中某种形式的志愿者计划。

据提供带薪假期的公司反映，这样做的效果良好。他们认为带薪假期有助于防止员工工作枯竭，并且在招募和留住人才方面提供了优势，因为带薪休假能增进士气，使人们因为得到了回报而愿意承担更重的工作负担。不过，带薪假期存在两个成本问题，而且此间的学习实质上不受控制，在某种意义上具有随意性。

7．户外培训

许多组织将执行官送到荒郊野外参加严峻的考验，这被称为户外培训，也是一种开发工具。通用食品、施乐、通用电气及其他组织都已经派送过执行官到户外待上几天甚至几周。这些野外远足的基本意义如下：对个人而言，这种经历能够增加自信，帮助他们重新评价个人目标及努力；对组织而言，在工作环境外分享风险能够创造一种团队合作意识。这些挑战可能包括攀岩、冲浪、背包徒步旅行等。

生存类型的管理开发课程可能比许多其他的管理研讨会更有影响，但是在这里面也存在着一定的危险。是否赞助此类计划应该取决于参与员工的个性。表6-6总结了各种在职或离职开发方法的优缺点。

表6-6　一些主要开发方法的优缺点

培训方法		优　点	缺　点
在职开发	指导	自然且与工作相关	难以发现好教练
	委员会任命	参加者能参与到重要的进程中	可能浪费时间
	工作轮换	提供对组织的良好理解	启动时间很长
	"助理"职位	有机会接触杰出的经理	可能缺乏好的任务

续表

培训方法		优　点	缺　点
离职开发	课堂学习和学位	为人所熟悉、可接受、地位显著	并非总能改进绩效
	人际关系培训	处理重要的管理技能	给以衡量效果
	案例研究	有实际性，参与者能够从真实管理中学习互动的方法	对于一些决策制定者，信息可能不充分
	角色扮演	可能导致观念改变	受训者可能会感到不舒服
	模仿	现实性和综合性	有时不恰当
	带薪休假	开发的同时恢复活力	成本昂贵，员工可能和工作失去联系
	户外培训	体力挑战，能增加自信和团队合作能力	由于体质因素并非对所有人适用，有一定危险性

总而言之，职业生涯开发过程是一种催化剂。它能够增强自我认识，提高组织成员的工作能力和工作绩效。尤其重要的是，它有利于培育一种开放式的工作氛围。

本章小结

职业生涯规划的目的是帮助员工真正了解自己，在进一步详细衡量内在与外在环境的优势、限制的基础上，为员工设计出合理可行的职业生涯发展目标，在协助员工达到和实现个人目标的同时也实现组织目标。组织的职业生涯规划为员工的职业生涯成功提供了基本的载体和科学的指导。

组织在进行职业生涯规划时主要涉及：沿着各条不同的职业道路转移或流动的人数、具体的工种和工作职位；发生职业流动或转移的原因；员工转移或流动预计发生的时间；安置去向；具体实施方案和相关的政策与措施。

组织职业生涯规划一般都要经过四个步骤来完成：对员工进行分析与定位；帮助员工确定职业生涯目标；帮助员工制定职业生涯策略；职业生涯规划的评估与修正。

组织的职业生涯开发可以从员工自我评估手段、组织机构潜力的评估程序、内部劳动力市场信息交换、员工职业生涯咨询和职业生涯研讨会、职务调配制度和开发培训项目六个方面来考虑。

组织职业生涯开发的方法有很多种，一般可以通过在职开发和离职开发来分析可能的开发方法。

思考与练习

1. 何为组织职业生涯规划？包含哪些基本内容？
2. 组织为员工制定职业生涯规划时考虑的因素有哪些？

3. 组织职业生涯规划的基本步骤是什么？
4. 组织职业生涯开发的渠道有哪些？
5. 什么是组织职业生涯发展通道？组织职业生涯发展通道有哪几种？
6. 组织职业生涯开发的方法有哪些？联系实际，谈谈如何运用这些方法。

案 例 分 析

案例一：贝尔-阿尔卡特移动通讯有限公司的职业生涯阶梯

贝尔-阿尔卡特移动通讯有限公司的职业生涯阶梯是典型的双阶梯模式——公司设计有行政管理职位系列和专业技术职位系列。这一并行的职位系列制度可以充分调动不同工作性质员工的积极性，为其提供公平合理的发展机遇，以便激发其创造能力。

行政管理系列设有7个级别：由低级到高级依次为初级职员、中级职员、高级职员、主任职员、三级经理、二级经理、一级经理。每一级的行政管理职位享受相应的待遇，如初级职员享受1~3级工资待遇、1级住房补贴待遇；而一级经理享受10级工资待遇、7级住房补贴待遇。申请行政管理职位的员工主要包括：各级经理人员、质量监督人员、销售人员、财务人员、物资采购人员、质量监督人员、行政管理及支持人员等。各级阶梯人员在行政管理职位人员中所占的比重大约为：初级职员占8%~10%，中级职员占13%~15%，高级职员占2%~32%，主任职员占26%~34%，三级经理以上人员比例由公司根据发展战略确定。公司每年都会在年终考核结束后，根据公司总体规划并按一定比例来确定主任职员及其以下各级行政管理职位的晋升比例和名额。三级经理由二级经理提议晋升，二级经理由总经理根据公司实际需要直接提名，报董事会批准后任命。

技术职位系列分为6个级别，由低级到高级依次为：职业技师、助理职业工程师、三级职业工程师、二级职业工程师、一级职业工程师、专家。各级专业技术职位也享受相应的待遇。比如，职业技师享受1~3级工资待遇、1级住房补贴，而专家享受8~9级工资待遇、6级住房补贴。申请专业技术职位的人员主要为：工程部门技术人员、研究和发展部门技术人员以及其他部门的技术人员。各级专业技术职位人员所占的比重为：职业技师占8%~10%，助理职业工程师占13%~15%，三级职业工程师占25%~32%，二级职业工程师占26%~34%，一级职业工程师和专家的比例由公司根据发展战略确定。

公司每年在年终考核后，都会根据公司总战略和一定比例来确定各级专业技术职位人员的晋升比例和名额。

每年年末，部门经理都会在部门员工个人申请的基础上，根据员工年终考核结果，结合各级职位的基本要求，提议晋升各级职位的人选，报公司设立的"职位评审委员会"评审通过。公司对新聘用的应届毕业生在实习结束后根据有关标准和条件定职。对新聘用的、有工作经验的行政管理或专业技术人员在试用期满后，根据具体情况和参照职位标准来确定其职位级别。

资料来源：杜映梅. 职业生涯管理[M]. 北京：中国发展出版社，2006.

讨论题：
1. 贝尔-阿尔卡特移动通讯有限公司的职业发展通道有什么特点？

（提示：组织职业生涯发展通道的内涵及类型）

2．贝尔-阿尔卡特移动通讯有限公司的"员工职业生涯规划"对我们有何借鉴意义？

（提示：组织职业生涯规划考虑的因素以及组织职业生涯开发的方法）

案例二：阿莲的职业规划——从安达信起步

阿莲是一名刚毕业的本科生，她学的是电子工程专业，并辅修过经济管理方面的课程。安达信公司作为全球知名的咨询公司并不把专业知识和工作经验作为进入公司的首要条件，阿莲凭借自己的热情、机智和能力终于获得录用，迈出了她职业生涯的第一步。

公司概况

安达信公司创立于1913年，现在已发展成为一个全球化、多领域的专业化服务机构，为不同行业的客户提供在管理、经营、信息技术、财务、金融和变革方面的咨询服务，以帮助他们成长和不断盈利。从创立之初，安达信一直把服务质量立于首位，并始终力图更好地理解、接受、满足和超越客户的需求与期望。

对于安达信公司来说，全球化并不仅仅指在全球范围存在，更多的是一种观念。它的哲学是不论身在何处，都要一致行动，采取相同的政策，遵从统一的职业标准（在不同的国家法律下尽最大可能），并为全球的员工提供标准的培训。

公司的业务

随着市场复杂性的增加，安达信的顾客对行业知识和创新提出了更高的要求。安达信的信誉既是建立在技术化和专业化的卓越品质以及它的客观公正品质上，又是靠对中国复杂多变的市场和行业的全面了解以及在发展和维持强大的关系网方面的不懈努力。

公司业务的重点主要集中在以下行业：通信业和娱乐业，金融市场，高技术行业，石油和天然气，制造业和零售业，房地产业和餐饮业。

提供的服务种类主要有以下四类。

担保和商业顾问（Assurance & Business Advisory）。ABA服务帮助顾客了解和管理经营风险，通过财务报表担保和经营风险咨询服务来保护和提高企业的价值。ABA采用所有权方法论、专业的行业及风险知识。

业务咨询（Business Consulting）。BC服务向顾客提供关于改善管理过程、提高价值和技术实现方法的咨询来帮助顾客提高决策、业务和组织能力，增加股东价值。

税务、法律和商业顾问（Tax、Legal & Business Advisory）。TLBA服务结合税务和人力资本服务来帮助公司以及管理者、所有者降低成本、增加回报，不断提高企业和个人价值。

全球公司财务（Global Corporate Finance）。GCF服务帮助顾客通过安排和管理诸如兼并、收购等交易来实现企业价值最大化，为顾客进入资本市场提供便利，帮助他们设计实现资产最优化组合的策略和发展克服财务困难的方案。

阿莲的自我分析

阿莲对自己进行了剖析，并根据公司提供的职业偏好测验（Vocational Preference Tests，VPT）确定自己的人格类型（又称人格导向）为研究型和艺术型。

研究型倾向的人喜欢观察、学习、研究、分析、评估或解决问题，他们喜欢从事认知性（思考、组织和理解）而非影响性（感受、行动、人际社交与情感性）的工作。

艺术型倾向的人拥有艺术、创新或直觉上的能力，喜欢在非结构性的情境下工作，发挥他们的想象力和创造力。他们喜欢从事自我表现、艺术创造、情感表达及个人主义式的工作。

阿莲对工作的期望

阿莲刚刚走出象牙塔，对未来充满憧憬，她对自己未来的工作提出了以下要求：

希望成为公司的主人；

希望在一个有良好声誉、充满竞争活力和不断成长的公司工作；

希望有更多的机会接触国际先进的事物；

希望在一个把人才作为最重要的资本的公司工作；

希望与一群有才华并且平和的人一起工作；

希望有机会接受最好的培训；

希望能够接触到这一领域内的领导者和先锋；

希望承担更多有挑战性的工作，希望为社会创造更多的价值。

阿莲今年22岁，正处于职业发展的探索性阶段，由于进入像安达信这样的世界知名企业，她的期望很高，非常希望在这里成就一番事业。她非常自信，虽然没有系统地学习过经济类课程，但她相信凭自己的学习能力一定能胜任工作。她期望能在30岁左右成为安达信公司的经理。

安达信的人力资源规划

安达信承诺所有的合伙人是平等的，并享有相同的权利，承担相同的义务。

安达信把员工的才能和技能看成是公司的心脏。公司吸引和留住优秀人才的能力就是向他们提供卓越的培训和不断的教育训练。

安达信多样化及变化着的环境将向它的员工提出挑战，并给予员工巨大的职业发展的机会。

在安达信，员工将在一个有着非凡的革新能力和史无前例的创业成长的环境中工作。你的身边是一群热情、伶俐、有才华的同事，与你分享不同的团队文化、知识以及解决问题的方法。

安达信认为"工作并非一切"。公司的口号是"努力工作，努力玩"。安达信的员工不仅工作充实，在闲暇的时间也充实生活。多种体育活动、户外活动、分部间的竞争游戏、社交活动会定期举行以帮助员工达到平衡的生活方式。

安达信以它的培训质量而闻名。公司的职业教育计划使每一位员工都能达到一个很高的标准。专业化的发展计划将从员工进入安达信的第一天开始。正式和非正式的机会将帮助你逐渐适应公司并且开始实施你的职业发展进程。公司每年投资在培训、研究和质量控制方面的成本相当于安达信全球收入的6%，即大约4亿美元。在员工的整个职业生涯中，安达信将强调既培养员工的技术业务知识，也培养员工管理人际关系的能力。公司帮助员工成为有知识、有能力的成功的商业顾问。

安达信承诺只要你是公司的一分子，你将永远不会停止学习和成长。最后，你会在安达信实现你的职业发展期望。

安达信提供的前程发展途径

安达信是真正采用精英管理制度的公司。公司认为一个人的职业发展比金钱奖励更重要。因此，除了颇具吸引力的薪水外，公司为员工提供了一个充满竞争的晋升体制。员工的表现将是在安达信晋升发展的重要依据。公司的哲学是："雇用最优秀的人，给他们最好的培训，使他们能够用自己的技能和创造力去帮助顾客成功。"

安达信的前程发展途径大致分为四个阶段。

普通员工（Staff Person）（1~3年）。作为一个SP，其主要的任务是到第一线从事实地工作，完成调查研究任务。经过这一阶段，你将获得足够多的技术性技能，为职业生涯打下扎实的基础。

主管（Senior）（3~7年）。作为一个主管，你将会负责分配的任务。你需要发展监督指导能力、协调能力，劝诫和培训年轻的员工。这时，你会每天直接与顾客的管理层打交道。

经理/资深经理（Manager/Experienced Manager）（6~12年）。作为一个经理，你将承担更重要的角色，通常将委托作为你的客户高层管理的商业顾问。这时，你需要不断参与技术的、管理发展和行业相关的培训。

合伙人（Partner）（10年以上）。作为一个合伙人，你将承担最终的责任并为公司新业务的发展做出贡献。你将参加决策层会议。此时，你仍将不断发展自己的技能，力图使自己成为公司、商业界和整个专业组织内的领导者。

资料来源：http://wenku.baidu.com/view/c13251bbc77da26925c5b0fc.html

讨论题：

1. 按照阿莲的期望，成为经理在安达信大致需要4~10年，对于非科班出身的阿莲来说，如何根据公司的实际情况制定一个达到目标的具体行动方案呢？

（提示：组织职业生涯规划管理的实施步骤与方法）

2. 对于安达信公司来说，对员工进行职业管理有何重要性？如何进行职业策划？如何进行工作进展辅助？

（提示：组织职业生涯规划的功能、意义及应该考虑的因素）

组织职业生涯周期管理

【本章关键词】

组织职业生涯周期；相互接纳；退休计划

【学习目标】

- ❑ 掌握组织在职业生涯早期、中期和晚期的管理任务及其措施。
- ❑ 了解员工与组织相互接纳的内涵及标志。
- ❑ 了解组织生涯中期组织对员工自我实现的措施。
- ❑ 了解退休计划的管理及提前退休计划。

阿莫可公司的职业管理系统

阿莫可公司（Amoco）是设在芝加哥的一家石油公司。公司经理知道保持职业通道完全畅通的重要性，因此，他们关心才能通道就如同关心石油通道一样。当公司在战略、结构和技术上发生了变化时，阿莫可公司的员工可以迅速地调整以适应新技能的需要。为了确保成功，还需要仔细地对个人才能和企业需要之间的矛盾进行有效的平衡。

H. 劳伦斯主席的"Larry"漂洗工计划使公司获得重生，其中一部分内容是，它将一个工作小组集中在一起，共同设计职业管理系统。这个工作小组包括高层经理人员（得到了人力资源部门的大力支持）。另外，工作小组的每一个成员要对他或她将与之合作的员工进行一次人员"咨询会"。通过职业管理系统的设计，500多个来自阿莫可公司各个阶层的员工形成了一种合伙关系。

阿莫可的职业管理系统（Amoco's Career Management System，ACM）花了两年半的时间才形成。它有四个关键的组成部分：教育；评估；发展；结果。教育是由每一个企业的高层管理组通过召开动员大会而发起的，并要求所有员工出席。接着，就是一个称之为"开发ACM"的半天自愿教育计划。

ACM的第二个组成部分是评估，它是通过培训会议完成的。在这个会议上，要分析员工与公司目标有关的技能。员工可以在两个评估小组之间进行选择：一个主要集中在当前的技能上，另一个称为最大化职业选择，主要集中在未来的职业计划和工作丰富上。在这两个工作小组中，管理者和员工一起工作，共同识别与他们的职业目标相关的优势和劣势。

发展是 ACM 的第三个组成部分。在员工和他们的管理者之间要进行职业讨论。员工要将完成的个人发展计划带到会议上来，同时管理者也要带来一个表述清晰的团队发展计划。用这种方法可以使员工和管理者共同为职业发展做出贡献。

最后，ACM 要将能够测量的企业结果有机地联系在一起。由于 ACM 的目标是将员工的能力和组织的目标结合在一起，所以要根据对小组和组织所做出贡献的大小对其结果进行测量。阿莫可公司不断从 AMC 系统中获得有用的知识。经理们认为，以下几点对 AMC 的实施是非常关键的。

（1）为了获得来自高层管理者的支持，职业发展必须依靠于企业的战略。
（2）必须允许个人改造计划，而不是试图强制实行一个"适合于人人"的方法。
（3）至少应该将沟通看得与设计和完善一样重要。
（4）职业管理必须同其他人力资源的实际操作联系在一起，如招聘和培训，以形成强化组织和个人目标的协同作用。
（5）这个系统的最终目标——让人们思考如何使自己能够一直保持长期突出的状态，而不仅仅只是短期得到提升。

围绕着职业管理的公司文化已通过 ACM 得到了增强。阿莫可公司的员工正在担负起他们的职业责任，并且公司有了这样一个通道，使得人们可以将正确的能力在正确的时间用在正确的岗位上。

资料来源：http://www.jlrtvu.jl.cn/wlkc/course/180001193-1/204-27.htm

第一节 组织职业生涯早期管理

在职业生涯早期阶段，组织承担着非常重要的职业生涯管理任务。组织需要通过对新员工进行有效的评估、培训、职业生涯规划及管理等措施，帮助员工顺利适应工作。通过员工和组织的共同努力与合作，使得每个员工的职业生涯目标与组织发展目标相一致，从而员工与组织都获得发展。

一、组织在生涯早期的主要管理任务

（一）对新员工进行上岗引导和岗位配置

新员工上岗引导是指给新员工提供有关企业的基本背景，包括工资如何发放和增加、怎样获得工作证、工作时间为每周多少小时、新员工将与谁一起工作、工作的环境和条件、晋升机会等。这些信息对员工做好本职工作是必需的。

在大多数组织中，新员工上岗引导活动的第一部分都由人力资源专家来完成。这些专家负责向其介绍组织的基本情况、发展历史与现状、组织发展的宗旨与任务目标等；对其进行遵守劳动纪律和遵纪守法的教育；明确组织对他们的要求；对其进行敬业和发扬企业优良传统的教育，培养他们对组织的归属意识等；然后将新员工分配到一定岗位并介绍给他们的新主管，由

这些主管们来继续对其进行上岗引导,包括准确讲解新工作的性质,将其介绍给他们的新同事,让他们熟悉工作场所,向他们灌输组织文化,帮助他们接受组织正确的价值观。

事实上,上岗引导是新员工组织化的一个重要组成部分。如果处理得当,引导有法,可以有助于减少新员工上岗初期的紧张不安,以及可能感受到的现实冲击。

(二)提供一个富有挑战性的最初工作

大多数专家都认为,组织能够做的最重要的事情之一,就是争取为新员工提供一份富有挑战性的最初工作。比如,研究者们在一项以美国电报电话公司的年轻管理人员为对象的研究中发现,这些人在公司的第一年中所承担的工作越富有挑战性,他们的工作也就显得越有效率、越成功,而且即使是到了多年之后,这种情况依然存在。霍尔根据自己的研究指出,提供富有挑战性的起步工作是"帮助新员工取得职业发展的最有力然而却并不复杂的途径之一"。然而在多数组织中,提供富有挑战性的工作似乎并不是一种普遍的事实,反倒更像是一种例外情况。比如,在以研究开发性公司为对象的一项调查中发现,在 22 个公司中,只有 1 家公司有正式的向新员工提供富有挑战性工作的政策。而这也正如一位专家所指出的,如果考虑到招募、聘用和培训新员工过程中花费的大量精力与金钱,我们不难看出这是一个多么"巨大的管理失误"。

另外一些企业则完全不同,他们通过赋予新员工以较多的责任而"在一开始就增加"工作的挑战性。比如,在萨顿公司和丰田公司,即使是流水线上的工人也会被立即分配到具有高技能和强大工作动向的同事所组成的自我管理工作小组之中。在这些自我管理小组中,他们必须快速地学会变成一位具有高生产率的小组成员。

J·C·彭尼公司(J. C. Penney)的见习商品交易管理员职位(该公司的一个初级管理职位)是另外一个很好的例子。一位几乎是刚刚从大学毕业的见习生就很可能会被安排到男式服装部去监督牛仔服装组的销售工作。换言之,他刚从大学毕业就要(在其管理者的监督指导下)去负责一个分部的产品展示、库存管理、顾客服务以及人事工作。正如彭尼公司的一位管理人员所说:"从我成为见习商品交易管理员的第一天起(那时我也不过是刚刚大学毕业),我就经营着一个'店中店'。当你自己往前走时,彭尼公司会给你指路,你也一直会受到积极的支持,但你基本上仍是自己在经营自己的小店。"

一位新的见习商品交易管理员在 12 个月之内仍然会是一位受训者。在此期间,他们负责进行自我培训。公司为了便于他们完成这一过程,发给他们各种各样的培训手册,其中包括"一线主管人员的作用"等。这种手册描述了见习生应当负责管理的与以下诸方面有关的各种活动:顾客服务、销售额、毛利、商品交易、观察交易、销售额促进、人事以及工作时间等。他们的指导老师负责向这些见习者提供指导并就他们的工作情况每周作出一次评价。然而总的来说,这些培训科目都是由见习生自己进行管理的——他们负责教会自己关于商品交易工作的全部内容。

根据一张时间安排表,这些见习生的指导老师每周要对他们的工作作出一次评价。比如,在第 2 周的周末对他们的个人销售技巧加以评价,在第 4 周周末对他们的销售领导能力进行评价,如此等等。

到了第 8 周的周末,这些见习生将获得一个综合性的评价。这时,他要与 3 个人见面——商店管理人员、商品交易管理人员以及资深的商品交易管理人员,并且还要展开一场如一位管理人员所说的那种"非常坦率而直接的讨论"。一种比较典型的评语可能是,"如果你希望在这里取得成功,那么你还需要付出更多的努力"。正如彭尼的一位管理人员所说:"他们会'把问题摆在桌面上',告诉见习生他们目前的工作水平如何、取得了哪些进步、还需要在哪些方面有所改善等。"

在6个月之后,这些见习生通常会被安排新的工作,这些新的工作将赋予他们更多的责任。一般情况下,他们会被派到更大一些的商店中去,而在一年之后他们通常就已经做好了被提升为商品交易管理员的所有准备。

(三) 在招募时提供较为现实的未来工作展望

最大限度地降低现实冲击并提高新员工长期工作绩效的有效途径之一是,在招聘时就向被招聘者提供较为现实的、关于未来工作的描述,使他们明白,如果自己到组织中来工作,估计能够得到哪些方面的利益。沙因指出,新员工(以及组织)在初进组织阶段所面临的一个最大问题就是在一种"双向买卖关系"中获得关于对方的精确信息(沙因,1992)。在面试阶段,由于双方都急于将自己优秀的一面表现给对方,所示当一方发出不真实的信息时,另一方同样也会接收到对方所提供的不真实信息。其结果就是,面试主考人员对求职者的职业目标可能难以形成较真实的印象,而求职者对组织也形成了一种较好的但也许是不现实的印象。

对未来的工作进行较为现实的展示所能起到的重要作用表现为,它能够显著地提高那些被聘用来从事相对较为复杂工作的员工长期留在组织中的比率。

(四) 对新员工严格要求,并开展职业生涯规划活动

在新员工与其上级之间往往存在一种"皮格马利翁效应"。也就是说,上司的期望越高,对自己的新员工越信任、越支持,那么新员工干得就越好。因此,正如两位专家所说,"不要将一位新员工安排到一位陈腐的、要求不高的或不愿提供支持的主管人员那里"。相反,在一位新员工开始探索性工作的第一年中,应当为他找到一位受过特殊训练、具有较高工作绩效并且能够通过建立较高工作标准而对自己的新员工提供必要支持的主管人员。

另外,组织还应当采取措施以加强新员工对他们自己的职业生涯规划和开发活动的参与。比如,有些组织尝试开展一些活动来使员工意识到对自己的职业加以规划以及改善自己的职业决策的必要性。在这些活动中,员工可以学到职业生涯规划的基本知识,并有机会参与各种以明确自己的职业锚为目的的活动以及形成较为现实的职业目标等。

(五) 开展以职业发展为导向的工作绩效评价,提供阶段性工作轮换和畅通职业通道

沙因认为,主管人员必须明白,从长期来看,向上级提供关于自己所属员工的工作绩效评价的有效信息是十分重要的,不能为了保护直接下属的短期利益而提供不真实的信息。因此,他指出,主管人员需要将有关被评价者的潜在职业通道的信息加以具体化,换句话说就是,主管人员需要弄清楚自己正在依据何种未来工作的性质对下属的工作绩效进行评价,以及下属员工的需要是什么。

新员工进行自我测试以及使自己的职业锚更加具体化的一个最好的办法,就是去尝试各种具有挑战性的工作。通过在不同的专业领域中进行工作轮换(如从财务分析到生产管理再到人力资源管理等),员工们获得了一个评价自己的资质和偏好的良好机会。同时,组织也得到了一位对组织事务具有更宽的多种功能视野的管理者。工作轮换的一种扩展情形被称为"职业生涯通道",它是指认真地针对每一位员工制定后续工作安排计划来促进员工的职业生涯发展。

二、组织与员工的相互接纳

（一）相互接纳的内涵

新员工进入组织后，必然要经历一个个人组织化以及组织与员工相互适应与接纳的过程。组织与员工的相互接纳是指新员工在其职业生涯早期顺利地经过组织化和社会化阶段之后，在与组织相互间经过进一步的认识与了解，达到相互认同，成为组织正式员工，贡献于组织并在组织中获得发展的过程。

组织与员工相互接纳包括以下几个方面的涵义（吴国存，1999）。

（1）所谓相互接纳，是指组织与新员工个人之间的相互关系。双方必须互相认同和接纳，只有单方的认同并不是相互接纳。

（2）相互接纳使新员工与组织之间的关系清晰化、明确化、确定化。组织确认了新员工作为组织正式成员的资格，新员工则获得了组织正式成员的身份。

（3）相互接纳是一种心理契约。新员工与组织之间没有书面的接纳证明，只是在思想认识、情感以及工作行为上互相承认、认同和接受。比如，新员工以自己对组织价值观与组织纪律的服从、努力工作和贡献来表示对组织的认可。而组织则以薪资报酬、挑战性工作、组织奖励与晋升等方式，表明对新员工及其工作的承认。

（4）相互接纳可以用具体事物标明。尽管相互接纳是一种心理契约，但是仍有显著的标志。上述新员工努力工作以及安心于组织便是他向组织发出的认同信号。组织给新员工增薪、晋升等，则象征着组织对新员工的接受。

（5）相互接纳是一个过程，因而是一个时间阶段。这一阶段没有确定的期限，期限的长短受工作性质、部门类型、上司风格、组织文化、新员工的实绩等诸多因素的影响。但是，它一般都是发生于新员工进入组织后最初的几年。

（二）相互接纳的标志

组织与新员工相互接纳需要一定的时间和过程。在这一过程中，员工与组织是如何相互接纳的呢？相互间有哪些行为事件和信号可以表明相互接纳了对方呢？

1. 新员工接纳组织

新员工在组织中经过了一段时间的适应后，逐渐适应了组织生活，便会发出接纳组织的信号。

（1）新员工决定留在组织中，是新员工接纳组织和聘用条件的一个重要信号。在劳动力市场充分开放、新员工具有有效竞争力的条件下，其流动率一般较高，如果组织环境不理想，新员工随时都可能离开组织。因而，新员工决定留下来也就暗示了其对组织和工作情境的真正接受。

（2）新员工关注组织的发展，是其决定留于组织和接纳组织的又一明显信号。组织的发展与员工的发展密切相关，具有团队意识和参与意识的新员工不仅关心组织的发展，服从于组织，而且还会力求融入组织，注重发扬团队精神，具有积极参与组织团队的各项事情的意识和要求。这表明员工个人在感情上已经接受了组织，而且接纳程度比较深。

（3）组织有时会向新员工许诺在将来某一时间赋予其富有挑战性的工作，或是增加工资和晋升，但目前需要接受枯燥的工作或低薪和低职务等级。如果员工心甘情愿地接受不合意的工作、较低的报酬或较低的职务等级，并认为这只是暂时情况，相信和期待组织的承诺一定可以兑现,这是新员工接纳组织的又一信号。因为员工愿意暂时承受这些压力,就表明他信任组织,对组织充满信心。

(4)新员工发挥出高水平的内激励,是其接纳组织和工作情境的明显信号。员工发挥出高水平的内激励,主要表现为工作积极性、自觉性、创造性的充分发挥,具体体现为满腔热情地对待工作,具有高度的责任心、事业心,愿意承担更多的工作任务,吃苦耐劳,积极参加具有创造性、挑战性的组织工作等。员工的内激励水平和工作积极性的高低与其对组织的归属感明显相关。内激励水平高是其归属感强烈的明显体现,也是员工接纳组织的重要标志。

2. 组织接纳新员工

尽管相互接纳是组织与员工双方的事情,但是由于接纳的主动权多数时候都掌握在组织手中,因而组织往往是相互接纳的主导方面。有时,新员工可能会对自己的工作感觉良好,希望能被组织接纳,然而他却并没有进入组织的决定权,同时也难以了解组织对自己的态度和是否决定接纳。不过,他可以通过组织的行为和具体事件来判明自己是否已被接纳。组织接纳新员工的标志性事件主要有如下七种(吴国存,1999)。

(1)正面的实绩评定。在第一次正式或非正式的工作业绩评定中,组织对新员工给予正面的肯定和表扬,是表明组织接纳的最常见的事情。但是,这种做法往往是虚名,并不确定。当上司说你"进步不小,表现不错"时,可能表明你仍处于试用、考察期,并未确定组织一定接纳你。尽管如此,这总还是一个准备接纳或有利于组织接纳的好信息。

(2)分享组织的"机密"。表明组织接纳一名新员工最普遍和有意义的办法是向新员工提供特种信息。特种信息是有关组织内人和事的"内幕"、"真相"。所谓分享组织的机密,大致有以下四个方面的内容:① 与工作有关的具体信息,如具体的技术、营销技能、生产方法等;② 关于别人对新员工的真实看法,或者关于新员工与他人相比情况怎样、前途如何、预期出现晋升或进一步流动、工作调换时间等的议论;③ 有关事项怎样办才能成功的机密,以及为办成事不得不遵循的非正式程序、要找的关键人物等;④ 组织内关键事件的真相及其发生原因。上述信息显然只能由受到信任而不会利用它的人来分享。只有当新员工证明自己有工作能力并接受了组织的核心价值观时,他的上司或同事才有可能向其发布并共享特种信息——至此他被组织接纳也就是显而易见的了。

(3)流向组织内核。组织内的各级组织都会有一个核心,或称内核。这是组织重大事情的决策和执行指挥部门。对于有才干的、接受组织价值观的新员工,组织很是信任,视其为骨干,就会向其直接通告组织意图,并听取他们的意见和建议。这种推动新员工流向组织内核的过程,往往象征着组织在更大程度上接纳了员工。

(4)获得晋升。这是一种显而易见的有形奖励,新员工对此都很重视并将其视作组织接纳自己的证据。晋升是一种垂直运动,它意味着员工职业生涯发展穿越了一种等级边界。需要指出的是,流向组织内核并不同于晋升,因为它没有发生职务等级向上的运动,而只是反映出新员工同组织(核心人物或组织代表)关系的密切,以及自己在组织中的地位和作用有所提高。当然,流向组织核心也不同于穿越一种职能边界,进行横向运动的职能变换。在现实生活中,流向组织内核、晋升和职能交换有可能同时发生在一个人身上,但是更多的情况则是只有流向组织核心的运动,而未必获得晋升或经过一次横向变动。

(5)增加薪资。若是常规的、大家都有的提薪,并不意味着组织真的已经接纳了你,而很可能是你恰好赶上了增薪。在这种情况下,如果给你的增薪幅度比较大,表明组织有接纳你的意思。若是非例行的超常规增薪，增幅也较大，则很可能说明组织充分肯定了你的工作实绩并接纳了你。

（6）分配新工作。象征组织接纳的最重要的事件是，新员工由暂时的、练练手的初次工作分配转向第二次分配。当然，第二次分配的工作绝不是初次分配的简单工作类型的重复，而是富有挑战性的工作，或者直接关系到组织发展的重要工作。

（7）举行仪式活动。许多组织接纳新员工都会举行一种礼仪活动作为象征，如迎新仪式、宴会、茶话会等，或者给新员工授予某种具体的特权或符号。举行仪式活动可以改善和密切新员工与组织中其他成员的关系；而新员工也会以此为标志，以成为组织的正式成员而自豪。

第二节 组织职业生涯中期管理

职业生涯中期是员工职业生涯发展的最重要阶段。在这一时期，员工既有可能取得辉煌的成就，也有可能陷入职业生涯中期危机。因此，组织要实现自身的发展目标，就必须强化其职业管理任务，帮助员工克服职业生涯中期所发生的职业问题。组织需要设计促进员工职业中期发展和预防、补救职业生涯中期危机的管理方案和措施，加强组织职业生涯管理。

一、组织职业生涯中期的管理原则

对于处在职业生涯中期的员工的职业生涯管理，应当遵循如下五个管理原则。

（一）双赢的原则

双赢的原则也就是既利于组织又利于员工个人的管理原则。在职业工作岗位上，员工同组织是息息相关的，二者的利益具有明显的一致性。员工个人职业发展辉煌，必然会极大地促进组织的兴旺发达；相反，个人发生职业危机，也必然会制约组织劳动生产率和经济效益的提高。同时，二者的利益也有矛盾的一面，这一点特别容易在员工职业生涯中期发生。如员工个人的晋升愿望与组织有限的职位空缺之间的矛盾，员工的培训需求与组织的培训机会之间的矛盾，工作和家庭之间的矛盾等。如果这些矛盾得不到很好的协调与解决，员工的职业生涯发展就会受阻，从而不仅影响员工的个人利益和工作积极性，使员工丧失信心，滑向下坡路，也会由此影响组织的利益。因此，在中期职业管理中，组织必须兼顾组织与个人双方的利益，尤其注意不要忽视员工的利益，而应想方设法来协调双方的需要。

（二）与员工个人沟通的原则

管理沟通非常重要。通过沟通，可以详细地了解员工的实情，根据员工的需要设置可行的职业通道，避免管理的盲目性；通过沟通，可以了解员工个人在职业中期的心理变化、新的需要与目标，以及未来的打算，从而提高组织职业生涯管理的科学性、针对性和有效性；通过沟通，不仅组织可以接收到来自员工个人的信息，而且可以将组织的信息传递给员工，帮助员工更好地客观地评估自己，审视自己的职业需求及其实现的可能性，从而有助于员工作出实事求是的、具有可行性的决策，顺利度过职业中期阶段。此外，与员工沟通还体现了组织对员工的关心，可以增进员工对组织的信任和情感，有利于员工工作积极性的保持和发挥，可以预防员工职业生涯中期危机的出现。

(三) 因人而异、对症下药的原则

职业生涯中期是人生最复杂和任务最繁重的一个时期，每个员工的生物社会生命周期、职业生命周期和家庭生命周期的具体运行情况千差万别；各个生命周期相互影响、互相作用的情况也存在着很大的差异；每个员工所面临的各个生命周期的运行任务和所负责任大小不同，轻重程度不同，繁杂程度也不相同，由此也就决定了每个员工在职业生涯中期的心态、理念、价值取向必然有别。因此，对员工中期职业生涯的开发与管理必须细致入微，因人而异，针对不同的情况对症下药。

(四) 重点管理原则

管理的重点应当放在处于职业生涯中期危机的员工身上，而不仅仅是那些在职业生涯中期能够获得晋升或进一步发展的员工身上。因为一般而言在所有的员工中，在职业生涯中期仍能获得进一步发展的员工所占的比例并不很大，并且这些人在组织的关照下将会顺利发展。而与此同时有相当数量的员工都因其职业生涯发展停滞而变得不关心组织的工作，失去了工作兴趣、热情和信心，没有进取心，安于应付，企求安稳。出现这种情况的原因是多方面的，但令人惊讶的是，对于在组织中占有很大比重的这些员工，组织却很少注意到，有的甚至对他们不闻不问。而实际上，这正是组织职业生涯中期管理的重点所在。因此，组织必须对员工职业动力不足的情况及其原因进行深入分析，并有针对性地采取措施，以激发员工的工作活力、热情和积极性，预防和补救职业生涯中期危机。

(五) 动态管理原则

无论是员工还是组织，都是始终处在动态变化之中的。员工在其职业生涯早期，往往会对组织及其文化采取服从和接纳态度，并尽量将自己融入组织之中，尽心尽力地工作。到了职业生涯中期，员工大都处于而立不惑之年，职业工作已经立足脚跟，在事业上也多能独当一面，熟谙组织及其中的人与事，具有一定的人生阅历，面对复杂多变的客观世界拥有个人的独立思考和见解。此时，他们的人生态度、价值观、心理理念大都已经发生了很大的变化。在职业工作上，员工队伍也发生了明显的分化与转折，有的如日中天，走向顶峰；有的平平稳稳，尽职尽责；有的则不闻不问，重心由工作转向个人与家庭。在员工职业中期心理、理念、行为发生动荡变化的紧要关头，组织切不可停留在对员工职业早期认识的基础上去进行职业管理，而必须依据组织和个人变化了的情况实施动态管理，这样才能取得最佳的效果。

二、组织职业生涯中期的管理任务

(一) 为员工提供更多的职业发展机会

按照组织发展的常规思路，对员工人力资源的需求呈金字塔形。而且随着组织的扁平化，中层和高层人员的数量将会更加有限。在这种情况下给发展到一定阶段的员工创造发展机会，是组织能否留住员工的关键。组织可以从以下几个方面着手：一是开辟新的开发项目，以增加组织的新的岗位；二是通过一定的形势，承认员工的业绩，给予一定的荣誉；三是进行岗位轮换，丰富员工的工作经验，使员工的成长需求得到满足。

（二）转变观念，提高员工的竞争力

随着社会的飞速发展，组织的变革也在不断加快，再加上新技术的快速普及和经济状况的急剧变化，人们需要付出更多的努力才能适应组织的变化。这就要求组织平时注重员工的成长性和学习，将个人发展融入组织的人力资源政策中。比如，鼓励工作轮换、管理人员跨部门流动或提升，当遇到经济或行业发展不景气时，员工就会有较强的调整和竞争能力，其职业生涯发展也就不会因偶发事件而中断。

（三）帮助员工形成职业自我概念

在职业生涯中期，由于个人的职位、地位上升困难，许多员工都会面临一些失败的体验，致使其早期确立的职业理想产生动摇，此时他们往往需要重新检讨自己的理想和追求，建立新的自我。

针对这种常见现象，组织应该较早地鼓励员工进行职业生涯探索，给他们提供必要的职业信息，对职业探索的结果尽可能地给予支持。通过这些措施，可以增强员工对职业变化的适应性，从而提高他们自我管理职业生涯的能力。

（四）丰富员工的工作经验

工作经验的丰富本身就是职业生涯追求的目的。组织有意识地进行工作再设计，可以使员工产生对已有工作的再认识、再适应，产生积极的职业情感。

例如，原来一个人只完成一项工作的某一部分，通过工作再设计将所有这项活动整合起来，就可以让员工从原料到产品产生一个整体印象。虽然工作难度增加了但却丰富了工作内容，尽管没有晋升，但工作本身带来的成就感在某种程度上则超越了简单的晋升。另外，组织还可以通过加强工作经验总结和工作角色轮换，使员工的中期职业生涯发展得更好。

（五）协助员工解决工作家庭冲突

除了上面提到的几点，组织还可以有意识地采取一些政策和措施以部分地减轻员工的家庭负担，帮助员工平衡工作和家庭责任的关系。比如，设立幼儿日托，提供产假和家庭休假，设计灵活的职业发展通道，实行弹性工作制等。

三、组织职业生涯中期的管理措施

下面以一些公司实施内部晋升与员工发展制度运作的实例（加里·德斯勒，1999）来说明在职业生涯中期组织应当如何来开展其职业生涯管理工作。

（一）帮助员工自我实现

在职业生涯中期，员工想要实现自己的理想、充分发挥自己的才能、取得与其能力相称的成就的需求往往表现得更为强烈。那些未能满足员工这些方面需要的组织，往往会失去它们最优秀的员工，或者是导致员工越来越不满，献身精神越来越差。组织赢得员工献身精神的一个关键方法就是帮助他们完成自我实现——使他们都充分发挥自己的潜能并获得职业生涯成功。

常见的组织帮助员工自我实现的措施有以下五个。

1. 提拔晋升，畅通职业生涯管理通道

这一措施主要适用于有培养前途、有作为、能获得晋升的员工。晋升主要有三种路径。

（1）行政职务的提拔晋升。如根据员工的具体情况，将其由行政管理科员提升为副科长、科长、副处长、处长等；或是将其由业务员提升为业务主管、部门经理直至总经理等。

（2）转变职业，由操作工提拔为管理者。对于有思想、有才干、业绩突出和处于职业生涯中期的普通操作工人，要为其铺设发展通路，适时地将其由生产操作者转变为管理者。这对于员工积极性的调动、才干的发挥和工作的开展是极有益处的。

（3）技术职务的提拔晋升。通过承担重要的技术工程项目和任务，督促员工成为技术专才。对于在许多组织中由于受金字塔形职务结构的限制而不能获得行政晋升的员工，可以将其由助理工程师提升为工程师、高级工程师等。这是一条很好的途径，虽然不一定伴随有行政职务的上升，但随着技术能力走向顶峰仍然会创造职业生涯中期的辉煌。

2．安排富有挑战性、探索性的职业工作

处于职业生涯中期的员工年富力强、经验丰富，组织应当大胆地将一些富有挑战性和探索性的新工作任务交给他们。这样做一方面可以表明组织看重他们的才能，对其很好地完成任务充满信任，另一方面也可给予员工表现自己才干、实现自我价值的机会，以增强其成就感。对于圆满、出色地完成任务的员工，组织应当予以各种形式的表扬和奖励，这样必然能够起到增进员工工作的自信心、上进心，鼓励他们创造更好的业绩，调动其积极性的作用。

3．实施工作轮换

美国学者卡茨等人的研究发现，员工的工作满足源会随着一个人从事一项给定工作的实际时间的长度发生系统的变化。在从事某项职业的最初几年，员工都会觉得工作对自己具有很大的吸引力、刺激力，对工作的任何变化与改进都会感到兴奋，并会不遗余力地做出自己的贡献。这就是卡茨所谓的"反应期"。

特别是在就职于一项工作的最初半年里，个人充满了新鲜感，有检验自身知识和能力的愿望与需求，以及渴望获取成效的激情。在持续工作的 5 年中，个人的追求与满足集中于尽快了解、熟悉工作和适应工作需要。然而当个人的工作资历达到 5 年以上时，他对工作再设计便可能会失去反应，并会对工作本身产生"疲顿倾向"，从而有出现失去进取心和创新精神的潜在危险。这时其工作满足源往往也就转向了工作的外因素，如监督的性质、工作场所的人际关系、作业环境与条件、报酬和福利退休方案及其待遇等。尽管这些外因素在整个职业生涯中都是重要的，然而现在对其而言则相对地格外重要。员工的"疲顿倾向"在职业生涯中期往往会突出地表现出来。

因此，从组织角度考虑，一个重要的预防措施就是制订出明确的工作轮换计划，如规定在同一岗位上工作超过 5 年的员工必须轮岗。为此，组织要做以下三项工作。

（1）检查在同一职业岗位上连续干了 5 年及以上的所有员工（包括经理在内）的人事文件。

（2）评价这些员工的工作情况，认清其工作专长，了解其个人特征、才干等。

（3）调查这些员工的变化，包括心理、价值取向、需求及未来打算等。在这些工作基础上制定具体轮岗的实施方案，在征求员工意见后进行工作轮换。这样可以使员工获得发展新技能的机会，重新刺激起他的新鲜感和兴趣，激发其工作的活力和干劲，以便为组织做出更大的贡献。

4．赋予员工以良师角色，为其提供适宜的职业生涯发展机会

在现实中，对于处于职业中期且年龄较大的员工，由于其进取心和工作参与感往往都有所降低，组织应当考虑为其安排适当的角色并提供相应的发展机会，以获得最佳的组织效益。

（1）让年长的员工充任良师的角色。对于在技术领域已达到顶峰或失去进取心的员工，组织正可以更多地利用其经验与智慧，让其担任年轻人的师傅、辅导员或教练，以便进一步发挥其作用。

（2）为中年期的员工提供适宜的职业发展机会，让其担当临时性组织者角色。比如，让员工在做好本职工作的同时，到另一领域尝试其想法或发挥其长处。有些员工虽无强烈的上进心，但尚有较强的工作欲，对于这些人组织不妨通过提供职业机会对其工作需要作出反应。比如，让一名资深的工程师去负责一项针对初级工程师的培训方案；请年老一些的工程师担负作业组负责人的临时任务等。这样做能够调动员工的积极性，保持员工的工作参与欲，充分利用员工之所长，为组织服务，达到促进组织发展的目的。

5. 改善工作环境，预防职业生涯中期危机

工作环境和条件对员工的发展具有重要影响：组织的硬环境和条件，如机器设备、厂房、各种设施、工作场所的温度、湿度、照明度、卫生清洁度、噪音粉尘的污染度和绿化水平等，均会对员工的身心健康产生直接的影响；组织软环境和条件，如组织文化、目标、价值观、具体的规章制度、劳动关系、人际关系、组织风气等，则会对员工的进取心、归属感和工作积极性产生重要影响。因此，组织进行职业生涯管理的一个重要职责和措施，就是要不断更新与改造上述工作环境和条件，促进员工的职业生涯发展。特别是对处于职业生涯中期的员工来讲，改进组织工作环境和条件，增加薪酬、津贴、奖金，使他们享受更多的福利待遇，不失为一项预防职业生涯中期危机、调动员工积极性、激发其活力的有效措施。

对于那些已经处于职业生涯中期危机之中的员工，如果其积极性、进取心、工作参与感确实已经下降，而参与家庭、社会和个人爱好等活动的需要与日俱增，这时组织也可实施灵活机动的形式与处理方案。这些方案包括允许其从事非全日制工作、有灵活的工作时间、休假、半休等。只要这些员工的工作对组织来讲仍有价值，那么某种形式的非全日制工作总是比终止他们的职业工作要更有意义。

（二）建立内部晋升计划

对于许多员工来说，"发挥潜能并获得成功"就相当于其在组织中实现了自己的职业生涯发展目标。为此，许多组织也确实已经制订了具有综合性的职业生涯管理以及内部晋升计划。然而，虽然许多组织都制订了内部晋升计划，但在不同组织之间，内部晋升计划和内部晋升政策之间的差别却是很大的。在彭尼公司，"当公司的某一部门内部出现了职位空缺而又有一个相关的内部候选人符合填补职位空缺的条件时，我们就愿意搞内部晋升。"在联邦快递公司，"只要有可能，我们就从企业现有的员工队伍中寻找合适的人选来填补职位空缺。"在国际商用机器公司（IBM），"晋升者都是从内部提拔上来的——当然同样要看他们的业绩。"在德尔塔航空公司，"德尔塔航空公司只雇用初级员工，然后通过对他们进行培训和开发，将他们提升到需要担负更高责任的工作等级上来。"在丰田公司，工作小组组长职位以及工作群体班长职位是工厂中所有担任管理职位的人都必须经过的一个阶梯。"当工作小组组长职位和工作群体班长职位出现空缺时，应当考虑从公司当前员工中挑选合适人选来填补它们，这是丰田汽车制造公司的管理哲学。不仅如此，丰田公司还坚持做到，如果办公室中的某一职位出现了空缺，也尽可能地从内部提升员工来填补。只有在努力从公司内部选拔人员但仍找不到的情况下，才从公司外部雇用新的人员来承担空缺职位的工作。"

对内部晋升政策的强调揭示出，距离成功地执行这一计划还有很远的路要走。因此，在一些比较先进的企业中，内部晋升计划是由以下五个部分组成的：内部晋升政策；以价值观为基础的雇用；人力开发活动；以职业发展为导向的工作绩效评价；职业记录与工作公告的协调制度。这五种策略计划的综合实施是保证员工发展的关键。

（三）落实内部晋升计划，促进员工发展

组织制定具有综合性的职业生涯管理和内部晋升计划是一项非常重要的工作。建立和落实内部晋升计划，可以不断地促进员工的发展。

1. 实施"以价值观为基础的雇佣"

内部晋升计划应得到"以价值观为基础的雇佣"制度的支持。正如一位德尔塔航空公司的管理人员所说："首先，我们是为未来而雇佣的……雇佣过程有利于那些因某种优势而具有晋升潜力的人。德尔塔航空公司同意应当几乎完全实行内部晋升政策。除了少数具有特殊技能的人之外，所有的人都应当从初级岗位干起。"在其他一些比较先进的组织中，这方面的做法也大体如此。当然，如果组织所雇用的员工已经不具备进一步晋升的潜力，那么组织是不可能真正坚持实行内部晋升制度的。因此，雇用有晋升潜力并且具有与组织同步的价值观的人是任何内部晋升政策的先决条件。

2. 落实员工职业生涯开发计划

组织职业生涯开发计划是保证员工职业生涯发展的重要措施。因此，组织必须要加强和扩大对处于职业生涯中期阶段员工的人力资本投资，准确掌握每个员工的具体情况和培训需求，然后根据不同员工的情况和需求，采取不同的对策和教育培训方式与内容。总之，在教育培训上，不可以歧视职业生涯中期的员工，而是要想方设法启发、培养他们的学习意识，给予他们更多的受教育和培训的机会。

许多比较先进的组织为落实内部晋升计划、促进员工发展，都提供必要的教育培训资源来帮助员工确认并开发自己的晋升潜力。在本＆杰瑞公司（Ben＆Jerry），晋升开发是受到职业规划计划、公司实习期计划以及学费资助计划的鼓励的。本＆杰瑞公司的职员被要求参加一个前后为8小时的职业规划研讨会。这一研讨会的目的是帮助员工思考和规划自己的职业。参加过这一研讨会的员工如果希望学习公司其他工作岗位上的知识，那么他们还可以花2～3天时间去见习这些工作，在这几天时间内公司同样是付报酬的。公司每年还对三种以上的课程提供90%以上的学费资助。另外，它还提供许多课堂教学、学术研讨会、咨询指导会等，都是由企业预定并支付费用的。其中包括社区和大学的教学课程；沃蒙特（Vermont）社区大学教授的商业协作课程；计算机课程，通过这一课程的人可以从本＆杰瑞公司的信息服务部获得证书；成人基础教育指导课程；提供引导和应要求而开展的一对一管理开发咨询；专业技术开发课程和学术研讨会；财务计划研讨会以及个人咨询等。

其他一些公司在开发员工潜力方面也进行了大量投资。比如，IBM公司制定出了一项在本行业中属于最具综合性的培训和教育计划。IBM公司资助员工到公司外部的大学或学院参加脱产或业余的高等教育课程。"这与IBM管理个人职业生涯的目标是相一致的。"IBM的员工们还可以在从事两年令公司满意的全日制工作之后得到一种不带薪的教育假待遇，这是IBM公司教育计划的一个组成部分。

IBM公司所实行的广泛的员工开发计划是以所有的员工为对象的自愿参与计划。IBM公

司强调，根据自己的工作兴趣和未来目标决定是否参与开发计划是每一位员工的责任。这样，管理人员就要负责确认他们的员工是否有兴趣参与这些计划并要弄清楚自己的下属员工的开发需要。尽管IBM公司的员工们通常都是根据自己的时间和精力状况来确定自己参与何种开发活动，但他们在进行自我开发的过程中都是得到公司的鼓励的。"尽管参加这些员工开发项目本身并不能保证你一定会得到提升、调动或变换工作，但它却肯定能够帮助你确定自己的工作目标、提高自己的能力。"此外IBM公司还制订了学费返还计划，当员工参与公司批准的由信誉较高的大学、学院、商业学校或技术学校开设的课程或学习计划时，公司将全额返还员工所缴纳的学费成本以及其他各种合理的教育收费。

3. 开展以职业生涯发展为导向的工作绩效评价

以职业生涯发展为导向的组织往往也注重以职业生涯发展为导向的工作绩效评价。换言之，他们并不仅仅是评价员工过去的工作绩效；相反，主管人员和被评价者还将负责把后者过去的工作绩效、职业偏好与他们的发展需要以一种正式的职业生涯规划的形式联系起来。

在这方面，彭尼公司是一个很好的例子。他们的管理评价表要求既要说明"晋升可能性建议"，还要说明"相关的开发计划设想"。

彭尼公司的这种评价系统的运作方式是，在每年一度的工作绩效评价开始之前，相关人员及其上级管理人员都需要审查彭尼公司的管理职业表（The Management Career Grid）。表中列出了彭尼公司的所有主管职位（划分为经营工作、贸易工作、人事工作和综合管理工作）的名称，同时还包括像"地区目录式销售管理员"等这样一些特殊的工作名称。此外，公司还提供了一份"工作描述清单"，其包含了对职业表中所有工作的简短描述。

4. 建立职业记录及职业公告制度，建立组织职业信息系统

大多数比较先进的组织都有职业记录及工作公告制度。这种制度的基本目的在于确保内部候选人的职业目标和技能能够与各种晋升机会公开、公正、有效地匹配起来。

古德曼·萨奇公司的内部工作配置中心（Internal Placement Center，IPC）就是这种制度的一个很好的实例。萨奇公司这一机构设置的目的在于，唤起公司员工对追求在公司不同领域中谋求职业发展的机会和兴趣。内部工作配置中心还简化了公司在填补职位空缺时考虑各个候选人的任务，因为它可以向管理人员提供关于能够为他们的员工提供职业发展机会的空缺职位的信息。

古德曼·萨奇公司的内部工作配置中心的工作过程可以分为以下五个步骤。

（1）当某一职位出现空缺时，员工管理人员可以首先进行一项内部、外部或综合性（既包括内部又包括外部）的调查，但是公司"鼓励进行内部调查或综合性调查"。

（2）管理人员和招募人员为此空缺职位填写一份工作描述表。这张表包括工作名称、部门与直接管理人员、对职位职责的描述以及该职位对从业者的总体资格要求。

（3）将空缺职位机会在内部工作配置中心和每一楼层的接待处公布出来。

（4）对空缺职位感兴趣的员工向公司的内部工作配置中心递交申请报告以及最新的履历介绍。

（5）由内部工作配置中心的协调员和招募人员对每一位员工的申请书进行资格审查。一般情况下，员工在递交申请报告的两周以内就会得到内部工作配置中心协调员寄到家里来的通知，告知他们申请报告的处理结果。这仅仅是决定员工能否被邀请参与求职面谈的步骤。那些被挑选上的员工将接着进入下一步的面谈阶段。

在人生最漫长、最重要的职业生涯中期阶段,员工的各种问题和矛盾往往也都比较集中。一旦处置不当,对组织的全面发展和员工的进步都会十分不利。因此,组织应当通过实施有效的管理措施,加强职业生涯中期的管理,进一步保证员工职业生涯的顺利发展。

第三节 组织职业生涯后期管理

在职业生涯后期,员工已经进入其职业生命的最后阶段。在这一阶段,员工的人生需求变化很大,而职业生命尚有10年左右的时间。如何发挥员工的潜能和余热,并帮助员工顺利度过这段时间,是组织义不容辞的责任。所以,在职业生涯后期,组织仍然肩负着很重的职业生涯管理任务。

在职业生涯后期阶段,组织和员工都必然面临着退休问题。退休是一个人停止工作的时间点,也是组织进行人力资源更新的重要措施。通常退休的年龄一般在60岁左右,但由于一些组织实行提前退休激励方案,提前退休的人数也正在变得越来越多。大量事实表明,退休很可能会伤害员工,并且对组织的工作也会产生影响。对于大多数员工来说,退休是一个苦乐参半的经历。对于某些人来说,退休是他们职业生涯的顶点,意味着他们能够放松下来,享受自己的劳动果实,同时又不需要再为工作上的问题费神。然而对于另外一些人来说,退休本身却是一种痛苦,因为忙碌了一生的员工在突然之间不得不面对每天无所事事地待在家中这种陌生的、"没有生产率"的生活。

事实上,对于许多退休者来说,在不从事全日制工作的情况下维护一种归属感和自我价值感是他们需要面对的一项最为重要的任务。因此,为了减少和避免可能的伤害与影响,组织对员工退休事宜加以细致周到的计划和管理也是非常必要的,而且确实有许多组织越来越注重开展退休计划以帮助将要退休的员工来应对这一问题。

退休计划是组织向处于职业生涯晚期的员工提供的、用于帮助他们准备结束职业工作、适应退休生活的计划和活动。退休是组织保持更新与活力、稳定员工职业生活的必然需要。良好的退休计划可以使员工尽快顺利地适应退休生活,维持正常的退休秩序,最终达到稳定组织从业人员心理、保持组织员工年龄结构的正常新陈代谢、提供更多的工作和晋升机会的目的。

一、退休计划的管理

即将退休的员工将会面临财务、住房、家庭等各方面的实际问题,同时又要应付结束工作、开始休闲生活的角色转换和心理转换,即退休者需要同时面对社会和心理方面的调节。通过适当的退休计划和管理措施来满足退休人员情绪和发展方面的需要,是组织应当承担的一项重要工作。在此,我们列举出了一些为某些组织所采用的,在退休计划中协助解决员工面临的一些问题的方法和措施。

(一)树立正确观念,坦然面对退休

员工到了职业生涯后期往往年老体衰,有的甚至丧失了劳动能力,因此结束职业生涯也就是不可避免的。对此,组织有责任帮助员工认识并心悦诚服地接受这一客观现实。组织可以通

过开展退休咨询、召开退休座谈会、组织退休研讨会等，了解员工对于退休的认识和想法，讨论应当如何认识和对待退休，交流退休后的打算，以及如何过好退休生活的经验等，帮助即将退休的员工对退休做好充分的思想准备，以减轻退休后所产生的迷茫和失落感。

（二）开展退休咨询，着手退休行动

退休咨询就是向即将和已经退休的人提供财务、搬迁、家庭、法律和再就业等方面的咨询和帮助。一项调查显示（加里·斯德勒，1999），大约30%的企业说它们已经制订了正式的退休准备计划来帮助员工顺利完成退休过程。最为常见的退休准备计划中的一些基本做法包括：说明各项社会保障福利（97%实行退休前教育计划的企业报告说有此做法）；休闲咨询（86%）；财务与投资咨询（84%）；健康咨询（82%）；生活安排（59%）；心理咨询（35%）；公司外第二职业咨询（31%）；公司内第二职业咨询（4%）。在没有实行退休教育计划的组织中，有64%的企业认为这种计划是必要的，并且大多数企业都表示它们已经计划在2~3年内制订这种计划。

组织开展的递减工作量、试退休等适应退休生活的退休行动，对员工适应退休生活也具有重要帮助。递减工作量就是逐渐减少即将退休员工的工作量，如逐渐减少其日工作时、周工作日或年工作周，使其逐渐适应没有工作的退休生活。试退休是安排即将达到退休年龄的员工离开工作一段时间去体验退休的感受，然后决定是继续工作一段时间还是就此退休。

（三）做好退休员工的职业工作衔接

员工退休而组织的职业工作仍要正常运转，因此，组织要有计划地分期分批安排应当退休的人员退休，切不可因为退休而影响组织工作的正常进行。在退休计划中，选好退休员工职业工作的接替人并及早地对其进行培养是非常重要的。组织可以采取多种形式对接替员工进行职业岗位的培训与学习，如与即将退休的员工一道工作一段时间，进行实地学习，请老员工传、帮、带等；帮助退休员工与其接替者做好具体的交接工作，在新老员工进行职业更替时衔接好，保证工作的正常顺利进行。

（四）采取多种措施，做好员工退休后的生活安排

1. 组织应当因人而异地帮助每一个即将退休者制订具体的退休计划，尽可能地把退休生活安排得丰富多彩又有意义

例如，组织可以鼓励退休员工进入老年大学，发展多种兴趣爱好，多参加社会公益活动和老年群体的集体活动等；组织也可以自己主动提供适当的方便组建余热团体，把虽已退休但仍有心有力的员工组织起来，通过团队内部的交流和鼓励他们为组织与社区服务来满足他们的特殊情感需要和社会需要。通过这些活动，可以达到广交朋友、增进身心健康的目的。

2. 组织可以通过经常召开退休员工座谈会的方式来增进退休员工与组织的互动

比如，向退休者通报组织发展情况，互通信息；征求退休员工对组织发展的意见和建议；加强员工之间的沟通、联系和友谊。同时，组织还要以多种形式关心退休员工。比如，为退休员工办好养老保险和医疗保健保险；关心退休者的疾苦，切实解决其实际困难和问题；每逢节日、生日之际，慰问安抚退休员工；召开退休员工联谊会，进行多方面的信息交流，活跃退休生活等。

3. 如果退休员工个人身体和家庭情况允许，尚可继续参加工作，组织也可以采取兼职、顾问或其他某种方式聘用他们，使其发挥余热

当前一个重要趋势是允许应当退休的员工兼职工作，以此作为正式退休的一种变通做法。

国外最近几项以蓝领和白领工人为对象所作的调查都表明，55 岁以上的员工中有一半以上的人都愿意在退休后继续从事兼职工作。组织也可以将这种做法吸收到他们的职业生涯管理过程之中。

许多职业组织也采用其他方法帮助员工适应退休这个重大的人生转变。波拉罗公司制订了两套有创造力的退休实施计划：一是"预演式退休"，允许打算退休的员工先尝试退休一段时间，若觉得生活不错，就正式办理退休手续，若觉得不想退休，还可以回到原来的岗位上继续工作；二是"渐进式退休"，允许打算退休的员工逐渐减少工作时间，直到正式办理退休手续。

二、提前退休计划

提前退休计划是指付予员工一定的费用，让其离开职业组织。这类计划往往是组织降低成本但不削减人员策略的一个组成部分。退休经费一般是指一笔退休金及按一定比例发放的月工资或年工资。这些经济待遇对员工，特别是对那些在组织时间较长的员工来说，还是有一定吸引力的。退休经济待遇是按员工在组织的工作年限计算的。

不过提前退休计划也存在着两个主要问题：一是如果暂时无法替代的技术专家选择了提前退休，将会给组织带来很多麻烦；二是老龄员工认为提前退休包含有歧视的因素。为了避免由此而带来的麻烦，组织应该弄清楚自己制订的提前退休计划是否具备下列条件。

（1）是不是员工福利计划的一部分；
（2）调整以年龄为区分尺度的提前退休条件；
（3）允许员工自愿选择提前退休。

退休条件一定不要涉及与年龄有关的能力、技术等方面的因素。研究表明，与年龄有关的细微能力差异其实与员工个人的工作绩效几乎没有什么关系。员工的退休决定应该建立在自愿的基础上，因此他们需要得到有关提前退休计划的全部信息，并且应该给予他们充分的时间来考虑，最后由他们自己作出决定。美国的一些公司规定，提前退休的员工可以享受公司的利润分享计划、医疗保健待遇、人寿保险待遇等。需要明确的是，要想使提前退休计划取得成功，关键是在提供物质刺激之前首先要明确预计提前退休员工的需要。美国企业为了降低成本，诱使员工提前退休的主要做法一般是以下四种方案的某种组合。

（1）增加企业支付的员工养老金计算的时间，一般是增加 5 年；
（2）在员工离开企业时向员工支付一笔钱；
（3）企业对员工进行每年额外的支付直到社会保障计划开始生效；
（4）企业继续向提前退休的员工提供健康保险，直到 65 岁甚至更晚。

由此可见，在西方国家，诱使员工提前退休的费用是很高的。在意大利，法律规定企业解聘一名员工需要支付的福利高达 13 万美元；在西班牙，这一数额为 12.5 万美元；在英国，这一数额为 19 万美元。

本章小结

组织在职业生涯早期阶段要对新员工进行上岗引导和岗位配置；提供一个富有挑战性的最

初工作；在招募时提供较为现实的未来工作展望；对新员工严格要求，并开展职业生涯规划活动；开展以职业发展为导向的工作绩效评价，提供阶段性工作轮换和畅通职业通道。

新员工进入组织后，必然要经历一个个人组织化和组织与员工相互适应与接纳的过程。所谓相互接纳，是指组织与新员工个人之间的相互关系。双方必须互相认同和接纳，只有单方的认同并不是相互接纳。

在职业生涯中期，组织的管理任务是：为员工提供更多的职业发展机会；转变观念，提高员工的竞争力；帮助员工形成职业自我概念；丰富员工的工作经验；协助员工解决工作与家庭的冲突。组织的管理措施是帮助员工自我实现，建立内部晋升计划，落实内部晋升计划，促进员工发展。

退休计划是组织向处于职业生涯晚期的员工提供的、用于帮助他们准备结束职业工作、适应退休生活的计划和活动。提前退休计划是组织降低成本但不削减人员的一种策略措施。

思考与练习

1. 组织在各个职业生涯阶段的主要管理任务是什么？
2. 什么事相互接纳？组织与员工相互接纳的标志是什么？
3. 讨论组织生涯中期的管理原则。联系实际，谈谈你认为组织生涯中期应采用什么样的管理措施。
4. 职业生涯后期，组织应如何制订和落实退休计划？

案例分析

案例一：3M公司的雇员职业生涯规划管理

一、背景

多年来，3M公司的管理层始终积极对待其雇员职业生涯发展方面的需求。从20世纪80年代中期开始，公司的雇员职业生涯咨询小组一直向个人提供职业生涯问题咨询、测试和评估，并举办个人职业生涯问题公开研讨班。通过人力资源分析过程，各级主管对自己的下属进行评估。公司采集有关岗位稳定性和个人职业生涯潜力的数据，通过电脑进行处理，然后用于内部人选的提拔。人力资源部门虽成立较晚，但已自成体系，并负责对雇员职业生涯开发中的各种作用关系进行协调。公司以往的重点更多地放在评估和人力资源规划上，而不是雇员职业生涯开发的具体内容上。新的方法强调公司需求与雇员需求之间的平衡。

二、系统组成部分

3M公司最新设计的雇员职业生涯规划与管理工作主要包括如下内容：
（1）岗位信息系统；
（2）绩效评估与发展过程；
（3）个人职业生涯管理手册；

（4）主管和雇员公开研讨班；
（5）"一致性分析"过程及人员接替规则；
（6）个人职业生涯咨询；
（7）个人职业生涯项目；
（8）合作者重新定位；
（9）学费补偿；
（10）调职。

上述内容共同构成了一套卓有成效的雇员职业生涯开发与规划体系。

1. 岗位信息系统

多来，3M公司的全体雇员民意调查显示，雇员要求有更多的有关个人职业生涯际遇的信息。因此，在大环境非常适合的情况下，3M公司于1989年底开始试行了岗位信息系统。雇员们的反应非常积极，这一示范项目被推广，从此该系统在全公司全面实施。在试行阶段，人力资源部、一线部门及雇员组成了一个专题工作小组，进行为期数月的规划工作。这一"岗位信息系统"的初步目标是使3M公司的用人经理可以在内部发现人选，同时帮助职工明确竞争不同岗位所需的技能和资格。

该系统的组成部分包括岗位通告系统和反馈系统。管理层中的所有岗位，最高到总监级别，均在全公司中通报，仅最高层1.5%的岗位不在通告之列，所有经批准的空位均被列出。空出岗位的通告时间为10个工作日，岗位需求信息发布采取电子方式，雇员们可以通过自己的电脑调阅这方面的内容。销售代表及其他现场工作人员通过拨打一个电话号码来获得岗位信息。另外还开通有一条电话热线，专门解答员工对岗位需求信息发布系统的疑问。

雇员们可以申请自己认为有资格的任何一个所列出的岗位。在申请之前他们必须在自己目前的岗位上已经工作满24个月，除非他的主管放弃这一要求。他们以书面的方式填写申请表，这些申请表直接送交用人经理进行筛选。用人经理打电话给自己希望进行面试的申请人的经理，然后再直接打电话给申请者本人。

反馈是本系统的一个重要部分。用人经理对所有候选人均作出回应，未被面试者至少会收到一份格式化的信函。所有参加面试但未能获得申请岗位的人将收到一份备忘录或者一次电话通知。这一项目由雇员职业生涯资源部门进行协调。

2. 绩效评估与发展过程

绩效评估与发展过程涉及各个级别（月薪和日薪雇员）和所有职能的雇员，1989年它开始适用于月薪雇员，1990年开始适用于日薪雇员。当这一过程扩大到日薪雇员时，公司为此召开会议并提供了培训。

每一位雇员都收到一份供明年使用的雇员意见工作表。雇员填入自己如何看待自己的工作内容，指出明年的4~5个主要进取方向和期待值。这份工作表还包括一个岗位改进计划和一个职业生涯开发计划。

然后，雇员们与自己的主管针对这份工作表进行分析，就工作内容、主要进取领域和期待值以及明年的发展过程达成一致。在第二年中，这份工作表可以根据需要进行修改。此过程旨在根据实现目标过程中的相关因素，突出需要强化和改进业绩的领域。待到年底时，主管根据以前确定和讨论的业绩内容及进取方向完成业绩表彰工作，在实施这一绩效评估与发展过程之前，3M公司的评价过程重点不在具体对发展规划的要求。而上述过程巩固了这样一个观念，即雇员对工作和职业生涯开发负有主要责任,领导者则作为一项关键性资源,提供咨询、建议和辅导。

具有重要意义的是,绩效评估与发展过程促进了3M公司主管与雇员之间的交流。他们定期召开业务研讨论会议(一般是一个季度一次),鼓励雇员根据需要主动与自己的主管进行非正式的商谈。

3. 个人职业生涯管理手册

公司向每一位雇员发放一本个人职业生涯管理手册,它概述了雇员、领导者和公司在雇员职业生涯开发方面的责任。这一手册还明确指出公司现有的雇员职业生涯开发资源,同时提供一份雇员职业生涯关注问题的关系表格。

4. 主管公开研讨班

为期一天的公开研讨班有助于主管们理解自己所处的复杂的雇员职业生涯开发环境,同时提高他们的领导技巧及对自己所担任的各类角色的理解(咨询者、教练、推荐人等)。主管们的反应始终是非常积极的,同时还计划开展一次公开研讨班跟踪过程,这一公开研讨班巩固了这样一种认识,即人才开发是主管工作的一个基本组成部分。这一强烈的开发重点还强调对业绩表彰过程的利用。虽然一般性业绩被包容在所有雇员的评估中,但针对主管还增加了额外的评估。"雇员开发与管理"乃是这些新增因素的第一个方面。

5. 雇员公开研讨班

早在1987年,3M公司就已经开办了旨在帮助雇员分析自己个人前途的职业生涯发展公开研讨班。经过1990年的改进,这一雇员公开研讨班现在为期两天,提供所谓"个人职业生涯指导",即强调自我评估、目标和行动计划以及平级调动的好处和职位晋升的经验。第三天的内容可以附选,其重点在于内部职位的求职技巧、如何写简历、如何面试等。如何有效利用岗位信息系统也被纳入公开研讨班的内容之中。

有些主管开始时担心这样的公开研讨班可能会起到鼓励人们跳槽的实际作用。然而事实上,参加过公开研讨班的大部分雇员报告说,他们现在对自己目前的个人前途更加满意了,同时他们还充分地认识到如何更加现实地把握自己的个人职业生涯。充实岗位内容是一个强调的重点,基本方法是,"个人职业生涯的发展始于你目前的岗位公开研讨班结束后,雇员们根据要求回答跟踪问卷调查,而且他们的行动计划也得到跟踪(主管也参与其中)。为一视同仁地协助雇员和主管,人力资源部准备了一个资料库,其中有与个人职业生涯相关的录像带。"3M公司的各个图书室备有关于个人职业生涯话题的业务图书。虽然公司目前尚未使用职业生涯开发软件,但是正在就与个人职业生涯相关的电脑服务进行调查。

6. "一致性分析"过程及人员接替规划

接下来的过程到达了顶点,集团副总裁会见各个部门的副总裁,讨论其手下管理人员的业绩情况和潜能。此过程影响到评定结果和人力资源部门的评审过程,因此对于转岗、发展和晋升都具有影响。这是一项重要的信息共享工具,对于管理人员来说也是反馈业绩信息的又一出处。此过程始于总监们与自己的经理们举行会议,执行总监们与自己手下的各位总监举行会议,部门或负责人事的副总裁则与各位执行总监举行会议。

与上述一致性分析过程紧密相连的是一个在执行层面上开展的人员接替规划项目,它已经实行了六七年。公司正考虑将这一高度成功的项目扩大到中级管理层。

7. 个人职业生涯咨询

一方面公司鼓励职员主动去找自己的主管商谈个人职业生涯问题，另一方面公司也提供专业的个人职业生涯咨询，并为每个部门指定一个人力资源经理作为咨询资源。这一咨询功能包括一些评估工具。雇员们可以从主管、雇员帮助顾问或人力资源经理处征得个人职业生涯咨询意见，抑或他们可以自行其是。咨询一般被用作对雇员公开研讨班的跟踪调查，帮助雇员制订一份深造计划，讲解简历写作技巧和面试技巧，帮助职工在求职失败后重新考虑个人前途问题，或帮助雇员求职或重新确定个人发展方向。

8. 个人职业生涯项目

作为内部顾问，雇员职业生涯开发工作人员根据职工兴趣开发出一些项目，并将它们在全公司推出。一个非常普及的项目涉及如何保持高水平。项目内容包括关于雇员职业生涯资源部门的信息及现有的内部职业生涯开发资源。

9. 合作者重新定位

雇员职业生涯开发工作人员在全公司范围内协调本合作者重新定位程序。由于双职工夫妇的原因，这已经成为一个重要的功能，虽然本项目也解决非工作关系合作者的选择。

10. 学费补偿

此项目已实行多年。它报销学费和与雇员当前岗位相关的费用，以及与某一工作或个人职业生涯相关之学位项目的全部学费和费用。

11. 调职

内部调职的协调通过"3M 公司雇员转岗"程序进行。其岗位撤销的雇员自动进入一个个人职业生涯过渡公开研讨班，同时还接受具体的过渡咨询。这种方法在过去的八年中挽救了数千名职工的工作热情。根据管理层的要求，还为解除聘用的职工提供外部新职位介绍。

三、成果

在 3M 公司试图更加准确、更加现实地统一雇员需求和公司需求的努力中，它已经成功地提高了工作效率，更大程度地唤起职工们为实现公司目标而进行的参与积极性。主管们在雇员职业生涯指导方面更具信心，在改进与雇员的交流方面更具可信性。3M 公司的各项雇员职业生涯开发服务和项目，针对的是真正的需求。职业生涯发展规划和当前工作的改进虽然分属不同的领域，但又相互关联。由于公司是根据具体情况来区别对待每一个人，所以它为个人和公司都带来了最大的利益。

资料来源：http://wenku.baidu.com/view/208af6fd910ef12d2af9e709.html

讨论题：

1. 你认为 3M 公司在职业生涯规划与管理方面取得了哪些经验？

（提示：3M 公司雇员职业生涯规划体系）

2. 借鉴 3M 公司的经验，结合实际，谈谈组织如何才能做好职业生涯规划与管理工作。

（提示：组织职业生涯规划的早、中、后期管理）

案例二：零点集团员工职业规划案例

零点研究咨询集团成立于 1992 年，于 2000 年进行结构调整，投资成立了前进策略（策略咨询）和指标数据（共享信息）。2002 年成立中外合资的远景投资（投资咨询），形成四位一体的格局，主要业务范围为市场调查、民意测验、政策性调查和内部管理调查，是目前国内最大的提供专业的策略性研究咨询服务的集团公司之一，侧重于为植根于大中华市场的杰出本土企业和国际化企业提供专业调查咨询服务。"HORIZON"（零点）为受中国法律与《马德里国际公约》保护的国际注册服务商标。零点也在全球超过45个国家拥有业务协作伙伴。

在这快速发展的背后，是一支学科配置整齐、专业人员年轻、高度自觉的学习型研究队伍在支撑着企业不断前进。因此，如何让企业内部员工充分发挥潜能、保持高敬业度一直是零点集团的领导密切关注的问题。咨询研究行业工作压力大、人员流动率高已成为普遍现象，而优秀的从业人员需要长期的实践钻研和经验积累才能造就，同时核心的咨询研究人员也是直接与客户建立、维持关系的群体，其流失往往也意味着企业需要重新与部分客户建立联系，直接影响业务的发展。零点集团充分认识到留住核心骨干员工的重要性，认为员工的进步是企业保持竞争力常青的基石，因此希望寻找一种有效的手段来关心员工的个人成长，帮助员工全面了解自己的特点、能力水平和优劣势，从而确立发展方向。配套实施内外部培训、业务轮岗、专家辅导等关键环节提升员工的综合业务能力和职业胜任能力，从而实现企业和员工的共同发展。

为了给企业和员工的长期发展提供强有力的支撑，零点集团人力资源部门在高层的支持下决定应用科学的人员测评方式，结合专家的咨询服务，搭建适应组织发展和个人需要的职业生涯规划体系，期望通过细致入微的访谈和核心素质的评估来综合考察核心人员的适岗情况及后期适应的职业发展方向。经过多方比较和深入推敲，最终选择了国内最大的人才测评解决方案提供商——北森测评公司，由其组合专业的测评工具和资深的职业咨询专家，提供整套的测评加服务的解决方案，达到企业自身人力资源需求和员工职业发展需求之间的双向满足。

企业内部的职业规划和个人自发的职业规划在实施过程中没有本质的差别，但前者不仅仅让员工自身受益匪浅，更重要的是能够促使个人发展意愿与企业需求相结合，通过成就员工的生涯发展愿望来推动企业的发展。因此，在企业中实施职业规划需要考虑企业自身的组织环境、发展战略岗位需求等因素，然后根据被评估的员工具有的特点，帮助其在企业内部找到自己的发展路线和方向，最后根据员工目前的状况与未来发展目标之间的差距制订培养计划和行动措施。这样一方面员工看到了自己在企业内部的成长空间，感觉到自己的潜力有发挥的舞台，从职业发展中获取工作满足感；另一方面可以帮助企业更全面地了解员工的个性特点、兴趣、理想等，为合理安置和调配人员提供基础，并为企业战略人力资源规划收集丰富的参考信息。

知己：背景调研＋理念分享

企业一般会出于对员工的关怀和培养为其实施职业规划，但也不能抛开企业的发展空谈员工个人的职业发展，由组织发起的内部员工培养发展计划最终必然要满足企业内部人员的需求。而员工自身的需求有部分往往是很具个性化的，为了避免将精力分散到企业暂时无法满足的特异性需求上，企业内部员工的职业规划可以以企业自身所能提供的资源和环境为起点。

为了解零点集团的发展和管理人员的现状，北森测评公司项目人员通过访谈、背景调研等方式收集了企业、人员的基本信息和相关岗位的基础资料。这些信息的获取，成为实施符合企业发展要求的人才测评服务方案的立足点。这一阶段收集的信息主要包括：企业现状和发展战略，研究经理、项目经理、资深咨询顾问等目标岗位的基础信息，高管、人力资源部门的要求和期望。

作为推动本次职业规划项目的重要步骤，北森测评公司首先邀请目标员工参与项目启动会，通过启动会阐明此次项目的目的、价值，让大家更积极、真实地参与其中；接下来以培训的方式和大家分享职业规划的基本理念，引导正确的职业规划认识，了解员工对本次职业规划的态度和期待，为后期的一对一沟通做好铺垫。

知彼：信息收集＋测评实施

对目标员工进行背景信息收集和实施专业的测评是企业中员工职业规划的第二步，也是非常关键的一个部分。在这一阶段要遵循的原则是——实事求是，因为正确的自我认知和评价是做好职业规划的前提，接下来的职业发展设计和培养计划都将依据本阶段采集的结果进行。

在这一阶段，北森测评公司采用了他人评价、背景信息收集表和标准化测评相结合的方式获取参与人员的详细资料，让员工能够借助测评工具发现自身的特点，同时也引导其对自身经历和所处的状况进行回顾和总结。

他人评价是指企业高管和人力资源部门对参与职业规划的人员当前的工作表现、优缺点及未来的期望进行描述，作为基础信息的一部分，为后期的详细剖析提供支撑。

个人背景信息表由员工自行填写，除了解员工的人口学因素之外，还包括以下方面：过往的教育及工作经历；喜欢的工作内容及原因；目前的工作状况和相关评价；对未来生活的期望及最近几年的职业发展目标；自我优劣势的描述。

实施标准化测评时要注意根据参与员工的实际情况选取恰当的测评工具。鉴于零点集团本次参与的核心员工都属于中层管理人员，所以除采用北森朗途职业规划系统考察其性格和动力之外，还使用了锐途管理人员测评系统综合考察参与人员的管理素质、管理技能、职业价值观、管理风格和基本能力倾向。其中对于中层管理人员来说，性格、动力、管理素质、管理技能和职业价值观都是其职业发展的重要影响因素，管理风格和基本能力倾向则可作为补充参考信息。

定位：一对一咨询＋深度剖析

了解了企业的基本信息和员工的详细特点，在此基础上将根据双方的现状和需求，帮助员工在企业中规划职业发展路线和方向。这个阶段尤其要注意的是规划和建议的切实可行，这里的切实可行包含两个方面的内容：一是个人的职业发展目标一定要和个人的特质、能力相匹配，如果个性不适应管理岗位也没有管理潜质，还强行要求自己往管理方向发展将需要付出更大的代价，结果也可能组织和个人都得不到相应的回报；二是个人的职业目标和方向要结合组织的现实环境和发展战略，组织所关注的是员工在为企业目标奋斗的过程中实现的个人成长和职业发展，离开了企业的发展，个人的职业规划将成为空中楼阁。

北森测评公司在对零点集团的战略发展需要和内部人力资源现状充分了解的基础上，通过一对一访谈的方式，深入了解目前项目参与人员对公司、部门等方面的真实反馈，帮助员工走出一些问题上的误区。这种第三方专家咨询的模式以更客观的立场获得相对更实际可靠的信息，在此基础上结合测评结果，深度剖析个人的状况，形成专家评议后的个人详细分析报告。

除了对参与的员工个人予以关注，专家还从整体的角度出发，分析整个团体的状况，指出目前团队中人员构成方面的优势和弱点，以期给组织的人才战略规划提供参考。

行动：结果反馈＋计划实施

找准了定位、明确了方向，职业规划并没有到此结束，对个人和组织的发展建议最终要落地实施才能生效。而这些建议能否被贯彻执行取决于两个方面的因素：一是阶段性目标设置的合理性，个人和组织的发展是一个长期的规划，但如果仅仅用这个长期的目标激励和指引自己，在得不到及时反馈的情况下很容易半途而废，所以合理的方式是将长期目标进行分解，在着眼于长远发展的情况下制订一步步在短期能实现的行动计划；二是行动的过程需要有指导和监督，组织对个人实施有针对性的培养，并定期给予反馈和激励，有利于员工的不断实践和提高。

零点集团在明确了员工的定位之后，对结果的反馈和发展计划的实施也予以了高度重视。

人力资源部门组织参与员工的直接领导对其进行一对一的结果反馈，帮助员工理解个人和组织目前的状况，指导其制订合理的发展计划，结合个人的实际情况和企业的人员需求提供适应的发展空间。此外，集团还从组织层面出发，将公司目标更加清晰化，并考虑与个人发展之间的关系，调整对人员的要求和挑战，有计划、有针对性地补充某一特点的人才，加固企业的稳定，同时加强企业管理力度，增加对管理的培训和指导。

项目小结

企业给内部员工进行职业规划的过程，一方面是以员工发展促进企业发展的过程，全面了解员工的特点和需求，因势利导，帮助其突破障碍、开发潜能和自我实现，在其不断成长和发展的同时推动了企业的前进；另一方面其实也是一个促进组织和员工互相沟通、互相理解的过程，企业可以了解到员工内心的真实想法和需求，员工也能认识到企业目前所处的发展阶段对人员的需要以及为个人发展所提供的舞台。这种交互和理解提高了员工的工作热情和团队凝聚力，也满足了企业自身人力资源的需求，无疑为实现个人和企业共同发展注入了强大的能量。

另外，企业对员工实施职业生涯管理计划，传达出组织对员工个人发展的重视以及对个人和企业共同发展的追求，让员工看到企业为个人发展所做的努力，增强了员工对企业的归属感，提升了对组织的忠诚度，有利于留住核心员工。基于对员工的深入了解，企业也可以做好人才储备计划，构建合理的后备人才梯队，创设积极的组织氛围和良好的育人、留人环境。

资料来源：http://blog.hr.com.cn/html/59/n-82259.html

讨论题：

1. 你如何评价零点集团的职业管理系统？

（提示：组织职业生涯中、后期的职业生涯管理系统）

2. 如果需要作进一步的改进，你可以为零点集团提供哪些建议？为什么？

（提示：组织职业生涯管理应按不同的员工内心需求考虑他们的发展问题）

第四篇　结果应用篇

第八章　不同类型企业的职业生涯规划管理

第九章　职业生涯规划管理中的热点问题

不同类型企业的职业生涯规划管理

【本章关键词】
　　职业咨询；发展通道；流程

【学习目标】
- [ ] 了解不同类型企业职业生涯规划管理的特点。
- [ ] 熟悉不同类型企业职业生涯规划管理应注意的事项。
- [ ] 掌握国有大型企业职业生涯规划管理的方法。

 开篇案例

云南电网公司：为一线员工规划职业生涯

　　陆雁鹏是通海供电有限公司的一名普通员工。2003年参加工作的他仅用了短短6年的时间，就成长为一名技术负责人，一个云南大学的在读研究生。谈起自己的经历，陆雁鹏感受颇深，他说，自己能有今天的成绩与通海供电有限公司的培养息息相关。

　　通海供电有限公司作为玉溪供电局员工素质工程的试点单位，始终把员工素质工程作为人力资源管理工作的总抓手，在工作理念、制度建设、管理方法和手段上大胆创新，扎实推进员工素质工程，提高了员工队伍的整体素质，促进了公司的改革发展。

　　通海供电公司以规划为先导，加强人力资源配置，制定了公司《2008—2010年人力资源规划》，对未来几年公司人员引进和人员配置进行了规划。

　　根据该规划，在全公司范围内实施员工职业生涯指导计划，为员工建立多方向晋升和快速成长通道，帮助员工客观地认识自己并找准定位及发展方向，让优秀员工成长为管理人才、技术专家和能手。同时，在公司内部优化人员配置，努力盘活现有人力资源，鼓励员工内部流动、在公司范围内实行有计划的轮岗，开展关键岗位公开竞聘上岗，选派优秀员工到云南电网公司和玉溪供电局锻炼，促进员工全面提升岗位知识和技能、丰富工作阅历，让人人都有成长的空间和通道。

　　陆雁鹏就是实行人力资源规划后受益匪浅的一名一线员工。在学校里，陆雁鹏学习的是电力工程及自动化专业，6年前刚参加工作时，理论与实际的差距让他常常力不从心。为了帮助新员工很快融入公司，通海供电公司让参加工作的新员工进行了为期半年的轮岗实习。他干过调度员，在玉溪供电局计划发展部岗位锻炼期间接触过电网规划和项目核准。多个岗位的轮换，让他的专业知识更加深厚，拓宽了他的知识面和工作经验，也激发了他的学习热情。如今在生产技术部工作的陆雁鹏，不仅拥有电工资格证，还拥有调度员资格证。"正是公司积极鼓励员工多渠道发展，积极引导技术、技能尖子向技术带头人、技术能手转变，才有我今天的成长。"陆雁鹏如是说。"勤学习，多考证"在通海公司已蔚然成风。

作为云南电网公司"县级供电企业教育培训工作试点单位"，通海供电公司坚持教育培训向一线倾斜。

该公司制定了《加强一线员工教育培训工作实施方案》。该《方案》明确，不仅要大力开展大规模、见实效的一线员工教育培训，更要更新培训方式和手段，开展模块化、小单元的培训，满足员工个性化、差别化的培训需求。计划到2010年全员培训积分达标率达到100%，实现一线员工按规定全部持证上岗。

通海供电公司重点加强一线员工的素质培养、安全教育和执行力的强化，努力推进"星带星"、"师徒结对"等活动，大力组织开展形式多样的技术技能竞赛、比武，"全员岗位大练兵、全员普考"活动，加强一线员工岗位知识和技术技能的培训，促进员工队伍整体技能水平的提高。同时，把提升班组长的技术技能水平和带队伍能力作为核心来抓，制定具体的培训计划和方案，有计划、分阶段地开展班组长培训。还以厂家培训、外出交流、技术比武、技能竞赛、参与重点项目等多种方式，加速一线高级技术技能人员的开发培养，把一线员工培养成为工程师加技师的"双师型"人才。

此外，通海公司以一线员工100%持证上岗为目标，全面推行持证上岗制度，在认真做好专业技术资格评定、职业技能鉴定工作的同时，组织电力行业特有工种人员参加职业资格统一取证培训，同时鼓励员工获取非电力行业特有工种职业资格证书。

资料来源：http://www.ydxw.com/showinfo.asp？id=67685

第一节 大型国有企业的职业生涯规划管理

多年来，尽管国有大型企业一直都在不断地进行改革、改组、改造，经济效益明显转好，员工的福利和薪酬待遇也普遍得到提高，但大多数企业内的人才流失现象依然堪忧，而且员工的满意度、工作的积极性也都还不能令人满意。

一、大型国有企业进行职业生涯规划的原因

首先，国有企业大多过早染上大企业病。大企业病的基本表现是"三多一少"，即管理层次多，管理机构多，管理干部多（官多），干实事的人少。这种以"官本位"为单一通道的管理方式，会导致企业内大部分高素质的员工首先考虑将其智慧和精力投入到职务的晋升上，而企业领导也将行政职务高低作为制定薪金标准、平衡关系的唯一选择。这样，久而久之，就形成国有企业机构臃肿、人浮于事、"将多兵少"的局面。

其次，缺乏科学的人才流动机制，没有形成合理的人才梯队。在很多国有企业中，没有建

立合理的人才流动机制。优秀员工在企业看不到发展空间,不合格员工也不会被淘汰出局,使企业很难留住人才。

二、大型国有企业实施职业生涯规划的特点、流程及注意事项

国有企业在引进职业生涯设计时,要结合企业的实际情况,从吸引人才、稳定人才、培养人才的角度出发,帮助员工设计职业生涯规划。如果不了解职业生涯设计的内容,贸然开展职业生涯设计活动,可能会起到适得其反的作用。因此,企业要从企业发展和个人成长的双赢角度出发,正确把握职业生涯设计理论与实践相结合的正面作用,在努力提供科学的职位阶梯和良好的培训机会的基础上,制定规范的职业生涯规划流程,尽量把绝大多数员工的职业生涯规划引导到企业发展所需要的"理想员工"上来。

大型国有企业在实施职业生涯规划的过程中,要做好以下工作。

(一)合理设置职位结构,建立企业员工职业发展通道

尽管每个企业都有自己独特的职位结构,但却并不是每个企业的职位结构都有利于员工的成长。如有的企业为了减少管理层次,设置了较少的职位层级,员工要在原职级等很多年才有机会晋升。特别是在国有大型企业的职位结构中,科级与副处级之间有一条跨度很大的鸿沟,在待遇上差距也很大。像上述两种职位结构都是不利于员工职业成长的。企业开展员工职业生涯管理,首先要做的工作就是要科学合理地设置职位结构,建立适合员工成长的职业发展通道。一般来说,大型国有企业的经营范围较广,职业种类较多,这为企业开展职业生涯管理、建立适合不同员工发展需要的成长通道提供了有利的条件。

大型国有企业的核心人员概括起来主要有以下几类:管理人员、工程技术人员、财会人员、营销人员、党群人员和技术工人。为了充分调动各类员工的积极性,企业应当为每一类员工都建立起职业发展通道,具体流程如图8-1所示。

大型国有企业在设计纵向发展通道时,应为员工设计两种或两种以上的发展通道。一般情况下,企业的普通员工沿着其中一条通道纵向发展,而技术人员(包括工程技术人员)则有两种或三种以上发展通道。例如,专业技术人员既可以走技术发展通道,也可以走管理通道,并且在晋升到一定阶段时还可以走专家型通道。企业员工到底走什么通道,需要根据企业的具体情况来进行设计。

下面提供了两类人员纵向发展通道的基本模型。

(1)管理类职位纵向发展均可进入企业高层管理行列,如图8-2所示。部门副经理以下的职级不一定有上下级的行政隶属关系,这要根据每个企业的实际情况来确定(如组织设计时所确定的管理层次与管理幅度等)。每一职级都要制定相应的任职条件,这些都要在进行职位分析的基础上确定,并写入职位说明书中。

(2)技术类职位可以纵向发展,如图8-3所示。大型国有企业应当建立一套符合本企业实际的、能与国家人事部门制定的技术职称相衔接的专业技术职级评价体系,而不应完全依赖国家人事部门的职称评价体系。这是因为单个企业的人才评价标准与政府组织的社会化的人才评价体系标准并不完全一致,而且层级较少,也不利于员工发展。

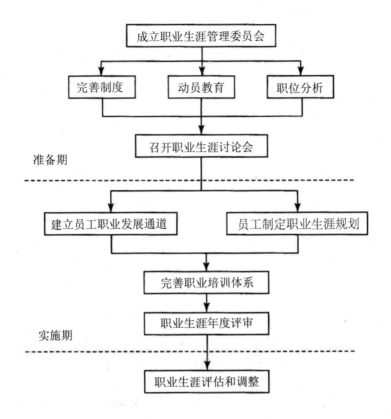

图 8-1 大型国有企业实施职业生涯规划的流程

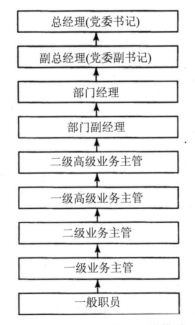

图 8-2 管理类职业发展通道模型

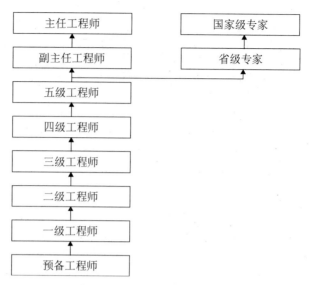

图 8-3 专业技术类发展通道模型

图 8-3 说明如下。

- 预备工程师：本科毕业生试用期满，在见习期间可聘为预备工程师（一般为 1 年）。
- 一级工程师：大专毕业生从事专业技术岗位，取得初级技术职称的，可聘为一级工程师。
- 二级工程师：本科毕业生 1 年见习期满，经考核合格，可直接聘为二级工程师。原为初级，取得助理工程师职称的，可聘为二级工程师。
- 三级工程师：担任二级工程师 3～5 年，并取得中级职称的，可聘为三级工程师。
- 四级工程师：担任三级工程师 5 年以上，并取得副高职称的，可聘为四级工程师。未取得副高职称，担任三级工程师 8 年以上，经考核，工作业绩和专业能力均达到副高职称要求的，可聘为四级工程师。

管理岗位和专业技术岗位待遇的对应关系，如图 8-4 所示。

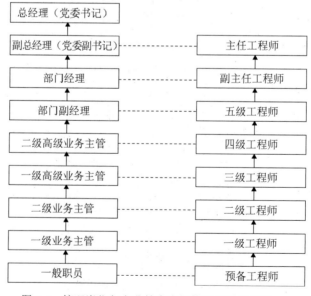

图 8-4 管理岗位与专业技术岗位待遇的对应关系

管理人员与技术人员的基本待遇的对应关系是，技术人员的待遇一般不能低于管理人员，企业也可以通过奖金的形式使技术人员有机会进一步提高总体收入。

（二）指导员工制定职业生涯规划

1. 对员工进行分析评价与定位

首先，企业应当开展员工自我评估，有组织地对员工进行评估和环境分析等活动，以帮助员工确定自己的兴趣、价值观、资质、技能和行为倾向。然后，根据绩效考核、职业测试等提供的信息，判断员工的优势、劣势和职业需求，同时对员工所处的相关环境进行深层次的分析。其次，根据员工的自身特点和所在环境的特点指导其进行职业发展定位，设计员工的职业发展方向和目标。

2. 开展职业咨询

企业在对员工的知识技能作出评价，确定员工应该怎样定位以适合企业发展等相关信息后，还应确定员工有哪些需求具有开发的现实性。之后根据员工的分析评价结果，与员工进行沟通。企业人力资源部门可以通过提供信息、专门绩效审查、单独面谈等形式，审查对员工的分析评价与定位，并讨论员工的职业兴趣、优势以及可能参与的职业开发活动。

3. 帮助员工设置职业生涯目标

在以上工作的基础上，企业应当帮助员工把组织和个人的需求结合起来，恰当地确定其长短期目标及其进展状况的判断方法。企业应当确保设立的目标具体、可实现并且富有挑战性，承诺帮助员工实现职业目标。员工所设立的职业目标应与理想的职位、技能应用水平、工作设定、知识能力水平的提高等紧密联系。经过员工同上级主管部门协商讨论后，由双方合作确定职业发展目标和相关的开发活动，并写进员工的职业开发计划中。

4. 帮助员工制定职业发展策略与行动计划

在职业开发计划制订后，企业应当指导员工作出正确的决定：采取什么样的路径、方法和措施，才能达成个人的短期或长期职业目标。上级主管应当指导员工制定采取行动、达到目标的步骤和时间表。企业则应确定和提供员工在实现职业目标过程中所需的资源。行动计划可以包括培训课程、研讨会、开展信息交流、申请空缺职位、找导师、获得新的工作经验等方法或方法组合，但员工的行动与方法必须服从和服务于职业开发的需求与目标。

5. 员工职业生涯发展的评估与调适

企业应当对员工的职业发展状况进行评估，定期对员工的工作能力、绩效、进步和不足进行评估，及时校正误差，取长补短，推进员工职业生涯的有效发展。同时，还应对实施中的职业发展规划进行评估，修正规划的目标、策略、行动、方法等不切实际的部分，修正对员工的认识和判断，调适职业目标与现实工作目标、生活目标和组织目标的关系，从而完善员工职业生涯规划，提高职业发展与开发活动的有效性。

第二节　中小型民营企业的职业生涯规划管理

一、中小型民营企业职业生涯规划的特点

我国中小型民营企业数量众多、分布广泛，但与大企业相比，这些企业在品牌、管理规范

化、员工福利和培训等方面都相形见绌，尤其是那些对企业具有决定性影响因素的关键性人才相对匮乏。中小型民营企业自身在规模和实力等方面先天不足，企业规模小，知名度低，在薪酬、福利、培训等方面与大企业无法相比，难以吸引优质人才，致使人力资源匮乏及储备不足成为其发展的瓶颈，同时在对人才的"选、育、用、留"方面，这些企业又显得有些急功近利——希望引进人才的效果立竿见影，但对于人才在企业的发展却很少顾及，人员流动性较大，在"留人"方面无能为力，这导致了员工队伍稳定性普遍较差。这些企业在市场经济大潮中的灵活性，让它们在人力资源管理方面也相信"计划没有变化快"。这同样也使企业员工感到发展前景不明朗，工作积极性受到负面影响。"留不住人才"也就成了这些企业头痛的问题，不但人力资本投资得不到较高的回报，还要为人员的高流动率付出高昂的代价，如重置成本、机会成本等，从而造成巨大的损失。

尽管存在这些问题，我们还是可以在中小型企业职业生涯管理方面进行有益的探索，因为中小型企业也有大型企业所不具备的优势。比如，中小型民营企业对环境反应灵敏，发展潜力大；人才在企业的发展机会较多，可以实现员工多面发展与内部流动，容易发挥个人的特长，满足员工多元发展的需求，找到自我实现的成就感，使员工得到足够的锻炼。

由此可以看出，在中小型企业实施职业生涯管理还是可以实现员工与企业的协同双赢发展的。中小型民营企业应扬长避短，借助职业生涯管理，建立一个有效的吸引和保留人才的机制。

二、中小型民营企业制定和实施职业生涯规划的流程及注意事项

在中小型民营企业，高层的意志对企业的文化氛围和职能战略具有决定性影响。这些企业如果想长久地留住优秀人才，必须给予这些人才以足够的信任和个人事业发展空间。管理者应对自己的下属有一定的了解，然后在企业职级晋升制度和任职资格要求等基础上，针对员工的能力特点，帮助员工做好职业生涯规划，让员工深刻感到企业在关心自己的发展。同时，让员工看到在企业的发展前景。这都将使员工的工作积极性得到很大提高，向管理者所传达的企业发展方向去努力工作。相对大型国有企业来说，中小型民营企业的职业生涯规划流程比较简练，也容易操作。

中小民营企业制定和实施职业生涯规划的流程如图8-5所示。

中小型民营企业在制定员工职业生涯规划时，要注意以下几个方面。

（1）企业和员工应找准各自在职业生涯管理过程中的定位，营造良性的人力资源使用环境。要走出职业生涯规划是员工自己的事情的误区，明确职业生涯规划需要企业组织、直线管理者和员工共同完成。

（2）提高直线管理人员从企业需求出发帮助员工进行职业生涯规划的能力。中小型民营企业的人力资源部门一般比较薄弱，在这种情况下，一方面需要增强人力资源部在职业生涯管理方面的专业支持能力，另一方面直线管理者更加需要扮演"部门人力资源经理"的角色。

（3）通过绩效考核强化直线管理人员的职业生涯管理意识。通过选取职业生涯管理工作的规范性和完整性，以及职业生涯管理工作的实际效果，即员工的职业生涯发展情况等相关指标，进行绩效考核。绩效考核成绩与薪酬福利等直接挂钩。借助绩效考核指标的引导，可以达到督促直线管理人员将职业生涯管理工作落到实处。

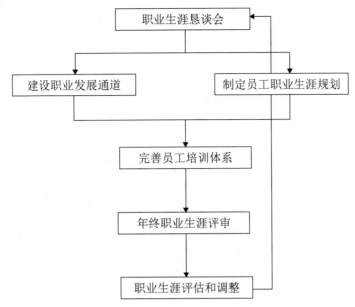

图 8-5 中小型民营企业职业生涯规划流程

第三节 合资企业的职业生涯规划管理

一、合资企业职业生涯规划的特点

中外合资企业的特点是中外双方共同投资、共同经营，并按各自的出资比例共担风险、共负盈亏。由于管理者和员工的社会文化背景、生活和工作习惯大不相同，因此在经营管理的观念和措施等方面都会存在一定的冲突。

因此，在制定和实施职业生涯规划的过程中，由于中外管理者和员工对职业生涯规划的理解相差较大，也会形成不一致的看法。比如，外方可能更加强调员工的独立性，而中方可能更重视人力资源部门的引导作用。所以，合资企业的职业生涯规划要兼顾中外双方的文化特点，制定双方都能接受的计划和实施方案。

二、合资企业制定和实施职业生涯规划的流程及注意事项

1．合资企业职业生涯规划流程

合资企业制定和实施职业生涯规划的流程如图 8-6 所示。

合资企业制定职业生涯规划时，首先，中外双方管理层必须要通过良好的沟通，与对方达成一致意见；其次，成立职业生涯规划管理委员会，对制定和实施规划的全过程进行指导和监控；再次，针对中外员工的不同特点，分别采取相应的措施进行指导；最后，根据年度评审的结果对职业生涯规划进行调整。

2．注意事项

合资企业在制定员工职业生涯规划时，要注意以下两个方面。

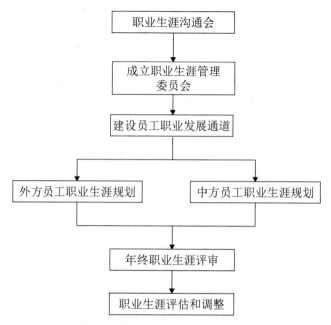

图 8-6 合资企业职业生涯规划流程

（1）在尊重、平等、宽容、民主的前提下，通过理性对话，达成价值观上的共识，实施文化相容策略。如果两种文化产生冲突，将使员工无所适从，不知道企业倡导什么、反对什么，最终影响到员工积极性的发挥，大大降低企业的核心竞争力。中外合资企业不仅是投资双方资本的投入、技术的合作，还有现代文明与文化的冲突、渗透和融合。在国际化经营大背景下，融合不仅是人类未来文化发展的方向，更是企业跨文化生存的必然选择。

（2）合资企业双方应充分认识到各自的局限性，从而在认识企业管理及策略应对的问题时，采取理性的、可与对象相适应的思维方式。中、外方管理者应站在全局的高度看待双方的合作，为相互信任和理解奠定良好的基础。

本 章 小 结

大型国有企业在实施职业生涯规划的过程中，要合理设置职位结构，建立企业员工职业发展通道，指导员工制定职业生涯规划。国有大型企业在设计纵向发展通道时，应为员工设计两种或两种以上的发展通道。一般情况下，企业的普通员工沿着其中一条通道纵向发展，而技术人员（包括工程技术人员）则有两种或三种以上发展通道。

中小型民营企业在制定员工职业生涯规划时，要注意企业和员工应找准各自在职业生涯管理过程中的定位，营造良性的人力资源使用环境；提高直线管理人员从企业需求出发帮助员工进行职业生涯规划的能力；通过绩效考核强化直线管理人员的职业生涯管理意识。

合资企业在制定职业生涯规划时，要在尊重、平等、宽容、民主的前提下，通过理性对话，达成价值观上的共识，实施文化相容策略；同时，合资企业双方应充分认识到各自的局限性，从而在认识企业管理及策略应对的问题时，采取理性的、可与对象相适应的思维方式。

思考与练习

1. 大型国有企业实施职业生涯规划的特点、流程和注意事项是什么？
2. 大型国有企业的职业发展通道都有哪些？谈谈各职业发展通道的对应及转换关系。
3. 中小民营企业实施职业生涯规划的特点、流程和注意事项是什么？
4. 合资企业实施职业生涯规划的特点、流程和注意事项是什么？

案例分析

案例一：东风汽车股份有限公司的"员工职业生涯规划"

毛家宏是东风汽车股份有限公司铸造分公司的一名青年员工。他在公司人力资源部门的鼓励下，几经培训，岗位成才，先后有十几项技术成果应用于生产实际中，由他设计的"多功能游标高度尺"获国家专利。前不久，他荣获"全国五一劳动奖章"。小毛的成功，是东风汽车股份有限公司实施"员工职业生涯规划"工程的一个生动写照。

在东风汽车股份有限公司，像毛家宏一样沐浴着"员工职业生涯规划"工程春雨的员工正在茁壮成长。

2000年5月3日，3名工人班组长进京参加中国铸造学会和清华大学机械系联办的"铸造技术及管理专业"高级技能进修。

之后，首批21名赴清华大学攻读工程硕士的业务、技术骨干启程，6名优秀班组长前往华中科技大学进行本科学历培训。至此，被东风汽车股份公司称为"员工职业生涯规划"的工程拉开帷幕。

如此"创意"，缘于他们对人才现状、人才结构、人才预测及如何盘活内部人才的深刻反思和认识：企业间的人才竞争，事实上就是一个发现人才、吸引人才、培养人才，进而合理有效地管理、使用人才的过程，更是市场配置人力资源规律的体现。

去年春节前后，东风汽车股份有限公司在北京等地高校"招凤引凰"遭遇"寒流"。现实使他们感受到了一种潜在的危机。反思中，他们转变观念，决定把眼光放在盘活和开发内部人力资源上，为企业可持续发展提供强劲动力。

然而，如何科学合理地选配人力资源、开掘员工最大潜能，使之在最佳的位置上实现人生价值，从而避免人才的浪费呢？经过集思广益，具有东风汽车股份有限公司特色的"员工职业生涯规划"工程"出笼"。东风汽车股份有限公司将依据企业发展需求并结合个人理想为员工设计未来。"百步之内必有芳草。"这一双向交流设计旨在给每一个员工成长成才创造机会、提供空间，被员工们称为"人生的又一个春天"。

君子用人如器。此后，东风汽车股份有限公司面向全体员工下发了《员工培训问卷调查表》，调查的主要内容包括个人现状、个人发展目标、希望就读的学校和专业、目前迫切需要学习的内容等，以确保员工在企业内找到自己所能、市场所需的结合点。

一石激起千层浪，调查表在员工中引起强烈反响，人力资源开发部门很快收到2 000多份反馈单。伯乐在寻找千里马,千里马也在追寻伯乐。

在东风汽车股份有限公司人力资源部采访时,我们见到那一份份凝聚着员工火热心愿的调查表。通过填写整洁和面对自己未来认真思考过的文字,可以看出员工通过参与职业培训来设计自己明天的高涨热情。东风汽车股份有限公司证财部的范要在调查表中写道,希望在中南财经大学攻读MBA,并建议公司给业务骨干、忠诚于企业的青年员工更多的深造机会。

经过统计、分析、归纳,东风汽车股份有限公司制定了明确的员工培训计划表。

依据计划表,公司"员工职业生涯规划"工程中的人才培训工作有序地推进。他们首先与清华大学达成了《清华大学——东风汽车股份有限公司全面合作协议书》,2000年3月底落实了论文博士、工程硕士培训等具体事宜。4月17日,他们向公司各基层单位下达了《2000年东风汽车股份公司与清华大学联合培训人才工程安排》的通知。经过员工自愿报名、单位考核推荐、人力资源开发部门筛选、培训学校审定,各个层面的参训人员逐步被敲定。员工职业培训是一个长期的、系统的工作。为此,他们坚持"两条腿走路",一是请进来,二是送出去,聘请高校权威教师来公司举办知识讲座,选派骨干员工去高校培训。同时,强化与高校的联合,建立长期的人才成长双向基地,即公司利用高校科研开发优势对员工进行培训,高校也可将公司作为自己的研究生社会实践基地。股份公司还将"借船出海",选出科研课题,请著名高校的研究生来揭榜。

据东风汽车股份有限公司人力资源开发部门透露,股份公司正在紧锣密鼓地与湖北汽车工业学院、东风高级技工学校及武汉的高校联系,实施全方位、不同层次的人员滚动式培训,以大手笔拓展个体成才空间,富积企业人力资源。毫无疑问,东风汽车股份公司员工迎来的将是一个绚丽多彩的明天。一位西方管理大师说过"企业即人",他深刻地道出了企业和个人命运之间的相联关系。

个人命运和企业命运相背离,是企业失去其赖以生存的土壤——人才的主要因素之一。东风汽车股份有限公司实施的"员工职业生涯规划"工程抓住了这一问题的关键。正如东风汽车股份有限公司总裁李绍烛所言,企业健康地生存和可持续发展,核心竞争力是人才。人才不在乎拥有,而在乎使用和培养,谁善于使用和培养人才,谁就能在市场竞争中赢得主动。因此,东风汽车股份有限公司确立了"养用结合"的人才战略。

2000年4月,东风汽车股份有限公司颁发了《员工培训管理办法》,其中对于员工培训的基本原则作了明确规定:一要坚持职业道德教育与业务培训相结合的原则;二要坚持全员培训、紧缺人才加紧培训、优秀人才优先培训、重点人才重点培训的原则;三要坚持以生产经营为导向,以岗位培训、继续教育为重点,以技能培训为核心,学以致用的原则。

三大基本原则将个人需求和企业发展需求紧紧相连,将个人命运和企业命运融合在一起,在为员工的前途负责的同时,也在为企业的未来着想。

在此大前提下,东风汽车股份有限公司开始构建具有自身特点的多层次、多方位、多形式的全员培训体系,即开展高、中、低不同层面的培训,使培训辐射到每一个角落、每一个岗位。

职业培训不再是个人行为,而是自始至终肩负着企业的重托。以下是我们耳闻目睹的一个故事。

2000年7月14日,东风汽车股份有限公司开办"市场及营销培训班",计划80人参训。结果场面火爆,大教室显得小了、挤了。为什么员工一听到这样的课心就"热"?他们称,获得了适用的新知识、新方法,对自己以后的工作有指导作用。

职业培训，这种必不可少的投资，增强了企业技术创新能力的竞争力，改善了企业现有员工的知识结构和能力结构，为企业的可持续发展提供了人才保障。东风汽车股份有限公司首批赴清华大学培训的学员钱军饱含深情地说："企业给了我圆梦的机会，实现了学生时代为之奋斗的目标，我力争早日学成归来，为公司的发展添砖加瓦。"

前不久，东风汽车股份有限公司派人前往北京看望了在训学员。据临时党支部书记钱军介绍，在训学员学习的积极性很高，几乎每天学习到深夜12点以后。来自东风汽车股份有限公司铸造分公司的郭全领借在食堂进餐之机，向在读的本科生购买高等数学课本。不少学生被他们的勤学精神所感动，主动把一些课本借给他们。

如何使送出去的人才愉快而归？东风汽车股份有限公司人力资源部负责人说："我们正在进行薪酬分配制度的改革，将对技术高、贡献大的员工的薪酬分配实行倾斜政策，真正体现尊重知识、尊重人才、向有贡献人才倾斜的分配理念。可以说，我们为人才的发展营造了良好的氛围，相信他们是不会舍得走的。"

在"双赢"人才涵养战略思想的指导下，在新世纪来临之际，东风汽车股份有限公司在西子湖畔的浙江大学，成功地举行了"秉求是、力创新、迎接新世纪"大型企业形象展示活动。

在精心营造的"世纪看我行"的文化氛围中，东风汽车股份有限公司总裁李绍烛以"WTO与新世纪中国汽车工业"为主题向浙大学学子作了精彩的演讲。活动期间，企校双方就员工培训等问题进行了洽谈，并就一些问题达成共识，一些临近毕业的学生主动找到公司人力资源部门领导询问公司人才发展战略，企校联合培养人才渐入佳境。

2001年，东风汽车股份有限公司"员工职业生涯规划"工程根据公司新项目和新事业发展的需要，与多层次的有效培训结合起来，以岗位培训为重点，新任班长培训率100%，新录用员工岗前培训率100%，中层管理干部、高管轮训率95%。

资料来源：傅祥友. 为员工设计灿烂的明天：东风汽车股份有限公司的"员工职业生涯规划"[J]. 企业管理, 2001（12）.

讨论题：

1. 东风汽车采用的是什么样的培训策略和方法？

（提示：大型国有企业实施职业生涯规划的流程和注意事项）

2. 东风汽车的"员工职业生涯规划"有何特色？

（提示：大型国有企业实施职业生涯规划的特点）

案例二：奥康集团员工职业生涯规划管理办法

第一章 总 则

第一条 适用范围

本管理办法适用于公司全体员工。

第二条 目的

充分、合理、有效地利用公司内部的人力资源，实现公司人力资源需求和员工个人职业生涯需求之间的平衡；对人力资源的开发与管理进行深化与发展，最大限度地开发本公司的人才；规划公司员工的职业生涯发展，促进员工与公司共同进步。

第三条 原则

员工的职业生涯规划要遵循系统化原则、长期性原则与动态原则。

（1）系统化原则：针对不同类型、不同特长的员工设立相应的职业生涯发展通道。

（2）长期性原则：员工的职业生涯发展规划要贯穿员工的职业生涯始终。

（3）动态原则：根据公司的发展战略、组织结构的变化与员工不同时期的发展需要进行相应调整。

第四条 主体

职业生涯发展规划主体是员工和公司，分别承担个人职业生涯计划和公司职业生涯管理的功能。这两个主体彼此之间互动、协调和整合，共同推进职业生涯规划工作。

（1）公司和员工之间建立顺畅的沟通渠道，以使员工了解公司需要什么样的人才，公司了解并帮助员工设计职业生涯计划。

（2）公司为员工提供多条晋升通道，给员工在职业选择上更多的机会。

（3）公司鼓励员工向与公司需要相符的方向发展，并辅以技术指导和政策支持。

第二章 职业生涯规划系统

第五条 公司协助员工进行职业生涯规划。

第六条 员工职业生涯规划按以下四个步骤进行。

（一）自我评价

1. 目的

帮助员工确定兴趣、价值观、资质和行为取向，指导员工思考当前所处职业生涯的位置，制订出未来的发展计划，评估个人的职业发展规划与当前所处的环境以及可获得的资源是否匹配。

2. 公司推行自我评价的方式

（1）心理测验：帮助员工确定自己的职业和工作兴趣。

（2）自我指导研究：帮助员工确认自己喜欢在哪一种类型的环境下从事工作。

3. 员工与公司的责任

（1）员工的责任：根据自己当前的技能或兴趣与期望的工作之间存在的差距确定改善机会和改善需求。

（2）公司的责任：提供评价信息，判断员工的优势、劣势、兴趣与价值观。

（二）现实审查

1. 目的

帮助员工了解自身与公司潜在的晋升机会、横向流动等规划是否相符合，以及公司对其技能、知识所作出的评价等信息。

2. 现实审查中信息传递的方式

（1）由员工的上级主管将信息提供作为绩效评价过程的一个组成部分，与员工进行沟通。

（2）上级主管与员工举行专门的绩效评价与职业开发讨论，对员工的职业兴趣、优势以及可能参与的开发活动等方面的信息进行交流。

3. 员工与公司的责任

（1）员工的责任：确定哪些需求具有开发的现实性。

（2）公司的责任：就绩效评价结果以及员工与公司的长期发展规划相匹配之处与员工进行沟通。

（三）目标设定

1. 目的

帮助员工确定短期与长期职业目标。这些目标与员工的期望职位、应用技能水平、工作设定、技能获得等其他方面紧密联系。

2. 目标设定的方式

员工与上级主管针对目标进行讨论,并记录于员工的开发计划中。

3. 员工与公司的责任

(1) 员工的责任:确定目标和判断目标进展状况。

(2) 公司的责任:确保目标是具体的、富有挑战性的、可以实现的,承诺并帮助员工达成目标。

(四)行动规划

1. 目的

帮助员工决定如何才能达成自己的短期与长期的职业生涯目标。

2. 行动计划的方式

主要取决于员工开发的需求以及开发的目标,可采用安排员工参加培训课程和研讨会、获得新的工作经验、获得更多的评价等方式。

3. 员工与公司的责任

(1) 员工的责任:制定达成目标的步骤及时间表。

(2) 公司的责任:确定员工在达成目标时所需要的资源,其中包括课程、工作经验和关系等。

第三章 职业发展通道

第七条 公司鼓励员工专精所长,为不同类型的人员提供平等晋升机会,给予员工充分的职业发展空间。

第八条 根据公司各岗位工作性质的不同,设立三个职系,即管理职系、专业职系和工勤职系,使从事不同岗位工作的员工均有可持续发展的职业生涯路径。

(1) 管理职系:适用于公司正式任命的各职能、技术、营销等管理岗位员工,即副科级以上管理人员。

(2) 专业职系:适用于技术开发、经济(管理)、会计等各类专业人员。

(3) 工勤职系:适用于事务人员以及后勤服务人员。

第九条 每一职系对应一种员工职业发展通道,随着员工技能与绩效的提升,员工可以在各自的通道内有平等的晋升机会。

第十条 员工发展通道转换

(1) 考虑公司需要、员工个人实际情况及职业兴趣,员工在不同通道之间有转换机会,但必须符合各职系相应职务的任职条件,经过有关负责人员讨论通过后,由人力资源部备案并通知本人。

(2) 如果员工的岗位发生变动,其级别根据新岗位确定。

第十一条 确定新入职员工级别

公司新入职员工,由所在部门负责人根据其岗位性质及个人资历(如学历、国家职称、工作年限等)确定待评职称及预定级别,并报人力资源部审核。试用期满后,直接上级根据其绩效表现提出转正定级意见,经讨论决定后,人力资源部将讨论结果通知本人。正式职称等级需在公司年度统一职称评审后评定。

第四章 员工开发措施

第十二条 为了帮助员工为未来工作做好准备,公司采取各种活动对员工进行开发。

第十三条　员工开发主要通过四种方法实现：正规教育、绩效评价、工作实践以及开发性人际关系建立。

（一）正规教育

1. 教育形式

包括专门为公司员工设计的公司外教育计划和公司内教育计划，由咨询公司和大学所提供的短期课程，高级经理人员的工商管理硕士培训计划，以及在校园中以听课的方式进行的大学课程教育计划等。这些计划包括经营界专家的讲座、公司管理游戏与实战模拟、探险式学习以及与顾客见面等。

2. 公司针对不同人员采取不同的教育计划

（1）新进员工：专业开发计划。为特定的职业发展道路做好准备。

（2）管理人员：核心领导能力计划。开发职能性专业技术、促进卓越的管理方式以及提高变革能力。

（3）高潜质的专业人员与高级经营管理人员：高级管理人员开发系列计划。提高战略性思考能力、领导能力、跨职能整合能力、全球竞争能力以及赢得客户满意能力等。

（二）绩效评价

用于搜集员工的行为、沟通方式以及技能等方面的信息，并且提供反馈；确认员工的潜能以及衡量员工的优点与缺点；挖掘有潜力向更高级职位晋升的员工。

1. 绩效评价是衡量员工绩效的过程，也用于员工的开发。评价系统帮助员工理解当前的绩效与目标绩效之间存在的差异、找到造成绩效差异的原因，制订改善绩效的行动计划，对员工提供绩效反馈，管理者对执行行动计划取得的进步进行监督。

2. 由上级、同事、下级、客户或本人对业绩、行为或技能进行评价。从不同的角度来搜集关于员工绩效的信息，员工获得反馈并且根据反馈采取行动，使员工可以将自我评价与他人对自己的评价进行比较，并且使员工与内部和外部之间就其业绩、行为和技能所进行的沟通得以正规化。

（三）工作实践

为了解决在工作中遇到的各种关系、问题、需要、任务及其他情况，在当前工作中取得成功，员工必须学习新的技能，获取新的工作经验。

1. 公司运用工作实践对员工开发的途径有：扩大现有的工作内容、工作轮换、工作调动、晋升、降职以及临时派遣到其他公司中去工作等。

（1）扩大现有工作内容：在员工的现有工作中增加更多的挑战性或更多的责任，即安排执行特别的项目，在一个团队内部变换角色，探索为顾客提供服务的新途径等。

（2）工作轮换：在公司的几种不同职能领域中为员工作出一系列的工作安排，或者在某个单一的职能领域或部门中为员工提供在各种不同工作岗位之间流动的机会。通过工作轮换帮助员工对公司的目标有一个总体性的把握，增强他们对公司中不同职能的理解和认识，形成公司内部的联系网络，提高他们解决问题的能力和决策能力，显示与知识的获得、薪资水平的上升以及晋升机会的增加等之间所存在的关系。

（3）晋升：员工服务一定年限后，经考核成绩优异者，公司提高其职位使其取得较高的待遇地位、权力、声誉，以激励员工。

（4）降职：采取以下两种情况。

① 员工从较高职位向较低职位调整。
② 被调到等级相同但是所承担的责任和所享有的职权都有所降低的另外一个职位上去（平级降职）。

（5）临时派遣到其他公司去工作：促使本公司与合作公司之间能够更好地理解彼此的经营和管理理念，从而改善和提高自身的经营管理方式。具有如下特点。
① 员工能够得到全额的薪资和福利。
② 使员工有机会摆脱日常的工作压力，去获取新的技能、开阔视野。
③ 使员工有更多的机会去实现个人的追求。

2. 为了保证员工能够将工作调动、晋升和降职作为一种开发的机会接受下来，公司将提供以下支持。
（1）为员工提供关于新工作的工作内容、所面临的挑战、潜在收益等方面的信息，以及与新工作相关的其他信息。
（2）为员工提供实地考察新的工作地点的机会，向他们提供相关信息，使他们参与到工作调动的决策中来。
（3）为员工提供明确的绩效目标以及清晰的个人工作绩效反馈。
（4）帮助员工适应新的工作环境。
（5）提供有关如何影响员工的薪资、税收以及其他费用方面的信息。
（6）为员工制订适应性计划。
（7）提供信息说明新的工作经历对员工本人的职业生涯产生的支持作用。

（四）开发性人际关系的建立

为了使员工通过与更富有经验的其他员工之间的互动来开发自身的技能，公司鼓励建立开发性人际关系。

1. 导师指导，即由公司中富有经验的、效率较高的资深员工担任导师。导师负有指导开发经验不足的员工的责任。指导关系是由指导者和被指导者以一种非正式的形式形成的，具有共同的兴趣或价值观。采用导师指导制度应坚持以下原则。
（1）指导者和被指导者都是自愿参与的。指导关系可随时中止而不必担心会受到处罚。
（2）指导者的选择是以过去从事员工开发工作的记录为依据，他们必须愿意成为导师，有证据表明他们能够积极地对被指导者提供指导，还须具有良好的沟通能力和倾听技巧。
（3）指导关系双方应明确所要完成的项目、活动或要达到的目的。
（4）明确指导者和被指导者之间的最低接触水平。
（5）鼓励被指导者与指导者之外的其他人进行接触，在讨论问题的同时分享各自的成功经验。

2. 职业辅导人，为了帮助新员工明确职业发展方向，并在职业发展过程中不断改进、提高，促进公司和个人的发展，同时保证公司对员工职业生涯指导政策得到贯彻和落实，公司实行职业辅导人制度。这是一种正式的开发性人际关系，由各部门负责人担任新员工的职业辅导人，在以下方面给予帮助。
（1）帮助员工根据自己的职业兴趣、资质、技能、个人背景，分析考虑个人发展方向，大致明确职业发展方向。
（2）在每个工作年度结束、考核结果确定后，与被辅导员工就个人工作表现与未来发展谈话，确定下一步目标与方向。

（3）在下一年度职业发展目标与方向制定之后，起到跟进、辅导、评估、协助、协调和修正作用。

第五章 组织管理

第十四条 职业发展管理，是公司和员工个人对职业生涯进行设计、规划、执行、评估和反馈的一个综合性的过程，包括两个方面。

（1）员工的职业发展自我管理，员工是自己的主人，自我管理是职业发展成功的关键。

（2）公司协助员工规划其职业生涯，并为员工提供必要的教育、培训、轮岗等发展的机会，促进员工职业生涯目标的实现。

第十五条 公司应当通过职业生涯规划指导工作，使员工对自己的兴趣、资质和技能有一个充分的了解和现实的把握，从而理性地选择职业方向。帮助员工进行职业生涯规划需要做以下工作。

（1）实行新员工与主管领导谈话制度。新员工进入公司后三个月内，由主管领导负责与新员工谈话，主题是帮助新员工根据自己的情况如职业兴趣、资质、技能、个人背景分析考虑个人发展方向，大致明确职业发展意向。

（2）进行个人特长及技能评估。人力资源部及员工所在部门主管领导指导新员工填写《职业发展规划表》，包括员工知识、技能、资质及职业兴趣情况等内容，以备以后对照检查，不断完善。

（3）新员工对照目前所在通道种类、岗位职责及任职资格要求对照自身，填写《能力开发需求表》。

（4）人力资源部每年对照《能力开发需求表》、《职业发展规划表》检查评估一次，了解本公司在一年中是否为员工提供学习培训、晋升机会，员工个人一年中的考核及晋升情况，并提出员工下阶段的发展建议。情况特殊的应同部门领导讨论。

（5）根据员工个人发展的不同阶段及岗位变更情况选定不同的发展策略，调整能力需求，以适应岗位工作及未来发展的需要。发展策略主要有以下几种。

① 成长策略：在现职中发展，学习更深的专业并承担更多的责任。

② 缩减策略：在现职中减少部分业务与责任。

③ 多样化策略：除现职外兼任其他任务。

④ 整合策略：转移至相关的专业领域并强调与现职相近的业务。

⑤ 转向策略：减少现职业务，逐渐转向其他不同的业务领域。

⑥ 结合性策略：同时适用两个或两个以上的策略。

第十六条 公司帮助员工实现职业规划，并引导员工向与公司需要相符的方向发展。

（1）公司成立员工职业辅导委员会，由各部门主要领导（正副职）组成。

（2）部门主要领导为本部门员工职业发展辅导人，如果员工转换部门或工作岗位，则新部门或新岗位的领导为辅导人。

（3）辅导人要帮助员工根据自己的情况，大致明确职业发展方向。主管领导指导员工填写《职业发展规划表》，包括员工知识、技能、资质及职业兴趣情况等内容，以备日后对照检查，不断完善。

（4）人力资源部负责组织职业辅导委员会运作，每年召开一至两次会议，跟踪督促员工职业辅导工作，同各部门领导交流并提出员工下阶段发展建议。

第十七条 建立完善合理的晋升制度，保证员工在各条通道上公平竞争，顺利发展。

（1）遵循人才成长规律，依据客观公正的考评结果，让最有责任心的能人担任重要的责任。

（2）将晋升作为一种激励手段与员工进行沟通，让他们充分认识到公司对人才的重视并为他们提供的发展道路。

（3）人才晋升方面不拘泥于资历与级别，而是按照公司目标与事业机会的要求，依据制度及甄别程序进行晋升。

（4）保留职务上的公平竞争机制，坚决推行能上能下的职务管理制度。

第十八条 员工技能通过聘任职称衡量。聘任职称参考外部职称、学历与员工绩效表现，将绩效表现好的员工列为破格聘任的对象，将绩效表现不佳的员工列为降级聘任的对象。

第十九条 各类人员按照年度考核结果在本职称等级内资格上升或下降一档。

（1）晋级条件（满足以下条件之一即可）：

① 年度考核结果为"优秀"；

② 连续两年年度考核结果为"良好"。

注：每晋升一次便重新开始计算。

（2）降级条件（满足下列条件之一即可）：

① 年度考核结果为"差"；

② 连续两年年度考核结果为"较差"。

第二十条 建立员工职业发展档案，作为对职业发展的依据。

第二十一条 人力资源部负责组织员工级别升降，并由各部门协助。人力资源部年底将考核结果汇集整理，列出满足晋升条件的员工，报总裁办公会讨论通过后，确定员工职级，并将结果通知到本人，并予以公布。

第二十二条 除管理职系外，其他职系的晋升、降级工作从每年元月份开始执行，管理职系的晋升、降级时间以公司发文时间为准。

第六章 附 则

第二十三条 本管理办法的拟定和修改由公司人力资源部负责，主管人力资源副总审核后，报总裁批准执行。

第二十四条 本管理办法由人力资源部负责解释。

第二十五条 本管理办法自公布之日起开始执行。

资料来源：http://wenku.baidu.com/view/f5661f33eefdc8d376ee324c.html

讨论题：

1. 奥康集团员工职业生涯规划有何特色？

（提示：中小民营企业实施职业生涯规划的特点）

2. 奥康集团员工职业生涯规划的策略是什么？

（提示：中小民营企业实施职业生涯规划的流程和注意事项）

职业生涯规划管理中的热点问题

【本章关键词】
　　工作压力；平衡计划；职业高原；玻璃天花板；继任规划；导师计划

【学习目标】
- 了解工作压力的含义及工作压力的层次结构。
- 了解工作压力的形成机制及其产生的后果。
- 熟悉工作与家庭平衡计划的实施策略。
- 掌握缓解工作压力的措施。
- 掌握实施继任规划时应注意的问题。

"职业高原"期，白领热衷做兼职发展自己

　　"站在讲台上教学生的感觉很好，没想到做兼职才能实现自己的老师梦。"

　　"我也是，现在也在做兼职，帮一家动漫公司设计人物性格。在同一家公司工作6年了，好像太久了，到了'职业高原'期，都没有继续发展的空间，但是要离开又觉得不舍得。"

　　"就是啊。我有个朋友做广告设计的，也想找兼职，发展一下。有兼职可以联系他。"

　　今日，笔者在校友QQ群里看到，几位毕业多年的校友聊起"职业高原"期，都做起兼职发展自己。

　　笔者采访2005年前毕业的校友了解到，工作5年以上，大部分的校友已经荣升白领阶层。而感觉自己到了"职业高原"期的校友多为在一家公司工作超过5年，月薪也在5 000元以上。

　　"我做兼职一是为了房子的贷款，更重要的是在公司已经很少有发展的空间了。我做商务翻译，每天都是商务信函、商品翻译，几年都是这样，3年前升职到现在都没动静。不做些兼职，都不知道怎么突破'职业高原'，所以就找英语培训机构的口语教师兼职，每星期六日一节课，挺好玩的。教师是我儿时的梦想呢。"笔者五邑大学校友温家俊说。

　　"有了不同的身份，不同的工作，感觉就是不一样，好像自己重活了。"做了半年，温家俊感觉自己又有了活力。一节课200元并不是他的兼职目的。

而 2002 年毕业的林卫国除了做策划的正职外也在广州天河一家动漫公司设计动画人物性格。他说："我大学加入动漫社就喜欢画动画，但是功力不足以当正职来养活自己。现在公司策划部副部长也算是顶峰了，也是到了自己的瓶颈。搞动画就不一样，才刚开始起步，还能发展的。"

据《中国青年报》对 3 106（其中 77.7%是职场人士）人进行的一项调查显示，92.6%的人有兼职想法，82.3%的人表示自己周围的兼职现象普遍。除了"赚钱"的原因外，45.1%的人做兼职是为了积累经验发展自己，而在相对不愁吃住的白领阶层，做兼职发展自己的比例更高。

中国人民大学劳动人事学院教授周文霞认为，白领进入"职业高原"期既有个人的原因，也有公司的原因。公司无法满足职员发展的需要，白领只有通过兼职来寻求更大的发展空间。

资料来源：http://www.gd.chinanews.com/2010/2010-07-14/2/50671.shtml

第一节　工作压力

一、工作压力概述

（一）工作压力的含义

工作压力是指在工作情景中，由于与工作相关的因素，个人感到需要未获满足或受到威胁而产生的生理心理反应。工作压力的含义包括三个方面：存在于环境中的压力源、对压力源作出的生理和心理反应的个性差异、形成压力的内在作用机制。而且，工作压力是一个复杂的概念，压力源涉及社会、组织、个人诸因素，不同文化、国家、职业的压力源是不同的。同时，工作压力是压力源与个体特点交互作用的结果。

（二）基本工作压力的层次结构

在工作环境中基本需要存在着相应的表现形式，当基本需要得不到满足或受到威胁时就会产生基本工作压力，它们从低到高分为五个层次：生存的压力、疲劳的压力、人际关系的压力、尊重的压力、自我实现的压力。（胡春光，2005）它们是人在工作中承受的基本压力，许多压力源形成的压力可以看作基本压力的复合压力。

基本压力是分层次的，较低层次的压力容易成为当前的主要压力，当它得到一定程度的缓解后，较高层次的压力会成为主要压力。所谓主要压力是指占主要地位的压力。这样就建立了基本工作压力的层次结构模型（见图 9-1）。

图 9-1　工作压力层次结构模型

在工作中五种基本压力通常同时存在，主要压力的变化一般呈现上述的顺序。例如，如果一个人的生存压力很大，一般会较少考虑自己的工作是否很有意义，能否为社会做出贡献等，即自我实现的压力一般不会成为他的主要压力。但也有例外，有时主要压力的变化也不完全遵循这样的顺序，因为压力毕竟受个性特点影响很大，有的人即使生存压力、疲劳压力还很大，自我实现的压力仍然是他的主要压力。

压力的各个层次之间往往互相叠合，某一层压力逐渐降低，另一层压力随之逐渐上升。另外，主要压力的变化并不总是从低到高的直线过程，而常常是反复的，如本来自我实现的压力是主要压力，但因为某些原因生存受到威胁，生存的压力又成为主要压力。但这并不矛盾，因为较低层次的压力容易成为主要压力。

二、工作压力的来源

要想缓解压力，必须首先找到压力的根源，然后才能对症下药。不同的文化、国家、职业、时期，工作压力的来源有所不同。国内学者胡春光（2005）在借鉴了国内外工作压力来源研究成果的基础上，特别吸收了国内具体行业压力来源的研究成果，经过调查研究，总结出我国目前组织内员工工作压力的来源一般有以下三个方面：社会环境因素、组织因素、个人因素。

（一）社会环境因素

我国正处于变革发展的时代，可以说每天都在发生着变化。从某种意义上来讲，变化是压力的诱因，它迫使你努力去适应"变化"。社会环境因素的变化是员工压力的来源之一，包括经济、文化思想和技术的变化。竞争越来越激烈，经济形势也处于变化之中，人们为自己的经济和生存保障而倍感压力；价值观念不断变化，新思想、新观念不断涌现，如果员工的思想不能与当代社会相适应，会诱发压力感；技术的高速发展是诱发压力的第三种社会因素，技术更新会使员工的技术和经验在很短的时间内变得落后。IT 行业就是这方面的典型例子，员工必须不断学习新的技术，否则就会面临被淘汰的危险。社会环境因素是不可控的，对它们的了解有助于分析员工的压力，但是一般来说，它们是无法改变的，所以压力管理策略不直接涉及这方面的内容。

（二）组织因素

组织内部的因素直接造成员工的压力，所以分析造成压力的组织因素是制定压力管理策略的基础。压力来源中的组织因素主要有以下几个方面。

1. 工作本身的问题

（1）工作条件。在我国，许多组织的工作环境条件较差，其中过多的噪音、极端的温度、光线太暗或太亮、辐射和空气污染、卫生状况不好等因素都会给员工造成压力。工作的危险和风险也会给员工造成压力。各种不同的职业群体处于不同的人身危险中。警察、消防人员、矿工和军人的工作性质，决定了他们不得不面对明显的人身危险和潜在的伤害行为。其他工作也存在一些风险，如工人工作中接触的化学物质、机器等。工作场所存在的一些暴力倾向也对员工的安全造成了威胁。

（2）工作负荷过重。随着国内外市场竞争的不断加剧，许多组织尽量精简人员，加大工作量，以降低成本来提高竞争力，因此工作负荷过重成为许多人普遍面对的问题。员工必须在限定的时间里完成如此多的工作任务，不切实际的时间期限压力导致员工超长时间工作。他们肩负的生产需求和责任不断增加，由其他人或机器控制的工作速率变得更快，工作的难度加大，可利用资源缺乏或分配不均，加上工作需求中的高峰和低谷现象的影响，所有这些都会造成员工工作负荷过重，不得不经常加班工作。

（3）工作缺乏意义、缺乏变化和挑战。如果员工无法感觉到工作的挑战或刺激，或者不相信自己的贡献是有价值的，员工就会体验到冷漠、厌倦、低落的士气，以及自我价值的缺乏，造成很大的压力。在我国，很多组织中的员工为这个问题所困扰。造成这种情况的原因是多方面的，如下所述。

① 工作负荷量不足。长期工作量负荷不足，人们会因为没有事情可做而感到无聊、松懈和懒散，从而造成厌倦。

② 没有发挥能力的机会。组织可能没有为员工提供施展他们技能和能力的机会，处于这种状况中的人不仅会感觉到自己没有成就，没有办法表现自己的才智，而且会感到自己受到冷遇，毫无发展前途。

③ 工作简单。促进工业自动化的新技术也导致了工作的简单化，而重复的、简单的、短期循环的工作容易让人厌倦。此外，被动的、低技能需求的、缺乏多样性的以及低决策参与的工作，也会给人造成压力。

2. 管理方面的问题

我国组织的管理水平虽然在改革开放后有了很大的提高，但是仍然与国外先进水平有着较大的差距，以人为本的思想还没有为管理者所广泛接受。管理方式存在的一些问题，给员工造成了一定的压力。

（1）不好的领导作风。管理者的领导作风对员工心理有显著的影响，如果领导作风不当，会给员工造成压力。我国"官本位"的思想比较严重，有些管理者的人格、性格特征、行为有问题，如每天都发脾气、经常小题大做、不懂得尊重员工、不兑现承诺、独裁等，会导致组织中的人际关系恶化，给员工造成很大的压力。虽然每个管理者的领导风格可以有所不同，但是在强调以人为本和民主平等的当代社会，这种不尊重员工的领导作风会严重影响员工的情绪和积极性，进而影响到组织的业绩。

（2）强化方式不当。有的管理者不注意运用积极强化，而是过多地采用惩罚的方式。惩罚是强化的一种，在管理中有一定的效果，但它也有一些负面的效应：惩罚可以导致一些不想要的情绪反应，如因为多休息一会儿而遭到责备的员工可能会对管理者和组织产生愤怒的反应；惩罚会压制员工的创造力和适应能力，也会使员工采用回避或逃避的方式躲避惩罚；惩罚也会产生对管理的条件性恐惧，也就是说，员工形成了一种对以惩罚为主要强化方式的管理者的普遍恐惧。所以，过多的惩罚会加大员工的压力，影响员工的绩效。

（3）员工感觉不公平。感觉不公平是员工压力的一个重要来源，会引起员工的紧张与焦虑，甚至满腔怨气，并且会使人际关系紧张。感觉不公平来自与别人的比较，也来自员工对决策程序是否公正的感知。

（4）沟通不力。信息沟通是正式组织的三要素之一，也是管理的一项重要职能。组织中没有效率的沟通会造成许多问题，如因为信息不对称而产生误会、造成冲突，这些会给员工带来较大的压力。我国文化中强调含蓄和对领导的服从，这样的思想有时会给沟通带来一定的障碍。

3. 组织方面的问题

（1）组织结构。组织结构所界定的是组织层次分化的水平、组织规章制度的效力、决策在哪里进行等。如果不能正确进行计划，没有分清人际关系，没有授权，直线职权和信息系统混淆不清，只有职权没有职责，违反统一指挥与程序，那么这些因素就会成为影响员工工作绩效的压力源。

（2）组织变革。为了适应竞争要求，组织有时被迫进行重组和并购，这些变化迫使管理者、员工改变以往的工作方式，并不断学习以适应变化。尽管员工具备适应性，但人类能承受的变化还是有极限的。假如企业的技术、策略、组织结构、动作方式、核心价值观等方面的变化长期处于甚至超越这些极限，那么其结果将使员工难以承受。

（3）组织生命周期。任何组织都会经历初创、成长、成熟直至衰退这四个阶段所组成的生命周期。这个过程难免会给员工带来许多问题和压力，尤其在初创和衰退这两个阶段，更是压力重重。初创阶段各方面都缺乏规范，不确定性很强，而衰退阶段一般伴随着生产规模的缩小、员工解聘等危机，充满不安全感和动荡感。

4. 事业方面的压力

个人事业受阻、期待与现实的落差、自己被低估的感觉，以及在实现成就时的挫败感是员工压力的重要来源，这些会导致工作不满、精力枯竭、低下的工作业绩和工作中不满意的人际关系。每个人都对自己在组织中的事业发展有一定的要求，但是由于个人以及组织环境的原因，可能无法实现，此时就会产生压力。另外，个人不切实际的期望也会造成压力。因为组织中的发展机会毕竟是有限的，如果期望过高，与自己的能力不符，失败的可能性就大，容易造成压力。

缺乏工作安全感会造成很大的压力，不安全感和对失去工作的担心对个人和组织都会产生影响。员工为了保住工作，同事之间会展开竞争，这样就会威胁到人际关系，可能破坏能够减轻压力的支持性人际关系。限制性的事业机会将使个人的工作动机衰减、产生挫败感，从而导致消极行为。

5. 人际关系因素

员工之间良好的人际关系被视为个人和组织健康的一个重要因素。良好的人际关系为员工提供了一个很好的工作氛围，也可以帮助员工达到个人的目标，支持性的人际关系对于员工克服压力也是非常重要的。相反，缺乏支持性的人际关系，或者与同事、伙伴和上级的关系非常差，是产生工作压力的根源之一。它会使员工对他人产生低信任和低兴趣感；不能好好考虑对方的意见，对决策达不成一致意见；不能互相支持、配合，加大工作完成的难度；有矛盾时，容易发生冲突、争吵，甚至造成暴力伤害。总之，紧张的人际关系会严重影响工作任务的完成，还会使员工感到烦恼、痛苦、压抑，造成一定的压力。

造成人际关系紧张的因素有多个方面。

（1）某些员工不善于处理人际关系，或难以相处。他们不知道从别人的角度考虑问题，只按照自己的观点和方式来做事；工作中不懂得互相妥协的重要性，固执己见；把别人看成竞争对手，而不是合作的伙伴；对别人吹毛求疵，不能宽容；对同事冷漠疏远，不能真诚相待等。

（2）领导工作方式不当。领导专制独裁，不尊重员工，不能听取员工的意见，经常批评、惩罚员工。

（3）缺乏沟通，互相之间容易产生矛盾。

（4）角色模糊与角色冲突。

（5）组织中的竞争过于激烈。工作职位的安全性受到威胁，有限的发展机会等会引发激烈的竞争。

6. 角色冲突与角色模糊

在工作场景中，角色是指其他人期望一个人完成的一系列工作任务和行为。当一个员工面对与工作任务相反的需求或矛盾的目标时，他会感到困惑，这时就会出现角色冲突。一个人如果必须完成被认为不属于自己工作角色要求与规定的任务，就会导致与角色冲突相联系的压力。比如，要求很高的需求、可能不现实的生产目标、产品质量超过现有标准的需求或者要满足生产需求而又缺乏适当的安全标准等，这些问题都可能引起角色冲突。角色冲突会导致缺勤、不满、血压升高等。麦尔斯（1976）把角色冲突定义为四种类型。

（1）人与角色的冲突。个人可能采取与工作规则中的规定完全不同的方法完成任务。

（2）内部传递的冲突。当实际情况与管理者传递的内容相互矛盾时，这种冲突就可能发生。例如，员工被委派一项工作，但是没有完成这一任务的足够资源。

（3）互相传递的冲突。当员工被要求以某种方式从事某项行为，这种方式可能使某个人对结果感到满意，而另外一个人却不满意时，互相传递的冲突就会发生。

（4）角色负荷过重。当员工被分配的工作量超过他的有效能力时，他就会体验到与角色负荷过重相联系的压力。

角色冲突是工作中一个不容忽视的潜在问题。当工作需要个人与组织外部的人进行接触，或者组织内部的个人职能出现交叉重叠，或者部门权限责任范围分界不清时，角色冲突就会发生。比如，经理既要服从上级的要求，又不得不考虑下属的实际情况，当两者相互矛盾时，角色冲突就形成了。

角色模糊与一个人的工作角色或所需完成的任务缺乏清晰度有关。当员工不能理解或不能认识工作的期待、需求或者角色的范围时，就会出现角色模糊的情况。缺乏培训或缺乏信息也会导致角色模糊。研究表明，工作中的角色模糊容易导致紧张感和疲惫感，使人产生尽快离开工作的想法，产生高度的焦虑、生理和心理的损伤与缺勤的后果。导致角色模糊的情景范围非常宽广。例如，一个人提拔到一个新的职位上，职位身份发生变化，有了一个新的领导，工作结构或制度出现变化，这些都会导致角色模糊。

当员工感觉到工作中缺乏管理人员或督导的支持的，角色冲突和角色模糊的情景就可能加剧，重大的人员裁减会产生同样的影响。当工作与家庭或社会环境之间产生冲突后，员工可能感到无法实现他人对自己工作角色的期待，也会加大角色的压力。

（三）个人因素

除了组织因素的压力来源之外，员工自身存在的一些问题也是压力的直接来源。这些因素主要包括生活因素和个人问题。

1. 生活因素

如果员工生活方面有很多烦恼，就会加大工作压力。因此，个人因素会影响员工的压力水平。这些因素包括以下五个方面。

（1）工作与家庭要求的冲突。家庭通常需要员工付出一定的时间与精力，而这往往与工作相互矛盾，从而造成冲突。

（2）家庭问题。和睦美满的家庭会成为员工的有力后盾。相反，家庭的紧张关系或家庭的困难、不幸会给员工造成很大的压力。

（3）经济问题。经济是员工及其家庭生活的基本保障，若员工经济上存在困难，自然容易忧虑。

（4）生活条件。住房、居住条件、交通堵塞、污染等都会给员工情绪造成影响，加大压力。

（5）健康状况。健康的身体无疑对抵御压力有利，而身体不健康是直接造成压力的来源。

2．个人问题

员工的某些个人问题是造成压力的重要来源。

（1）面对困难缺乏自信。作为一个人工作的一部分，员工经常不得不以某种自己不愿意的方式与他人相处，这种情况可能成为工作生活中的重要压力之一。它意味着员工可能处于一个非常困难的情景之中。比如，不得不传达一个下属不喜欢的决定；不得不为了获得一个有价值的商业机会而与一个发怒的顾客相处；面对不合理的工作需求或期限要求等。如果员工缺乏自信，没有能力处理困难情景，会使他感觉愤怒、焦虑、挫败和压力重重。

（2）不擅长时间管理。有些员工不懂得有效地管理时间，工作没有计划性，做事不分主次，精力分散，不懂得在重要的事情上优先使用时间，也不懂得把有些事情委托给别人。这样就造成他们无法完成别人可以完成的任务，产生了很大的压力。

（3）问题解决能力不强。在组织中，员工总是会遇到许多问题和困难，如果员工解决问题的能力不强，不能有效地解决这些问题，会造成很大的压力。

（4）不善于处理人际关系。员工如果不懂得处理人际关系的原则，不善于处理与领导、同事的关系，会给自己造成压力。

（5）工作与生活方式不科学。有的员工工作与生活方式有问题，比如，为自己安排或接受过多的任务，即使劳累过度也不休息，工作第一、不会享受生活，不懂得及时缓解自己的压力等，这些都会加大压力。

（6）工作经验或工作能力不足。这样会导致在完成工作任务时遇到困难。

（四）压力因素的特征

前面我们详细介绍了压力产生的三大根源。下面我们就来分析一下，这三个方面的压力因素的共同特征。

1．不确定性

压力因素的出现往往是突发的、不以人的主观意愿为转移的。比如，失业、离婚、与老板发生纠纷，这些事件的出现往往会打破原有的生活和工作平衡，造成个人的心理失重，从而产生了压力和焦虑。

2．可相加性

压力是逐步积累和加强的。每一个新的持续性的压力因素都会增强个体的压力水平。单个压力因素本身可能无足轻重，但如果加在已经很高的压力水平上，它就可能成为"压倒骆驼的最后一根稻草"。研究发现，给人造成巨大压力的并不是丧偶、交通意外、传染病流行等大灾难，而是一些看上去很不重要的小压力事件。比如，要不断接听的电话、经常性的被当众批评、重复的简单工作，这些压力虽不是太过强烈，却具有持久性的特点。

3. "多米诺效应"

在工作中,当我们面对压力因素采取消极回避、漠视的态度时,压力不会减少或消失,相反会不断引发更多的压力,就好像"多米诺骨牌"一样,压力因素逐个传递,最终会造成心理和身体的全面崩溃。

三、工作压力的形成机制

(一) 工作压力的内在机制分析

对工作压力内在机制的探讨,有助于我们更好地理解工作压力的含义和实质。工作压力从产生到进一步发展,一般要经过以下几个阶段。

1. 个体与环境的匹配

个体与环境的交互作用是压力和紧张产生的起点,个体作为组织的一员,必然要受到组织环境的影响,并以自身的行为反作用于组织。个体对组织中的压力源感知是有很大差异的。

2. 对威胁的评价

如果个体与组织系统不匹配或冲突,个体将对冲突是否影响自身目标或需要进行评估。如果不构成威胁则不会产生压力;反之,当个体感到环境将威胁到自身的目标时,压力就产生了。这种压力可使人产生一系列的心理和生理的唤起反应。生理方面的反应可表现为交感神经系统活动、血压、呼吸变化等。心理方面的反应有两个方面——威胁和挑战,一方面是对主要目标的威胁,另一方面也有获得更高成就的机遇。个人的素质与个性如自尊心等也会对压力的估计和反应产生影响。特别是有些个性特征趋向于对压力源的威胁予以夸大反应,更有与同伴竞争及冲突的可能,这样使压力反应更频繁和严重。

3. 应付策略的运用

感受到压力的个体应从资源中寻找最有可能减轻压力的策略。如果成功,就在认知水平上增强了将来应付同样问题甚至是不同压力源的信心,使个体和组织的效能得以增强。反之,如果应付行为并未导致威胁和冲突的减轻,压力会继续存在并将导致进一步恶化的后果。

4. 紧张产生

如果应付失败后没有新的有效策略可以使用,那么漫长的压力经历将导致紧张的产生。这种紧张表现为易怒,注意力不集中,疲劳过度,自我评价降低以及其他紧张症状。如果进一步发展将导致失眠、高血压、溃疡、焦虑以及长期缺勤等,使组织和个人的效能削弱。

5. 反馈

压力产生的后果(积极的和消极的)还将反过来作用于组织和个体,增强(减少)个体和组织系统的匹配程度,影响个体对威胁的评价,以及未来压力及紧张产生的可能性。

(二) 个体差异对工作压力的影响

同样的压力源,对于不同个体的影响是不同的。有的员工感到压力大,有的感到压力小,这是因为压力与个体的差异有关。这些个体差异包括认知因素、自我效能、社会支持、控制点、行为模式等。

1. 认知因素

存在于组织中的压力源会使员工感受到压力,但压力源并不是直接作用于员工的,而是通过员工对于压力源的认知发生作用的。从某种角度来讲，是认知导致了员工的压力。同样的压力源，当员工的认知是对压力源的客观反应时，可能不会造成压力，但是，当员工的认知是对压力源歪曲、不合理、不理性、夸大、悲观消极的反应时，就会给员工造成很大的压力。

（1）任意的推断。即在证据缺乏或面对互相矛盾的证据时，武断地作出结论。比如，组织裁员时，毫无根据地推断自己肯定要被裁掉。

（2）选择性知觉。仅仅基于个别细节，而不考虑其他信息，便对某种情景或事件作出结论。比如，某位领导有一次对自己态度不好，便认为领导对自己的印象不好。

（3）过分概括化。在一个或很少几个孤立的事件的基础上，得出一般的规则，并将其用于其他情景之中。比如，工作任务有几次失败，便认为自己没有能力，不适合这个工作。

（4）夸大或缩小。对某些事情过分重视或轻视，与实际情况不符。比如，把工作任务的困难程度大大夸大。

（5）个人化。在缺乏相应联系的情况下，把外部事件的发生全都归因于自己。比如，领导在会议上要求每一个人工作都认真一些、负责一些，就认为领导其实在单独批评自己。

（6）两极性思维。把事情往往看成要么全对，要么全错；要么是祸，要么是福。自己喜欢的工作，觉得好得不得了；不喜欢的工作，觉得差得要命。这样一旦去干不喜欢的工作，必然压力很大。

如果有以上几个方面的思维习惯，即使处于一个对他人来说压力不大的环境之中，也会因为容易形成悲观、消极的认知而造成很大的压力。

2. 自我效能

自我效能是社会认知理论（Social Cognitive Theory）的基本概念，指个体对其组织和实施达成特定目标所需行为过程的能力的信念，即对自己在特定情境中是否有能力操作行为的预期。预期是认知行为的中介，是行为的决定因素。这里的预期又分为结果预期和效能预期。结果预期是对某种行为导致某种结果的个人预测；效能预期是个人对自己能否顺利进行某种行为以产生一定结果的预期。社会认知理论认为，处于当今时代背景和组织环境中的个体将何种因素体验为工作压力，部分依赖个体的自我效能知觉的水平；较低自我效能知觉水平的个体承受沉重的角色责任的压力；较高自我效能知觉水平的个体则由于缺乏充分发挥天分的机会而感到挫折和压迫。

3. 社会支持

当员工存在压力时，来自员工的社交网络，包括员工的家庭、朋友、同事、领导的支持会很好地缓解压力。比如，社会支持对于解决问题和提供情绪上的支持大有裨益（S. E. Taylor, 1995）。相反，缺乏社会支持，不利于压力的应对。

4. 控制点

控制点是指个体认为生活后果是取决于自己还是由环境控制。有些人是内控型的，即他们相信生活中的多数事件是自己努力的结果。而有些人是外控型的，他们相信生活中的多数事件的结果是命运或社会的安排。"内控者"比"外控者"更主动，如果策略有效，控制点为内控更有利于应对压力。

5. 行为模式

有些员工的行为模式表现为言行强而有力、雄心勃勃、有很强的内驱力、工作时间紧迫、喜欢竞争、缺乏耐心、容易发怒和产生敌意。有这种行为的人尽管具有工作第一的态度，得到组织的首肯并有机会得到晋升,但是容易造成紧张和压力,并大大增加心脏病的风险,同时也会给其他员工造成压力。

(三)工作压力作用机制模型

要进行压力管理,必须了解工作压力的来源及后果。工作压力有社会环境、组织、个人三个方面的根源。但是这些根源能否形成压力以及压力的程度大小又与个体的差异有关。比如,悲观消极的认知习惯、低水平的自我效能、缺乏社会支持等因素会加大员工的压力。在组织中,如果压力保持在一个合适的水平上,有利于提高员工的工作绩效;但是,压力过度会使员工在生理、心理以及行为三个方面产生严重的后果。

胡春光(2005)在罗宾斯的压力理论模型的基础上,结合我国工作压力来源的特点以及工作压力的含义建立了工作压力作用机制模型(见图9-2),说明了工作压力的形成及后果。

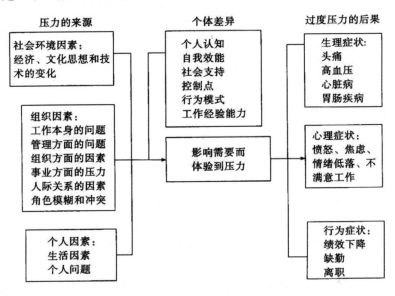

图9-2 工作压力作用机制模型

四、工作压力的影响

工作压力对于个体和组织的影响,既有积极的一面,又有消极的一面。发挥什么样的影响取决于压力的大小以及个人承受压力的能力。对于同一个员工来讲,压力的大小与工作绩效的关系呈现出倒U形的关系,如图9-3所示。在压力水平较低时,随着压力的增加,可以增加工作的动机和挑战性,激发员工潜力,从而使工作绩效不断提高。当达到这个员工承受压力的最佳水平时,工作绩效达到最高。当压力继续增加时,就会造成个体的紧张、焦虑,情绪低落,并使工作绩效不断降低。当压力过大时,会引起严重的身心疾病。

需要注意的是,管理者常常想知道他们自己和下属的最恰当的压力水平在何处,但是很难精确地定位这个信息。图9-3所示的曲线随情景而变化,即曲线随不同的人和不同的任务而不同。在一个特定的任务上,对某个员工太少的刺激,对另外一个人却刚好。类似地,对一个特定个体而言,可能对某任务最恰当的压力水平对另外的任务来说却显得太多或太少。

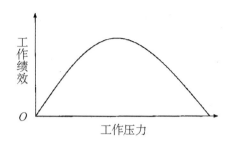

图 9-3　工作压力与工作绩效的关系

（一）适度压力对于工作绩效的积极作用

适度的压力水平可以使员工集中精力，增强肌体活力，提高忍耐力，减少错误的发生。（Hebb，1958）在没有压力的情况下，员工可能缺乏工作的动力，提不起精神来，没有足够的唤醒水平、挑战性或没有尽最大努力去工作，因而工作绩效不高。而适度的压力给人以工作的动力，激发其潜能，因而使工作绩效得以提高。因此，压力是提高员工能动性的有效工具。通过设计具有挑战性的工作目标、激发员工的成就动机等手段，给员工一定的心理压力，可以增加其工作的动力，提高工作绩效。

（二）工作压力的消极作用

一般将工作压力造成的消极影响归纳为生理的、心理的、行为的三种类型。

（1）生理影响，包括血压增高、心率加快、出汗、冷热交替、呼吸困难、肌肉紧张和胃肠病的加重。

（2）心理影响，包括愤怒、焦虑、抑郁、较低的自尊、较差的智力功能（包括不能集中注意力和不能作决定）、紧张、易怒、不满意工作等。

（3）行为影响，包括绩效下降、缺勤、较高的事故率、较高的离职率、酗酒和其他药瘾、沟通困难等。

过度的工作压力严重影响健康。比如，过度的压力会造成冠心病、背疼、头痛、胃病、肠病、上呼吸道感染和各种各样的心理问题。这些疾病给员工个人和组织带来了巨大的负担。压力过大时，甚至引起"过劳死"或心理崩溃。

五、减少工作压力的途径

过多的工作压力会严重地影响员工的身心健康和工作绩效，进而对组织产生不利的影响，所以采取一定的策略来有效地缓解压力，使压力保持在适宜的水平上，对组织来说是很重要的。因此，压力管理是管理的一项重要内容，主要指的是有效地缓解压力的管理策略。

（一）三层面压力管理模型

员工的压力来源包括社会、组织、个人等多个方面，员工的压力既有生理特点又有心理特点，产生压力后如果不能及时缓解会引发更大的压力。总之，工作压力是一个复杂的现象，压力管理是一项系统工程，需要采取综合的、组织性的战略对工作中的压力进行管理。胡春光（2005）在国外有关研究的基础上，结合我国组织的特点，建立并完善了三层面压力管理模型，如图 9-4 所示。

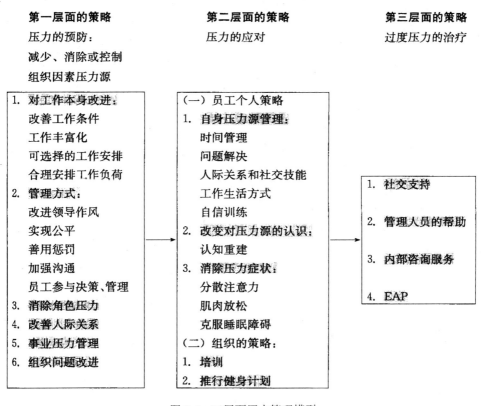

图 9-4 三层面压力管理模型

模型的特点如下。

（1）组织性。压力的应对不是员工个人的事情，组织有责任来帮助员工应对压力，而且组织在压力管理中发挥着很重要的作用。某些压力的根源如工作负荷过重、工作条件不好等只有组织才能消除；组织进行的员工应对压力的培训以及推行的健身计划对于缓解压力有积极的作用；组织实施的内部咨询服务、EAP 计划等对员工消除压力症状很有帮助。

（2）系统性。这个压力管理模型是预防、应对、治疗三个层面相结合的压力管理模型，其中既有对压力根源的消除和控制策略，进行压力的预防，又有一些员工可以学习掌握的压力应对的方法，增加员工应对压力的技能，在压力过大时又提供一些消除压力症状的策略。通过三个层面的策略系统地解决压力问题。

（3）强调预防为主。压力根源的消除、压力症状的及早干预、控制，以及对员工进行培训使其掌握压力应对的方法都是预防思想的体现。与试图治疗由于过度压力产生的问题与伤害相比，预防性策略更有效、更经济。如果等到过度压力造成严重问题之后才去扮演一个救火队员或医生的角色，那么会付出很高的代价。

（二）过度压力的治疗

在组织中，即使实施了压力源的减少、消除与控制等预防措施，员工也掌握了一些压力的自我应对方法，员工仍然可能承受着过度的压力，形成焦虑、抑郁等心理问题，严重影响工作、生活及健康。压力管理的第三层面就是采取综合的、多层次的治疗策略对心理问题进行干预，给那些曾经遭受或正在遭受因压力引起的心理障碍的人提供一个治愈和恢复的过程。在这里应当特别指出的是,这些策略适用于压力不是很大,对工作、健康有较轻影响的员工。因为对于心理问题的治疗而言,总是预防胜过治疗,在问题较轻时及早干预较容易达到好的效果,若一旦形成严重的心理问题,那么治疗的成本是非常高的,而且不易有好的效果,所以及早干预是压力管理第三层面非常重要的原则。

压力管理第三层面的干预应当是多层次的,如图9-5所示。第一层次"社交支持"可以处理较轻微的问题,参与的面最广;其后诸层次可以处理比前一层次较严重的问题,参与者也越来越少。但后面的诸层次也可以处理较轻微的问题,这也是贯彻及早干预的原则。为达到最好的效果,这四个层次的干预最好全部采用,这样可以全面、系统地解决过度压力的治疗问题。

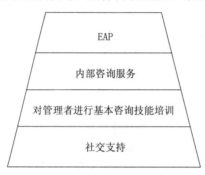

图9-5　过度压力治疗的四个层次

1. 社交支持

社交支持是支持性心理治疗的一种具体运用,它的实施者不是心理医生,而是员工的社交网络,包括员工的家庭、朋友、同事、上司等。支持性心理治疗是一种适用于各种情况、简单易行的心理治疗方法,其目的在于帮助员工渡过当前的难关,而不探讨深层的心理冲突。主要的做法是:以同情的态度耐心地倾听员工的诉说,关怀其情况,然后给予解释、安慰和劝导,并给予鼓励,使其看到自己的未来与希望。在实际生活中,人们已经有意无意地在运用这种方法。它对宣泄消极情绪有很好的作用,同时也能改变员工不合理的认知,进行认知重建,从而能够有效地缓解压力。尤其对较轻微的焦虑、抑郁症状,这一方法可以完全解决。豪斯(1981)发现,与来自一个人的家庭和朋友的支持相比,来自工作同事的社交支持能让他更有效地缓解工作压力的影响。这是因为同事可以更好地了解情况,也可以提出更切实可行的建议,发挥共情的作用。

在组织中,支持性的氛围可以通过下述途径得以改善:第一,在招聘过程中,为了促进建立一个员工渴望的氛围和文化,强调支持性人际关系和人际网络的重要性是必要的;第二,通过举办各种文化体育和其他活动增加员工们沟通的机会,增进友谊;第三,强调沟通的重要性,提倡一种有问题就要沟通的组织氛围,因为及时的沟通会使很多实际问题在萌芽之中就得到解决,而一个具有开放性格、善于沟通思想的人对心理问题会有较好的免疫能力;第四,由于来自上司的社交支持对缓释紧张感和压力是非常重要的,对工作满意度和健康具有很大的影响,因此对管理者进行这方面的培训,使其能够对下属进行很好的心理支持是很有必要的;第五,提供关于工作和家庭生活中社交支持重要性的教育,使员工与他们的配偶或伙伴都能理解社交支持的价值,以及支持缺乏的伤害性后果。

如果建立起良好的支持性氛围,就能够及时缓解员工的压力,而且参与者广泛,可以充分利用已有的资源，成本较低。如果实施得当的话，大多数问题在这一层次就能得到解决。

2．对管理者进行基本咨询技能培训

压力管理对管理者是一个新的课题，很多管理者还没有意识到这是自己职责的一部分。对员工因压力而产生的心理问题进行心理咨询，他们可能认为这是员工自己的事情，或是心理咨询师的事情。但这种认识是错误的，因为管理过程的一个重要组成部分就是力求扫除任何对业绩和生产力存在负面影响的障碍，确保与员工的精诚合作。那些感到焦虑与压抑的员工是痛苦的，当他们工作时，会因此降低工作效率，甚至无法工作。因此，通过帮助他们有效地解决压力问题，管理者就能重新获得一个高效的员工，实现人力资源潜力的最大化。之所以要特别对管理者进行基本咨询技能的培训，除了因为这是职责所在之外，还因为管理者对情况有全面的了解，也有能力消除或控制某些导致员工压力的压力源，而且上司的支持对员工克服压力有着很重要的作用。

很多人认为心理咨询是一个高深莫测的事情，的确，对于严重的心理问题而言，应当由专业的心理咨询师来进行咨询，但是对于不严重的心理问题而言，一般经过管理者基本咨询技能的培训后，就可以初步掌握解决问题的办法。基本咨询技能的内容应当包括一些员工压力应对的技能、认知疗法、行为疗法、支持性疗法、有效的倾听、共情，以及知道什么时候得到专业人士的帮助等。其实，我国传统的思想政治工作，从某种意义上来讲，就是心理咨询中认知疗法的一种应用。认知疗法认为，对于同一事情，不同的人会有不同的情绪和行为的反应，这些不同的反应来自人们对事物的不同的信念、看法、评价和解释，也就是人们对事物的认知。所以改变人的认知就可以改变人的情绪和行为，也可以缓解或消除员工的压力。与思想工作相比，认知疗法可能更加注意从人的心理规律出发来改变员工的认知，而不是硬性地讲大道理。实践证明，认知行为疗法是消除焦虑、压抑的一种有效方法，应当重点加以培训。

经过培训之后，管理者应当做好消除或控制压力源的工作，识别员工承受压力以及焦虑或抑郁的情况，与员工讨论一些切实可行的压力应对方法，并且运用一些心理疗法初步调节员工的情绪。因为管理者可能会及早识别出员工的心理问题，并在形成严重心理问题之前及早干预，所以会有很好的效果。

3．内部咨询服务

内部咨询服务是指在企业内部设立心理咨询师的职位，为员工提供心理咨询服务。因为心理咨询师能提供更专业的服务，所以比管理者能更好地解决来访员工的心理问题。心理咨询能够帮助单个员工处理特殊的人际关系或与工作相关的问题，对某些严重的心理障碍也能采用专业的方法加以解决。研究证明，咨询活动使参与员工的精神健康和自尊心得到了极大的改善。

另外，内部提供的咨询师对本组织已经非常熟悉，他们更容易识别出组织的结构、政策和实践活动中的问题，因此他们除了容易解决员工的压力问题之外，还可以对压力管理提供预防性的方法，即把主要的压力根源报告给管理层，使管理层采取措施消除或控制压力的根源。

4．员工援助计划

员工援助计划（EAP）就是一个组织与 EAP 的提供者签订一项合同，使员工（有的时候还包括他们的直系亲属）获得一个外部的、独立的、保密的建议和短期咨询服务。EAP 克服了内部咨询服务不易保密的缺点，又因为它是由专业性更强的机构来完成的，所以有更大的优势。EAP 是 20 世纪 70 年代后期在美国发展起来的，在我国一些大型跨国企业有所实施，但大部分企业还没有这样的计划。该计划的核心内容是为与工作相关的问题、人际关系困难、疾病担忧、解雇或退休、实质性侮辱或为陷入经济困境的员工个人提供个人心理咨询服务。EAP 发展到现在，其服务内容不断扩大，不仅仅提供心理咨询服务，而且压力管理三个层面的全部内容都可以由专业的机构来完成。其中包括以下五个方面。

（1）进行专业的员工职业心理健康问题评估。由专业人员采用专业的心理健康评估方法评估员工的心理生活质量现状及导致问题产生的原因。

（2）搞好职业心理健康宣传。利用海报、自助卡、健康知识讲座等多种形式树立员工对心理健康的正确认识，鼓励员工在遇到心理困扰问题时积极寻求帮助。

（3）对工作环境的设计与改善。一方面，改善工作硬环境——物理环境；另一方面，通过组织结构变革、领导力培训、团队建设、工作轮换、员工职业生涯规划等手段改善工作的软环境，在企业内部建立支持性的工作环境，丰富员工的工作内容，指明员工的发展方向，消除问题的诱因。

（4）开展员工和管理者培训。通过压力管理、挫折应对、保持积极情绪、咨询式的管理者等一系列培训，帮助员工掌握提高心理素质的基本方法，增强对心理问题的抵抗力。管理者掌握员工心理管理的技术，能在员工出现心理困扰问题时，很快找到适当的解决方法。

（5）组织多种形式的员工心理咨询。对于受心理问题困扰的员工，提供咨询热线、网上咨询、团体辅导、个人面询等丰富的形式，可以充分解决员工的心理困扰问题。

如今，EAP 已经发展成一种综合性的服务，其内容包括压力管理、职业心理健康、裁员心理危机、灾难性事件、职业生涯发展、健康生活方式、法律纠纷、理财问题、饮食习惯、减肥等各个方面，全面帮助员工解决个人问题。解决这些问题的核心目的在于使员工从纷繁复杂的个人问题中得到解脱，管理和减轻员工的压力，维护其心理健康。

据统计，目前在美国有 1/4 以上的企业员工常年享受着 EAP 服务，员工超过 500 人的企业目前大多数已有 EAP，员工人数在 100~490 人的企业 70%以上也有 EAP，并且这个数字正在不断增加。通过改善员工的职业心理健康状况，EAP 能给企业带来巨大的经济效益。美国的一项研究表明，企业为 EAP 投入 1 美元，可以为企业节省运营成本 5~16 美元。

第二节　工作与家庭平衡计划

在人的生命历程中，具有决定作用的是职业生涯周期，它是人永续发展的关键条件。但除此之外，仍然存在着生理与家庭生命周期。它们与职业生涯平行运行，相互作用和影响。可以说，个人职业生涯的每一阶段都与家庭因素息息相关，或平衡或冲突。职业生涯和家庭之间的平衡，对于员工特别是女性员工尤为重要。家庭对员工本人有重大的意义，也会给职业生活带来许多影响。有研究表明，婚姻和父母身份施加于个人的压力远远超出一项工作或职业带来的压力，工作与家庭间的潜在冲突对职业生活的影响甚至超过个人发展目标对职业的影响，家庭成员的意见对员工的职业选择和工作成效也有重大影响。尽管个人在社会生活中有多种选择甚至逆向选择的可能，但作为子女、父母的角色是不可逆的。我们能放弃一项职业，却不能放弃这些角色，相反，我们要设法完成这些角色。可见，工作家庭生活之间的影响是深刻而全面的，工作—家庭冲突及平衡问题应该而且正在成为人力资源管理与职业生涯管理的一项重要内容。

一、工作与家庭的关系

工作和家庭是人类生活的两个重要领域,两者关系紧密,因而一直以来不同的理论学者对工作和家庭之间的关系给予了关注。从个体水平上来说,工作和家庭之间的连接机制主要有四种:分离、溢出、补偿和工作家庭冲突。

(一) 分离 (segmentation)

分离指把工作和家庭看作分开的,是不会相互影响的两个领域。早期的学者把工作和家庭之间的关系看作在时间、空间及功能上自然分割的两个领域,两者不会产生相互影响。这种观点很快受到研究者的质疑。研究证明,工作和家庭是人类生活紧密相连的两个领域。因此,现在的观点是把分离看作人们维持工作和家庭之间的边界的一个积极的过程,即人们会主动抑制与一个领域有关的想法、行为和情感进入另一个领域。这种对工作和家庭的主动分离有助于个体应对来自任何一个领域的压力。(Lambert,1990)

(二) 溢出 (spillover)

溢出指工作和家庭的结果互相影响,导致两个领域的相似性。这些相似特征通常包括工作和家庭情绪(即情绪状态和满意感)、价值观(即工作追求和家庭追求的重要程度)、技能和外在行为。溢出包含积极和消极两个方面。积极的溢出指一个领域的积极情感、技能、行为促进了个体在另一个领域的发展;而消极的溢出指个体在一个领域中产生的情绪、技能、行为等阻碍了个体在另一个领域的发展。溢出的观点说明了工作和家庭之间是相互影响的,并且这种影响有积极的,也有消极的。

(三) 补偿 (compensation)

补偿是指个体通过在一个领域寻求满足而弥补在另一个领域中的不满。在工作—家庭研究中,补偿有两种形式:一种是减少对不满意领域的投入,而增加对可能满意领域的投入,即把原来放在不满意领域的重要性、时间和注意重新分配给可能让个体满意的领域;另一种是通过在另一个领域追求回报来满足原本不满意的领域。

(四) 工作家庭冲突 (work-family conflict)

工作家庭冲突是一种角色间的冲突。在这种冲突中,工作的角色要求和家庭的角色要求不能相互兼容,以至于对一个领域需求的满足造成了满足另一个领域需求的困难。

目前,越来越多的学者采用边界理论的观点探讨工作和家庭之间的关系,其中尤以 Clark (2000) 的工作家庭边界理论最为流行。Clark 的工作家庭边界理论把工作与家庭之间的冲突解释为一种边界冲突。该理论主张,人们是边界跨越者,每天跨越于工作和家庭之间,工作边界与家庭边界的渗透性和弹性导致了工作和家庭之间的冲突或平衡。这个模型开启了分析边界的本质、边界的管理或迁移等新思路,肯定了人的因素在工作家庭冲突中的作用。研究发现,工作家庭冲突不仅是工作家庭边界本身的原因造成的,还受到个体边界偏好的影响。工作家庭边界特征与个体边界偏好之间的匹配能够更好地解释工作家庭之间的关系。

二、工作家庭冲突

（一）工作家庭冲突的界定

在工作与家庭中，个体扮演着不同的角色，承担着不同的责任，拥有不同的行为方式，工作和家庭都要求个体在时间、情感和行为上有一定投入。当两个领域对个体的要求发生冲突，并且这种冲突明显地影响了个体的工作和生活质量时，工作家庭冲突就产生了。Robbins（1993）将角色冲突定义为：个体在面对分歧的角色期望时所产生的不平衡状态。个体如果顺从某个角色的要求，就很难顺从另一角色的要求，当无法同时满足各种角色的要求时，角色的冲突就出现了。

工作家庭冲突一般被认为是无法同时兼顾工作角色与家庭角色，无法满足两种角色要求时所形成的角色冲突。角色要求可能产生于工作角色发送者和家庭角色发送者的期望，也可能来自个体有关自己工作和家庭行为的价值观（Kahn & Quinn，1970）。

（二）工作家庭冲突的作用形式和方向

根据引起冲突的原因，工作家庭冲突包含三种形式，即基于时间的工作家庭冲突、基于压力的工作家庭冲突和基于行为的工作家庭冲突。由于把时间都投入工作领域（或家庭领域），而没时间参与家庭领域（或工作领域）的活动而产生的工作家庭冲突就是基于时间的工作家庭冲突。比如，晚上因要出席项目团队的重要会议，不能出席家庭成员的生日宴会而产生的冲突就是基于时间的工作家庭冲突。因承担工作领域（或家庭领域）的角色而产生的紧张、焦虑、疲劳、郁闷、易怒、冷漠等精神状态，使得个体难以顺利地履行家庭角色（或工作角色）的职责，因此而产生的工作家庭冲突就是基于压力的工作家庭冲突。由于工作角色（或家庭角色）要求的行为与家庭角色（或工作角色）要求的行为不一致，所以在工作领域（或家庭领域）有效的行为在家庭领域（或工作领域）就可能失效，因此而产生的工作家庭冲突就是基于行为的工作家庭冲突，如工作要求比较客观、情绪化程度较低的行为，而家庭则要求温柔、情感反应丰富的行为。

从方向上，工作家庭冲突又分为工作—家庭冲突和家庭—工作冲突，两者是工作家庭冲突方向不同却又相互联系的两个方面。工作对家庭的冲突可表示为工作—家庭冲突，是指由于工作的原因妨碍了个体完成家庭角色。比如，工作要求长期出差，导致个体不能履行家庭责任和义务。家庭对工作的冲突可表示为家庭—工作冲突，是指由于家庭角色的需要干扰了个体完成工作角色。比如，由于照顾父母、子女的需要，个体不能承担出差的任务。

工作家庭冲突包括三种形式、两个方向，这三种形式实际上都是客观存在的冲突，是由现实中存在的客观因素所造成的冲突。但是，由于工作家庭冲突是个体的一种认知，存在影响工作家庭冲突的客观因素，并不一定就会使个体产生冲突的知觉，个体的工作家庭冲突知觉还受到社会背景、个人价值观等因素的影响。

比如，如果女性个体认为，女性应该多承担一些家务，那么承担超额家庭责任就不会使她产生家庭影响工作的知觉；如果男性个体认为与配偶是平等的，应该多分担一些家务，那么也不会因为多做家务而产生家庭影响工作的知觉（Sue Campbell Clark，2001）。同样，如果个体所在的社会比较认同女性参加工作，那么男性就不会因配偶工作而产生冲突的知觉；如果社会认同男性应专心于事业，赞成他们为工作而牺牲家庭，那么男性就会得到配偶更多的支持，也就会较少地体验到工作家庭冲突。因此，工作家庭冲突还应该包含主观—客观维度，与工作—家庭冲突的两个方向综合形成四个因素，即工作对家庭的主观和客观影响，以及家庭对工作的主观和客观影响。

（三）工作家庭冲突表现的不同层面

工作家庭冲突对个人、家庭、组织和社会而言，都有其不同的影响方式和表现形式。这里，我们选择表现较为突出的个人层面和值得管理者关注的组织层面分别加以阐述。

1. 工作家庭冲突表现在个人层面

毫无疑问，受工作家庭冲突影响最大的就是员工本人。诸多研究表明，工作家庭冲突在员工中是广泛存在且影响深刻的。它主要表现在以下几个方面。

（1）角色的紧迫感。角色的紧迫感指的是一个人经历的工作（家庭）问题影响到了其家庭（工作）生活所产生的心理紧迫感。这一现象被称做"反向溢出"。比如，一名正在为生病的家人担忧的员工可能在工作中表现得心烦意乱、情绪失常。紧迫感可能产生紧张、焦虑、疲倦等征兆，从而影响到另一领域内义务的履行。角色紧迫感的频繁发生反映了在缺乏社会和组织支持的情况下，工作和家庭的不同需求发生冲突的可能性是极高的。

（2）角色的超负荷。工作和家庭角色难以协调是因为一个人拥有的时间和精力是有限的。角色的超负荷正是在这种前提下发生的。尤其是对职业女性，这一影响更加明显。Catherine Ross 经过调查指出，职业女性感受到的紧张与失意和她们的角色超负荷有关。

（3）角色的阶段性冲突。工作—家庭关系处在不断的发展变化中。在家庭系统中，一个成年人可能经历不同的发展阶段，如单身、结婚、生子，每个阶段都对应着不同的家庭责任。另一方面，他还同时经历着不同的职业生涯发展阶段，当两个领域的发展不同步时，就会发生角色的阶段性冲突。比如，一个 50 多岁的父亲在达到自己的事业目标之后，想投入更多的精力在家庭生活方面。这时他却发现自己的子女更愿意跟他们的同伴在一起，而他的妻子也正醉心于自己的事业。

（4）角色期望和标准的冲突。那些与角色标准相关的冲突通常源自价值观的差异。这些冲突可能是内部的，因为一个人可能对其承担的相互冲突的角色持有不同的价值标准。这些冲突也可能是外部的，发生在人与人的价值观产生冲突时。比如，当一个母亲匆匆结束手头的工作赶到幼儿园接孩子时，她可能感受到幼儿园老师的强烈不满。在这位老师的眼中，这位母亲的迟到是不负责任的表现。

除了以上四个方面，工作家庭冲突在个人层面的表现还包括社会关系网的冲突、不断提高的期望导致的冲突，以及婚前阶段和退休后不同形式的冲突等。

2. 工作家庭冲突表现在组织层面

（1）组织的角色变化。毋庸置疑，营利性组织的目标是利润最大化。可是现在的组织同时也担负着教育的责任。当新入职的员工还不具备足够的学习能力时，组织与其等待社会教育机制的完善，还不如自己承担起部分教育、培训的功能。当然，培训对象不仅限于新员工。在当今竞争异常激烈的市场环境下，组织的培训与人员开发早已被提到了战略的高度。因此，组织为员工提供工作家庭关系方面的培训成为可能。

意识到员工的工作家庭冲突对其工作可能造成的影响，组织开始重新审视自己的角色。大部分员工很难将自己的家庭事务完全排除在工作范围之外。他们开始到组织中寻求帮助，如一些服务或福利。与社会支持不同，组织的支持计划可能对组织的士气和凝聚力有积极的影响，从而对组织的生产率做出积极的贡献。

（2）性别冲突。组织必须面对的另一个变化是杰出的职业女性不断增多。因而，工作中的性别冲突变得更加尖锐，如性别歧视、女性的职业生涯管理、男女同工同酬等。尽管现在大多数组织在这方面作出了积极的改进，如雇用更多的女性，但工作中的性别冲突仍然困扰着组织的管理者。一项对 250 个公司的 CEO 的调查发现，工作家庭冲突是有碍于女性经理职业生涯发展的最主要的三个因素之一。工作家庭冲突及其性别差异如果得不到重视，会对组织的士气和生产率产生消极的影响。

（3）管理者的两难境地。对于管理者，尤其是直线经理而言，他们时刻面对着员工的工作家庭冲突带来的压力。在缺乏明确的组织政策的情况下，他们不得不独自解决这一管理难题。当员工就工作家庭平衡问题寻求他们的支持时，直线经理该持何种态度呢？是坚持工作与家庭互相独立的原则，还是遵循人情世故呢？现在的事实是，直线经理常常因此陷入两难境地，他们可以依据的组织政策和支持少之又少。

（四）工作家庭冲突的影响

1. 工作家庭冲突对员工个人的影响

工作家庭冲突可能对员工的健康状况造成负面影响。有研究表明，工作家庭冲突会导致员工的情绪低落、易消沉，还会降低员工的生活满意度。家庭工作冲突还会逐渐影响到员工的生理健康。另外，工作家庭冲突可能影响到员工的幸福感、生活满意度和家庭归属感等方面。其中生活满意度表征一个人追求爱和自我实现的能力（假设基本的生存需要已经被满足）。尽管不同的人可能拥有不同的经济、社会和文化背景，但他们同样追求理想的生活满意度。现在，是否拥有一份好的工作已成为越来越多的人尤其是女性生活满意度的表征之一。

对组织雇佣者而言，工作家庭冲突还与事业满意度负相关。较多的工作时间投入与家庭满意度负相关，而工作满意度与缺勤率和流动率之间存在着一种稳定的负相关关系。

当传统的角色界限被打破以后，每个人都会追求平衡的生活状态。因此，工作家庭冲突将影响生活满意度的每一个层面和员工实现理想工作与家庭生活的程度。压力是冲突导致的最重要的消极结果。大量研究表明，工作家庭冲突与员工感知到的压力正相关。

2. 工作家庭冲突对组织的影响

频繁的工作家庭冲突可能导致员工较低的工作满意度、低效率和较高的缺勤率。具体来说，工作家庭冲突对组织的影响可能包括以下三个方面。

（1）时间的分配。由于工作和家庭生活节奏不一致，员工的时间和精力显得十分有限。研究表明，时间不足是导致工作家庭冲突的主要原因。时间分配的难题在组织中广泛存在，工作时间不固定的员工和组织更是被这一问题深深困扰。现在通行的解决办法也只是支付加班工资或补贴。

（2）生产率的下降。员工的工作家庭冲突可能导致组织生产率的下降。当员工可以利用的家庭或社会资源有限时，他们有时不得不支配一些工作时间用于处理家庭事务。Emlen 和 Koren 发现在他们的样本中，俄勒冈州 8 000 位雇员中拥有 18 岁以下子女的员工比没有子女的员工缺勤率更高。Carl J. Erdwins（1997）在研究中指出，职业妇女常常在工作时间内为孩子的照管问题而担忧。这种担忧可能对其生理健康和工作效率产生不利的影响。

（3）员工的士气。员工感受的工作家庭冲突的程度和组织提供的支持对员工的士气可能产生重要的影响。员工就工作家庭冲突谋求组织帮助时，往往会把组织的反应和对策与其他组织相比较。员工的工作家庭冲突之所以能导致士气下降，原因在于员工对组织期望很大。一旦员工对组织失去信心，他们的工作满意度将大幅下降。因此，组织应采取代价不大、但能有效改善员工关系的举措，提高员工的信心，与员工达成新的、积极的心理契约，最终达到提高员工士气的目的。如果一味地忽视员工的工作家庭冲突的存在，员工士气乃至生产率下降的风险将会加大。

三、工作家庭冲突研究模型

（一）Kopelman 的角色间冲突模型

Kopelman（1983）等人提出一个以角色间冲突为中心的模型（见图 9-6），认为工作冲突与家庭冲突影响了角色间冲突，而角色间冲突继而影响了后续的工作满意感、家庭满意感，工作满意感和家庭满意感最终影响了生活满意感。

图 9-6 中的工作冲突是指工作领域不相容的角色压力，不相容的产生源自更多的角色发送者，或是个体与角色需求的不一致。而家庭冲突是指家庭领域不相容的角色压力。角色间冲突是个体因为一个角色压力与另一个角色压力不相容所造成的。Kopelman 着重探讨了几个引起角色冲突的相关因素：日常事务、性别角色、家庭场所、配偶工作、年龄和工作任期等。

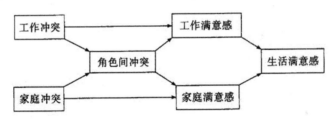

图 9-6　Kopelman（1983）的角色间冲突模型

（二）Higgins 和 Duxbury（1991）的工作家庭冲突性别差异模型

1991 年，Higgins 和 Duxbury 针对 Kopelman（1983）模型的不足之处，以性别角色差异为主题，以双薪家庭为研究对象，探讨了工作家庭冲突的前因变量和结果变量，提出了一个更为完整的工作家庭模型（见图 9-7）。

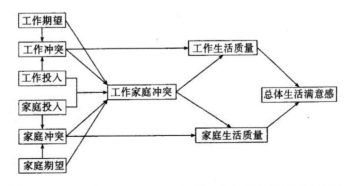

图 9-7　Higgins 和 Duxbury（1991）的工作家庭冲突性别差异模型

在前因变量方面，Higgins 等为了提高工作、家庭冲突对角色间冲突变异的解释能力，加入角色投入与角色期望两个变量，并试图在每一个路径中考察性别差异的影响。

Higgins 的研究发现：在工作投入与工作冲突的关系中，男性的冲突比女性高；在家庭投入与家庭冲突的关系中，女性的冲突比男性高；在工作投入与工作家庭冲突的关系上，女性的冲突比男性高；在家庭投入与工作家庭冲突的关系上，男性的冲突比女性高。

Higgins 认为，传统上，男人的自尊和身份是和工作角色的表现相联系的，而女性的角色评价则来自其家庭角色（为人妻，为人母）的表现如何。因此，为了符合社会的期望，男性会有较高的工作冲突，女性会有较高的家庭冲突。工作对男性来说符合传统社会的期望，对女性来说却是属于非传统的角色。因此，如果女性的工作投入较高，处于传统家庭角色中的她将会出现焦虑和罪恶感，因而增加了工作家庭冲突；而对男性来说，工作是第一位的事情，有高水平的家庭投入是和社会组织的规范不一致的，因此将会导致男性的工作家庭冲突增加。

（三）Frone 和 Cooper 的工作家庭冲突双向模型

Frone 和 Cooper（1992）延伸了先前的研究，认为先前的研究多偏重工作对家庭的干扰，较少涉及家庭对工作的干扰。他们把工作家庭冲突细分为工作—家庭冲突、家庭—工作冲突，提出了工作家庭冲突的双向模型（见图 9-8）。

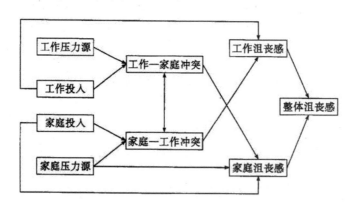

图 9-8　Frone 和 Cooper（1992）的工作家庭冲突双向模型

在这个模型中，Frone 和 Cooper（1992）将工作家庭冲突细分为工作对家庭的冲突和家庭对工作的冲突。他们的研究发现，两种冲突形式间呈正相关关系，且工作压力源、工作投入、家庭投入以及家庭压力源都对工作—家庭冲突与家庭—工作冲突有显著影响。Frone 和 Cooper 区分工作—家庭冲突和家庭—工作冲突的做法对于理解工作家庭关系具有重要的意义，因而后续大多数研究都以这个模型为研究基础和蓝本。

（四）工作家庭边界理论

以往的研究多从角色间冲突的角度出发，把工作与家庭之间的冲突看作工作角色和家庭角色不兼容而导致的角色间冲突，如 Kopelman（1983）的角色间冲突模型。关于工作家庭冲突的研究也以角色间冲突为理论依据，如 Higgins & Duxbury（1991）对工作家庭冲突性别差异的研究就是以不同角色的角色期望为理论依据，把工作家庭冲突性别上的差异解释为由不同个体在工作角色和家庭角色上的差异引起的。随着社会的不断进步，越来越多的女性踏入职场，社会对男女两性的角色期望也已发生了改变。人们不再把女性看作只以家庭为重的传统妇女，把男性看作只以事业为重的主体,工作和家庭对男性与女性来说具有同样重要的地位。因而单纯地从性别的角度考虑造成工作家庭冲突的原因,显然已不再适合当今社会条件下的工作家庭关系研究。此外,这些理论缺乏对人的因素的考虑,把个体看作环境的被动接受者,忽略了个体对环境的能动改造。

近来,越来越多的研究者从边界的角度考察工作与家庭的相互影响,把工作和家庭之间的冲突看作工作与家庭边界之间的冲突,其中最有影响的是 Clark(2000)提出的工作—家庭边界理论。工作—家庭边界理论首次把个体与环境交互作用的观点引入工作家庭关系研究中,为工作家庭研究开辟了一条崭新的思路。工作—家庭边界理论把工作家庭冲突解释为工作边界与家庭边界冲突,把个体对边界的影响作用纳入工作家庭关系的研究中。他认为,人们是边界跨越者,人们建立、保持、管理和跨越边界的能力决定了工作和家庭之间的关系,工作家庭边界的弹性和渗透性导致了工作与家庭之间的冲突和平衡。

四、工作—家庭平衡计划

(一)工作与家庭平衡问题

工作家庭平衡问题是一个普遍存在的社会学和心理学现象。早在 20 世纪 60 年代,该问题已引起了西方国家学术界的广泛关注和深入研究。随着我国社会老龄人口的增长和双职工家庭的不断增加以及人们生活水平的不断改善,越来越多的人的生活和职业价值观开始发生变化。有研究证实,工作压力、家庭压力和工作家庭冲突同样影响着我国组织中的职业人群。研究(Harvey Mackay,1998)表明,拥有坚固家庭关系的人们,比那些没有这种家庭支持的人赚钱更多,生活更幸福、健康。因此,工作家庭平衡问题不再是留在家中的困惑,它已经引起社会、组织及个人越来越多的关注和思考,成为一项有趣而深刻的课题。

工作对家庭生活的影响是深刻而全面的,主要表现在以下四个方面。

(1)职业的性质与家庭的功能密切相关。有些职业允许家庭同职业同步发展,如种植、手工业等;而许多职业,家庭对工作的参与很少,如实验室工作、管理工作等。采矿、远洋作业等工作则无法和家庭兼顾,家庭只能作为休养、恢复体力的场所。

(2)工作的地理位置、行程以及工作时间配置,对夫妻何时相聚、如何参与孩子抚养或由此带来的迁居等问题有明显影响,是导致工作—家庭冲突的重要原因。

(3)职业声望、职业地位和收入的数量与种类等对家庭生活会形成直接的影响。

(4)工作环境如工作压力、工作满意度和工种的感情气氛等会直接影响家庭生活。同时,家庭生活对职业发展也有着重要影响。婚姻和父母身份施加于个人的压力远远超出一项工作或职业的压力。工作与家庭间的潜在冲突对职业生活的影响甚至超过个人发展目标对职业的影响。

在知识经济时代,企业的管理者面对的是知识水平不断提高、职业需求更加个性化的员工。他们追求自我的不断提升,包括职位、技能、生活品质等很多方面。他们期望和组织达成一种新型的心理契约,能够通过绩效的改善赢得组织更多、更全面的支持。这其中也包括对工作和生活进行协调。由此看来,员工的工作家庭平衡问题正开始走入组织管理者的视野,成为人力资源管理的一项新任务。

(二) 工作与家庭平衡的含义

工作—家庭边界理论（Sue Campbell Clark，2000）指出，人们每天在工作和家庭的边界中徘徊。由于工作和家庭不同的目的与文化，工作和家庭在不同语言的国家表现为不同的行为，有不同的完成任务的方法。对于一些个体，工作和家庭间的对比很大，人们每天在这两个领域中穿行，调整目标和个人内心风格以适应两个范围的独特需要，这些需要可能是支撑某个领域的责任和义务，也可能是必需的行为方式。当有限的资源难以同时满足工作和家庭领域的需要时，冲突就发生了。冲突可能对个人和组织乃至整个社会产生不容忽视的消极影响。因此，个体和组织努力创造出平衡，也就是在一定程度上实现工作和家庭功能的良性运转，调整两个领域间的边界，增强个人调配资源的主动性。

工作—家庭平衡问题是工作与家庭相互作用的结果，是两者之间矛盾和共生的综合体现。工作—家庭边界理论构建了工作家庭关系的理论框架，其理论核心是"工作"和"家庭"组成各自的领域或范围来彼此影响。在个体资源（时间、精力等）有限的前提下，工作和家庭两个领域的边界时常发生渗透和混合的现象，两个领域的角色冲突在所难免。员工的工作家庭关系受到内部和外部因素的共同影响，在这些因素的综合作用下，工作家庭关系不断发生变化。变化突出表现在个人、家庭、职业和社会四个层面。变化导致冲突频繁地发生，员工个人、家庭、组织和社会都不得不为此付出代价。

因此，工作—家庭平衡往往被描述成工作和非工作需要没有发生难以接受的冲突的状况。本书采用刘晶（2003）对工作—家庭平衡的定义，即指工作和家庭功能同时协调运行的状态，是员工所感知到的工作—家庭冲突可以被接受和不断减弱的状态。

(三) 工作—家庭平衡计划的含义

工作家庭冲突对个人、家庭、组织和社会而言，有其不同的影响方式和表现形式。其中，受冲突影响最大的是员工本人。对于组织而言，一方面，员工在职业发展中遭遇的工作家庭冲突可能导致员工士气和生产率的下降，从而影响到职业生涯管理的有效性；另一方面，当工作家庭发生冲突时，员工在个人资源有限的条件下，不可避免地会将冲突带到组织之中，寻求组织支持。这就为管理者提出了一个新的挑战：客观地认知工作家庭冲突可能给组织和个人造成的影响，在此基础上尝试设计并推行一种工作—家庭平衡计划，从而为提高组织竞争能力，更有效地达成组织职业生涯管理的目标，留住关键员工摸索出一条新的管理思路。

在国内的研究中，张再生在他的《职业生涯管理》一书中首次提出并将工作—家庭平衡计划定义为"组织帮助员工认识和正确看待家庭同工作间的关系，调和职业与家庭之间的矛盾，缓解由于工作家庭关系失衡给员工造成的压力的计划"。本书采用刘晶（2003）对工作—家庭平衡计划的定义，即组织职业生涯管理中针对员工各个职业生涯发展阶段面临的工作家庭平衡问题，专门设计的以帮助员工能动地寻找工作家庭平衡模式（点）、提高其自我调控能力为目标的组织支持计划。

因此，工作—家庭平衡计划的内涵包括以下几点。

（1）工作—家庭平衡计划作用的途径是设计并实施组织支持策略，其关键在于通过交流增加组织对员工的工作—家庭范围的理解，从而调节工作或家庭范围和边界以增加工作—家庭平衡。

（2）工作—家庭平衡计划的目标在于帮助员工树立对待工作家庭关系的正确态度，提高调节工作家庭冲突的技巧。

（3）工作—家庭平衡计划是组织职业生涯管理的技术之一。重点在于提高员工对于两个范围的影响和控制能力，使员工真正成为工作与家庭两个领域的中心参与者，减少工作家庭冲突可能发生的几率。

五、工作—家庭平衡计划的策略

工作—家庭平衡计划包括一般性的工作—家庭平衡策略和职业生涯发展不同阶段的工作—家庭平衡策略两个方面。一般性的工作—家庭平衡策略又分为正式和非正式的组织支持策略。其中，正式的组织支持策略包括组织的价值观、建立支持网、支持性的薪酬体系、弹性工作制度等。非正式的组织支持策略则包括领导人风格、对非正式群体加以引导等。

（一）一般性的工作—家庭平衡策略

1. 正式的组织支持策略

（1）组织的价值观。一个组织的价值观是指对某些要素有着根本的、比较固定的看法，是组织依据的信念、原则或哲学。它们提出了组织判断事物的明确标准。许多组织的价值观包括了它们对人才的看法，如 IBM 的"尊重人才"，Nokia 的"科技以人为本"等。一个内容和意图都清晰明了的价值观能令员工兴奋，激发出热情，给组织注入活力。一方面，组织力图使员工认同它的价值观，从而引导和塑造员工的态度与行为，为创建高绩效工作系统创造条件；另一方面，员工也只有真正认同了组织的价值观，才可能激发献身精神，为自己的职业生涯固定坐标。

因此，组织需要明确自己的价值观并将之准确地提炼出来传递给全体员工。这应该作为组织支持计划的起点，同时也是关键性的一步。首先，为了赢得员工的信任，营造实施职业生涯管理的积极环境，组织应将健康的身心、较好的调控工作家庭冲突的能力纳入组织的人才观，综合确立符合组织使命及愿景的价值观念，确保组织的管理理念和机制以此为设计原则。其次，组织应通过组织形象设计将价值观转化为易于员工识别的口号、标志，并使用特定的事件或行为予以强化。最后，组织必须通畅其信息沟通渠道。通过新员工的组织化、定期的内部交流来传递这种价值观，并组织专题培训来引导员工的行为方式，塑造组织倡导的工作—家庭价值观念。

（2）建立支持网。利克特指出交流沟通是一个组织顺利运转的基本条件之一，也是管理的一个重要课题。信息不对称势必造成沟通上的困难，导致管理双方的误解和歧义。因此，现代的组织越来越多地向扁平化发展，信息可以在组织中自由地流动，组织的管理者与员工之间更易建立起相互尊重和信任。

根据工作—家庭边界理论，建立支持网有利于在边界跨越者和边界维持者之间建立起经常性的支持性沟通。雷诺德提到的支持网（Support Network）是指由两个或两个以上的受培训者组成的，愿意面对面讨论所学技能，用以增强培训成果转化的系统。这里，我们将支持网的概念加以延伸，是指组织利用 Internet（企业内部网）或其他工具在其内部创建的一种信息共享机制。人力资源管理部门、直线经理、员工等可通过支持网实现信息的及时沟通，这是组织支持计划的基本策略，是实施计划中其他举措的基本保障。

支持网的应用包括以下几个方面。

① 支持网是组织价值观和组织文化的载体。支持网应该提供给员工大量的数字和文字信息，用以帮助员工内化组织的价值观和文化。

② 支持网是组织设计实施工作—家庭平衡计划的工具。计划的政策和理念可通过支持网传递给员工，人力资源管理部门、直线经理和员工三方利用支持网共同参与设计计划的具体策略，计划的实施、控制和改进也可辅以支持网实现，即时跟踪和调控。

③ 支持网还是保证培训效果和绩效反馈的工具。直线经理和员工可以在支持网上参加培训，增强培训成果的转化。

④ 支持网的另一个重要应用体现在促进支持性交流。这种交流可在职业生涯管理顾问、人力资源管理者、直线经理和员工之间两方或多方进行。员工可就职业发展阶段中的工作—家庭平衡问题选择与其他一方进行交流和咨询。

组织应鼓励各方就员工的工作—家庭平衡问题开展经常性的沟通，并以一种组织倡导的价值观念来客观地看待问题本身，采用具体的组织支持策略帮助员工达到工作—家庭平衡状态。

（3）支持性的薪酬体系。美国著名的心理学家和行为科学家弗鲁姆的期望理论指出，激励=效价×期望。如果某一项结果对当事人有吸引力，又是可能通过努力得到的，那么这项结果对当事人就具有较大的激励力。对管理者而言，要想获得较好的激励效果，就需要尽可能地提高激励组合的效价或期望。

员工在职业生涯发展的每个阶段具有独特的生理、心理和家庭特征。为了有针对性地帮助员工解决工作家庭冲突，管理者应建立一个与员工个人职业发展相适应的支持性薪酬体系，该体系通过允许员工参与设计最能满足他们当前需要的薪酬结构使报酬个性化，从而提高激励的效价，提升员工对工作和家庭领域的控制能力。支持性薪酬体系的重点之一是菜单式福利计划。菜单式福利，亦称灵活福利，是指允许员工在众多福利项目中选择，允许每个员工选择一组适合他们的需要和情况的福利。福利清单中的福利项目可能包括：失业保险、带薪休假、医疗保险、人寿保险、养老金计划、个人服务计划以及支持性服务福利等。支持性薪酬体系的设计思路有以下几点。

第一，对于职业生涯发展初期的员工而言，他们的家庭成员一般来说较为简单，他们急需的是在社会上站稳脚跟，同时积累财富与资历。因此，组织应加大报酬中激励工资的比重，同时通过专业人员帮助他们制定个人效价最大的福利方案，如选择组织支付的教育（培训）计划或部分福利货币化等。

第二，对于职业发展中后期阶段的员工而言，给予他们的报酬既要稳定又要富有弹性，以满足维持和谐家庭的需要。工资结构中应突出成就工资，加大长期激励的比例。同时，福利菜单要增大选择的余地，尽可能地引入停（带）薪休假、子女教育津贴、保险及退休金计划、支持性服务福利等。将福利消费有效地转化为激励因素，最大限度地满足员工的需要。

第三，菜单式福利计划的基本思想是让员工对自己的福利组合进行选择，但必须遵循以下前提：一是管理者必须制定总成本；二是每一福利计划必须包括一些非选择性项目，如社会保险。

（4）弹性工作制。弹性工作制是指在固定工作时间长度的前提下，灵活地选择工作的具体时间方式。Thomas & Ganster（1995）经研究发现，灵活的工作时间能有效地减少工作家庭冲突。

弹性工作制是20世纪60年代德国的经济学家提出的，当时主要是为了解决职工上下班交通拥挤的困难。从20世纪70年代开始，这一制度在欧美得到了稳定的发展。到了20世纪90年代，大约40%的大公司采用了弹性工作制，其中包括杜邦公司、惠普公司等著名的大公司。在日本，日立制造所于1988年推行了这一制度，除生产线上的工人以外，有4万人可以自由地选择工作时间。富士重工业、三菱电机等大型企业也都以此为目标，进行了类似的改革。我国近年来许多工厂也在试行这种制度。

弹性工作制主要有以下两种形式。

① 缩短每周工作天数。例如，在美国，有的人一天工作十小时，一周工作四天，而非传统的每周五天工作制。这种方法使员工有更多的时间或更机动的日程用于履行家庭义务，提高了员工的工作热情和对组织的认同度，减少缺勤率和旷工率。

② 弹性工作时间。公司只规定每天工作总的时间数，但员工上下班的时间可以自己掌握。通常来说，公司会规定一段必须在班的共同时间，以避免员工之间没有机会沟通和合作。弹性工作时间可以提高生产率，减少加班费，给员工的私人生活提供方便。它给予员工更多的自主权和责任感，增强员工对工作和家庭的控制能力，顺应了员工成长的需要，符合ERG理论。

如果组织的发展阶段或类型不允许实行完全的弹性工作制，组织可将弹性工作时间作为福利的一部分来应用。对处于职业生涯发展关键阶段或家庭生命周期特殊阶段的员工，比职业发展中期的关键员工或处于生育期的女性员工，可以由直线经理决定给予其不定期的弹性工作时间，以减轻工作家庭冲突的消极影响，帮助员工尽快达到工作—家庭平衡。

（5）支持性服务。组织可以考虑实施的支持性服务主要有以下四种：对管理者进行培训；父母假；帮助解决孩子的照料问题；老人的照料问题。许多员工容易对公司制定的支持性政策产生较多的顾虑，因为他们担心经理会误以为自己对工作缺乏兴趣，并指责他们逃避工作责任。因此，组织应对管理者进行培训，让其明白员工享用工作—家庭平衡政策是一种正当的行为，而不应受到处罚。经理的支持度越高（如愿意倾听员工述说工作与家庭的冲突，参照公司的计划提出解决方案），那么员工面临的工作家庭冲突就会越少。

父母假已成为适应时代要求的福利，许多组织已经自愿引入了这项福利。比如，对全美最大的1 500家公司中的384家的调查表明，95%的公司在他们的健康保险福利计划中为怀孕妇女提供残障假，52%的公司为妇女提供保证工作的无薪休假。

公司可通过多种方式来帮助员工解决孩子的照看问题。比如，通过与一些家政服务公司建立长期的合作关系、提供相应的福利计划、对员工的子女照看费用支付部分补贴等，都可以缓解员工的家庭压力。现阶段，日托资助日益成了一种流行的福利。组织可以调查所在社区的日托设施，并向感兴趣的员工推荐，或者组织可提供部分津贴。另外，人口老龄化的趋势导致大多数员工面临照料老人的问题。照顾老年人的压力会产生与双职工夫妇相似的问题，如缺勤、工作受到干扰、精力不充沛等。组织可以为员工提供照料老年人相关的咨询服务，或者为员工提供相应的保险计划以及组织资助的老年照顾中心等。

2. 非正式的组织支持策略

非正式的组织支持是指没有用制度确定下来的，但存在于组织内部，隐含表达组织行事的原则和规律，通常代表着一种支持性的文化。有利于员工平衡工作家庭冲突的非正式组织支持策略有领导人的风格和对非正式群体加以引导等。

（1）领导人的风格。"支持关系理论"认为，如果下属员工的亲身经历和实践经验使他们感觉到上级是支持和重视他们的，他们每个人都有重要价值，那么员工就可能对领导作出积极的反应。因此，领导人的风格对其能否跟员工建立起"支持性"的关系至关重要。一方面，领导人的个性和人格很重要，如果他本身积极倡导"健康和谐的人生"，同时身体力行，在实际生活中处理好工作与家庭之间的关系，并且秉承一贯的作风，他就能赢得较好的口碑，博得员工的信任；另一方面，领导人亦需在一个信任的环境下和员工讨论他们的工作与家庭优先次序。聪明的领导人，会善用员工生活的优先次序，同时带引他们在工作和个人兴趣上取得成就。另外，为了让员工感受到自己的重要性和价值，领导人还需及时给予他们鼓励，肯定他们的成就，赋予他们更大的责任和相应的权利。在与员工共建"支持性关系"的同时，提高员工的工作满意度，为他们更好地完成工作和平衡工作—家庭关系达成心理契约。

（2）对非正式群体加以引导。非正式群体是指组织中那些既没有正式结构，也不是由组织确定的联盟。它们是员工为了满足社会交往的需要在工作环境中自然形成的。斯蒂芬在他的《组织行为学》中有这样一个结论：人们会因为安全需要、自尊需要、情感需要等组成群体。非正式群体通常具有相似的人口统计特征，因此他们面临的工作—家庭平衡问题在一定程度上存在着共同点。

非正式群体和正式群体一样，具备自己特有的群体规范，而群体中的成员也倾向于按照群体规范做事。鉴于此，组织对于非正式群体应该进行正确的引导。人力资源管理部门和直线经理需提高识别非正式群体的能力，要重视示范效应。在人力资源发展规划中要考虑到组织的人力资源结构在职业生涯发展阶段及对应的工作—家庭平衡问题等方面的整体特征和发展趋势。要尽可能地辨别组织人力资源的不同组成部分及其工作—家庭平衡问题的一般规律。要有的放矢地设计工作—家庭平衡计划，运用关键事件和示范效应引导和塑造群体规范，采用有效的激励手段强化组织倡导的价值观和行为方式，最终使非正式群体目标和组织目标达成一致，在群体和组织之间建立起"支持性关系"。

除了前文提到的几点，还有很多方面的组织支持可以有效地帮助员工解决工作—家庭平衡问题，如良好的工作环境、合理的工作设计和支持性的企业文化等。需要指出的是，无论何种形式的组织支持，都应与员工的绩效考评相挂钩。非理性的组织支持不仅会造成组织资源的浪费，而且容易使员工产生依赖心理，不利于员工的个人发展。另外，在工作与家庭之间并没有一个绝对的优先次序，组织应根据自身的具体情况，制定最适合组织发展的价值理念，同时倡导科学的行为方式，方能创造出竞争优势。

（二）职业生涯发展不同阶段的工作—家庭平衡计划

1. 职业生涯早期阶段（20～35岁）的工作—家庭平衡计划

在职业生涯早期阶段，员工正值青年时期，这一阶段的特征较为单纯、简单。个人的主要职业任务有三个：一是进入组织，学会独立工作；二是寻找职业锚；三是完成向成熟期的过渡。职业生涯初期，常常是员工由单身向初组家庭或生育子女过渡的时期，这一时期的家庭问题相对较少，任务较轻。但这一时期员工往往处于较为浮躁、心智没有完全成熟的时期，刚刚开始学习调适工作—家庭关系的能力。员工自身对家庭和职业成功的价值观也尚未完全形成或定型。因此，组织在这一阶段的任务主要以教育、引导为主。

职业生涯早期阶段的工作—家庭平衡计划主要有以下几个设计方向。

（1）帮助员工客观地认知自己的价值观和工作—家庭优先次序，通过有效的培训与咨询服务，引导其形成组织倡导的价值观，避免极端主义的出现。

（2）加大工资组合中激励工资的比例，保证给予员工必要的福利以满足其建立家庭和繁育子女的需要，如照顾子女的计划等。

（3）在职业生涯设计之初，充分考虑员工个人及其家庭的意见，在工作轮换和职位变动给员工造成家庭困扰时，提供可能的物质支持和精神鼓励。

2．职业生涯中期阶段（30～55岁）的工作—家庭平衡计划

个人职业生涯在经过了职业生涯早期阶段，完成了员工与组织的相互接纳后，必然步入职业生涯中期阶段。职业生涯中期阶段是一个时间周期较长（年龄跨度一般是30～55岁，长达20多年）、富于变化，既有可能获得职业生涯成功（甚至达到顶峰），又有可能出现职业生涯危机的职业生涯阶段。一般来说，这一时期也是家庭关系复杂、家庭任务和负担最沉重的时期。因此，可能发生的工作家庭冲突也最多。日常最易发生的是工作—家庭角色在时间分割上的矛盾。如果这种情况发生多了，家庭生命周期与职业生涯周期的运行必定会相互制约。

因此，职业生涯中期阶段的工作—家庭平衡计划主要有以下几个设计方向。

（1）针对不同的个体，给予其充分的尊重和信任。管理者应定期与其进行工作—家庭关系方面的沟通，有针对性地提出建议。

（2）在组织既定的工作—家庭平衡策略的基础上，就员工的职业生涯规划与现有的策略组合加以评估，对两者之间的匹配情况进行调控。

（3）在以职业生涯发展为目的的绩效考评中，管理者应与员工一起充分地分析影响绩效表现的因素，单独进行建设工作—家庭平衡关系的讨论，帮助员工成为工作与家庭领域的中心参与者，给予其实现自我调节的必要支持。

（4）化福利消费为激励因素，为职业发展最有前景的员工尽可能多地提供支持性服务。

（5）对于面临职业生涯发展危机的员工给予重点关注，为其安排更具挑战性的工作，实施工作丰富化或工作轮换计划等，帮助其恢复自信心，同时在组织机制允许的前提下，可安排其阶段性的非全日制工作来处理工作—家庭失衡问题。

3．职业生涯后期阶段（55岁至退休）的工作—家庭平衡计划

从年龄上看，职业生涯后期阶段的员工一般处在55岁至退休的年龄阶段之间。处于职业生涯后期的员工，由于其体能和精力不可避免地衰退，学习能力及整体职业能力开始呈下降趋势，职业工作能力和竞争能力逐渐减弱。与此同时，员工的家庭可能出现空巢，对家庭的依赖感加重，工作—家庭关系自动趋向缓和。

根据以上特征，职业生涯后期阶段的工作—家庭平衡计划主要有以下几个设计方向。

（1）了解员工的职业后期发展计划，帮助其在组织要求、个人计划和家庭期望中达到平衡。

（2）做好职业接班衔接工作，提醒员工职业生涯循环可能带来的个人与家庭问题，提前开始退休动员工作。

（3）充分落实退休政策，做好福利（如养老金）的管理。

（4）协助员工就其职业生涯发展和工作—家庭关系调节问题作出总结，在提交组织归纳研究的同时，听取员工的建议，安排这些员工与处于职业生涯早、中期的员工开展工作—家庭平衡问题的交流。

第三节 职业高原现象

一、职业高原的概念

职业高原（Career Plateau，CP）是由美国心理学家 Ference（1977 年）提出的，是指个体在职业生涯发展中的某一个阶段，个体所能够获得的进一步晋升机会的可能性非常小。

从表面看，处于职业高原的员工纵向晋升不畅，但忽略了横向流动的停滞和工作内容的枯燥单一性。1988 年，Feldme 和 Weitz 从责任角度赋予了职业高原新的内涵，指出这一概念是指个人能承担更大或更多责任或挑战性工作的可能性很小。同时他们进一步指出，职业高原关注的是雇员现实贡献和潜在发展之间的关系。1993 年，Kreute 指出职业高原是个人不断延伸职业生命曲线中间的一个暂时静止段。而到了 2003 年，Lee 则在前人研究的基础上将其扩充到了工作内容上，认为职业高原是个人发现工作枯燥而又没有机会得到知识和技能提升的现象。

二、职业高原的主要内容

当代社会所指的"职业高原"的主要内容包括以下四个方面。
（1）个体在职业发展上接受进一步挑战、增加和承担进一步的任务与挑战的可能性很小。
（2）个体在职业生涯发展阶段上处于一个职业变动相对缺失的时期，并且与个体的工作晋升和变动密切相关。
（3）职业高原一般被视作个体在职业生涯的峰点，是职业发展"向上运动"中工作内容、责任、挑战、压力的相对静止或者终止，是职业生涯发展上的一种"停滞期"。
（4）职业高原并非所有人都必须经历。

三、职业高原影响因素分析

（一）六因素说

Feldman 和 Weitz（1988 年）认为员工达到职业高原主要受六大因素影响：个体的能力与技术、个体的需要与价值观、压力、内部动力、外部奖励、组织成长。他指出这些因素对职业高原的作用并不都是负面的。如果个体的能力与技术能不断得到提高，如适时的在职培训、带薪学习等，可减少职业高原发生的可能性。

Feldman 针对这些因素，提出了进一步的解决方法，如不断对员工进行培训、提高员工的内部动力、用较为客观的测量工具对员工绩效进行评价等。六因素说是对职业高原影响因素的探索性研究，还没形成一种定量的测量指标，仅停留在推测阶段。其实际上可分为两大因素：个人因素（个体的能力与技术、个体的需要与价值观、压力、内部动力）和组织因素（外部奖励、组织成长）。

(二) 三因素说

近年来，被研究界关注更多的是三因素说。Tremblay（1993 年）等人把影响员工达到职业高原的因素划分为三类：个人因素、家庭因素与组织因素。个人因素包括年龄、受教育水平、前任员工的影响、人格因素（特别是控制点与职业高原具有很大的相关性）、晋升愿望、上级的绩效评价、工作投入和以前成功的工作经验等。家庭因素则包括家庭满意感、家庭成员人数、配偶工作情况（是否有工作，全职还是兼职）和个人家庭负担等。组织因素包括组织结构类型（金字塔形的、矩阵形的、扁平的或直线式的等）与员工所处的职业路径（技术业务路径或行政管理路径）。他们对加拿大 3 000 多名管理者的研究结果显示，除了控制点、年龄与职业高原成正相关外，其余均与职业高原成负相关。

Lemire（1999 年）等人的研究结果显示，年龄与前任员工的影响对个体主观职业高原的贡献率最大。Tremblay 的三因素说不仅考虑了个人和组织因素，还考虑到个体的家庭因素。从整体上说，三因素说比六因素说更为客观，是对六因素说的一种发展与深化，但三因素说还需进一步的研究证实。

归根到底，几乎所有人或早或晚总会达到他的职业生涯高原。为什么这是一个普遍的经历呢？原因主要有以下几个方面。

（1）最根本的原因是很多公司的组织架构是金字塔形的，等级越高，可以提供的职位就越少。因此，一个人在组织中的职位越高，可供他晋升的职位就越少。这就是一般员工在这一类型的企业中进一步发展所遇到的困境。

（2）对于少数职位的竞争越来越激烈。这主要有两个原因一是对于中低级管理员的劳动力需求已接近饱和，很多 20 世纪 70 年代以后出生的人已占据了这些位置，而近年来由于大学的扩招，成千上万的大学毕业生加入这支求职大军中，这使本已激烈的求职形势更加残酷；二是过去几年中公司相关的职位数量没有明显增加，相反由于历史原因，很多国有企业还在实施减员增效等措施。

（3）在那些成长缓慢甚至毫无发展的以及要缩减经营规模并裁员的公司中，这一问题表现得尤为严重。进一步说，公司的经营战略也能影响晋升机会的数量和类型，从而使某些职业生涯前程出现"高原现象"。

（4）强制退休在实际中很难被有效地执行，从而阻塞了职业生涯的发展途径，使较为年轻的员工无从得到提拔。

（5）对于那些毫无准备的员工来说，技术上的变化可能会终止某些职业生涯发展的途径，当然也可能开辟出一些新的发展途径。

（6）有些员工更容易达到职业生涯高原，这主要是因为他们太看重现有的职位，或者是缺乏晋升所需的技术或管理技能，或者是缺乏制定灵活导向策略的职业生涯管理技能。

（7）许多因素会引起管理者或其他人从"快车道"上掉队，终止于其职业生涯高原。这些因素包括人际关系问题、未达到经营目标、在建立和领导团队工作中失败，以及在人生的转变时期不能与时俱进或无法适应等。

（8）出于对更均衡的生活模式的需要和向往。越来越多的员工让组织意识到，假如这会和家庭以及他们的闲暇生活发生冲突的话，他们并不希望得到晋升。

总之，这些问题指出了职员遇到职业生涯高原问题的原因。有些员工可能是由于组织外部的原因或他们所不能控制的原因,才达到职业生涯高原的,而有些员工则是因为一些内在的原因和需求使自己选择走向职业生涯高原的。

四、职业高原员工类型分析

Ference（1977年）以职业高原重点关注的"当前绩效"和"潜在发展的可能性"两个纬度,将处于职业高原期的员工分为"明星"、"学习者"、"停滞者"和"枯木"四类（见图9-9）。

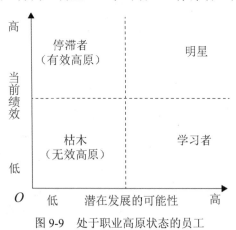

图9-9 处于职业高原状态的员工

（一）潜在发展的可能性高

潜在发展的可能性越大,组织在未来赋予该员工更大责任或更多挑战性的工作的可能性就越大,他们面临职业高原的概率也就越小。典型的类型有两种:"明星"和"学习者"。

"明星"是员工的最佳状态,意味着高当前绩效和高发展潜力,这一类人在组织中很容易被分辨出来。

"学习者"指可以在未来获得高绩效但当前表现却不尽如人意的员工,如刚刚进修学习回来的员工。

（二）潜在发展的可能性低

当员工的未来发展潜力很低时,其流动性往往会降低。也就是面临职业高原时,典型的类型是"停滞者"和"枯木"。

"停滞者"指当前绩效非常不错的员工,但在组织发展路径上进一步流动的可能性很小,除非他们在学习了新的知识后跳到了另一条职业通道上。组织中大多数员工都处于这种状态。事实上,组织也需要通过这种方式来保持内部的稳定和组织的竞争力,但组织不应当用消极的方式来对待他们,比如过分限制他们的进一步发展和妨碍工作挑战性的增加。

"枯木"意味着员工不论当前绩效还是未来的发展情况都不容乐观,甚至在组织的不可接受范围之内。尽管他们的数量很少,但却是组织中的问题员工。对于这部分员工,最好的方法就是让他们成为"学习者"、"停滞者"或者让他们离职。"停滞者"和"枯木"都是职业高原问题成员,不同的是"停滞者"是有效的职业高原者,而"枯木"是无效的。图9-9反映了组织中高原的生命循环机理,在实际操作中要注意两个问题:一是组织要防止"停滞者"滑向"枯木";二是需要因人而异、因管理路径而异采用不同的方法。

从上述分析中可以看出，不论员工当前的绩效如何，只要员工的发展潜力低时，就会出现职业高原。但是，现在企业很少能考虑到这一点，他们把过多的注意力放在绩效体系的两端，即"枯木"和"明星"身上，而把"停滞者"视为一种正常发展状况，不予重视。由于"停滞者"的绩效水平好，却不受重视，因此成为"枯木"的可能性最大，同时"停滞者"产生离职意愿的可能性也最大。

五、职业高原应对策略分析

解决员工职业高原问题的关键在于提高员工未来的发展潜力。对于"枯木"而言，通过提高发展潜力可以让他们变成"学习者"，而对于"停滞者"，则可以让他们变成"明星"雇员。组织需要防止处于"停滞者"地位的员工滑向"枯木"，而"枯木"除了挽救的方式外也可以选择离开组织（见图9-10）。

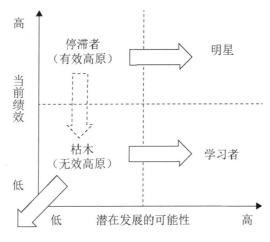

图9-10 职业高原员工的转换

（一）个体调适

就个体来说，当员工认识到他的绩效、对组织的贡献、能力不再重要或得不到承认时，就会发生机能失调。针对这种状况，Rantzw和Feller（1985年）提出了以下几种解决方案。

（1）平和方法——接受这种状态，并努力压制自己的挫折感和愤怒。

（2）跳房子方法——在原有职位不变的情况下，努力向其他方面发展，以求在其他方面有较好的发展。

（3）跳槽方法——从原来公司辞职，并在其他的公司寻求一个与原来相似的职位，希望环境的变化能解决这一问题。

（4）内部调和方法——通过尝试、创新等途径努力开发他们现有的工作，能成功地与决策者进行互动，而不是被动地接受。Rantzw指出，内部调和的方法对解决员工职业高原问题最有成效和实用价值。

Tan（1994年）等人认为职业高原是个人与组织共同关心的问题，应在组织中对职业高原员工进行心理咨询。他们提倡健康的管理方式，控制那些对员工达到职业高原有贡献的组织因素（如上下级关系不协调、绩效考核制度不合理等）。针对个体，他们提出了两种应对策略：

维持并强化职业高原员工的高水准绩效和模仿非职业高原员工的正确行为方式。Duffy（2000年）提出了利用浑沌理论对达到职业高原的员工进行干预，这种方法取得了很大成效，具有一定的实际应用价值。

（二）组织调适

就组织来说，为防止及减少员工达到职业高原的比例，研究者们已提出了几种不同的策略。Tan and Salomore（1994年）指出组织应把重点放在岗位的重新设计、工作丰富化、工作计划、轮岗、平等的晋升机会和带薪休假等解决策略上。

Ivancevith 和 Dcfrank（1990年）则认为可通过职业咨询、压力管理研讨会、放松技巧、有关健康研讨会等活动，帮助处于职业高原状态的员工。

在某种程度上，成熟员工和企业管理者对职业高原会越来越有经验。但是，在职业高原的应对策略上还需寻求新的解决问题的方法。

第四节　"玻璃天花板"效应

一、"玻璃天花板"效应的含义

"玻璃天花板"一词出现于1986年3月24日的《华尔街日报》的"企业女性"专栏当中，用来描述女性试图晋升到企业或组织高层所面临的障碍。"天花板效应"是莫里森和其他人在1987年的一篇文章——《打破天花板效应：女生能够进入美国大企业的高层吗？》（Breaking the Glass Ceiling: Can Women Reach the Top of America's Largest Corporations？）中首先使用的概念。一年以后，玛里琳·戴维森和加里·库珀在其《打碎天花板效应》（Shattering the Glass Ceiling）一书中也讨论了这个问题。

"玻璃天花板"效应是一种比喻，指的是组织设置一种无形的、人为的困难，以阻碍某些有资格的人（特别是女性）在组织中上升到一定的职位。在这里，女性或是少数族群没办法晋升到企业或组织高层并非是因为他们的能力或经验不够或是不想要该职位，而是因为一些组织对女性和少数族群在升迁方面设下一层障碍，这层障碍甚至有时是看不到的。

现在"玻璃天花板"泛指一个人的职业发展碰到的阻力：你可以很明确地看到自己职业发展的目标，并知道应该往哪个方向走，但是遇到了一种无形的阻力，就像一个"玻璃天花板"，你看得到上面，但就是升不上去。在跨国公司里谋生的人对这个感触最深，因为文化、种族的差异，虽然在公司工作很努力，也有弥天之志，但就是无法实现自己职业上的突破。

美国一个资深的互联网创业的女实业家说过，"If you build your own home, there is no glass ceilings"。意思是，如果自己创业，就不存在"玻璃天花板"了。如果你能创造自己的游戏规则，那么你的发挥空间就很大；如果跟着别人的游戏规则玩，那么总会遇到各种各样的阻力。

因此，如果组织中的女性或少数族群想顺着职业生涯发展阶梯慢慢往上攀升，当快要接近顶端时，自然而然就会感觉到一层看不见的障碍阻隔在上面，所以他们的职位往往只能爬到某一阶段就不可能再继续上去了。这样的情况就是所谓的"玻璃天花板"的障碍。

二、"玻璃天花板"效应产生的原因

（一）时间因素

人们认为，即使是最优秀的女性，也往往没有时间穿过长长的企业晋升渠道达到企业的高层。对于高级管理人员来说，基本的条件是：硕士学位加上 25 年的工作经验。20 世纪 70 年代，正是当今高层经理们毕业的时间，那时仅有不到 5%的法律和工商管理硕士的学位授予了女性。而现在美国有 40%的法律学位和 35%的工商管理硕士学位被女性获得。所以，有理由相信女性在企业中占据管理职位的数字将会在未来有所上升。比如在美国，1972 年女性在企业中占据 17.6%的管理职位，现在则是 35%。但是，女性在企业的高层职位方面的进步并不明显。

（二）母性理论

有时人们认为，"天花板"效应是由于女性特有的天性和特质造成的。女性在职业发展的道路上，容易为家庭和抚育子女而分心。即使她们能够很快地返回工作，她们也已经落后于其他的男性同事了。尤其是照顾婴儿的这段时间，她们往往错过了一些重要的发展机会。比如，到海外的长期工作任务，与客户连续几晚的谈判，很快地改变计划等。很少有公司能忽视这些问题，所以大多数企业安排女性进入不承担类似工作的部门（如人力资源和信息沟通等部门）。这样一来，女性的职业经验受到限制，也就难以达到更高的职位了。

（三）男性的刻板印象

还有人认为，"天花板"效应主要是与男性的刻板印象相关。在很多企业，这种刻板的印象甚至已经约定俗成了。升迁的标准往往掌握在白人男性手中，那些想要升职的女性要按他们的标准衡量。

"我们胜任这项工作，不是吗？所以，我们的继任者应该和我们一样。"大多数企业的继任计划原则就是这么简单。因此，男性提拔的干部也往往是男性。罗萨贝斯·坎特在 1977 年出版的著作《企业里的男人和女人》中提到，因为在组织中，女性管理人员在她们的工作环境中常常是非常引人注目的，这使得她们（和她们的失误）更明显，而且还夸大了她们和占统治地位的男性文化的区别。

1991 年，美国政府开始建立名为"天花板协会"（The Glass Ceiling Commission）的机构。这个机构由 21 名国会和总统委任的成员组成，并且由工会秘书长担任主席。作为人权法案的一部分，这个部门的职能就是找出并消除那些私有企业中阻碍女性职业发展的阻碍因素，帮助她们获得平等的机会和权利。这个协会主要关注三个方面的问题：一是企业管理和决策部门职位的配置；二是职能培训活动；三是薪酬和奖励体系。

第五节　继任规划

一、继任规划的基本理念

继任规划，又称为"接班人计划"，是指组织为保障其内部的重要岗位有一批优秀的人才能够继任而采取的相应的人力资源开发培训、晋升与管理等方面的制度和措施。

目前，已有很多组织把继任规划摆在比较重要的战略地位上，但也并非所有的组织都是如此。其实，对于一个健康发展的组织来说，不应等到组织内部出现了职位空缺才去考虑该提升谁，而应该有计划地建立一项继任规划，以确保一批高素质的人才能够及时补充到组织中的重要岗位上。因此，继任规划应该成为每个组织的战略组成部分，并融入组织发展的远景规划中。

二、继任规划的实施

继任规划是公司未来发展计划的一个重要组成部分。事实上，组织里的每个重要人员都应是潜在的继任人选。关键在于成功提拔一个人之前，一定要给予这个人足够的培训，使其能成功接任准备上任的职位。

（一）继任规划的目标

（1）把高潜能的员工培训成中层管理者或执行总裁。
（2）使组织在吸引和招聘高潜能员工上具有竞争优势。
（3）帮助组织留住人才。

（二）继任管理的功能

组织继任管理的功能主要体现在以下五个方面。

（1）可以确保在企业内有一批训练有素、经验丰富、善于自我激励的优秀人才接任未来的重要岗位。
（2）可以有效地调整公司的未来之需和现有的资源。
（3）可以为组织的关键员工订立更高的目标，把他们留住以确保重要岗位都有称职的人可以继任。
（4）可以帮助雇员设定职业生涯发展道路，有助于公司吸引、留住更好的人才。
（5）可以改进公司内部程序，优化公司的产品和服务。

（三）有效实施继任规划必须考虑的问题

（1）公司的长期发展方向是什么？
（2）在哪些主要领域和环节需要不断补充和发展高素质的人力资源？
（3）哪些人是你想重点培养以备未来之需的？
（4）这些人应走怎样的职业生涯发展道路？
（5）这些职业发展道路是否适合这些人的具体情况？

值得一提的是，继任规划不能机械地施行。一般来说，机械笼统地去做这件事远不如针对每个候选人的具体情况去做收到的效果好。

（四）组织在实施继任规划时应当注意的问题

1. 组织应当积极主动地实施继任规划

组织应当在需要填补重要职位之前就开始进行培训或轮岗以便使继任者获取更多的经验和知识，而不要等到出现了空缺后才匆忙地去找人接替。接班人和有潜力的候补人员都应在继任规划实施的早期选定。这样不仅对当事人有帮助，而且有助于避免其他主要候选人因失望或提升得不够快而离开。

继任规划必须要考虑到那些重要的职位。作为组织战略思考的一个组成部分，每个组织都需要对一些重要职位采取有计划的继任方案。组织每年都应至少重新审视一次继任规划，如有需要还可更频繁些。

在继任规划的实施过程中，需要根据组织的具体情况对不同的职位采取不同的继任方式和路线。高潜能的候选人通常会参加快速路径的开发计划，包括教育、行政指导和训练等。有时，组织也可能会让候选人较快地在很多不同岗位上轮换，以获取更广泛的经验和知识。

无论是对于整个继任规划，还是仅对当中的继任人选进行个人职业生涯规划，都要分析组织和个人的具体需要并据此拟定和优化这一规划。另外，组织也要留出足够的时间去培养接班人，以使继任规划进行得更顺利、更有效。

2．要意识到继任规划的复杂性与长期性

在部署和利用任何战略资源时，都必须考虑培养关键人才以备未来之需。组织很有必要花费大量时间和精力去讨论组织的需要与目前的能力，并将其放到战略位置上。

如果组织目前还没有一套正规的继任流程，也可以建立一个继任规划的目标，去满足组织发展的需要。

培养关键人才就是要开发高潜能的员工。大量研究表明，开发高潜能的员工一般都包括三个阶段。

第一阶段，组织会选择一批高潜能的员工。但随着时间的流逝，可能因跳槽、工作表现不佳或自己不愿为进入高层管理而奋斗，其人数会逐渐减少。只有那些具有良好教育背景或工作表现一直很出色，同时还通过了心理测试的人，才有可能最终成为候选人。

第二阶段，高潜能的员工开始接受开发活动。只有那些表现一贯良好并愿意为组织做出牺牲的人才能在这一阶段取得成功。同时，员工还必须具有良好的口头和书面交流能力、人际交往能力及领导能力。在工作轮换的模拟比赛中，只有前一阶段达到其高层主管要求的员工才有机会进入下一阶段——未达到要求的员工将会自动失去资格。

第三阶段，通常由最高管理者来确认高潜能员工是否适应组织的文化，并了解其个性特征是否能代表组织。只有具备相应条件的员工才有可能进入组织的最高管理层。从中我们也可以看出，开发高潜能员工是一个缓慢的过程。

实际上，继任规划的建设是一个永无止境的过程。它需要定期审视组织的资源，确定哪些位置需要接班人，或者需要有人开始学习必要的知识，弄清楚需要多长时间培养候选人，并要定出每个人为达到既定目标该走的职业生涯路线。由于这条路线也许会因需要而改变，因此组织的监控和更新也是每一个继任规划的重要组成部分。

第六节　导师计划

这里所说的导师，是指组织中富有经验的、生产率较高的资深员工，他们担负着开发经验不足的员工的责任。在大多数情况下，指导关系都是由指导者和被指导者具有共同的兴趣或价值观而以一种非正式的形式形成的。当然，还有一些组织外的资源也可以承担部分指导工作，如朋友、家庭成员等，但他们没有义务承担组织这方面的工作，因而也就不属于组织职业生涯管理的范畴。

如果是有一定成就、处于发展中期的员工承担指导任务，可以使他们加强自尊，进一步加强提升的愿景，传授个人价值和经验。如果是处于职业生涯晚期的员工承担指导任务，他们正在总结自己的人生，可能有许多的经验和教训需要传授，而这也正是许多年轻的员工需要学习的。同时，这种做法也能让老员工感受到贡献，觉得自己是组织中有价值的一员。另外，通过导师计划还可以使新员工更好地适应社会，提高其适应工作环境的能力。

一、导师计划的作用

导师计划对被指导者职业生涯发展的作用有以下六个方面。

1．提携

支持被指导者的职业生涯发展，并与之建立相关的联系。

2．教练

教导被指导者一些相关事务，对他们的工作绩效和潜能提供积极与消极的反馈。

3．保护

对工作和生活方面的问题提供支持，替一些被指导者所发生的不可避免的错误承担责任，在必要时可以作为一个缓冲带。

4．展示

为被指导者创造展示自己才能的机会，带领他们参加一些可以开阔他们视野的会议。

5．布置挑战性的工作

为促进被指导者的成长和进步，安排一些工作以拓展他们的知识和技能。

6．指导关系

指导关系除了具有促进职业生涯发展的作用外，还具有以下心理功能。

（1）角色示范的功能。展示其看重的行为、态度和技能，帮助被指导者获得能力、赢得信任、认同专业。

（2）心理辅导的功能。为被指导者解决个人生活及专业探索方面所遇到的问题，并提供有帮助的建议，当然这些帮助是保密的。通过细心的倾听建立信任关系，使双方在设计关键发展问题上能坦诚地交换意见。

（3）接纳和承认的功能。为被指导者提供不断的支持、尊重和荣誉，加强他们的自信，树立良好的自我形象，不断强化其成为对组织有价值的人、做出突出贡献的人的信念，通过表明自己的观点来帮助被指导者形成正确的观念。

（4）形成友谊的功能。产生工作之外的相互关照和亲近，分享工作之外的经验。

二、实施导师计划需注意的问题

既然指导关系对被指导者的职业发展有着重要的作用，那么在运用这种方法进行职业生涯管理时也就应当注意下列问题。

1. 要明确指导关系的时间段,不能太短

假如指导关系的持续时间有限,有些员工在人生发展的关键时期就可能无从获得这种帮助。

2. 要注意指导关系的性别构成

通常,在同性别的人之间确立指导关系较少会出现　　问题。

3. 适当地考虑员工的需要

大多数人都喜欢找级别高的同事做导师,但也有些人喜欢找没有经验的人建立关系,有些人甚至觉得与同辈、下属建立关系也有益于发展。

4. 克服指导关系的潜在操作困难

由于企业相互竞争激烈,同事之间也存在着竞争,年龄差异不大的同事之间同样也有竞争或利益问题,再加上时间分配也是一个问题,所以如果要在这个方面进行工作,可能职位差异大一些反而更容易开展工作,而且成效也会更好。特别是由高级管理者对初级管理者、高级技术人员对初级技术人员进行指导——首先,两者的竞争不在同一水平上,也就避免了相互间的利益问题;其次,由于高级人员的确有着比较强的社会经验、能力、工作经验等,所以可以很好地指导年轻的员工;再次,级别高的人员往往面临退休的状态或者事业发展到达顶峰,因而往往也愿意回忆过去,愿意将自己的感受和心得体会传授给年轻人。

5. 不是任何人都适合担任指导者

从某种意义上说,指导者相当于教师,对其也有一定的技术和能力要求。通常,选择导师时应以人际交往能力和业务能力为基础,并对进行这种工作有愿望和兴趣。当然,组织的环境和氛围也是重要的影响因素。如果组织的激励系统、文化、工作设计和管理看重与鼓励这种建立关系的活动,就会有许多人愿意成为工作指导者;如果组织内部过于注重利益、竞争,愿意承担这种指导工作的人可能就会减少。比如,如果组织的奖励政策是提升薪酬,则个人就不怎么愿意在他人的发展上投资,也不注重建立关系的活动;如果工作设计是十分个人化的,相互之间就很难帮助;如果组织文化是缺乏相互信任的,在不同的层级、不同部门之间很少相互关心,人与人之间就很难建立高度信任和亲近;如果指导者不善于利用绩效考评、继任规划和职业发展规划,也就很难向职员提供生涯辅导和指导。另外,对导师也需要进行培训。导师一般会花 1~2 天的时间来接受沟通能力培训,这样他们可以学会如何更好地传递工作信息,并能在不批评的前提下更好地进行指导。

6. 需要建立导师薪酬体系

导师对被指导者进行指导是需要在完成本职工作的基础上花费额外的时间和精力的,因此如果没有相应的补偿,就可能会影响导师计划的实施效果。

三、促进导师关系的策略

导师关系的促进讲求策略,主要有以下三个。

(1) 建立一套正式的导师关系系统,将初级与高级人员配对,旨在支持初级员工的职业生涯发展。

(2) 对不同的职业生涯阶段的管理者和员工实施教育培训,使他们学会建立工作中的支持关系同盟。

(3) 通过组织变革,使诊断、教育、结果、模式、过程变革等用来建立个人的知识和人际技能,并促进指导过程的形成。

另外,如果缺乏高素质的导师,可以考虑建立团体辅导计划,即可由一位导师与4~6位新员工组成一个小组。其潜在优势在于被指导者不仅可以向导师学习,还可以相互学习,共同解决问题。而且导师也可以帮助被指导者加深对组织的了解,引导其分析自身的经历,找到职业发展的方向。

在正式实施导师计划项目时,通常需要做一些必要的准备,以使程序科学化、制度化。

四、确定正式指导关系的步骤

确定正式指导关系的步骤如下。

(1)确定要建立关系的群体。邀请可作为候选人的导师和被指导者,以确定配对的标准和进行过程。

(2)收集资料。主要是收集参加者双方的资料,用来帮助进行有效的配对,这些资料包括职业生涯目标、绩效记录、发展需求等。

(3)安排初级和高级员工相互见面,孕育自愿相互挑选的过程。提供活动目标、角色期望、员工支持服务的原则,鼓励参加相关教育奉献活动。

(4)建立指导程序,定期向组织提供反馈。

五、成功地实施导师计划

制订成功的导师计划,需要具备以下几个方面的特点。

(1)指导者和被指导者都是自愿参与该计划的,这种关系可以在任何时候终止,且不受任何处罚。

(2)指导过程并不限制非正式关系的培养,比如,可以通过设立导师组来让被指导者对其中的导师进行选择。

(3)在选择导师时,应当考虑其过去培养的人员记录、导师的意愿性、有关信息沟通与指导和倾听能力的证明。

(4)有清晰的计划目标,明确导师和被指导者各自的活动。

(5)明确计划执行的时间。规定导师与被指导者之间的最低接触频率。

(6)鼓励被指导者之间相互交往,共同研讨问题并分享成果。

(7)要对导师计划进行评估。

(8)人员开发是有偿劳动。这说明管理者的指导和其他开发活动是值得其投入时间与精力的。

最后,需要注意的是,导师计划常常与继任规划配合使用。

本 章 小 结

工作压力是指在工作情景中,由于与工作相关的因素而使个人感到需要未获满足或受到威胁而产生的生理与心理反应。工作压力的含义包括三个方面：存在于环境中的压力源、对压力源作出的生理和心理反应的个性差异、形成压力的内在作用机制三个要素。

压力管理是组织管理的一项重要内容，它主要指有效地缓解压力的管理策略。三层面压力管理模型包括压力的预防、压力的应对和过度压力的治疗三个层面。

工作和家庭是人类生活的两个重要领域，两者关系紧密，因此一直以来不同的理论学者对工作和家庭之间的关系给予了关注。从个体水平上来说，工作和家庭之间的连接机制主要有四种：分离、溢出、补偿和工作家庭冲突。工作家庭冲突一般被认为是无法同时兼顾工作角色与家庭角色，无法满足两种角色要求时所形成的角色冲突。

工作—家庭平衡指的是工作和家庭功能同时协调运行的状态，是员工所感知到的工作—家庭冲突可以被接受和不断减弱的状态。

职业高原是指个体在职业生涯发展中的某一个阶段，个体所能够获得的进一步晋升的机会的可能性非常小。以职业高原重点关注的"当前绩效"和"潜在发展"两个纬度，可将处于职业高原期的员工分为"明星"、"学习者"、"停滞者"和"枯木"四类。

"玻璃天花板"效应指的是设置一种无形的、人为的困难，以阻碍某些有资格的人（特别是女性）在组织中升迁到一定的职位。

"继任规划，称为"接班人计划"，是指组织为保障其内部重要岗位有一批优秀的人才能够继任而采取的相应的人力资源开发培训、晋升与管理等方面的制度与措施。

导师是指组织中富有经验的、生产率较高的资深员工，他们担负着开发经验不足的员工的责任。导师计划对被指导者职业生涯发展有提携、教练、保护、展示、布置挑战性的工作、指导关系六个方面的作用。

思考与练习

1. 员工如何改变自我认知、缓减工作压力？
2. 组织如何帮助员工有效地管理压力？
3. 工作对家庭的影响和家庭对工作的影响有何不同？
4. 工作—家庭平衡计划与员工职业生涯管理有何关系？
5. 请从个体调适的角度，谈谈应对职业高原的策略。
6. 有效实施继任规划需要考虑的问题有哪些？

案 例 分 析

案例一：摩托罗拉的继任规划

在摩托罗拉，员工的职业生涯规划和发展与公司的业务发展密切挂钩，两者做到了有机协调地向前推进。该公司正是推行了一套公司采取主动、员工积极参与、旨在发挥每位员工所长的职业生涯规划和发展机制，才使员工的职业生涯得到了良好的发展，公司的人力资源得到了很好的利用。

在摩托罗拉，员工的职业生涯规划与发展，被纳入公司的业务长远规划中考虑。也就是说，公司为了指导自身的长期发展，制定了业务长远规划，其中包括业务的长远发展目标和实现目标所需要的战略等。为了支持公司战略的实施，设计了相应的组织结构，制订了相应的人员需求计划，其中决定了需要哪些类别的人员、各需要多少、需要多少年的工作经验、职位有多复杂、有多大的职责。在此基础上，形成相应员工数量的年度财务预算。公司设计的组织结构如果提供了职业生涯发展机会，公司将会首先考虑给予内部员工，另外还可以考虑从外部招聘人员加盟公司。

摩托罗拉公司还每年举行一次组织发展和管理评审会，对员工的职业规划和发展进行动态管理。届时，公司的每一个事业部都会对各自的长远业务计划和组织结构进行审查和评估。评估内容主要包括：目前的组织结构是什么样的？五年之后的组织将会是什么样的？要分成多少个部门或是多少个小的营业单位？与此同时，也要了解上一年的发展遇到了什么样的问题。例如，培训够不够？发展机会够不够？有没有不断的工作轮换？在内部的导师制执行过程中，各个导师对新员工进行帮助的成效如何？另外，还要考虑怎样才能实现今年的组织发展目标，如有没有足够的人员去填补组织空缺？

如果组织结构发生新的变化，那么每个员工就有潜在机会开始岗位轮换，其中的关键就是接班人问题。在摩托罗拉，每一个职位一般有三个接班人，第一个（A）是直接接班的，第二个（B）计划在3～5年内接班，第三个（C）要么是少数民族，要么是女性。第三个接班人涉及摩托罗拉公司目前实施的员工多样性发展计划，也就是需要形成多民族、多种族和性别平衡的人员结构。公司将所有的接班人，根据其工作表现和发展潜力进行排名，然后针对不同排名给予相应的培训，以满足其未来发展的需要。以上是摩托罗拉公司主动采取的主要措施。

对于继任规划中继任人选的选拔一般采用图9-11所示的业绩—潜能分析法进行分析。首先根据员工的工作业绩和潜能将员工分为9类，然后根据员工的业绩与潜能的综合情况决定继任人选，并对不同情况的员工采取不同的激励与培训开发措施。

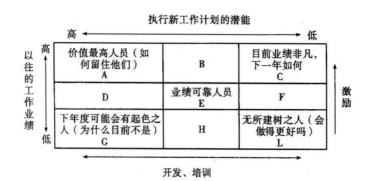

图9-11 摩托罗拉的业绩—潜能分析示意图

从员工的角度而言，每个员工在每个季度都可以同各自的主管就"你在公司是否有明确的个人发展前途？""你是否因性别和文化传统等因素受到歧视？"等问题进行沟通，或者是在公司的电脑系统上对这些问题进行回答。

同时,员工个人在每季度同主管进行绩效评估的时候,也可以谈到自己的职业生涯发展机会。每次绩效评估的最终结果,都会包括员工及其主管达成共识的员工个人职业生涯发展规划的内容。这些信息都会汇总上报,供公司对员工的职业生涯规划和继任规划进行必要的调整。此外,员工还可以通过公司的内部职业机会系统,查询各个部门的人员招聘信息。一旦发现有新的机会,如果觉得自己也符合条件,那么随时都可以提出申请,而且在申请的时候不需要经过自己主管的同意。

讨论题:
1. 摩托罗拉的继任规划有何特色,对公司及员工个人有何意义?
 (提示:组织继任管理的功能)
2. 简述摩托罗拉选拔继任人选时所采用的业绩—潜能分析方法。
 (提示:根据员工的工作业绩和潜能将员工分为9类,根据员工的业绩与潜能的综合情况决定继任人选,并对不同情况的员工采取不同的激励与培训开发措施)

案例二:奥美中国24岁员工办公室猝死,盘点都市白领过劳死案例

近日,奥美中国一名24岁员工在办公室猝死的消息再一次震惊网络,浏览该猝死员工微博"@小铮头没头脑"发现,他常常发表在加班或者半夜回家的状态消息,加班已然成为他的常态。过劳死再一次出现在人们视野,盘点都市白领过劳死案例,许多年轻生命逝去,并年轻得令人恐慌。

奥美中国一名24岁员工猝死

前天傍晚,奥美中国北京分公司一名年轻员工在办公室突发心脏病,经医院抢救无效死亡,年仅24岁。昨天,该公司相关负责人表示,事发前一周,该名员工已有身体不适,目前,公司正在同其家属处理善后事宜。

年轻员工猝死

昨天,有多名网友发表微博称,前天下午,奥美公司北京分公司一名员工在办公室猝死,此事随即引发网友关注。事发当晚6点多,有网友曾发微博称,看到急救人员从奥美公司楼下抬出一名男子,"脸色蜡黄,瞳孔发散,僵硬地躺在担架上,连续被按压胸腔也没有效果。"

昨天上午,奥美公司一封内部通发邮件被上传至网络,有员工猝死一事得到证实。该邮件称,死者李渊(化名),系该公司北京办公室科技组成员,因突发心脏病于前晚死亡。

昨天下午3点,奥美中国官方也发表悼念微博证实此事。"昨晚,我们永远地失去了一位年轻的伙伴。这位北京公关的同事,其专业能力和团队精神深得公司同事以及客户的赞赏。突如其来的变故,让我们深陷哀痛中,唯愿他在另一个世界得到安息。希望所有的伙伴和我们一起,为他祈祷,点燃烛光,温暖他通往天堂的路。"不少网友得知死者从事公关工作后,纷纷呼吁年轻人重视身体健康,不要加班过度。

主管称其上周抱恙

昨天,死者生前的工作组主管领导滕女士回忆,前天下午5点多,李渊在办公室内突然大喊了一声并随之倒地晕厥,同事立刻拨打120求助,急救人员赶到后将其送往协和医院救治,但最终抢救无效死亡。滕女士称,医生给出的诊断证明系心源性猝死,当晚李渊的家属便赶至北京。

"当天中午一起吃午饭时还很正常,只是吃得比较少。"滕女士称,一周之前,李渊已经出现身体不适,并告假一周,事发当日正是其回公司上班的第一天,而此前,李渊只称自己胃肠不舒服,但去了医院检查也没查出异常。

滕女士说,事发当天下午,李渊还在公司等待表哥来京,陪其进一步检查身体,"没想到他表哥是和救护车一起到的"。昨天,记者试图通过奥美公司与死者家属取得联系,但滕女士表示,考虑到家属情绪,暂不适合接受媒体采访。目前,该公司相关人员正在同李渊的家属一起为其处理善后事宜。

"世上最容易做的一件事就是失去联系"

"世上最容易做的一件事就是失去联系。"4月16日午后,李渊把自拍照附文发上微博,如今看来,却好似一语成谶。做旧效果的自拍照中,李渊梳着平整的板寸发型,半闭着的双眼和嘴边的胡碴,让他看起来略显疲惫。倘若没有这场突如其来的变故,李渊本将在这周日迎来他的25岁生日,多少亲朋在等待着为他庆祝。

"他爱跳舞,就是你们年轻人都喜欢的那种。"李渊的主管领导滕女士在接受采访时一度泣不成声,在她的记忆中,李渊虽然平时话不多,但却是个健康阳光的男孩,喜欢运动,酷爱音乐。

"我回想起你的样子都是快乐的充满活力的,我固执地认为那也会是你在天堂的样子。"直至昨天,李渊的很多同事和朋友仍无法相信他的离开,惋惜年轻生命的突然逝去。

女主持郭梦秋猝死

2012年08月02日,媒体报道25岁的浙江电台动听968女主播郭梦秋,前日健身后回家,突然晕了过去。

当晚10:39,医生们宣布:抢救无效。

她是浙江传媒学院2007级录音专业的学生。

她爱唱歌,是2011年青海卫视的选秀节目"花儿朵朵"中的东部10强、全国20强。

浙江省新华医院总值班阮芝芳正好当时在抢救现场。"虽然梦秋送来时已无生命迹象,但医生们都不舍得放弃,三班医生轮流进行心肺复苏,头上的汗都顾不上擦,只希望能发生奇迹。"

前天晚上大概9点多,郭梦秋被送到省新华医院急诊室,当时,家人说她刚健身回家,突然倒在地上,心跳呼吸都停了。医生说,到医院时,郭梦秋已经没有生命体征;虽经急诊科医生们的全力抢救,但她仍然走了。

2004年,企业资产总规模达到25亿元的均瑶集团原董事长、著名民营企业家王均瑶突患直肠癌英年早逝。38岁的他,在去世前不久,还雄心勃勃地准备创办自己的航空公司。熟悉他的人都说,他是累死的!

2005年4月6日,正在外景地忙于拍摄新片《理发师》的陈逸飞突然病倒。被送到医院不几日,就出乎所有人的意料,撒手人寰。

2010年,37岁的腾讯网女性频道编辑于石泓因脑溢血去世,亦传与工作劳累过度有关。

2012年4月12日晚,一条"普华永道美女硕士过劳死"的微博在网上流传,在万人转发、评论中我们得知:一个长发披肩、笑容迷人的美丽姑娘,25岁的美女硕士潘洁不幸去世了。去世原因,则可能是过度疲劳导致身体虚弱,在身患病毒性感冒后,由于工作繁忙和自己的疏忽,没有好好休息,更没得到及时医治,最终诱发急性脑膜炎,不治身亡。

林海韬今年6月才从中山大学毕业,之后成为"百度地图"一名技术研发人员,没想到,上岗仅有4个月,却在近日因心脏衰竭而亡。死者林海韬为何而死引发了网友诸多猜疑。据其生前发表的微博发现,死者工作繁忙,曾48小时不休不眠,一众网友直指其是"过劳死"。

2012年7月,淘宝店主艾珺Aj因忙于进货上架,连续通宵熬夜,在睡梦中去世,年仅24岁。

2012年10月21日,名为"小彩衣柜"的皇冠级淘宝网店店主——29岁的许文俊因过度疲劳不幸去世。当日,许文俊开车去工厂补货,在返回的途中因身体不适靠边停车,后有人报警叫来救护车。医生未给出其明确的去世原因,只是告诉家人,这是由"疲劳过度"导致的——许文俊的生活确实可以称得上"疲劳过度":每天凌晨两点多才睡,早上八九点就开始工作。

还有彭作义、杨迈、汤君年……这一长串名单上的每一位,都是非常成功的企业家,拥有无可限量的美好前景,但都因为劳累,绷断了生命之弦,在人生的黄金年华便早早逝去,不由人不扼腕长叹。

资料来源:http://www.s1979.com/caijing/guonei/201305/1587632115.shtml

讨论题:

1. 从奥美中国年轻员工的猝死,谈谈工作压力的原因及其应对措施。

(提示:工作压力的形成机制及缓解工作压力的措施)

2. 请结合本案例,谈谈工作与家庭平衡计划的策略。

(提示:工作—家庭平衡计划的策略,职业生涯发展不同阶段的工作—家庭平衡计划)

参 考 文 献

[1] [美]E.H.施恩．职业的有效管理[M]．北京：生活·读书·新知三联书店，1992．
[2] [美]劳伦斯·S.克雷曼．人力资源管理[M]．北京：机械工业出版社，2002．
[3] [美]哈罗德·R.华莱士，L·安·马斯特斯．人生与职业开发[M]．北京：中华工商联合出版社，2002．
[4] [美]斯蒂芬·P.罗宾斯．组织行为学[M]．第7版．北京：中国人民大学出版社，2003．
[5] [美]雷蒙德·A.诺伊．雇员培训与开发[M]．北京：中国人民大学出版社，2003．
[6] [英]耶胡迪·巴鲁．职业生涯管理教程[M]．北京：经济管理出版社，2004．
[7] [美]彼得·德鲁克．21世纪的管理挑战［M］．北京：机械工业出版社，2005．
[8] [美]杰弗里·H.格林豪斯，杰勒德·A.卡拉南，维罗尼卡·M.戈德谢克．职业生涯管理[M]．第3版．北京：清华大学出版社，2006．
[9] 萧鸣政．人员测评理论与方法[M]．北京：中国劳动出版社，1997．
[10] 吴国存．企业职业管理与雇员发展[M]．北京：经济管理出版社，1999．
[11] 张再生．职业生涯管理[M]．北京：经济管理出版社，2002．
[12] 唐宁玉．人事测评理论与方法[M]．大连：东北财经大学出版社，2002．
[13] 姚裕群．职业生涯规划与发展[M]．北京：首都经济贸易大学出版社，2003．
[14] 周文霞．职业生涯管理[M]．上海：复旦大学出版社，2004．
[15] 章达友．职业生涯规划与管理[M]．厦门：厦门大学出版社，2005．
[16] 萧鸣政．人力资源开发的理论与方法[M]．北京：高等教育出版社，2005．
[17] 葛玉辉．人力资源管理：21世纪高等院校管理学主干课程[M]．第2版．北京：清华大学出版社，2006．
[18] 张西超．员工帮助计划：中国EAP的理论与实践[M]．北京：中国社会科学出版社，2006．
[19] 杜林致．职业生涯管理[M]．上海：上海交通大学出版社，2006．
[20] 杜映梅．职业生涯管理[M]．北京：中国发展出版社，2006．
[21] 葛玉辉．人力资源管理[M]．北京：经济管理出版社，2007．
[22] 汪莉．职业生涯规划与管理[M]．北京：中国华侨出版社，2007．
[23] 张再生．职业生涯规划[M]．天津：天津大学出版社，2007．
[24] 李宝元．职业生涯管理：原理·方法·实践[M]．北京：北京师范大学出版社，2007．
[25] 谭永生等．执行职业生涯管理[M]．北京：中国发展出版社，2008．
[26] 徐笑君．职业生涯规划与管理[M]．成都：四川人民出版社，2008．

[27] 崔佳颖. 员工职业生涯规划[M]. 北京：机械工业出版社，2008.

[28] 孙宗虎，赵淑芳. 职业生涯规划管理实务手册[M]. 北京：人民邮电出版社，2009.

[29] 胡春光. 组织工作压力管理研究[D]. 青岛：中国海洋大学，2005.

[30] 冯颖. 职业女性角色定位、工作—家庭冲突与工作生活质量的关系研究[D]. 武汉：浙江大学，2004.

[31] 袁圆. 员工的时间管理、工作—家庭冲突和主观幸福感的关系研究[O]. 上海：华中师范大学，2006.

[32] 影响力中央研究院教材研究专家组. 职场导航图：企业员工职业生涯规划的 5 大金钥匙[M]. 北京：电子工业出版社，2009.

[33] 袁利、陈仙歌、石磊. 职业生涯中期的职业高原现象分析及建议[J]. 企业活力，2006（3）.

[34] Thomas G. Gutteridge, Zandy B. Leibowitz, Jane E. Shore. *Organizational Career Development*：*Benchmarks for Building a World-class Workforce*[M]. San Francisco: Jossey–Bass Publishers，1994.

[35] Caela Farren. *The Flexible Career: Riding the career waves of the Nineties*[J]. The 1995 Annual：Volume 1, Training by J. William Pfeiffer（Ed.）, San Diego, CA：Pfeiffer & Company.

[36] Adamson S.J., Doherty N., Viney C. *The meanings of career revisited*：*Implications for theory and practice*[J]. British Journal of Management, 1998.

[37] William J. Rothwell. *Designing and Developing Career Development Systems*[M]. Spring semester, 2000.

[38] Gary Dessler. *Human Resource Management*[M]. Prentice-hall International, Inc., 2002.

附录 A 霍兰德职业倾向测验量表

本测验量表将帮助您发现和确定自己的职业兴趣和能力特长，从而更好地作出求职择业的决策。如果您已经考虑好或选择好了自己的职业，本测验将使您的这种考虑或选择具有理论基础，或向您展示其他合适的职业；如果您至今尚未确定职业方向，本测验将帮助您根据自己的情况选择一个恰当的职业目标。本测验共有七个部分，每部分测验都没有时间限制，但请您尽快按要求完成。

第一部分 您心目中的理想职业（专业）

对于未来的职业（或升学进修的专业），您得早有考虑，它可能很抽象、很朦胧，也可能很具体、很清晰。不论是哪种情况，现在都请您把自己最想干的 3 种工作或最想读的 3 种专业，按顺序写下来。

自己最想干的 3 种工作或最想读的 3 种专业：

_____   _____   _____

第二部分 您所感兴趣的活动

下面列举了若干种活动，请就这些活动判断你的好恶。喜欢的，请在"是"栏里打"√"不喜欢的请在"否"栏里打"×"。请按顺序回答全部问题。

R：实际型活动   是   否
 1. 装配修理电器或玩具   ____   ____
 2. 修理自行车   ____   ____
 3. 用木头做东西   ____   ____
 4. 开汽车或摩托车   ____   ____
 5. 用机器做东西   ____   ____
 6. 参加木工技术学习班   ____   ____
 7. 参加制图描图学习班   ____   ____
 8. 驾驶卡车或拖拉机   ____   ____
 9. 参加机械和电气学习班   ____   ____
 10. 装配修理机器   ____   ____
统计"是"一栏得分：____

A：艺术型活动   是   否
 1. 素描／制图或绘画   ____   ____
 2. 参加话剧／戏剧   ____   ____

3. 设计家具／布置室内　　　　　____　____
4. 练习乐器／参加乐队　　　　　____　____
5. 欣赏音乐或戏剧　　　　　　　____　____
6. 看小说／读剧本　　　　　　　____　____
7. 从事摄影创作　　　　　　　　____　____
8. 写诗或吟诗　　　　　　　　　____　____
9. 进艺术（美术／音乐）培训　　____　____
10. 练习书法　　　　　　　　　　____　____

统计"是"一栏得分：____

I：调查型活动　　　　　　　　　　是　　否
1. 读科技图书和杂志　　　　　　____　____
2. 在实验室工作　　　　　　　　____　____
3. 改良水果品种，培育新的水果　____　____
4. 调查了解土和金属等物质的成分　____　____
5. 研究自己选择的特殊问题　　　____　____
6. 解算术或玩数学游戏　　　　　____　____
7. 物理课　　　　　　　　　　　____　____
8. 化学课　　　　　　　　　　　____　____
9. 几何课　　　　　　　　　　　____　____
10. 生物课　　　　　　　　　　　____　____

统计"是"一栏得分：____

S：社会型活动　　　　　　　　　　是　　否
1. 学校或单位组织的正式活动　　____　____
2. 参加某个社会团体或俱乐部活动　____　____
3. 帮助别人解决困难　　　　　　____　____
4. 照顾儿童　　　　　　　　　　____　____
5. 出席晚会、联欢会、茶话会　　____　____
6. 和大家一起出去郊游　　　　　____　____
7. 想获得关于心理方面的知识　　____　____
8. 参加讲座会或辩论会　　　　　____　____
9. 观看或参加体育比赛和运动会　____　____
10. 结交新朋友　　　　　　　　　____　____

统计"是"一栏得分：____

E：事业型活动　　　　　　　　　　是　　否
1. 说服鼓动他人　　　　　　　　____　____
2. 卖东西　　　　　　　　　　　____　____
3. 谈论政治　　　　　　　　　　____　____
4. 制订计划、参加会议　　　　　____　____
5. 以自己的意志影响别人的行为　____　____

6. 在社会团体中担任职务　　　　　　　　　　____ ____
7. 检查与评价别人的工作　　　　　　　　　　____ ____
8. 结交名流　　　　　　　　　　　　　　　　____ ____
9. 指导有某种目标的团体　　　　　　　　　　____ ____
10. 参与政治活动　　　　　　　　　　　　　 ____ ____

统计"是"一栏得分：____

C：常规型（传统型）活动　　　　　　　　是　　否

1. 整理好桌面和房间　　　　　　　　　　　　____ ____
2. 抄写文件和信件　　　　　　　　　　　　　____ ____
3. 为领导写报告或公务信函　　　　　　　　　____ ____
4. 检查个人收支情况　　　　　　　　　　　　____ ____
5. 打字培训班　　　　　　　　　　　　　　　____ ____
6. 参加算盘、文秘等实务培训　　　　　　　　____ ____
7. 参加商业会计培训班　　　　　　　　　　　____ ____
8. 参加情报处理培训班　　　　　　　　　　　____ ____
9. 整理信件、报告、记录等　　　　　　　　　____ ____
10. 写商业贸易信　　　　　　　　　　　　　 ____ ____

统计"是"一栏得分：_____

第三部分　您所擅长获胜的活动

下面列举了若干种活动，其中你能做或大概能做的事，请在"是"栏里打"√"；反之，在"否"栏里打"×"。请回答全部问题。

R：实际型活动　　　　　　　　　　　　　是　　否

1. 能使用电锯、电钻和锉刀等木工工具　　　　____ ____
2. 知道万用表的使用方法　　　　　　　　　　____ ____
3. 能够修理自行车或其他机械　　　　　　　　____ ____
4. 能够使用电钻床、磨床或缝纫机　　　　　　____ ____
5. 能给家具和木制品刷漆　　　　　　　　　　____ ____
6. 能看建筑设计图　　　　　　　　　　　　　____ ____
7. 能够修理简单的电气用品　　　　　　　　　____ ____
8. 能修理家具　　　　　　　　　　　　　　　____ ____
9. 能修理收录机　　　　　　　　　　　　　　____ ____
10. 能简单地修理水管　　　　　　　　　　　 ____ ____

统计"是"一栏得分：____

A：艺术型能力　　　　　　　　　　　　　是　　否

1. 能演奏乐器　　　　　　　　　　　　　　　____ ____
2. 能参加二部或四部合唱　　　　　　　　　　____ ____
3. 独唱或独奏　　　　　　　　　　　　　　　____ ____
4. 扮演剧中角色　　　　　　　　　　　　　　____ ____
5. 能创作简单的乐曲　　　　　　　　　　　　____ ____

6．会跳舞　　　　　　　　　　　　　　　　____　____
　　7．能绘画、素描或书法　　　　　　　　　　____　____
　　8．能雕刻、剪纸或泥塑　　　　　　　　　　____　____
　　9．能设计板报、服装或家具　　　　　　　　____　____
　　10．写得一手好文章　　　　　　　　　　　 ____　____
　统计"是"一栏得分：____

I：调研型能力　　　　　　　　　　　　　　　是　　否
　　1．懂得真空管或晶体管的作用　　　　　　　____　____
　　2．能够列举三种蛋白质多的食品　　　　　　____　____
　　3．理解铀的裂变　　　　　　　　　　　　　____　____
　　4．能用计算尺、计算器、对数表　　　　　　____　____
　　5．会使用显微镜　　　　　　　　　　　　　____　____
　　6．能找到三个星座　　　　　　　　　　　　____　____
　　7．能独立进行调查研究　　　　　　　　　　____　____
　　8．能解释简单的化学　　　　　　　　　　　____　____
　　9．理解人造卫星为什么不落地　　　　　　　____　____
　　10．经常参加学术的会议　　　　　　　　　 ____　____
　统计"是"一栏得分：____

S：社会型能力　　　　　　　　　　　　　　　是　　否
　　1．有向各种人说明解释的能力　　　　　　　____　____
　　2．常参加社会福利活动　　　　　　　　　　____　____
　　3．能和大家一起友好相处地工作　　　　　　____　____
　　4．善于与年长者相处　　　　　　　　　　　____　____
　　5．会邀请人、招待人　　　　　　　　　　　____　____
　　6．能简单易懂地教育儿童　　　　　　　　　____　____
　　7．能安排会议等活动顺序　　　　　　　　　____　____
　　8．善于体察人心和帮助他人　　　　　　　　____　____
　　9．帮助护理病人和伤员　　　　　　　　　　____　____
　　10．安排社团组织的各种事务　　　　　　　 ____　____
　统计"是"一栏得分：____

E：事业型能力　　　　　　　　　　　　　　　是　　否
　　1．担任过学生干部并且干得不错　　　　　　____　____
　　2．工作上能指导和监督他人　　　　　　　　____　____
　　3．做事充满活力和热情　　　　　　　　　　____　____
　　4．有效利用自身的做法调动他人　　　　　　____　____
　　5．销售能力强　　　　　　　　　　　　　　____　____
　　6．曾作为俱乐部或社团的负责人　　　　　　____　____
　　7．向领导提出建议或反映意见　　　　　　　____　____
　　8．有开创事业的能力　　　　　　　　　　　____　____

  9．知道怎样做能成为一个优秀的领导者　　　　　____　____

  10．健谈善辩　　　　　____　____

 统计"是"一栏得分：____

C：常规型能力　　　　　是　　否

  1．会熟练地打印中文　　　　　____　____

  2．会用外文打字机或复印机　　　　　____　____

  3．能快速记笔记和抄写文章　　　　　____　____

  4．善于整理保管文件和资料　　　　　____　____

  5．善于从事事务性的工作　　　　　____　____

  6．会用算盘　　　　　____　____

  7．能在短时间内分类和处理大量文件　　　　　____　____

  8．能使用电脑　　　　　____　____

  9．能搜集数据　　　　　____　____

  10．善于为自己或集体做财务预算表　　　　　____　____

 统计"是"一栏得分：____

第四部分　你所喜欢的职业

 下面列举了多种职业，请逐一认真地看，如果是你有兴趣的工作，请在"是"栏里打"√"；如果你不太喜欢、不关心的工作，请在"否"栏里打"×"。请回答全部问题。

R：实际型活动　　　　　是　　否

  1．飞机机械师　　　　　____　____

  2．野生动物专家　　　　　____　____

  3．汽车维修工　　　　　____　____

  4．木匠　　　　　____　____

  5．测量工程师　　　　　____　____

  6．无线电报务员　　　　　____　____

  7．园艺师　　　　　____　____

  8．长途公共汽车司机　　　　　____　____

  10．电工　　　　　____　____

 统计"是"一栏得分：____

S：社会型职业　　　　　是　　否

  1．街道、工会或妇联干部　　　　　____　____

  2．小学、中学教师　　　　　____　____

  3．精神病医生　　　　　____　____

  4．婚姻介绍所工作人员　　　　　____　____

  5．体育教练　　　　　____　____

  6．福利机构负责人　　　　　____　____

  7．心理咨询员　　　　　____　____

  8．共青团干部　　　　　____　____

  9．导游　　　　　____　____

10. 国家机关工作人员

统计"是"一栏得分：____

I：调研型职业	是	否
1. 气象学或天文学者	____	____
2. 生物学者	____	____
3. 医学实验室的技术人员	____	____
4. 人类学者	____	____
5. 动物学者	____	____
6. 化学者	____	____
7. 数学学者	____	____
8. 科学杂志的编辑或作家	____	____
9. 地质学者	____	____
10. 物理学者	____	____

统计"是"一栏得分：____

E：事业型职业	是	否
1. 厂长	____	____
2. 电视片编制人	____	____
3. 公司经理	____	____
4. 销售员	____	____
5. 不动产推销员	____	____
6. 广告部长	____	____
7. 体育活动主办者	____	____
8. 销售部长	____	____
9. 个体工商业者	____	____
10. 企业管理咨询人员	____	____

统计"是"一栏得分：____

A：艺术型职业	是	否
1. 乐队指挥	____	____
2. 演奏家	____	____
3. 作家	____	____
4. 摄影家	____	____
5. 记者	____	____
6. 画家、书法家	____	____
7. 歌唱家	____	____
8. 作曲家	____	____
9. 电影电视演员	____	____

统计"是"一栏得分：____

C：常规型职业	是	否
1. 会计师	____	____

2. 银行出纳员　　　　　　　　　　　　____　____
3. 税收管理员　　　　　　　　　　　　____　____
4. 电脑操作员　　　　　　　　　　　　____　____
5. 簿记人员　　　　　　　　　　　　　____　____
6. 成本核算员　　　　　　　　　　　　____　____
7. 文书档案管理员　　　　　　　　　　____　____
8. 打字员　　　　　　　　　　　　　　____　____
9. 法庭书记员　　　　　　　　　　　　____　____
10. 人口普查登记员　　　　　　　　　 ____　____

统计"是"一栏得分：____

第五部分　您的能力类型简评

表 A-1 和表 A-2 是您在 6 个职业能力方面的自我评定表。您可以先与同龄者比较出自己在每一方面的能力，然后经斟酌后对自己的能力作评估。请在表中适当的数字上画圈。数字越大，表示你的能力越强。注意，请勿全部画同样的数字，因为人的每项能力不可能完全一样。

表 A-1　自我评定表 1

R 型	I 型	A 型	S 型	E 型	C 型
机械操作能力	科学研究能力	艺术创作能力	解释表达能力	商业洽谈能力	事务执行能力
7	7	7	7	7	7
6	6	6	6	6	6
5	5	5	5	5	5
4	4	4	4	4	4
3	3	3	3	3	3
2	2	2	2	2	2
1	1	1	1	1	1

表 A-2　自我评定表 2

R 型	I 型	A 型	S 型	E 型	C 型
体育技能	数学技能	音乐技能	交际技能	领导技能	办公技能
7	7	7	7	7	7
6	6	6	6	6	6
5	5	5	5	5	5
4	4	4	4	4	4
3	3	3	3	3	3
2	2	2	2	2	2
1	1	1	1	1	1

第六部分　统计和确定您的职业倾向

请将第二部分至第五部分的全部测验分数按前面已统计好的 6 种职业倾向（R 型、I 型、A 型、S 型、E 型和 C 型）得分填入表 A-3，并作纵向累加。

表 A-3　职业倾向得分统计

测试	R型	I型	A型	S型	E型	C型
第二部分						
第三部分						
第四部分						
第五部分 A						
第五部分 B						
总分						

请将上表中的 6 种职业倾向总分按大小顺序依次从左到右排列：
____型、____型　____型、____型、____型、____型
最高分____　　您的职业倾向性得分____　　最低分_____

第七部分　您所看重的东西——职业价值观

这一部分测验列出了人们在选择工作时通常会考虑的 9 种因素（见所附工作价值标准）。现在请您在其中选出最重要的两项因素，并将序号填入下边相应空格上。

最重要：____次重要：____

最不重要：____次不重要：____

附：工作价值标准

1. 工资高、福利好
2. 工作环境（物质方面）舒适
3. 人际关系良好
4. 工作稳定有保障
5. 能提供较好的受教育机会
6. 有较高的社会地位
7. 工作不太紧张、外部压力少
8. 能充分发挥自己的能力特长
9. 社会需要与社会贡献大

以上全部测验完毕。

现在，将你测验得分居第一位的职业类型找出来，对照下表，判断一下自己适合的职业类型。

职业索引——职业兴趣代号与其相应的职业对照

R（实际型）：木匠、农民、操作 X 光的技师、工程师、飞机机械师、鱼类和野生动物专家、自动化技师、机械工（车工、钳工等）、电工、无线电报务员、火车司机、长途公共汽车司机、机械制图员、修理机器、电器师。

I（调查型）：气象学者、生物学者、天文学家、药剂师、动物学者、化学家、科学报刊编辑、地质学者、植物学者、物理学者、数学家、实验员、科研人员、科技作者。

A（艺术型）：室内装饰专家、图书管理专家、摄影师、音乐教师、作家、演员、记者、诗人、作曲家、编剧、雕刻家、漫画家。

S（社会型）：社会学者、导游、福利机构工作者、咨询人员、社会工作者、社会科学教师、学校领导、精神病工作者、公共保健护士。

E（事业型）：推销员、进货员、商品批发员、旅馆经理、饭店经理、广告宣传员、调度员、律师、政治家、零售商。

C（常规型）：记账员、会计、银行出纳、法庭速记员、成本估算员、税务员、核算员、打字员、办公室职员、统计员、电脑操作员、秘书。

下面介绍与你3个代号的职业兴趣类型一致的职业表，对照的方法如下。

首先，根据你的职业兴趣代号，在下表中找出相应的职业。例如，你的职业兴趣代号是RIA，那么牙科技术人员、陶工等是适合你兴趣的职业。然后寻找与你职业兴趣代号相近的职业。例如，你的职业兴趣代号是RIA，那么，其他由这三个字母组合成的编号（如IRA、IAR、ARI等）对应的职业，也较适合你的兴趣。

RIA：牙科技术员、陶工、建筑设计员、模型工、细木工、制作链条人员。

RIS：厨师、林务员、跳水员、潜水员、染色员、电器修理、眼镜制作、电工、纺织机器装配工、服务员、装玻璃工人、发电厂工人、焊接工。

RIE：建筑和桥梁工程、环境工程、航空工程、公路工程、电力工程、信号工程、电话工程、一般机械工程、自动工程、矿业工程、海洋工程、交通工程技术人员、制图员、家政经济人员、计量员、农民、农场工人、农业机械操作、清洁工、无线电修理、汽车修理、手表修理、管工、线路装配工、工具仓库管理员。

RIC：船上工作人员、接待员、杂志保管员、牙医助手、制帽工、磨坊工、石匠、机器制造、机车（火车头）制造、农业机器装配、汽车装配工、缝纫机装配工、钟表装配和检验、电动器具装配、鞋匠、锁匠、货物检验员、电梯机修工、托儿所所长、钢琴调音员、装配工、印刷工、建筑钢铁工作、卡车司机。

RAI：手工雕刻、玻璃雕刻、制作模型人员、家具木工、制作皮革品、手工绣花、手工钩针纺织、排字工作、印刷工作、图画雕刻、装订工。

RSE：消防员、交通巡警、警察、门卫、理发师、房间清洁工、屠夫、锻工、开凿工人、管道安装工、出租汽车驾驶员、货物搬运工、送报员、勘探员、娱乐场所的服务员、起卸机操作工、灭害虫员、电梯操作工、厨房助手。

RSI：纺织工、编织工、农业学校教师、某些职业课程教师（诸如艺术、商业、技术、工艺课程）、雨衣上胶工。

REC：抄水表员、保姆、实验室动物饲养员、动物管理员。

REI：轮船船长、航海领航员、大副、试管实验员。

RES：旅馆服务员、家畜饲养员、渔民、渔网修补工、水手长、收割机操作工、搬运行李工人、公园服务员、救生员、登山导游、火车工程技术员、建筑工作、铺轨工人。

RCI：测量员、勘测员、仪表操作者、农业工程技术、化学工程技师、民用工程技师、石油工程技师、资料室管理员、探矿工、煅烧工、烧窑工、矿工、保养工、磨床工、取样工、样品检验员、纺纱工、炮手、漂洗工、电焊工、锯木工、刨床工、制帽工、手工缝纫工、油漆工、染色工、按摩工、木匠、农民建筑工作、电影放映员、勘测员助手。

RCS：公共汽车驾驶员、一等水手、游泳池服务员、裁缝、建筑工人、石匠、烟囱修建工、混凝土工、电话修理工、爆炸手、邮递员、矿工、裱糊工人、纺纱工。

RCE：打井工、吊车驾驶员、农场工人、邮件分类员、铲车司机、拖拉机司机。

IAS：普通经济学家、农场经济学家、财政经济学家、国际贸易经济学家、实验心理学家、工程心理学家、心理学家、哲学家、内科医生、数学家。

IAR：人类学家、天文学家、化学家、物理学家、医学病理、动物标本剥制者、化石修复者、艺术品管理者。

ISE：营养学家、饮食顾问、火灾检查员、邮政服务检查员。

ISC：侦察员、电视播音室修理员、电视修理服务员、验尸室人员、编目录者、医学实验定技师、调查研究者。

ISR：水生生物学者、昆虫学者、微生物学家、配镜师、矫正视力者、细菌学家、牙科医生、骨科医生。

ISA：实验心理学家、普通心理学家、发展心理学家、教育心理学家、社会心理学家、临床心理学家、目标学家、皮肤病学家、精神病学家、妇产科医师、眼科医生、五官科医生、医学实验室技术专家、民航医务人员、护士。

IES：细菌学家、生理学家、化学专家、地质专家、地理物理学专家、纺织技术专家、医院药剂师、工业药剂师、药房营业员。

IEC：档案保管员、保险统计员。

ICR：质量检验技术员、地质学技师、工程师、法官、图书馆技术辅导员、电脑操作员、医院听诊员、家禽检查员。

IRA：地理学家、地质学家、声学物理学家、矿物学家、古生物学家、石油学家、地震学家、声学物理学家、原子和分子物理学家、电学和磁学物理学家、气象学家、设计审核员、人口统计学家、数学统计学家、外科医生、城市规划家、气象员。

IRS：流体物理学家、物理海洋学家、等离子体物理学家、农业科学家、动物学家、食品科学家、园艺学家、植物学家、细菌学家、解剖学家、动物病理学家、作物病理学家、药物学家、生物化学家、生物物理学家、细胞生物学家、临床化学家、遗传学家、分子生物学家、质量控制工程师、地理学家、兽医、放射性治疗技师。

IRE：化验员、化学工程师、纺织工程师、食品技师、渔业技术专家、材料和测试工程师、电气工程师、土木工程师、航空工程师、行政官员、冶金专家、原子核工程师、陶瓷工程师、地质工程师、电力工程师、口腔科医生、牙科医生。

IRC：飞机领航员、飞行员、物理实验室技师、文献检查员、农业技术专家、动植物技术专家、生物技师、油管检查员、工商业规划者、矿藏安全检查员、纺织品检验员、照相机修理者、工程技术员、编计算程序者、工具设计者、仪器维修工。

CRI：簿记员、会计、记时员、铸造机操作工、打字员、按键操作工、复印机操作工。

CRS：仓库保管员、档案管理员、缝纫工、讲述员、收款人。

CRE：标价员、实验室工作者、广告管理员、自动打字机操作员、电动机装配工、缝纫机操作工。

CIS：记账员、顾客服务员、报刊发行员、土地测量员、保险公司职员、会计师、估价员、邮政检查员、外贸检查员。

CIE：打字员、统计员、支票记录员、订货员、校对员、办公室工作人员。

CIR：校对员、工程职员、海底电报、检修计划员、发报员。

CSE：接待员、通讯员、电话接线员、卖票员、旅馆服务员、私人职员、商学教师、旅游办事员。

CSR：运货代理商、铁路职员、交通检查员、办公室通信员、簿记员、出纳员、银行财务职员。

CSA：秘书、图书管理员、办公室办事员。

CER：邮递员、数据处理员、办公室办事员。

CEI：推销员、经济分析家。

CES：银行会计、记账员、法人秘书、速记员、法院报告人。

ECI：银行行长、审计员、信用管理员、地产管理员、商业管理员。

ECS：信用办事员、保险人员、各类进货员、海关服务经理、售货员、购买员、会计。

ERI：建筑物管理员、工业工程师、农场管理员、护士长、农业经营管理人员。

ERS：仓库管理员、房屋管理员、货栈监督管理员。

ERC：邮政局长、渔船船长、机械操作领班、木工领班、瓦工领班、驾驶员领班。

EIR：科学、技术和有关周期出版物的管理员。

EIC：专利代理人、鉴定人、运输服务检查员、安全检查员、废品收购人员。

EIS：警官、侦察员、交通检验员、安全咨询员、合同管理者、商人。

EAS：法官、律师、公证人。

EAR：展览室管理员、舞台管理员、播音员、驯兽员。

ESC：理发师、裁判员、政府行政管理员、财政管理员、工程管理员、职业病防治、售货员、商业经理、办公室主任、人事负责人、调度员。

ESR：家具售货员、书店售货员、公共汽车的驾驶员、日用品售货员、护士长、自然科学和工程的行政领导。

ESI：博物馆管理员、图书馆管理员、古迹管理员、饮食业经理、地区安全服务管理员、技术服务咨询者、超级市场管理员、零售商品店店员、批发商、出租汽车服务站调度。

ESA：博物馆馆长、报刊管理员、音乐器材售货员、广告商售画营业员、导游、（轮船或班机上的）事务长、飞机上的服务员、船员、法官、律师。

ASE：戏剧导演、舞蹈教师、广告撰稿人、报刊、专栏作者、记者、演员、英语翻译。

ASI：音乐教师、乐器教师、美术教师、管弦乐指挥、合唱队指挥、歌星、演奏家、哲学家、作家、广告经理、时装模特。

AER：新闻摄影师、电视摄影师、艺术指导、录音指导、丑角演员、魔术师、木偶戏演员、骑士、跳水员。

AEI：音乐指挥、舞台指导、电影导演。

AES：流行歌手、舞蹈演员、电影导演、广播节目主持人、舞蹈教师、口技表演者、喜剧演员、模特。

AIS：画家、剧作家、编辑、评论家、时装艺术大师、新闻摄影师、男演员、文学作者。

AIE：花匠、皮衣设计师、工业产品设计师、剪影艺术家、复制雕刻品大师。

AIR：建筑师、画家、摄影师、绘图员、环境美化工、雕刻家、包装设计师、陶器设计师、绣花工、漫画工。

SEC：社会活动家、退伍军人服务官员、工商会事务代表、教育咨询者、宿舍管理员、旅馆经理、饮食服务管理员。

SER：体育教练、游泳指导。

SEI：大学校长、学院院长、医院行政管理员、历史学家、家政经济学家、职业学校教师、资料员。

SEA：娱乐活动管理员、国外服务办事员、社会服务助理、一般咨询者、宗教教育工作者。

SCE：部长助理、福利机构职员、生产协调人、环境卫生管理人员、戏院经理、餐馆经理、售票员。

SRI：外科医师助手、医院服务员。

SRE：体育教师、职业病治疗者、体育教练、专业运动员、房管员、儿童家庭教师、警察、引座员、传达员、保姆。

SRC：护理员、护理助理、医院勤杂工、理发师、学校儿童服务人员。

SIA：社会学家、心理咨询者、学校心理学家、政治科学家、大学或学院的系主任、大学或学院的教育学教师、大学农业教师、大学工程和建筑课程的教师、大学法律教师，以及大学数学、医学、物理、社会科学和生命科学的教师，研究生助教和成人教育教师。

SIE：营养学家、饮食学家、海关检查员、安全检查员、税务稽查员、校长。

SIC：描图员、兽医助手、诊所助理、体检检查员、监督缓刑犯的工作者、娱乐指导者、咨询人员、社会科学教师。

SIR：理疗员、救护队工作人员、手足病医生、职业病治疗助手。

附录 B　职业能力倾向的自我测定

本测验把人的职业能力倾向分为 9 种，每种能力有一组 5 个题目反映。测验时，请你仔细阅读表 B-1 每一题，采用"五等评分法"对自己进行评定。然后分别计算出自评等级。

表 B-1　职业能力倾向的自我测定表

（一）一般学习能力倾向（G）	强 1	较强 2	一般 3	较弱 4	弱 5
1. 快而容易地学习新内容					
2. 快而正确地解数学题					
3. 你的学习成绩					
4. 对课文的字、词、段落篇章的理解、分析和综合能力					
5. 对学习过的知识的记忆能力					
（二）言语能力倾向（V）	强 1	较强 2	一般 3	较弱 4	弱 5
1. 善于表达自己的观点					
2. 阅读速度和理解能力					
3. 掌握词汇量的程度					
4. 你的语文成绩					
5. 你的文学创作能力					
（三）算术能力倾向（N）	强 1	较强 2	一般 3	较弱 4	弱 5
1. 做出精确的测量					
2. 笔算能力					
3. 口算能力					
4. 打算盘					
5. 你的数学成绩					
（四）空间判断能力倾向（S）	强 1	较强 2	一般 3	较弱 4	弱 5
1. 解决立体几何方面的习题					
2. 画二维度的立体图形					
3. 看几何图形的立体感					
4. 想象盒子展开后的平面图					
5. 想象三维度的物体					
（五）形态知觉能力倾向（P）	强 1	较强 2	一般 3	较弱 4	弱 5
1. 发现相同图形中的细微差别					
2. 识别物体的形状差异					
3. 注意物体的细节部分					
4. 观察物体的图案是否正确					
5. 对物体的细微描述					

续表

（六）书写知觉能力倾向（Q）	强1	较强2	一般3	较弱4	弱5
1. 快而准的抄写资料（如姓名、日期、电话号码等）					
2. 发现错别字					
3. 发现计算错误					
4. 能很快查找编码卡片					
5. 自我控制能力（如较长时间抄写资料）					
（七）眼手运动协调能力倾向（K）	强1	较强2	一般3	较弱4	弱5
1. 玩电子游戏					
2. 打篮球、排球、足球一类活动					
3. 打乒乓球、羽毛球运动					
4. 打算盘能力					
5. 打字能力					
（八）手指灵巧度（F）	强1	较强2	一般3	较弱4	弱5
1. 灵巧地使用很小的工具					
2. 穿针眼、编制等使用手指的活动					
3. 用手指做一件小工艺品					
4. 使用计算器的灵巧程度					
5. 弹琴					
（九）手腕灵巧度（M）	强1	较强2	一般3	较弱4	弱5
1. 用手把东西分类					
2. 在推拉东西时手的灵活度					
3. 很快地削水果					
4. 灵活地使用手工工具					
5. 在绘画、雕刻等手工活动中的灵活性					

统计分数的方法如下：

（1）对每一类能力倾向计算总分数。对每一道题目，我们采取"强"、"较强"、"一般"、"较弱"、"弱"五个等级，供您自评。每组5道题完成后，分别统计各等级选择的次数总和，然后用下面的公式计算出该类的总计次数（把"强"定为第一项，以此类推，"弱"定为第五项；第一项之和就是选"强"的次数和）。总计次数：（第一项之和×1）+（第二项之和×2）+（第三项之和×3）+（第四项之和×4）+（第五项之和×5）。

（2）计算每一类能力倾向的自评等级。自评等级：总计次数/5。

（3）将自评等级填在表B-2中。

表B-2 自评等级

职业能力倾向	自评等级	职业能力倾向	自评等级
G		Q	
V		K	
N		F	
S		M	
P			

根据结果对照表 B-3,可找到你适合的职业。

表 B-3 职业类型与职业能力倾向对照表

职业类型	职业能力倾向								
	G	V	N	S	P	Q	K	F	M
生物学家	1	1	1	2	2	3	3	2	3
建筑师	1	1	1	1	2	3	3	3	3
测量员	2	2	2	2	2	3	3	3	3
测量辅导员	4	4	4	4	4	4	3	4	3
制图员	2	3	2	2	2	3	2	2	3
建筑和工程技术员	2	2	2	2	2	3	3	3	3
建筑和工程技术专家	2	3	3	3	3	3	3	3	3
物理科学技术家	2	2	2	2	3	3	3	3	3
物理科学技术员	2	3	3	3	2	3	3	3	3
农业、生物、动物、植物学的技术专家	2	2	2	2	3	3	3	3	3
农业、生物、动物、植物学的技术员	2	3	3	3	2	3	3	3	3
数学家和统计学家	1	1	1	3	3	2	4	4	4
系统分析和计算机程序编制者	2	2	2	2	3	3	4	4	4
经济学家	1	1	1	4	4	2	4	4	4
社会学家、人类学者	1	1	2	2	2	3	4	4	4
心理学家	1	1	3	4	4	3	4	4	4
历史学家	1	1	4	3	3	3	4	4	4
哲学家	1	1	3	2	2	3	4	4	4
政治学家	1	1	3	4	4	3	4	4	4
政治经济学家	2	2	2	3	3	3	3	3	5
社会工作者	2	2	3	4	4	3	4	4	4
社会服务助理人员	3	3	3	4	4	3	4	4	4
法官	1	1	3	4	3	3	4	4	4
律师	1	1	3	4	3	4	4	4	4
公证人	2	2	3	4	4	3	4	4	4
图书管理学专家	2	2	3	3	4	2	3	4	4
图书馆、博物馆和档案管理员	3	3	3	2	2	4	3	2	3
职业指导者	2	2	3	4	4	3	4	4	4
大学教师	1	1	3	3	2	3	4	4	4
中学教师	2	2	3	4	3	3	4	4	4
小学和幼儿园教师	2	2	3	3	3	3	3	3	3
职业学校教师(职业课)	2	2	2	3	3	3	3	3	3
职业学校教师(普通课)	2	2	3	4	3	3	4	4	4

续表

职业类型	职业能力倾向								
	G	V	N	S	P	Q	K	F	M
内、外、牙科医生	1	1	2	1	2	3	2	2	2
兽医学家	1	1	2	1	2	3	2	2	2
护士	2	2	3	3	3	3	3	3	3
护士助手	2	4	4	4	4	2	2	3	2
工业药剂师	2	1	2	3	2	2	3	2	3
医院药剂师	2	2	2	4	9	2	3	2	3
营养学家	2	2	2	3	3	3	4	4	4
配镜师（医）	2	2	2	2	2	3	3	3	3
配眼镜商	3	3	3	3	3	4	3	2	3
放射科技术人员	3	3	3	3	3	3	3	3	3
药物实验室技术专家	2	2	2	3	2	3	3	2	3
药物实验室技术员	2	3	3	3	3	3	3	3	3
画家、雕刻家	2	3	4	2	2	5	2	1	2
产品设计和内部装饰者	2	2	3	2	2	4	2	2	3
舞蹈家	2	2	4	3	4	4	4	4	4
演员	2	2	3	4	4	3	4	4	4
电台播音员	2	2	3	2	2	4	2	2	3
作家和编辑	2	1	3	3	3	3	4	4	4
翻译人员	2	1	4	4	4	3	4	4	4
体育教练	2	2	2	4	4	3	4	4	4
运动员	3	3	4	2	3	4	2	2	2
秘书	3	3	3	4	3	2	3	3	3
打字员	3	3	4	4	4	3	3	3	3
会计	3	3	3	4	4	2	3	3	4
出纳	3	3	3	4	4	2	3	3	4
统计员	3	3	2	4	3	2	3	3	4
电话接线员	3	3	4	4	4	3	3	3	3
办公室职员	3	4	3	4	4	3	3	4	4
商业经营管理	2	2	3	4	4	3	4	4	4
售货员	3	3	3	4	4	3	4	4	4
警察	3	3	3	4	3	3	3	4	3
门卫	4	4	5	4	4	4	4	4	4
厨师	4	4	4	4	3	4	3	3	3
招待员	3	3	4	4	4	4	3	3	3
理发员	3	3	4	4	9	4	2	2	2
导游	3	3	4	3	3	5	3	3	3
驾驶员	3	3	3	3	3	3	3	3	3
农民	3	4	4	4	4	4	4	4	4

续表

职业类型	职业能力倾向								
	G	V	N	S	P	Q	K	F	M
动物饲养员	3	4	4	4	4	4	4	4	4
渔民	4	4	4	4	4	5	3	4	3
矿工	3	4	4	3	4	5	3	4	3
纺织工人	4	4	4	4	3	5	3	3	3
机床操作工	3	4	4	3	3	4	3	4	3
锻工	3	4	4	4	3	4	3	4	3
无线电修理工	3	3	3	3	2	4	3	3	3
细木工	3	3	3	3	3	4	3	4	4
家具木工	3	3	3	3	3	4	3	4	3
一般木工	3	4	4	3	4	4	3	4	3
电工	3	3	3	3	3	4	3	3	3
裁缝	3	3	4	3	3	4	3	2	3